Ibn Khald[illegible]

Les prolégomènes

Troisième partie

ISBN : 9782379760754

10 9 8 7 6 5 4 3 2 1

Ibn Khaldoun

Les prolégomènes

Troisième partie

Table de Matières

SIXIÈME SECTION (suite)

De la jurisprudence et de la science du partage des successions, qui en est le complément [1].

La jurisprudence est la connaissance des jugements portés par Dieu à l'égard des diverses actions des êtres responsables. Ces jugements comportent l'idée d'obligation ou de prohibition, ou bien celle d'encouragement, ou de désapprobation, ou de permission. On les trouve dans le Livre (le Coran), dans la Sonna, et dans les indications fournies par le législateur (divin), pour les faire comprendre. On désigne par le terme jurisprudence les jugements (ou décisions) tirés de ces sources [2]. Les premiers musulmans y puisèrent leurs maximes de droit, sans toutefois s'accorder dans leurs déductions. Cela fut, du reste, inévitable : la plupart des indications (d'après lesquelles ils se guidaient) avaient été énoncées verbalement et dans le langage des Arabes ; or les nombreuses significations offertes par chaque mot de cette langue [et surtout dans les textes sacrés], amenèrent, entre les premiers docteurs, la diversité d'opinions que tout le monde a remarquée. D'ailleurs, comme les traditions provenant du Prophète leur étaient arrivées par des voies plus ou moins sûres, et que les indications qu'elles renfermaient étaient souvent contradictoires, ils se virent obligés de constater la prépondérance (de celles qu'ils devaient adopter) ; ce fut encore là une source de dissentiments. Les indications données par le Prophète sans être énoncées oralement [3] causèrent encore des divergences d'opinion. Ajoutons que les textes (sacrés) ne suffisaient pas toujours à la solution des nouveaux cas qui continuèrent à surgir ; aussi, quand il fallait résoudre une question à laquelle aucun texte de la loi ne pouvait s'appliquer, on se voyait obligé à la décider d'après un autre texte n'ayant qu'un semblant de rapport avec le cas dont il s'agissait.

Toutes ces circonstances contribuèrent à produire une grande diversité d'opinions et durent nécessairement se présenter. De là

1 C'est dans le chapitre suivant que l'auteur parle du partage des successions.

2 Littéral. « de ces indications ».

3 C'est-à-dire, les indications fournies par ses gestes et par son silence.

résultèrent les contradictions qui existent entre les doctrines des premiers musulmans et celles des imams (grands docteurs) qui vinrent après eux. D'ailleurs les Compagnons n'étaient pas tous capables de résoudre une question de droit, et ne se chargeaient pas tous d'enseigner les principes de la loi religieuse. Ces devoirs appartenaient spécialement à ceux qui savaient par cœur le texte du Coran, qui en connaissaient les (versets) abrogeants, les (versets) abrogés, les passages dont le sens était obscur (motechabeh), ceux dont la signification était certaine (mohkam), et toutes les diverses indications fournies par ce livre, et qui, de plus, possédaient des renseignements qu'ils tenaient directement du Prophète ou de ceux d'entre leurs chefs qui les avaient recueillis de sa bouche. On désigna ces personnes par le nom de lecteurs, c'est-à-dire lecteurs du livre (saint), parce qu'à cette époque on voyait rarement chez les Arabes, peuple très ignorant, un homme capable de lire.

Cet état de choses dura pendant les premiers temps de l'islamisme ; mais lorsque les villes fondées par les musulmans furent devenues très grandes et que l'ignorance des Arabes eut disparu par suite de leur application à l'étude du livre (saint), la pratique de la déduction analogique s'y établit d'une manière solide, et la jurisprudence, devenue maintenant plus complète, prit la forme d'un art (qu'on pratiquait), d'une science (qu'on enseignait). Dès lors on remplaça le titre de lecteur par celui de jurisconsulte (fakîh) ou par celui de savant (ulemâ).

A partir de cette époque, la jurisprudence se partagea en deux voies (ou systèmes), dont l'une était celle des docteurs qui décidaient d'après leur propre jugement et au moyen de la déduction analogique [1]. Ceux-ci habitaient l'Irac. La seconde voie était celle des traditionnistes, habitants du Hidjaz. Les docteurs de l'Irac, ne possédant que peu de traditions, ainsi que nous l'avons indiqué ailleurs, firent un grand usage de la déduction analogique et y devinrent très habiles ; aussi les nomma-t-on les gens de l'opinion. Le chef de cette école, l'imam qui l'avait fondée grâce à son influence personnelle et aux efforts de ses disciples, fut Abou Hanîfa. Les docteurs du Hidjaz eurent d'abord pour chef l'imam Malek Ibn Anès et ensuite l'imam Es-Chafêi.

Plus tard, un certain nombre de docteurs condamnèrent l'emploi

1 Littéral. « celle des gens de l'opinion et de l'analogie ».

de la déduction analogique et en abandonnèrent l'usage. Ce furent ceux qu'on désigna par le nom de Dhaherites [1]. A leur avis, les sources où l'on devait puiser les articles de droit se bornaient aux textes (du Coran et de la Sonna) et au consentement général (des anciens musulmans). Ils rattachaient directement à un texte (sacré) les résultats les plus évidents de la déduction analytique, ainsi que les motifs (des décisions) fondés sur des textes [2] ; « car, disaient-ils, énoncer le motif, c'est énoncer le jugement (ou conclusion) dans tous les cas [3]. » Les chefs de cette école furent Dawoud Ibn Ali [4], son fils et ses disciples. Tels furent les trois systèmes de jurisprudence qui prévalaient alors chez les musulmans.

Les gens de la maison (les descendants de Mohammed et leurs partisans, les Chiïtes) eurent un système à eux, une école de jurisprudence qui leur fut particulière. Leurs doctrines se fondaient sur les principes suivants, savoir, que plusieurs d'entre les Compagnons étaient des réprouvés et que les imams (de la secte chiïte) étaient non seulement incapables de pécher, mais de dire une parole dont on pourrait contester l'exactitude. Ces bases (comme on le voit) sont très faibles.

Les Kharedjites eurent aussi leur système ; mais la grande majorité du peuple musulman ne s'en occupa que pour le repousser et le condamner. On ne sait plus rien de leurs doctrines particulières [5],

---

1 Les Dhaherites (*extérieuristes*) s'en tenaient à la signification littérale des textes sacrés, tandis que les Batenites (*intérieuristes*) donnaient à ces textes un sens allégorique. Ces derniers, appelés aussi *Ismaïliens,* formaient une des branches les plus avancées de la secte chiïte et finirent par rejeter toutes les prescriptions positives de l'islamisme, dont ils avaient commencé par affaiblir les dogmes.

2 Littéral. « ils rapportaient au texte l'analogie évidente et le motif textuel ».

3 Ce passage, bien que très obscur, doit signifier, il me semble, que les docteurs de cette école avaient pour principe de toujours rattacher directement à un texte du Coran ou de la *Sonna* tous leurs jugements ou décisions, quand même ils s'étaient laissé guider par un raisonnement analogique, raisonnement dont ils supprimaient toute mention dans l'énoncé. (Voyez, du reste, l'ouvrage de Chehrestani, p. ١٦٠ du texte arabe, et vol. I, p. 242 de la traduction allemande de Haarbrücker.)

4 Abou Soleïman Dawoud Ibn Ali, natif de Koufa et fondateur de l'école des Dhaherites, professa ses doctrines à Bagdad, où plus de quatre cents personnes suivaient assidûment ses leçons. Il mourut dans cette ville l'an 270 (884 de J. C.).

5 Les doctrines professées par les Kharedjites (*dissidents, non-conformistes*) sont maintenant assez bien connues. L'ouvrage de Chehrestani sur les sectes religieuses et les écoles philosophiques renferme un exposé de leurs dogmes ;

on n'étudie plus leurs livres, on ne trouve plus aucune trace de leurs opinions, excepté dans quelques lieux où ces sectaires se tiennent encore [1].

Quant aux livres des Chîïtes, ils n'existent que dans les contrées habitées par ces sectaires et dans certains pays de l'Occident, de l'Orient et du Yémen, où ils avaient autrefois fondé des royaumes [2]. Il en est de même des livres composés par les Kharedjites. Les partisans de ces deux sectes avaient cependant écrit, sur la jurisprudence, de nombreux traités renfermant des opinions bien singulières.

A l'époque où nous vivons, la doctrine des Dhaherites a disparu du monde avec ceux qui l'enseignaient ; elle a succombé sous la réprobation de la grande communauté orthodoxe, et l'on n'en trouve plus rien, excepté dans quelques livres reliés [3].

Il arrive assez souvent que des gens désœuvrés s'attachent au système des Dhaherites et s'appliquent à lire leurs ouvrages, dans le but d'apprendre la jurisprudence adoptée par cette secte et le système de doctrine qu'on y professait ; mais ils font là un travail sans profit [4], travail qui les conduit à heurter les opinions généralement reçues et à s'attirer l'animadversion publique. Quelquefois même les amateurs de cette doctrine se voient traités comme des innovateurs dangereux, parce ils ont essayé de puiser la science dans des livres sans en avoir la clef, c'est-à-dire le secours de précepteurs (autorisés). C'est ce qui arriva pour Ibn Hazm en Espagne, bien qu'il tînt le premier rang parmi les traditionnistes : il embrassa le système des Dhaherites et, en ayant acquis une connaissance profonde par un travail, selon lui, parfaitement consciencieux, et par l'étude

---

l'*Histoire des musulmans d'Espagne,* par M. Dozy, nous fait bien connaître le caractère de la secte.

1 L'auteur savait que de son temps il y avait des Kharedjites dans la Mauritanie. Ils se tenaient dans le pays des Beni-Mozab, au midi de la province d'Alger, sur la frontière du désert, et dans le Djerîd tunisien (*Biledulgerid*), ainsi que dans l'île de Djerba. Encore de nos jours, les habitants de ces lieux professent les doctrines du kharedjisme.

2 Ces royaumes étaient celui des Fatemides en Ifrîkiya et en Égypte, celui des Alides dans le Taberistan, et celui des Zeïdites dans le Yémen.

3 Je lis المجلدة, avec le manuscrit D, l'édition de Boulac et la traduction turque. Les livres qu'on étudiait dans les écoles étaient toujours en cahiers détachés ; quand on ne s'en servait plus, on les faisait relier.

4 Je lis يحلو avec l'édition de Boulac.

des doctrines professées par les chefs de cette secte, il s'écarta des opinions enseignées par Dawoud, celui qui en fut le fondateur, et se mit (de plus) en opposition avec la grande majorité des docteurs musulmans. Le public en fut si mécontent qu'il déversa le mépris et la désapprobation sur le système qu'Ibn Hazm avait préconisé, et laissa tomber ses écrits dans un oubli complet. On alla jusqu'au point d'en prohiber la vente dans les bazars, et quelquefois même on les déchira.

Aussi les seules écoles qui restèrent furent celle des docteurs de l'Irac, gens de l'opinion, et celle des docteurs du Hidjaz, gens de la tradition. L'imam des docteurs de l'Irac, le fondateur de leur école, fut Abou Hanîfa en-Noman Ibn Thabet [1]. Il tient comme légiste une place hors ligne, s'il faut s'en rapporter aux déclarations de ses disciples [2], et surtout de Malek et de Chafêï.

Les gens du Hidjaz eurent pour chef Malek Ibn Anès el-Asbehi , grand imam de Médine. Pendant que les autres docteurs cherchaient leurs maximes de droit dans les sources universellement approuvées, Malek puisait de plus dans une autre dont personne que lui ne s'était servi ; je veux dire dans la coutume de Médine. (Il y puisa), parce qu'il croyait que les docteurs de cette ville avaient dû suivre de toute nécessité la pratique et les usages de leurs prédécesseurs, toutes les fois qu'ils énonçaient des opinions au sujet de ce que l'on doit faire ou ne pas faire, et que ceux-ci avaient appris ces usages des musulmans qui, ayant été témoins oculaires des actes du Prophète, en avaient pris connaissance et gardé le souvenir. Cette source d'indications touchant des points de droit fut pour Malek une des bases de son système, bien que plusieurs docteurs prétendissent qu'on pouvait la ramener à une autre, celle du consentement général des musulmans. Il n'admit pas cette opinion et fit observer à ses contradicteurs que, par le terme consentement général, on n'indique pas l'accord des Médinois seulement, mais celui de tous les musulmans.

(A cette occasion) nous ferons observer que ce consentement général est l'unanimité d'opinion au sujet des matières religieuses,

1 Abou Hanîfa en Noman Ibn Thabet, grand jurisconsulte de Koufa et fondateur d'une des quatre écoles de jurisprudence orthodoxes, mourut l'an 150 de l'hégire (767-768 de J. C.), et fut enterré à Baghdad.

2 Littéral. « aux gens de son pelage ».

unanimité résultant d'un examen consciencieux. Or Malek ne considéra pas la pratique des Médinois comme rentrant dans cette catégorie ; pour lui, c'était l'acte nécessaire et inévitable d'une génération qui imitait d'une manière invariable [1] la conduite de celle qui l'avait précédée, et ainsi de suite jusqu'au temps de notre saint législateur. Il est vrai que Malek a traité de la pratique des Médinois dans le chapitre consacré au consentement général, pensant que c'était le lieu le plus convenable d'en parler, puisqu'il y avait une idée commune à ces deux choses, savoir, l'accord d'opinion. Observons toutefois que, dans le consentement général des musulmans, l'accord d'opinion provenait d'un examen consciencieux des preuves, tandis que, chez les Médinois, il résultait de leur conduite à l'égard de ce qu'il fallait faire ou ne pas faire, conduite fondée sur l'observance des exemples offerts par la génération précédente. Malek aurait cependant mieux fait d'insérer ses observations sur la pratique des Médinois dans le chapitre intitulé : De la manière d'agir et de décider particulière au Prophète, et de son silence (tacrîr), ou parmi les preuves sur la force desquelles les docteurs ne sont pas tous d'accord, telles, par exemple, que les lois des peuples qui nous ont précédés, la pratique d'un seul d'entre les Compagnons [2] et l'istishab [3].

---

1 L'édition de Boulac porte بعين . Je lis بعَيْن .

2 Quelques docteurs pensaient que, dans le silence de la loi, on pourrait décider certaines questions de droit civil d'après les indications de la loi juive ou de la loi chrétienne. D'autres croyaient que la pratique d'un seul Compagnon avait force de loi.

3 Le terme *istishab* s'emploie, en droit musulman, pour désigner un jugement fondé sur l'opinion que l'état actuel d'une chose est semblable à son état passé. Ainsi, pour en citer un exemple : Un homme, dans le désert, veut faire sa prière et, ne trouvant pas d'eau pour se purifier, il se sert de sable, ainsi que la loi l'y autorise. Il commence sa prière et, avant de l'achever, il s'aperçoit qu'il y a de l'eau dans son voisinage. Doit-il recommencer sa prière en se servant d'eau pour l'ablution ? Les uns disent oui et les autres non. Selon ceux-ci, la partie de la prière déjà faite étant valide, ce qui restait à faire le serait de même. Citons un autre exemple : Il y a deux copropriétaires d'un immeuble ; l'un vend sa partie de l'immeuble à un tiers et l'autre réclame le droit de se substituer à l'acheteur, en sa qualité de copropriétaire. L'autre propriétaire lui répond, « Vous n'en êtes pas propriétaire, mais locataire », et il le somme de produire ses titres de propriété. Si le réclamant ne les trouve pas, sa déclaration doit-elle être admise ? Selon certains docteurs, il faut supposer que le droit de propriété existait pour cet homme, et assimiler son état actuel, comme détenteur, à son état passé comme copropriétaire. — Le mot *istishab* signifie, à la lettre, *associer* le présent au

Après Malek Ibn Anès parut Mohammed Ibn Idrîs el-Mottelebi esChafêi. Cet imam passa dans l'Irac après (la mort de) Malek, et, s'y étant rencontré avec les disciples d'Abou-Hanîfa, il s'instruisit auprès d'eux, combina le système des docteurs du Hidjaz avec celui des docteurs de l'Irac, et fonda une école particulière qui repoussa un grand nombre des opinions professées dans l'école de Malek.

Ahmed Ibn Hanbel, traditionniste de la plus haute autorité, vint après eux. Ses disciples, bien qu'ils eussent acquis des connaissances très étendues dans la science des traditions, allèrent étudier sous les élèves d'Abou Hanîfa, puis ils formèrent une école à part.

On s'attacha alors, dans les grandes villes, à l'une ou à l'autre de ces quatre écoles, et les partisans des autres systèmes de jurisprudence finirent par disparaître du monde. Depuis cette époque, la porte de la controverse et les nombreuses voies de la discussion sont restées fermées ; ce qui tient à la réduction en système de toutes les diverses connaissances, aux obstacles qui empêchent de parvenir, au rang de modjtehed [1], et à la crainte de puiser des renseignements auprès d'hommes incapables ou de personnes dont la piété et le jugement ne sont pas assez grands pour inspirer de la confiance. Reconnaissant l'impossibilité d'aller plus loin, on se borna à conseiller au peuple d'embrasser les doctrines qui avaient été enseignées par l'un ou par l'autre (des fondateurs de ces quatre écoles), et professées par leurs partisans. On défendit de passer d'une de ces écoles à une autre, vu qu'en tenant une pareille conduite on se jouait de choses très graves. Il ne resta donc plus (aux professeurs) qu'à transmettre à leurs disciples les doctrines de ces imams. Les étudiants s'attachèrent aux opinions d'un imam, après avoir vérifié les principes (de sa doctrine) et s'être assurés que ces principes lui étaient parvenus oralement et par une tradition non interrompue. Il n'y a donc plus d'autres sources à consulter maintenant, si l'on s'applique à l'étude de la loi ; il n'est plus permis

passé. Un jugement basé sur l'*istishab* laisse les choses comme elles étaient.

1 Dans les premiers temps de l'islamisme, plusieurs docteurs se distinguèrent par les résultats importants auxquels ils étaient parvenus par l'emploi de leur propre jugement et par les efforts consciencieux qu'ils avaient faits pour résoudre des questions de droit. On leur donna le titre d'imams *modjtehed* (*qui s'efforcent*), et l'on désigna cette pratique par le terme *idjtihad.* Il n'est maintenant plus permis de se poser comme *modjtehed :* « La porte de l'*idjtihad,* disent les légistes, est fermée à jamais. » En Perse, le chef de la doctrine chîite porte le titre de *Modjtehed.*

de travailler (comme autrefois) avec un zèle consciencieux à débrouiller de sa propre autorité des questions de droit. Cette pratique (idjtihad) est maintenant condamnée et tombée en désuétude ; aussi les musulmans (orthodoxes) de nos jours se sont-ils tous attachés à l'une ou à l'autre de ces quatre écoles.

Les sectateurs d'Ahmed Ibn Hanbel étaient peu nombreux et se trouvaient, pour la plupart, en Syrie et dans ce coin de l'Irac qui renferme Baghdad et les lieux environnants. Les élèves de cette école se distinguèrent de ceux des autres écoles par le soin qu'ils mettaient à garder les prescriptions de la Sonna, à rapporter exactement les traditions [[1] et par leur habitude de chercher, autant que possible, dans ces deux sources la solution des questions légales, plutôt que d'avoir recours à l'analogie. Comme ils étaient très nombreux à Baghdad, ils se firent remarquer par la violence de leur zèle et par leurs fréquents démêlés avec les Chîïtes qui habitaient les environs de cette ville [2]. Ces rixes continuèrent à entretenir le désordre dans Baghdad jusqu'à ce que les Tartars s'en fussent emparés. Depuis cette époque, elles ne se reproduisent plus, et la plupart des Hanbelites se trouvent maintenant en Syrie.]

La doctrine d'Abou Hanîfa a, de nos jours, pour partisans les habitants de l'Irac, les musulmans de l'Inde, ceux de la Chine, de la Transoxiane et des contrées qui composent la Perse [3]. Cela tient à ce que cette doctrine avait été généralement adoptée dans l'Irac et à Baghdad, siège de l'islamisme, et qu'elle comptait parmi ses sectateurs tous les partisans des khalifes abbassides. Les docteurs de cette école composèrent un grand nombre d'ouvrages, eurent de fréquentes discussions avec les Chaféites et employèrent, dans leurs controverses, des modes d'argumentation très efficaces. Leurs écrits, maintenant fort répandus, renferment de belles connaissances et des vues d'une grande originalité. La doctrine

1 Ce passage, mis entre deux parenthèses, ne se trouve pas dans l'édition de Boulac ni dans les manuscrits C et D.

2 On voit, par les Annales d'Ibn el-Athîr, qu'il y eut, presque tous les ans, des combats entre les Hanbelites de Baghdad et les Chîïtes, qui habitaient le faubourg de Karkh.

3 Le texte porte : « et toutes les contrées des *Adjem* ». Le mot *Adjem* indique ordinairement les Perses, mais je crois qu'à l'époque de notre auteur les doctrines chîïtes avaient déjà remplacé, en Perse, celles de l'islamisme orthodoxe. C'est peut-être des contrées situées entre l'Oxus et la Perse qu'Ibn Khaldoun a voulu parler.

d'Abou Hanîfa n'a pas beaucoup de partisans dans le Maghreb, où elle avait été introduite par le cadi Ibn el-Arebi et par Abou 'l-Oueliîd el-Badji [1], lors de leurs voyages dans ce pays.

La doctrine de Chafêi eut beaucoup plus de partisans en Égypte que dans les autres pays, bien qu'elle se fût répandue dans l'Irac, le Khoraçan et la Transoxiane. On voyait dans toutes les grandes villes les docteurs de cette école partager avec ceux du rite hanéfite le privilège d'enseigner et de donner des opinions sur des questions de droit. Il y eut entre les deux partis de fréquentes réunions, dans lesquelles ils soutenaient leurs doctrines respectives, ce qui donna naissance à plusieurs volumes de controverse remplis d'arguments de toute espèce. La chute (du khalifat) de l'Orient et la ruine de ses provinces mit fin à ces débats. Quand l'imam Mohammed Ibn Idrîs es-Chafêi alla s'établir dans Misr (le Vieux-Caire), chez les fils d'Abd el-Hakem [2], il y donna des leçons à plusieurs élèves. Parmi ses disciples dans cette ville on remarqua El-Bouîti [3] et El-Mozeni [4] ; mais il y avait aussi un nombre considérable de Malekites dont

1 Abou 'l-Ouelîd Soleïman Ibn Khalef el-Badji (originaire de Béja, en Espagne) fut un des grands docteurs de l'Espagne musulmane. Il naquit à Badajoz, l'an 403 de l'hégire (1013 de J. C.), et mourut à Alméria, l'an 474 (1081 de J. C.).

2 Abou Mohammed Abd Allah Ibn Abd el-Hakem, natif d'Égypte, fut un des disciples les plus distingués de l'imam Malek. Il mourut au vieux Caire, l'an 214 de l'Hégire (829 de J. C.). Il eut deux fils, Abou Abd Allah Mohammed et Abd er-Rahman. Le premier fut un disciple de Chafêi. Le second étudia les traditions et l'histoire, et composa un ouvrage sur les conquêtes faites par les premiers musulmans. Ce traité n'a pas une grande valeur.

3 Abou Yacoub Youçof Ibn Yahya el-Bouîti fut un des disciples les plus éminents de l'imam Es-Chafêi et lui succéda dans la direction de l'école. A l'époque où le khalife abbasside El-Mamoun voulait faire adopter comme dogme la création du Coran (c'est-à-dire que le Coran n'était pas la parole increéée de Dieu), El-Bouîti fut arraché de sa chaire, chargé de fers et conduit à Baghdad, où l'on essaya de lui faire accepter cette nouvelle doctrine. Sur son refus, il fut maltraité et enfermé dans une prison, où il resta jusqu'à sa mort. On assure que les fers qu'on lui avait mis aux pieds, et dont on ne le débarrassa plus, pesaient quarante livres, et qu'il portait des menottes attachées par des chaînes à un bandeau de fer qui lui ceignait le cou. Il mourut l'an 231 de l'hégire (845-846 de J. C.). *Bouîti* signifie originaire de Bouît, ville de la haute Égypte.

4 Abou Ibrahîm Ismaîl el-Mozeni, disciple de l'imam es-Chafêi et natif d'Égypte, se distingua par son érudition et par l'austérité de sa vie. Devenu chef des chaféites d'Égypte, il travailla avec ardeur à répandre les doctrines de son maître et composa un grand nombre d'ouvrages. Son abrégé (*mokhtacer*) de la doctrine chaféite a toujours joui d'une haute réputation. Il mourut au Vieux-Caire l'an 264 (878 de J. C.), à l'âge de quatre-vingt-neuf ans.

les uns appartenaient à la famille d'Abd el-Hakem. Les autres étaient Ach'heb [1], Ibn el-Cacem [2] et Ibn el-Maouwaz [3], auxquels se joignirent ensuite El-Hareth Ibn Meskîn [4] avec ses fils [, puis le cadi Abou Ishac Ibn Chabân [5] et ses disciples].

Plus tard, le système de jurisprudence suivi par les gens de la Sonna [et du consentement général] disparut de l'Égypte devant l'établissement de la dynastie des Rafedites (Fatemides), et fut remplacé par celui qui était spécial aux gens de la maison (les Alides). [Les sectateurs des autres systèmes s'y trouvèrent réduits à un si petit nombre, qu'à peine en resta-t-il un seul. Vers la fin du IVe siècle, le cadi Abd el-Ouehhab [6], se trouvant obligé, comme on le sait [7], de quitter Baghdad afin de gagner sa vie, passa en Égypte, où il fut accueilli avec une grande distinction par le khalife fatemide. Le gouvernement égyptien, en lui témoignant tous les égards dus à son talent et en l'accueillant avec tant d'empressement, voulut faire ressortir la conduite méprisable du gouvernement abbasside, qui n'avait pas su apprécier le mérite d'un si grand docteur. La jurisprudence de Malek ne se maintint que très faiblement dans

1 Abou Amr Ach'heb Ibn Abd el-Aziz el-Caïci, natif d'Égypte et l'un des disciples de l'imam Malek, mourut au Vieux-Caire, l'an 204 (820 de J. C.).

2 Abou Abd Allah Abd er-Rahman Ibn el-Cacem el-Otaki, docteur de l'école fondée par Malek, sous qui il avait étudié la jurisprudence, est l'auteur du célèbre digeste de la doctrine malekite intitulé : *El-Modaouwena*. Il mourut au Vieux-Caire l'an 191 (806 de J. C.). Le *Modaouwena* fut ensuite remanié par Sohnoun.

3 Abou Abd Allah Mohammed Ibn Ibrahîm, surnommé *Ibn el-Maouwaz,* fut un des plus savants imams de l'école malekite et en devint le président. Il laissa plusieurs ouvrages qui traitaient de la jurisprudence et dont un a été nommé après lui *El-Maouwaziya.* Il mourut en l'année 281 (894-895 de J. C.).

4 Abou Amr el-Hareth Ibn Meskîn, cadi du Vieux-Caire et docteur de l'école de Malek, fut au nombre des légistes que le khalife El-Mamoun fit emprisonner sur leur refus de reconnaître la création du Coran. Sa mort eut lieu l'an 250 de l'hégire (864 de J. C.).

5 Abou Ishac Mohammed Ibn el-Cacem Ibn Chabân, savant traditionniste et *mufti*, devint chef de l'école malekite en Égypte. Il est l'auteur de plusieurs ouvrages. Sa mort eut lieu dans le mois de djomada premier 355 (avril-mai 966 de J. C.).

6 Le cadi Abou Mohammed Abd el-Ouehhab Ibn Ali, natif de Baghdad, était très versé dans la jurisprudence malekite, et composa plusieurs ouvrages sur les doctrines de cette école. Forcé par la misère de quitter sa ville natale, il alla se fixer en Égypte, où il fut accueilli avec un grand empressement par le gouvernement et par le peuple. Il mourut au Vieux-Caire, l'an 422 (1031 de J. C.).

7 Voy. le *Biographical Dictionary* d'Ibn Khallikan, t. II, p. 166.

le pays jusqu'à ce que la dynastie des Obeïdites-Râfedites fût renversée par Salâh ed-Dîn (Saladin), fils d'Aiyoub, et que la jurisprudence des gens de la maison fût abolie. Celle qui eut pour base le consentement général y reparut de nouveau ; les doctrines enseignées par Chafêi et ses disciples, les gens de l'Irac, refleurirent encore mieux qu'auparavant [et l'ouvrage d'Er-Rafêi [1] se répandit dans ce pays et dans la Syrie]. La phalange de docteurs chafêites qui se forma alors en Syrie sous le patronage du gouvernement aiyoubite renfermait deux hommes hautement distingués, Mohi ed-Dîn en-Newaouï et Eïzz ed-Dîn Ibn Abd es-Selam [2]. Ensuite parurent en Égypte Ibn er-Refâa [3] et Teki ed-Dîn Dakîk el-Aïd [4], puis Teki ed-Dîn es-Sobki [5] et une suite de docteurs, dont le dernier,

1 Abou 'l-Cacem Abd el-Kerîm Ibn el-Fadl el-Cazouîni er-Raféi, imam de l'école chaféite, fut le plus savant jurisconsulte du Khoraçan. Il composa un grand nombre d'ouvrages, dont la plupart avaient pour sujet les doctrines chaféites. Je suppose que le traité dont il est question dans le passage d'Ibn Khaldoun est celui qui a pour titre : *Er-Rauda fi 'l-forouë 's-Chafêiya* « la prairie où l'on traite des articles de droit qu'on a déduits des principes fondamentaux de la doctrine chaféite. » Il mourut vers la fin de l'an 623 (1226 de J. C.).

2 Eïzz ed-Dîn Abou Mohammed Abd el-Azîz Ibn Abd es-Selam es-Selemi, natif de Damas, alla s'établir en Égypte. On le regarda comme le jurisconsulte le plus savant de l'époque. Il composa plusieurs ouvrages et mourut au Vieux-Caire, l'an 660 (1262 de J. C.). — Dans le texte arabe, il faut insérer ايضا après السلام .

3 L'imam Nedjm ed-Dîn Abou 'l-Abbas Ahmed Ibn Mohammed Ibn er-Refâa, le plus savant légiste de son temps, composa plusieurs ouvrages sur la science qu'il cultivait ; l'un formait vingt volumes et s'intitula *El-Kifaîa* « la suffisance » ; l'autre, en soixante volumes, portait le titre d'*El-Matleb* « le répertoire ». Il laissa aussi un traité sur les poids et mesures. Sa mort eut lieu au Vieux-Caire, l'an 710 (1310 de J. C.).

4 Teki ed-Dîn Abou 'l-Feth Mohammed Ibn Ali Ibn Ouelib el-Cocheïri, surnommé *Ibn Dakîk el-Aïd,* étudia le droit sous Ibn Abd es-Selam. Il remplit les fonctions de grand cadi chaféite en Égypte, et mourut l'an 702 (1302 de J. C.). — *Dakîk el-Aïd* « la farine de la fête » était le sobriquet de son grand-père, mais les biographes ne disent pas pourquoi il fut ainsi nommé.

5 Tekied-Dîn Abou 'l-Hacen Ali Ibn Abd el-Kali es-Sobki, natif de Sobk, village dans la province égyptienne nommée *El-Menoufiya,* étudia le droit sous Ibn er-Refâa et composa plusieurs ouvrages. Cet illustre jurisconsulte mourut en Égypte l'an 756 (1355 de J. C.).

Ciradj ed-Dîn el-Bolkîni [1], est maintenant [2] cheïkh el-islam (chef docteur de l'islamisme) de l'Égypte. Il est non seulement le chef des Chaféites dans ce pays, mais le premier savant (ulemâ) de l'époque.

Le système de Malek est suivi spécialement par les habitants de la Mauritanie et de l'Espagne ; il y en a bien peu qui se soient attachés à l'un des autres systèmes, bien qu'il se trouve des sectateurs de Malek dans d'autres pays. (Le système malékite règne dans ces deux contrées) parce que les étudiants maghrébins et espagnols, qui voyageaient pour s'instruire, se rendaient ordinairement dans le Hidjaz, sans aller plus loin. A cette époque, la science (du droit) avait pour siège la ville de Médine (capitale du Hidjaz), et de là elle s'était propagée dans l'Irac, province qui ne se trouvait pas sur le chemin de ces voyageurs. Ils se bornèrent donc à étudier sous les docteurs et professeurs de Médine, ville où Malek était alors l'imam de la science, où ses maîtres avaient tenu ce haut rang avant lui et où ses disciples devaient le remplacer après sa mort. Aussi les Mauritaniens et les Espagnols se rallièrent-ils au système de Malek à l'exclusion des autres, dont ils n'avaient jamais eu connaissance. Habitués, d'ailleurs, à la rudesse de la vie nomade, ils ne pensèrent nullement à s'approprier la civilisation plus avancée que la vie sédentaire avait développée chez les habitants de l'Irac. Ils eurent bien moins de penchant pour ceux-ci que pour les habitants [3] du Hidjaz, avec lesquels ils avaient plus de ressemblance sous le point de vue de la civilisation, qui était celle de la vie nomade. C'est pour cette raison que la jurisprudence malékite est toujours restée florissante chez eux et n'a jamais subi les corrections et modifications que l'influence de la civilisation sédentaire a fait éprouver aux autres systèmes.

Comme la doctrine de chaque imam forma, pour ceux qui la suivaient, l'objet d'une science spéciale et qu'il ne leur fut plus permis de résoudre des questions nouvelles par l'emploi consciencieux de leur propre jugement (idjtihad) ou par le raisonnement, ils se

---

1 Ciradj ed-Dîn Abou-Hafs Omar el-Bolkîni, *cheïkh el-islam* et chef des Chaféites de l'Égypte, fut regardé comme le plus savant jurisconsulte de son temps. Il était profondément versé dans toutes les sciences philosophiques. Né dans un village d'Égypte appelé *Bolkîn*, il mourut au Caire vers l'an 805 de l'hégire (1403 de J. C).

2 Insérez le mot اليوم après فهو .

3 Pour هل , lisez اهل .

virent obligés à chercher, dans chaque cas douteux, des points de similitude ou de différence qui leur permissent de le rattacher (à une question déjà résolue) ou de l'en distinguer tout à fait. Dans ce travail on devait commencer par s'appuyer sur les principes que le fondateur du système avait établis [1], et, pour l'effectuer, il fallait avoir acquis d'une manière solide, la faculté de bien opérer cette espèce d'assimilation et de distinction, en suivant, autant que possible, les doctrines de son imam. Jusqu'à nos jours, on désigne cette faculté par le terme science de jurisprudence.

Toute la population de l'Occident suivit le système de Malek, et les disciples de cet imam se répandirent dans l'Égypte et dans l'Irac. Ce dernier pays posséda le cadi malékite Ismaïl [2], ses contemporains Ibn Khauwaz [3] Mendad, Ibn el-Montab [4], le cadi Abou Bekr el-Abheri, le cadi Abou 'l-Hacen [5], Ibn el-Cassar [6] et le cadi Abd el-Ouehhab, à qui succédèrent encore d'autres docteurs de la même école. L'Égypte posséda Ibn el-Cacem, Ach'heb, Ibn Abd el-Hakem, El-Hareth Ibn Meskîn et autres docteurs [7]. Un étudiant, parti d'Espagne et nommé [Yahya Ibn Yahya el-Leîthi [8], fit la rencontre de Malek (à Médine), apprit par cœur le Mouwatta,

1 Var. المقررة D et Boulac.

2 Abou Ishac Ismaïl Ibn Ishac, jurisconsulte de l'école de Malek, remplit les fonctions de cadi à Baghdad. Il mourut dans cette ville l'an 202 de l'hégire (817-818 de J. C.). Il composa plusieurs ouvrages sur les traditions, la jurisprudence et les sept *leçons* coraniques. — Les dictionnaires biographiques en langue arabe et les divers ouvrages qui renferment les annales de l'islamisme, et qui se trouvent à la Bibliothèque impériale, fournissent peu de notions sur les docteurs malekites de l'Irac. Aussi me vois-je dans l'impossibilité de donner des renseignements sur les quatre personnages dont les noms vont suivre.

3 Variantes : خونز (*khounoz*), خويز (*khoueïz*).

4 Variante : المثناب (*El-Methnab*).

5 Variante : *El-Hoceïn.*

6 L'article sur la science de la controverse علم الخلاف, que Haddji Khalifa a donné dans son Dictionnaire bibliographique, nous apprend qu'Ibn el-Cassar, le Malekite, composa un ouvrage intitulé *Oïoun el-Adilla* « les sources des preuves ». La date de la mort de ce docteur n'y est pas indiquée, probablement parce que Haddji Khalifa l'ignorait.

7 J'ai déjà parlé de ces docteurs.

8 Yahya Ibn Yahya appartenait à la tribu berbère des Masmouda et était client de la tribu arabe des Beni-Leïth. Il étudia le droit sous Malek et contribua beaucoup à répandre en Espagne les opinions de cet imam. Sa mort eut lieu à Cordoue, dans le mois de redjeb 234 (février 849 de J. C.). Pour l'histoire de ce docteur, on peut consulter l'*Histoire des Musulmans d'Espagne,* de M. Dozy.

sous la dictée de cet imam et devint un de ses disciples. Après lui partit du même pays] Abd el-Melek Ibn Habîb [1]. Celui-ci, ayant étudié sous Ibn el-Cacem et d'autres docteurs de la même classe, répandit le système de Malek en Espagne et y rédigea l'ouvrage intitulé El-Ouadeha (l'exposition claire). Plus tard, un de ses disciples nommé El-Otbi [2] rédigea le traité intitulé, après lui, Otbiya. Aced Ibn el-Forat [3], quitta l'Ifrîkiya pour aller écrire sous la dictée des disciples d'Abou Hanîfa ; mais, étant ensuite passé à l'école malékite, il écrivit, sous la dictée d'Ibn el-Cacem, une quantité de sentences appartenant à toutes les sections de la jurisprudence. Il rapporta à Cairouan ce livre, nommé, après lui, Acediya, et l'enseigna à Sohnoun [4]. Celui-ci, étant ensuite passé en Orient, fit de nouvelles études sous Ibn el-Cacem, lui soumit les questions traitées dans cet ouvrage, et rejeta un grand nombre des décisions qu'Aced y avait insérées. Il avait écrit sous la dictée d'Aced et fait un recueil de toutes ses décisions, sans omettre celles qu'il devait répudier dans la suite. Il se joignit alors à Ibn el-Cacem pour inviter Aced par écrit à supprimer dans l'Acediya les décisions contestées et à s'en tenir à un ouvrage qu'il (Sohnoun) venait de composer ; mais cette démarche n'eut aucun succès. Alors le public rejeta l'Acediya pour adopter le digeste de Sohnoun, bien qu'une grande confusion régnât dans la classification des matières contenues dans ce livre [5].

1 Abou Merouan Abd el-Melek Ibn Habîb es-Solemi, célèbre docteur de l'école de Malek et natif d'Espagne, mourut dans ce pays, l'an 238 (853 de J. C.).

2 Mohammed Ibn Ahmed el-Otbi étudia à Cordoue sous Yahya Ibn Yahya, et ensuite à Cairouan sous Sohnoun, puis en Égypte sous Asbagh. Rentré à Cordoue, il y acquit une grande réputation comme jurisconsulte, et mourut l'an 254 de l'hégire (868 de J. C.).

3 Aced Ibn el-Forat, natif du Khoraçan, se rendit en Afrique avec Ibn el-Achath, qui fut nommé gouverneur de ce pays en l'an 144 (761-762 de J. C.). Il passa ensuite en Orient, où il étudia la jurisprudence. Rentré à Cairouan, il en fut nommé cadi par Zîadet Allah Ibn Ibrahîm, l'Aghlebite, qui, en l'an 201 (817 de J. C.), avait succédé à son frère, Abou 'l-Abbas, dans le gouvernement de l'Ifrîkiya. En l'an 212, il reçut de ce prince le commandement d'une expédition contre la Sicile et, en l'an 215 (830 de J. C.), il mourut sous les murs de Syracuse, ville dont il faisait le siège.

4 Abou Saîd Abd es-Selam Ibn Saîd, surnommé *Sohnoun*, étudia sous les disciples de Malek et fut ensuite nommé cadi de Cairouan. Il retoucha ou compila, dit-on, le célèbre traité de droit malekite intitulé *El-Modauwena* (le digeste) ; sa mort eut lieu en l'année 240 (854 de J. C.).

5 Littéral. « malgré le mélange des questions dans les chapitres ». Selon le traducteur turc, ces mots signifient que les questions du recueil d'Aced s'y trouvent

On donna alors à l'ouvrage de Sohnoun le titre de El-Modauwena oua 'l-Mokhteleta (le digeste et le mélange). Les gens de Cairouan s'appliquèrent à l'étude de ce Modauwena, mais ceux d'Espagne adoptèrent l'Otbiya et le Ouadeha. Ibn Abi Zeïd résuma ensuite le contenu du Modauwena oua 'l-Mokhteleta dans un traité qu'il intitula le Mokhtecer (abrégé), et Abou Saîd el-Beradaï [1], légiste de Cairouan, en fit aussi un précis, qu'il nomma le Tehdîb (refonte). Les docteurs de l'Ifrîkiya firent de ce livre la base de leur enseignement et laissèrent de côté tous les autres. En Espagne, les professeurs adoptèrent l'Otbiya et rejetèrent le Ouadeha ainsi que les autres traités sur le même sujet. Les ulemâ de l'école de Malek ont continué à composer des commentaires, des gloses et des recueils pour éclaircir le texte de ces livres, devenus classiques. En Ifrîkiya, Ibn Younos, El-Lakhmi, Ibn Mohrez, Et-Tounici, Ibn Bechîr et autres docteurs de la même école ont composé beaucoup d'ouvrages sur le Modauwena, de même qu'en Espagne, Ibn Rochd [2] et ses confrères ont écrit un grand nombre de traités sur l'Otbiya. Ibn Abi Zeïd réunit en un seul volume intitulé Kitab en-Newader (livre de choses singulières) les questions, les points de controverse et les opinions qui se trouvent répandues dans les livres de jurisprudence classiques. Ce traité renferme toutes les opinions

---

mêlées avec celle du digeste de Sohnoun.

1 Abou Saîd Khalaf Ibn Abi 'l-Cacem el-Azdi el-Beradaï, natif de Saragosse et docteur de l'école malekite, est l'auteur d'une édition corrigée du célèbre traité le *Modauwena* ; son ouvrage, qu'il intitula le *Tehdîb* (refonte), jouit d'une haute réputation. Il vivait au IVe siècle de l'hégire et avait probablement fait ses études à Cairouan.

2 Abou 'l-Ouelîd Mohammed Ibn Ahmed Ibn Ahmed Ibn Rochd, grand-père du célèbre philosophe Averroès et cadi de Cordoue, se distingua par son zèle pour la religion et par les grandes connaissances qu'il déploya comme jurisconsulte et professeur de droit malekite. En l'année 520 (1126 de J. C.), il passa en Mauritanie afin d'exposer au sultan almoravide Ali Ibn Youçof le malheureux état de l'Espagne, et de le pousser à prendre des mesures afin de garantir les musulmans espagnols contre les attaques du roi d'Aragon, Alfonse le Batailleur. Rentré à Cordoue, il reprit ses leçons et mourut dans cette ville, le 11 du mois de dou 'l-kaada 520 (28 nov. 1126 de J. C.). La Bibliothèque impériale possède un exemplaire de l'ouvrage qui renferme les opinions juridiques d'Ibn Rochd, le grand-père. L'ordre suivi dans ce recueil est celui de tous les traités de droit musulman. Ce manuscrit, écrit l'an 722 de l'hégire (1322 de J. C.), fait partie du *Supplément arabe* et porte le n° 398. Il forme un gros volume grand in-4°, et offre un type parfait du caractère maghrébin-espagnol. Le dernier chapitre est du compilateur Ibn el-Ouezzan, et renferme une notice biographique de l'auteur.

émises par les docteurs de l'école malekite et le développement des principes qui se trouvent énoncés dans les traités fondamentaux. Ibn Younos inséra la majeure partie du Newader dans le livre qu'il composa sur le Modauwena. Aussi vit-on les doctrines malekites déborder sur les deux pays (de l'Espagne et de la Mauritanie), et cet état de choses se maintint jusqu'à la chute des royaumes de Cordoue et de Cairouan. Ce fut postérieurement à ces événements que les Maghrébins adoptèrent (définitivement) le rite de Malek.

[On remarque dans le système de Malek trois écoles différentes [1] : l'une, celle de Cairouan, eut pour chef Sohnoun, disciple d'Ibn el-Cacem ; la seconde, celle de Cordoue, eut pour fondateur Ibn Habîb, disciple de Malek, de Motarref, d'Ibn el-Madjichoun [2] et d'Asbagh [3] ; la troisième fut établie en Irac par le cadi Ismaïl et par ses disciples. Les Malekites d'Égypte suivirent l'école d'Irac, dont ils avaient appris les doctrines sous la direction du cadi Abd el-Ouehhab, qui avait quitté Baghdad vers la fin du IVe siècle, pour se rendre dans leur pays. Il est vrai que, depuis les temps d'El-Hareth Ibn Meskîn, d'Ibn Moïyesser, d'Ibn el-Lehîb et d'Ibn

1 Ce long paragraphe ni la première moitié du paragraphe suivant ne se trouvent ni dans l'édition de Boulac, ni dans les manuscrits C et D ; on les lit dans le manuscrit A et dans la traduction turque. Ils remplacent un autre passage beaucoup plus court dont M. Quatremère a donné le texte en note, et dont j'offre ici la traduction :

> « Ensuite parut le livre dans lequel Abou Amr Ibn el-Hadjeb résuma les diverses voies suivies par les sectateurs de l'école (malekite), dans le but d'éclaircir le sujet de chaque chapitre (du traité dont ils se servaient) ; il y fit aussi connaître les diverses opinions énoncées par les docteurs malekites sur chaque question a résoudre. Ce traité forma donc un répertoire de toutes les matières qui avaient attiré l'attention de cette école. Le système malekite se conserva en Égypte depuis le temps d'El-Hareth Ibn Meskîn, d'Ibn Moïyesser, d'Ibn el-Lehîb, d'Ibn Rechîk et d'Ibn Ata 'llah. J'ignore à qui Ibn el-Hadjeb devait ses renseignements ; mais je sais qu'il parut après la chute de l'empire fatemide, à la suite de la suppression du système de jurisprudence particulier aux gens de la maison, et de l'apparition des docteurs chaféites et malekites (dans la vie active). Vers la fin du VIIe siècle, son livre fut introduit dans la Mauritanie, où. . . etc.

2 Abou Merouan Abd el-Melek Ibn Abd el-Azîz, surnommé *Ibn el-Madjichoun,* était natif de Médine. Il étudia la jurisprudence sous Malek. Sa mort eut lieu l'an 213 de l'hégire (828-829 de J. C.). —— Dans le texte imprimé, il faut lire الماجشون à la place d'الماحشون .

3 Abou Abd Allah Asbagh Ibn el-Feredj, natif d'Égypte et docteur malekite, étudia sous les disciples de l'imam Malek et mourut l'an 225 (840 de J. C.).

Rechîk, le système de droit malekite avait existé en Égypte, mais la domination des Rafedites et de la jurisprudence des gens de la maison l'avait empêché de se montrer. Les légistes de Cairouan et ceux de l'Espagne eurent une forte aversion pour les doctrines de l'école d'Irac, parce que ce pays était très éloigné, que les sources où l'on avait puisé ces doctrines leur étaient restées inconnues et qu'ils savaient à peine par quels moyens les docteurs de l'Irac avaient acquis leurs connaissances. D'ailleurs ceux-ci avaient pour principe de résoudre certaines questions [1] en employant d'une manière parfaitement consciencieuse les efforts de leur propre jugement (idjtihad), et niaient l'obligation d'adopter aveuglément le système ou les opinions de quelque docteur que ce fût. Voilà pourquoi les Maghrébins et les Espagnols évitèrent d'embrasser aucune opinion émise par l'école d'Irac, à moins d'avoir bien reconnu qu'on pouvait la faire remonter à l'imam (Malek) ou à ses disciples. Plus tard les trois écoles se confondirent en une seule. Dans le courant du VIe siècle, Abou Bekr et-Tortouchi quitta l'Espagne et alla se fixer à Jérusalem, où il donna des leçons (du droit malékite) à des étudiants venus du Caire et d'Alexandrie. Ses élèves mêlèrent les doctrines de l'école espagnole avec celles de l'école d'Égypte, leur propre pays. Un des leurs, le légiste Send Saheb et-Tiraz, eut ensuite plusieurs disciples, sous lesquels on alla étudier plus tard. Parmi eux se trouvèrent les fils d'Aouf [2], qui formèrent aussi des disciples. Abou Amr Ibn el-Hadjeb étudia sous ceux-ci, puis, après lui, Chihah, ed-Dîn el-Iraki Cet enseignement s'est maintenu dans les villes que nous venons de nommer.]

[Le système de jurisprudence suivi en Égypte par les Chaféites avait aussi disparu à la suite de l'établissement des Fatemides, gens de la maison. Après la chute de cette dynastie parurent plusieurs docteurs qui relevèrent cette école, et dans le nombre se trouva Er-Rafêi, chef jurisconsulte de Khoraçan. Après lui, Mohi ed-Dîn en-Newaouï, un autre membre de cette bande illustre, se distingua

1 Je ne sais si j'ai bien rendu le sens des mots وان كان خاصا . Le traducteur turc n'en a pas tenu compte.

2 Nous connaissons un de ces frères : il se nommait *Ibn Mekki Ibn Aouf ez-Zohri*. La réputation de ce traditionniste et docteur fut si grande que le sultan Salah ed-Dîn (Saladin) se fit expliquer par lui le texte du *Muowatta* de Malek. Ibn Aouf se distingua par sa piété et par la sainteté de sa vie. Il mourut l'an 581 (1185 de J. C.).

en Syrie. Plus tard, l'école malékite de Maghreb mêla ses doctrines à celles de l'école d'Irac. Ce changement commença à partir du temps où Es-Chirmesahi brilla à Alexandrie comme docteur de l'école maghrébine-égyptienne. Le khalife abbasside El-Mostancer, père du khalife El-Mostacem [1] et fils du khalife Ed-Dhaher, ayant fondé à Baghdad l'université qu'on appelle d'après lui El-Mostanceriya, fit demander au khalife fatemide qui régnait alors en Égypte de lui envoyer le docteur dont nous venons de mentionner le nom. Es-Chirmesahi, ayant obtenu l'autorisation de partir, se rendit à Baghdad, où il fut installé comme professeur dans la Mostanceriya. Il occupait encore cette place l'an 656 (1258 de J. C.), quand Houlagou s'empara de Baghdad ; mais il put sauver sa vie dans ce grand désastre et obtenir sa liberté. Il continua à résider dans cette ville jusqu'à sa mort, événement qui eut lieu sous le règne d'Ahmed Abagha, fils de Houlagou. Les doctrines des Malekites égyptiens se sont mêlées avec celles des Malekites maghrébins, ainsi que nous l'avons dit, et le résumé s'en trouve dans le Mokhtecer (ou abrégé) d'Abou Amr Ibn el-Hadjeb. On voit, en effet, à l'examen de cet ouvrage, que l'auteur, en exposant les diverses parties de la jurisprudence sous leurs propres titres, a non seulement inséré dans chaque chapitre toutes les questions qui se rapportent à la matière dont il traite, mais il y a placé, malgré leur grand nombre, toutes les opinions que les docteurs ont émises sur chaque question ; aussi ce volume forme-t-il, pour ainsi dire, un répertoire de jurisprudence malékite. Vers la fin du VIIe siècle, l'ouvrage d'Ibn el-Hadjeb fut apporté dans la Mauritanie et dès lors] il devint le manuel favori de la majorité des étudiants maghrébins. Ce fut surtout à Bougie qu'ils se distinguèrent par leur empressement à l'accueillir, ce qui tenait à la circonstance qu'Abou Ali Nacer ed-Dîn ez-Zouaoui, le grand docteur de cette ville, fut la personne qui l'y avait apporté. Il venait de le lire en Égypte sous la direction des anciens élèves de l'auteur et en avait tiré une copie. Les exemplaires se répandirent dans les environs de Bougie, et ses disciples les firent passer dans les autres villes du Maghreb. De nos jours ces volumes se transmettent de main en main, tant est grand l'empressement des étudiants à lire un ouvrage qui, selon une tradition généralement reçue, avait été spécialement recommandé par ce professeur. Plusieurs docteurs maghrébins appartenant à la ville de Tunis, tels

1 Pour المعتصم , lisez المستعصم .

qu'Ibn Abd es-Selam, Ibn Rached et Ibn Haroun, ont composé des commentaires sur cet ouvrage. Dans cette bande illustre, celui qui remporta la palme fut Ibn Abd es-Selam. Les étudiants du Maghreb lisent aussi le Tehdîb [1] (d'El-Beradaï) pendant qu'ils font leur cours de droit. Et Dieu dirige celui qu'il veut.

De la science qui a pour objet le partage ces successions (eïlm el-feraïd).

Cette science fait connaître les portions légales (dans lesquelles il faut diviser le montant) d'un héritage, et permet de déterminer au juste les quotes-parts d'une succession. Cela se fait en ayant égard aux portions primitives (fixées par la loi) et en tenant compte de la monasekha (ou transmission de l'hérédité). Une des espèces de la monasekha c'est le décès d'un des héritiers (avant le partage) et la (nécessité de procéder à la) répartition de sa légitime entre ses propres héritiers. Cela exige des calculs au moyen desquels on rectifie [2] (la valeur des parts dont la succession se composait) en premier lieu ; puis, en second lieu, on assigne aux héritiers les légitimes exactes qui leur sont dues. Deux, ou même plusieurs cas de monasekha peuvent se présenter simultanément (lors du partage d'une même succession), et, plus ils sont nombreux, plus il y a de calculs à faire. Une autre espèce de monasekha est celle d'une succession à deux faces, comme, par exemple, une succession dont un des héritiers déclare l'existence d'un autre héritier (sur lequel on ne comptait pas), tandis que son cohéritier nie le fait. Dans des cas de cette nature on détermine les parts sous les deux points de vue ; ensuite on examine le montant des parts, puis on partage les biens du défunt proportionnellement aux quotes-parts qui devaient revenir aux héritiers qui s'étaient présentés d'abord [3]. Tout

---

1 Pour التذهيب , lisez التهذيب .

2 Comme le mot حسبان est au pluriel, il faut lire تصحح à la place de يصحح . Le manuscrit C offre la bonne leçon. Dans l'édition de Boulac, nous lisons يصحح , mais حسبان est remplacé par son singulier حساب .

3 Voici comment j'entends ce passage : Les cohéritiers, Zeïd et Omar, se présentent pour recueillir leur légitime, mais, au moment du partage, Omar déclare l'existence d'un autre héritier, lequel se nomme Ali ; mais Zeïd nie le fait. En ce cas, on commence par calculer les parts qui devraient revenir aux deux premiers héritiers seulement ; Zeïd touche sa part ; puis on fait un nouveau calcul, afin

cela nécessite l'emploi de calculs [1].

Dans les traités de droit, le chapitre sur les successions occupe une place à part, vu qu'il renferme non seulement des choses qui se rapportent à la jurisprudence, mais aussi des calculs, et que ceux-ci en forment la matière principale. On a fait de la répartition des héritages une branche de science distincte des autres, et l'on a composé beaucoup d'ouvrages sur ce sujet. Ceux qui, dans les derniers siècles, ont eu le plus de réputation chez les Malekites d'Espagne, sont : le Kitab (ou traité) d'Ibn Thabet [2] et le Mokhtecer (ou abrégé) composé par le cadi Abou 'l-Cacem el-Haoufi [3], puis le traité d'El-Djâdi. En Ifrîkiya, les musulmans des derniers temps se servent de divers ouvrages dont l'un a eu pour auteur Ibn el-Monemmer de Tripoli [4]. Les Chaféites, les Hanefites et les Hanbelites ont composé un grand nombre de livres sur cette matière et laissé des travaux qui, par leur masse et par la difficulté des questions dont ils donnent la solution, offrent un témoignage frappant des vastes connaissances que ces auteurs possédaient tant en jurisprudence que dans l'art du calcul. On distingue surtout parmi ces écrivains Abou 'l-Maali, que Dieu lui fasse miséricorde [5] !

Le partage des successions est un noble art, parce qu'il exige une réunion de connaissances dont les unes dérivent de la raison et les autres de la tradition, et parce qu'il conduit, par des voies sûres et certaines, à reconnaître ce qui est dû aux héritiers quand on

---

de savoir combien aurait dû revenir à Ali dans le cas on il se serait présenté tout d'abord. La somme qui lui revient est prélevée sur la part d'Omar.

1 On trouvera des exemples de ces calculs dans le tome VI, p. 416 et suiv. du *Précis de jurisprudence musulmane* de Khalîl Ibn Ishac, traduit de l'arabe par M. Perron, et publié dans le recueil intitulé *Exploration scientifique de l'Algérie.*

2 Abou Nasr Ahmed Ibn Abd Allah Ibn Thabet, docteur chaféite, natif de Bokhara et auteur d'un traité des partages intitulé *El-Mohaddeb* (le refondu), mourut l'an 447 (1055-1056 de J. C.).

3 Abou 'l-Cacem Ahmed Ibn Mohammed Ibn Khalef el-Haoufi, natif de Séville et auteur d'un traité sur les *feraïd* (portions légales), mourut l'an 588 (1192 de J. C.).

4 Notre auteur nous apprend, dans son *Histoire des Berbers*, t. III, p. 266, 267, qu'en l'an 429 (1037-1038 de J. C.) Abou 'l-Hacen Ibn el-Monemmer, légiste qui s'était distingué par sa connaissance des règles à suivre dans le partage des successions, et qui était président du conseil municipal qui gouvernait alors la ville de Tripoli, remit cette ville entre les mains d'un membre de la famille Khazroun, qui y fit aussitôt reconnaître la souveraineté des Fatemides de l'Égypte.

5 Il s'agit de l'imam *El-Haremeïn.*

ignore la valeur des portions qui doivent leur revenir, et que les personnes chargées du partage de la succession ne savent comment s'y prendre. Les ulemâ des grandes villes l'ont cultivé avec un soin extrême.

Quelques-uns des docteurs qui ont abordé ce sujet se sont laissé porter à un excès dans le développement de leurs calculs ; s'étant proposé des problèmes dont la solution ne peut s'obtenir que par l'emploi de l'algèbre, de l'extraction des racines et d'autres branches de science [1], ils en ont farci leurs ouvrages. Des spéculations de ce genre ne sont guère à la portée de tous les hommes et demeurent inutiles pour ceux qui ont à faire le partage des successions, parce que les cas dont elles donnent la solution sont tout à fait exceptionnels et se présentent très rarement. Elles contribuent cependant à former l'esprit à l'application et à développer la faculté de traiter convenablement les affaires de partage.

La plupart des personnes qui cultivent cette partie de la science la considèrent comme une des premières et citent, à l'appui de leur opinion, une tradition provenant d'Abou Horeïra. Selon lui, le Prophète déclara que les faraïd composent le tiers de la science et en sont la partie qu'on oublie le plus vite, ou, selon une autre leçon, composent la moitié de la science. Cette tradition, publiée pour la première fois par Abou Naîm [2], leur a semblé une preuve qui justifiait leur prétention, parce qu'ils ont cru que le terme faraïd désignait les parts d'un héritage. Cette supposition est évidemment loin (d'être probable) ; les faraïd dont il s'agit dans la tradition sont les prescriptions légales que les hommes sont tenus à observer et qui se rapportent non seulement aux héritages, mais aux pratiques de la dévotion et aux usages qu'on doit adopter dans la vie. Le mot, étant pris dans cette acception, désigne fort bien des notions qui composent la moitié ou le tiers (de la science), tandis que les prescriptions touchant les successions ne forment

1 L'auteur aurait mieux fait d'écrire فنون الى à la place de من فنون . L'éditeur de l'édition de Boulac s'est aperçu de l'erreur, mais, par un défaut d'attention, il a porté la correction sur la particule فى , qui precède le mot استخراج .

2 Le *hafedh* Abou Naîm Ahmed el-Ispahani es-Soufi naquit en 336 (947-948 de J. C.). Il composa des annotations sur les *Sahîhs* d'El-Bokhari et de Moslem ; et, de plus, deux ouvrages sur les Compagnons de Mohammed, une biographie d'Ispahanides, etc. Il mourut en moharrem 403 (juillet-août 1012 de J. C.). On le considère comme le plus grand traditionniste de cette époque.

qu'une faible partie de nos connaissances, si on les compare avec toutes les autres sciences qui dérivent de la loi. Pour fortifier ce raisonnement, nous ajouterons que l'emploi du mot faraïd avec une signification restreinte, et son application spéciale au partage des successions, datent de l'époque où les légistes commençaient à systématiser les connaissances scientifiques et à se servir de termes techniques pour cet objet. Aux premiers temps de l'islamisme, faraïd ne s'employait que dans son acception la plus générale, celle qu'il devait à sa racine fard, mot qui signifie prescrire ou décider. Les anciens musulmans lui attribuèrent la signification la plus étendue, afin de s'en servir pour désigner les prescriptions de toute nature, ainsi que nous l'avons dit, prescriptions qui forment l'essence de la loi. Il ne faut donc pas attribuer à ce mot un sens différent de celui que les anciens lui avaient assigné, sens qui était bien celui qu'ils avaient voulu exprimer [1].

Des bases de la jurisprudence et de ce qui s'y rattache, c'est-à-dire la science des matières controversées et la dialectique [2].

Une des plus grandes d'entre les sciences religieuses, une des plus importantes et des plus utiles, a pour objet les bases de la jurisprudence. Elle consiste à examiner les indications qui se trouvent dans les textes sacrés, afin d'y reconnaître les maximes (de droit) [3] et les prescriptions imposées (par la religion). Les indications fournies par la loi s'appuient sur le Livre, c'est-à-dire le Coran, et ensuite sur la Sonna, servant à expliquer ce livre. Tant que le Prophète vivait, on tenait directement de lui les jugements (ou maximes de droit) ; il donnait des éclaircissements en paroles et en actes au sujet du Coran, que Dieu lui avait révélé, et fournissait des renseignements oraux à ses disciples ; aussi n'eurent-ils aucun besoin d'avoir

1 On trouvera plus loin un autre chapitre sur le partage des successions.

2 Dans les manuscrits C et D, dans l'édition de Boulac et dans la traduction turque, ce chapitre et les deux chapitres suivants n'en forment qu'un seul.

3 Littéral. « les jugements, ou décisions ». Je trouve, dans la préface de l'ouvrage arabe imprimé à Calcutta et portant le titre de *Dictionary of the technical terms used in the sciences* of *the musulmans,* que ces jugements aboutissaient à déclarer que telle chose était d'obligation وجوب , ou recommandée ندب , ou licite حل , ou défendue حرمة , ou bonne صحة , ou mauvaise فساد .

recours à la tradition, à la spéculation, ni aux déductions fondées sur des analogies. Cette instruction de vive voix cessa avec la vie du Prophète, et, dès lors, la connaissance des prescriptions coraniques ne se conserva que par la tradition.

Passons à la Sonna. Les Compagnons s'accordèrent tous à reconnaître que c'était pour le peuple musulman un devoir de se conformer aux prescriptions renfermées dans la Sonna et fondées sur les paroles ou les actes du Prophète, pourvu que ces indications fussent parvenues par une tradition assez sûre pour donner la conviction de leur authenticité. Voilà pourquoi on regarde le Coran et la Sonna comme les sources où il faut puiser les indications qui conduisent à la solution des questions de droit [1]. Plus tard, l'accord général (des premiers musulmans sur certains points de droit) prit place (comme autorité) à côté de ces deux (sources de doctrine ; cet accord existait) parce que les Compagnons se montraient unanimes à repousser les opinions de tout individu qui n'était pas de leur avis. Cette unanimité a dû s'appuyer sur une base solide, car l'accord d'hommes tels qu'eux était certainement fondé sur de bonnes raisons ; d'ailleurs nous avons assez de preuves pour constater que le sentiment de la communauté (musulmane) ne saurait s'égarer. L'accord général fut donc reconnu comme preuve authentique dans les questions qui se rattachent à la loi.

Si nous examinons les procédés par lesquels les Compagnons et les anciens musulmans opéraient sur le Coran et la Sonna pour en déduire (des maximes de droit), nous verrons que, tout en établissant des rapprochements entre les cas analogues et en comparant chaque cas douteux avec d'autres qui lui ressemblaient, ils sacrifiaient leurs opinions personnelles à la nécessité d'être unanimes. Expliquons-nous. Après la mort du Prophète, beaucoup de cas se présentèrent dont la solution ne se trouvait pas dans les textes authentiques (le Coran et la Sonna) ; les Compagnons se mirent alors à juger ces cas en les rapprochant de cas analogues dont la solution était déjà fournie, et en les rapportant aux textes qui avaient servi à décider ceux-ci. En faisant cette confrontation, ils eurent soin d'observer certaines règles au moyen desquelles on pouvait bien constater l'analogie des deux cas qui se ressemblaient

---

1 Littéral. « l'indication de la loi (c'est-à-dire ce qui est indiqué par la loi) se trouve dans le livre de la *Sonna*, sous ce point de vue. »

ou qui avaient entre eux quelque similitude. Ils arrivaient de cette manière à la conviction que la décision émanée de Dieu à l'égard d'un des cas s'appliquait également à l'autre. Cette opération, qu'ils s'accordaient tous à regarder comme fournissant une preuve légale, s'appelle kias (déduction analogique) et forme la quatrième source d'indications.

Voilà, selon la grande majorité des docteurs, les sources où l'on doit chercher les moyens de résoudre les questions de droit ; mais quelques légistes, en très petit nombre il est vrai, ne sont pas de leur avis en ce qui concerne l'accord général et la déduction analogique. Il y avait aussi des docteurs qui, à ces quatre sources, en ajoutaient une cinquième, dont il n'est pas nécessaire de parler, tant elle est faible dans son application et tant ses partisans sont rares [1].

La première question à examiner dans cette branche de science est de savoir si les quatre sources déjà mentionnées fournissent réellement des indications certaines [2]. En ce qui regarde le Coran, nous dirons que le style inimitable de ce livre et l'extrême exactitude avec laquelle la tradition nous en a fait parvenir le texte forment une preuve de ce fait tellement décisive, qu'elle ferme absolument la carrière aux doutes et aux suppositions. Passons à la Sonna et à ce que la tradition nous en a conservé. (A son égard, la question est tranchée par) l'accord général des docteurs sur la nécessité de se conformer aux indications authentiquement reconnues qu'elle nous fournit. Nous avons déjà cité cet argument qui, du reste, trouve sa confirmation dans la conduite du Prophète lui-même : il expédiait en divers lieux des lettres et des épîtres renfermant des décisions sur des points de droit et des prescriptions ayant force de loi, soit comme injonctions, soit comme prohibitions. Quant à l'accord général, on démontre qu'il est une preuve décisive en citant l'unanimité des Compagnons à repousser les opinions qui étaient contraires aux leurs, et en faisant observer que la grande communauté musulmane est incapable d'errer. La validité de la déduction analogique est confirmée par la pratique générale des Compagnons, ainsi que nous l'avons déjà dit. Voilà les (quatre) sources d'indications (ou preuves).

---

1 Je soupçonne que l'auteur fait ici allusion aux rêveries et visions des Soufis.

2 Littéral. « d'examiner si ceux-ci sont des indications ». — Pour الادلة , il faut lire ادلة , avec les manuscrits C, D, l'édition de Boulac et la traduction turque.

Nous ferons maintenant observer que la Sonna, telle que nous l'avons reçue par la voie de la tradition, a besoin d'être vérifiée en ce qui regarde sa transmission orale : il faut examiner les voies par lesquelles ces renseignements nous sont parvenus et s'assurer de la probité des personnes qui les ont rapportés, si l'on veut parvenir à y reconnaître ce caractère (d'authenticité) qui entraîne la conviction et qui est le point d'où dépend l'obligation d'agir conformément à ces renseignements. Voilà une des bases sur lesquelles se fonde la science dont nous traitons. Une branche de la même science consiste à déterminer la plus ancienne des deux traditions qui se contredisent, afin d'y reconnaître [1] l'abrogeant et l'abrogé. Il y a ensuite l'obligation d'examiner la signification des mots (qui se trouvent dans les textes sacrés). Cela exige des explications : on ne peut exprimer d'une manière bien intelligible toutes ses pensées au moyen de mots combinés de diverses façons, à moins de s'appuyer sur la connaissance de la signification conventionnelle des mots (isolés) et des combinaisons de mots. Or les règles linguistiques à l'aide desquelles on se dirige dans cette étude sont celles qui forment les sciences de la syntaxe, des inflexions grammaticales et de l'expression des idées (la rhétorique). Tant que la connaissance de la langue avait été une faculté innée, ces sciences et ces règles n'existaient pas ; pendant cette période, le légiste n'en avait aucun besoin, parce que la connaissance de la langue lui était une faculté naturellement acquise. Cette faculté, en ce qui regarde la langue arabe, s'altéra (avec le temps), et il fallut alors que les critiques les plus expérimentés s'appliquassent à fixer définitivement le langage au moyen de renseignements fournis par une tradition authentique et de déductions tirées de saines analogies. Ces travaux servirent ensuite à la formation de plusieurs sciences dont le légiste qui cherche à bien connaître les décisions de Dieu ne saurait se passer.

Les combinaisons de mots (dans les textes sacrés) fournissent à l'entendement certaines notions d'un caractère particulier, c'est-à-dire des maximes de droit, lesquelles se trouvent parmi le nombre des idées spéciales exprimées au moyen de ces combinaisons et qui contribuent à former la science de la jurisprudence. Il ne suffit pas (pour reconnaître ces maximes) de savoir les diverses

1 Il faut supprimer le و qui précède معرفة ; l'analyse grammaticale, le texte de l'édition de Boulac et celui des manuscrits C et D autorisent la correction.

significations qu'on a assignées aux combinaisons de mots, il faut encore connaître certains principes qui servent d'indices aux significations [1] qui sont spéciales (à notre sujet), principes qui, ayant été posés comme fondamentaux par les légistes et les critiques les plus habiles dans la science de la loi, font reconnaître (parmi ces diverses significations) celles qui sont des maximes de droit [2]. Parmi les principes établis par ces docteurs comme règles à observer dans la recherche de ce genre de connaissances, nous trouvons les suivants : une déduction tirée de l'étymologie n'est pas valide [3] ; dans un mot ayant deux acceptions différentes, les deux significations ne peuvent pas être admises à la fois ; la conjonction et (و) n'indique pas l'ordre [4]. (Parmi les principes moins certains, nous citerons ceux-ci) : quand on supprime quelques cas particuliers dans (une proposition) générale, peut-on se servir des cas qui restent pour en tirer une conclusion ? Le commandement implique-t-il l'obligation de faire, ou bien est-il une simple incitation ? Exige-t-il qu'on agisse sur-le-champ ou bien sans trop se presser ? La prohibition implique-t-elle, ou non, que la chose défendue est mauvaise (de sa nature) ? Est-il permis, dans une prescription générale, de prendre pour règle un des cas particuliers que cette prescription renferme [5] ? L'énonciation d'un motif (ou cause) implique-t-elle ou non l'énumération (des résultats ou effets) [6] ? Tous ces principes servent de base à cette

1 Je lis الدلالات à la place de الدلا لة . La leçon que je préfère se trouve dans le manuscrit D et dans l'édition de Boulac.

2 Dans ce paragraphe et le suivant, l'auteur se sert de la langue technique de l'école ; aussi me suis-je vu dans la nécessité de m'écarter de la lettre du texte, afin d'en rendre les idées d'une manière intelligible.

3 Telle, par exemple, que celle-ci : Le vin s'appelle *khamr* parce qu'il trouble (*khumar*) la raison ; or le nebid trouble la raison ; il est donc *khamr* et, en ce cas, il est défendu par la loi ; ici la conclusion est fausse.

4 C'est-à-dire l'ordre du temps dans lequel se succèdent les choses désignées par les mots que cette conjonction unit ensemble. Pour يقتضى , lisez تقتضّى avec le manuscrit D et l'édition de Boulac.

5 Exemple : Un texte de la loi a dit : « Celui qui tue un vrai croyant involontairement doit affranchir un esclave » ; un autre texte porte : « Celui qui tue un vrai croyant involontairement doit affranchir un esclave vrai croyant. » Doit-on appliquer comme loi la seconde prescription plutôt que la première ?

6 Il faut lire التعدد اولا . L'édition de Boulac porte التعدد اما لا , ce qui revient au même, et le traducteur turc a eu la bonne leçon sous les yeux, puisqu'il a rendu le passage ainsi : و علتك تصريح اولنمسى تعديده كافيميدر , c'est-à-dire « l'énonciation de la cause suffit-elle pour l'énumération ».

branche de science et, puisqu'on les emploie dans la recherche des significations des mots, ils rentrent dans la catégorie de la philologie (arabe) [1].

Ajoutons que l'investigation faite au moyen de déductions analogiques forme une des parties fondamentales de cette science, parce qu'elle sert, 1° à fixer le véritable caractère des jugements qu'on a formés en employant l'assimilation et la comparaison, de sorte que nous puissions distinguer s'ils sont des principes généraux ou bien des ramifications de principe [2] ; 2° à examiner les traits caractéristiques [3] d'un texte et à en dégager celui duquel on a la conviction que le jugement (qu'on va former) doit dépendre ; 3° à s'assurer, que ce trait caractéristique se trouve déjà dans la ramification, sans offrir quelque point faible qui empêcherait de fonder sur elle un jugement. A tout cela nous pourrions ajouter les corollaires qui résultent de ces principes et qui contribuent aussi à former les bases de la jurisprudence.

Cette branche des connaissances (humaines) prit son origine postérieurement à l'établissement de l'islamisme. Les premiers musulmans purent s'en passer, car la connaissance de la langue, faculté qu'ils possédaient en perfection, leur suffisait pour reconnaître les divers sens exprimés par les mots. Ce fut d'eux qu'on tient la plupart des règles qu'il fallait observer exactement quand on s'appliquait à (l'examen des textes afin d'en) tirer des décisions. Rien ne les obligeait à étudier des isnads ; ils étaient contemporains des personnes qui (les premières) avaient rapporté des traditions, ils les (voyaient fréquemment et les) connaissaient très bien. Lorsque la première génération des musulmans eut disparu du monde, on se vit obligé d'acquérir toutes ces connaissances par des moyens artificiels (l'étude et la pratique), ainsi que nous l'avons dit ailleurs, et, dès ce moment, les légistes et les modjteheds se virent obligés d'apprendre les règles et les principes dont nous venons de parler, avant de pouvoir (se livrer à l'étude des textes afin d'en) tirer des jugements. Ils mirent donc ces règles par écrit et en formèrent une branche de science sui generis, à laquelle ils donnèrent le nom de racines (ou bases) de la jurisprudence.

1 Pour وكونها il faut lire ولكونها, avec les manuscrits C et D et l'édit. de Boulac. Le traducteur turc n'a pas rendu ce passage.

2 Littéral. « en troncs ou en branches ».

3 Littéral. « les qualités ».

Ce fut Chafêi qui, le premier, composa un ouvrage sur ce sujet, ayant dicté (à ses élèves) le texte de l'opuscule célèbre dans lequel il traite des injonctions et des prohibitions, de l'expression des idées, des renseignements traditionnels, de l'abrogation (d'un texte par un autre) et de cette partie de la déduction analogique qui se rapporte aux décisions motivées par des textes. Les jurisconsultes hanefites écrivirent ensuite sur ces matières, et entrèrent dans de longs détails afin de déterminer exactement les principes fondamentaux de la science. Les théologiens scolastiques écrivirent aussi sur ce sujet ; mais les œuvres des légistes s'appliquent d'une manière plus spéciale à la jurisprudence et aux ramifications (ou principes secondaires) du droit. En effet, les écrits des légistes renferment beaucoup d'exemples et d'éclaircissements, et l'on voit que les questions dont ils s'occupent roulent sur des points de loi. Les scolastiques changèrent la forme de ces questions en les dépouillant de leur caractère de problèmes de jurisprudence, parce qu'ils préféraient les discuter, autant que possible, au moyen de preuves fournies par la raison. Pour eux, la raison était le moule qui devait donner la forme aux sciences qu'ils traitaient et régler toute la marche de leur système.

Les (anciens) docteurs hanefites se montrèrent très habiles dans cette science ; ils surent en découvrir toutes les subtilités et en établir les règles par l'examen de toutes les diverses questions de droit. Abou Zeïd ed-Debouci [1], un des imams de cette école, vint ensuite et aborda la partie de la déduction analogique, qu'il traita par écrit et avec beaucoup plus de détails que ses devanciers. Il compléta leurs recherches, ainsi que le système de règles qu'il faut suivre dans ce genre d'investigations. La science des bases de la jurisprudence s'acheva complètement, grâce au talent parfait de ce docteur, qui, ayant mis en ordre tous les problèmes qui s'y rattachent, en établit définitivement les principes fondamentaux.

Le système suivi par les scolastiques en traitant cette branche de connaissances eut beaucoup de partisans. Les meilleurs de leurs ouvrages sur cette matière ont pour titre le Kitab el-Borhan (livre de la preuve) et le Mostasfi (recueil d'observations choisies). Le premier

1 Abou Zeïd Abd Allah Ibn Amr, originaire de Deboucìyâ, ville située entre Bokhara et Samarcand, fut le premier qui donna à la controverse (خلاف) la forme d'une science ; et il composa plusieurs ouvrages sur le droit et la théologie scolastique. Il mourut à Bokhara l'an 430 (1038-1039 de J. C.)

eut pour auteur l'imam el-Haremeïn et le second fut composé par El-Ghazzali [1]. Ces deux docteurs appartenaient à l'école des Acharites. Citons ensuite le Kitab el-Omod (livre d'appuis), dont l'auteur se nommait Abd el-Djebbar [2], et le Kitab el-Motamed (le livre bien appuyé), commentaire qu'Abou 'l-Hoceïn [3] el-Basri composa sur cet ouvrage. Ces deux auteurs appartenaient à l'école des Motazelites. Les quatre traités que nous venons de nommer servirent de base et de fondements à cette branche de science. Plus tard, deux docteurs, qui tenaient le premier rang parmi les scolastiques des derniers siècles, résumèrent le contenu de ces quatre ouvrages : l'un, Fakhr ed-Dîn Ibn el-Khatîb, donna à son abrégé le titre d'El-Mahsoul (la récolte), et l'autre, Seïf ed-Dîn el-Amedi [4], appela le sien le Kitab el-Ahkam (livre des décisions). Il y avait une différence marquée entra les méthodes de vérification et de démonstration suivies par ces deux auteurs : Ibn el-Khatîb aimait à multiplier les exemples et les preuves, tandis qu'El-Amedi s'appliquait à bien assurer ses procédés et à fixer avec précision la ramification des problèmes. Le Mahsoul de l'imam Ibn el-Khatîb fut abrégé par plusieurs de ses disciples, tels que Ciradj ed-Dîn el-Ormeoui [5], qui donna à son travail le titre d'Et-Tahcîl

1 Le célèbre théologien Abou Hamed Mohammed Ibn Mohammed el-Ghazzali mourut en 505 (1111 de J. C.). Sa vie se trouve dans le dictionnaire biographique d'Ibn Khallikan, vol. II, p. 621 de la traduction anglaise. (Voy. pour ses doctrines philosophiques l'ouvrage de M. Munk intitulé *Mélanges de philosophie juive et arabe*, p. 366 ; l'*Essai sur les écoles philosophiques chez les Arabes,* de M. Schmoelders, et les Mémoires de l'Académie de Berlin, pour l'an 1858, p. 240 ; article de M. Kosche.)

2 Le cadi Abd el-Djebbar Ibn Ahmed Ibn Abd el-Djebbar el-Hemdani, natif d'Acedabad en Perse, composa plusieurs ouvrages sur la jurisprudence. On lui attribue aussi un dictionnaire biographique des docteurs motazelites. Il mourut l'an 415 (1024-1025 de J. C.)

3 Il faut lire الحسين à la place d' الحسن . Le manuscrit C, l'édition de Boulac, la traduction turque et le dictionnaire bibliographique de Haddji Khalifa offrent la bonne leçon. — Ce docteur, dont les noms étaient Abou 'l-Hoceïn Mohammed Ibn Ali el-Basri (*originaire de Basra*), mourut l'an 463 (1070-1071 de J. C.).

4 Abou 'l-Hacen Ali Ibn Abi Ali, surnommé *Seïf ed-Dîn el-Amedi,* docteur de l'école chaféite, composa plusieurs ouvrages dont on trouvera les titres dans le dictionnaire biographique de Haddji Khalifa. Il mourut à Damas, l'an 631 (1233 -1234 de J. C.).

5 Le cadi Ciradj ed-Dîn Abou 'l-Thena Mahmoud Ibn Abi Bekr el-Ormeoui (originaire d'Ormîa, ville de l'Aderbeïdjan) mourut en 682 (1283-1284 de J. C.). Il est auteur de plusieurs ouvrages.

(l'acquisition), et Tadj ed-Dîn el-Ormeoui [1], qui intitula le sien Kitab el-Hacel (livre du résultat). Chihab ed-Dîn el-Carafi [2] y puisa assez de matériaux pour former plusieurs chapitres de prolégomènes et de principes fondamentaux, et composa ainsi un petit volume qu'il intitula le Tenkîhat (dépouillement), et El-Beïdaoui [3] en fit de même dans son Minhadj (grande route). Ces deux livres servent de manuels aux élèves qui commencent leurs études et ont eu plusieurs commentaires. L'Ahkam d'El-Amedi, ouvrage beaucoup plus détaillé que l'autre, en ce qui regarde la démonstration des problèmes, fut abrégé par Abou Amr Ibn [4] el-Hadjeb, et reçut le titre El-Mokhtecer el-Kebîr (le grand compendium). Ce traité fut ensuite remanié et abrégé par l'auteur et passa entre les mains de toutes les personnes qui s'appliquaient à cette branche d'études. Les docteurs de l'Orient et ceux de l'Occident s'occupèrent à le lire et à le commenter. Les précis que nous venons de nommer renferment la crème de toute la doctrine des scolastiques au sujet des bases de la jurisprudence.

Le système suivi par les Hanefites a fait naître beaucoup d'ouvrages, dont les meilleurs, dans les temps anciens, furent ceux d'Abou Zeïd ed-Debouci, et, dans les temps modernes, ceux de l'imam hanefite Seïf el-Islam el-Pezdevi [5]. Ce dernier traite son sujet avec de grands

1 Selon Haddji Khalifa, le cadi Tadj ed-Dîn Mohammed Ibn Hoceïn el-Ormeoui mourut l'an 656 (1258 de J. C.).

2 Le docteur malekite Chihab ed-Dîn Abou 'l-Abbas Ahmed Ibn Idrîs el-Carafi mourut l'an 684 (1285-1286 de J. C.).

3 Naçîr-ed-Dîn Abd Allah Ibn Omar el-Beïdaoui, l'auteur de l'ouvrage cité par Ibn Khaldouni est le même qui composa le célèbre commentaire coranique dont nous devons une excellente édition aux soins de M. Fleischer. Beïdaoui mourut l'an 685 (1286 de J. C.).

4 Pour وابن, lisez ابن. — Abou Amr Othman Ibn Omar Ibn el-Hadjeb, surnommé *Djemal ed-Dîn,* naquit dans la haute Égypte vers l'année 570 de l'hégire (1175 de J. C.). Il fit ses études au Caire, enseigna la doctrine du rite malekite à Damas et rentra ensuite dans son pays natal. Il mourut à Alexandrie l'an 646 (1249). — J'ai déjà parlé de ce littérateur dans l'introduction de la première partie, p. XX, note 6, mais, par une erreur bien regrettable, j'ai dit qu'il était natif de Jaën en Espagne. Sa vie se trouve dans ma traduction anglaise du dictionnaire biographique d'Ibn Khallikan, vol. II, p. 193.

5 Abou 'l-Yosr Ali Ibn Mohammed el-Pezdevi (en arabe, Bezdoui), auteur de plusieurs traités sur la jurisprudence et docteur de l'école hanefite, mourut l'an 482 (1089-1090 de J. C.). Son ouvrage, l'*Osoul*, ou « principes de droit », eut un grand nombre de commentateurs. Ce savant portait les surnoms de *Fakhr el-Islam* et de *Seïf el-Islam.* Il est rare de trouver deux surnoms du même genre

détails. Ibn es-Saati [1], un autre légiste de la même école, combina ensemble les deux systèmes, celui du Kitab el-Ahkam et celui du livre d'El-Pezdevi, et en forma un traité qu'il nomma El-Bedia (la nouveauté). C'est ce qu'on a composé de mieux et de plus original sur la matière, et son étude, de nos jours, forme l'occupation de nos principaux ulemâ. Plusieurs savants de la Perse se sont appliqués à le commenter, et l'on y travaille encore aujourd'hui.

Voilà la véritable nature de cette branche de science, et l'indication des sujets qu'elle traite et des ouvrages les plus remarquables qu'on a composés pour l'éclaircir.

Les matières controversées.

Faisons d'abord observer que la jurisprudence, science fondée sur des indications tirées des textes de la loi, offre de nombreuses questions sur la solution desquelles les docteurs ne sont pas d'accord. Cette diversité d'opinions provient de la manière dont on avait choisi et envisagé (ces textes) et devait nécessairement avoir lieu pour les raisons indiquées précédemment. Ce défaut d'accord prit, avec le progrès de l'islamisme, une extension énorme, et les étudiants adoptèrent les opinions de tel légiste qu'il leur plaisait. Cet état de choses se prolongea jusqu'au temps des quatre imams [2] appartenant aux corps des ulemâ établis dans les grandes villes. Comme on avait pour eux beaucoup de considération, on finit par suivre leur autorité et par refuser son assentiment aux opinions émises par les autres légistes. Ce changement s'opéra d'autant plus vite que les docteurs modjteheds avaient cessé leurs travaux [3], ce qui eut pour causes la difficulté même de ce genre d'études et la variété

---

portés par le même individu.

1 Modaffer ed-Dîn Ahmed Ibn Ali es-Saati, docteur de l'école hanefite et originaire de Baghdad, mourut l'an 694 (1294-1295 de J. C.). Son ouvrage, intitulé *Bediâ 'n-Nidham,* c'est-à-dire « original par son arrangement », eut un très grand nombre de commentateurs parmi les Hanefites et les Chaféites.

2 Ici et plus loin l'auteur semble croire que les quatre grands jurisconsultes fondateurs des quatre écoles de droit orthodoxes vivaient à la même époque, ce qui n'est pas exact. Abou Hanîfa mourut l'an 150 de l'hégire ; Malek, l'an 179 ; Chafêi, l'an 204, et Ibn Hanbel, l'an 241.

3 Il faut corriger le texte et lire لذهاب الاجتهاد .

de connaissances exigées [1] dans ces recherches et se multipliant de jour en jour. D'ailleurs, on ne voyait plus de ces docteurs qui entreprenaient d'établir un nouveau système, différent des systèmes qu'on avait adoptés dans ces quatre écoles. Aussi devinrent-elles les colonnes de l'édifice religieux. Leurs adhérents respectifs se livrèrent dès lors à des controverses semblables à celles qui avaient eu lieu dans le temps où l'on discutait les textes canoniques et les bases de la jurisprudence. Chacun essayait de défendre le système de son imam et les doctrines de l'école dont il faisait partie ; et, dans cette tâche, il s'appuyait sur les principes qui lui paraissaient les mieux établis et suivait les voies qui lui semblaient les plus directes.

Toutes les questions de droit donnèrent lieu à des controverses (parmi les quatre écoles), et chaque partie de la jurisprudence amena des discussions : tantôt c'est Abou Hanîfa, qui, dans une question agitée entre Chafêi et Malek, s'accorde, soit avec l'un, soit avec l'autre ; [tantôt c'est Chafêi qui est de l'avis, soit de Malek soit d'Abou Hanîfa] [2], et tantôt c'est Malek qui, dans des cas semblables, se rallie à l'opinion, soit d'Abou Hanîfa, soit de Chafêi. Ces discussions ont servi à montrer où chaque imam avait puisé ses doctrines, les causes de leurs dissidences et les points vers lesquels chacun d'eux avait dirigé ses recherches zélées et consciencieuses [3].

La connaissance de ces matières forme une branche de science qui s'appelle la controverse. Celui qui en fait son étude doit savoir d'avance les règles au moyen desquelles on opère l'examen des textes sacrés quand on veut en tirer des jugements ; il en a autant besoin que le docteur modjtehed en avait, mais à cette différence près que celui-ci s'en servait pour former des jugements, tandis que le controversiste ne les emploie que pour défendre des questions déjà résolues et pour empêcher son adversaire de les réfuter par d'autres indications. C'est, à mon avis, une science extrêmement utile parce qu'elle nous fait connaître les sources où les imams ont puisé et

1 Littéral. « qui étaient la matière ».

2 Nous voyons, par le manuscrit D, par l'édition de Boulac et par la traduction turque, que le passage suivant a été omis dans l'édition de Paris.
مالك وابى حنيفة
والشافعى يوافق احدهما وتارة بين Ces mots doivent être placés entre وتارة بين et الشافعى .

3 Littéral. « les points sur lesquels était tombé leur *idjtihad.* »

les preuves qu'ils ont employées, et parce que [1] les personnes qui l'ont étudiée se trouvent en mesure de produire de bons arguments pour la défense des doctrines qu'ils veulent faire prévaloir.

Les ouvrages composés sur cette matière par les Hanefites et les Chaféites sont beaucoup plus nombreux que ceux des Malekites. Cela tient à ce que la déduction analogique était, comme on le sait, très fréquemment employée par les Hanefites dans le développement des principes secondaires de leur système de doctrine, ce qui les avait même fait désigner par le terme de partisans de la spéculation et de l'investigation, tandis que les Malekites s'appuyaient presque toujours sur les indications fournies par la tradition et n'avaient guère d'inclination pour les recherches spéculatives. La plupart des docteurs malékites étaient, d'ailleurs, natifs de la Mauritanie, des gens habitués aux usages de la vie nomade et ignorant presque tous les arts (d'une civilisation plus avancée). Parmi ces ouvrages, nous pouvons citer le Kitab el-Maakhed (livre des sources) d'El-Ghazzali ; le Talkhîs (sommaire) d'Abou Bekr Ibn el-Arebi le Malekite, traité dont l'auteur emprunta les matériaux aux docteurs de l'Orient ; le Tâlîcat (notes marginales) d'Abou Zeïd ed-Debouci, et l'Oïoun el-Adilla (sources d'indications) d'Ibn el-Cassar, docteur malékite. Le Mokhtecer (ou compendium) des principes de la jurisprudence, ouvrage composé par Ibn es-Saati, fournit tous les problèmes servant de base à cette partie de la jurisprudence qui s'est formée à la suite des controverses [2] et offre le résumé de toutes les discussions auxquelles chaque question a donné lieu.

La dialectique (djedl) [3].

1 Le manuscrit D et l'édition de Boulac offrent la leçon مران . Je lis من ان . Le traducteur turc a omis le passage.

2 Littéral. « De la jurisprudence controversible ».

3 M. de Sacy a publié le texte et la traduction de ce chapitre dans son *Anthologie grammaticale arabe*, p. 473 et suiv. En reproduisant ici sa traduction avec quelques modifications, je dois faire observer que le terme *djedl* est employé par les scolastiques arabes pour désigner cette branche de science qu'Aristote appela *la topique* ; et, en effet, c'est à la topique que se rapportent les indications offertes par les trois derniers paragraphes de ce chapitre. Il en est autrement du premier paragraphe, dans lequel il s'agit évidemment de la science que les musulmans nomment *Adab el-Bahth* (convenances à observer dans la discussion). L'auteur me paraît s'être trompé en confondant deux sciences qu'on regarde comme tout à fait distinctes.

La dialectique est la connaissance des convenances que les partisans des divers systèmes de jurisprudence et les autres docteurs observent dans la discussion. L'argumentation, ayant pour but de réfuter (une opinion) ou de la faire accepter, ouvre la porte à des discussions très étendues, et, comme chacune des parties adverses a toute liberté d'imaginer des réponses et des arguments en faveur de son opinion, arguments parmi lesquels il s'en trouve de bons et de mauvais, les grands maîtres dans cet art se virent dans la nécessité de poser certaines règles de convenance et certaines lois, dans les limites desquelles on doit se renfermer quand on veut réfuter ou soutenir une opinion. Ils ont prescrit la conduite à suivre par celui qui propose un argument et par celui qui y répond ; ils ont marqué les cas dans lesquels il est permis au premier de faire valoir ses arguments ou de céder la parole à son adversaire ; les circonstances dans lesquelles on a le droit de l'interrompre ou de le contredire ; celles où l'on doit garder le silence et laisser la parole à son adversaire pour qu'il produise ses arguments. C'est pourquoi l'on a dit de cet art que c'était la connaissance des principes qui déterminent les limites et les règles à observer dans la production d'arguments destinés à défendre une thèse ou à la combattre, que cette thèse appartienne à la jurisprudence ou à toute autre science.

Il y a, à cet égard, deux méthodes : 1° celle d'El-Pezdevi, qui a pour objet spécial les arguments tirés des textes sacrés, ou de l'accord unanime des docteurs ou (d'autres) arguments ; 2° celle d'El-Amîdi [1], qui est générale et embrasse toute sorte d'arguments, à quelque science qu'ils appartiennent, et qui, par-dessus tout, emploie des arguments tirés par induction.

Cette dernière méthode est ingénieuse ; mais, par sa nature même, elle est sujette à un grand nombre d'erreurs ; et, si l'on considère la chose de l'œil du logicien, on reconnaîtra que le plus souvent cela ressemble beaucoup à ce qu'on nomme paralogismes ou arguments sophistiques ; à la seule différence qu'on y observe la forme extérieure des arguments et des syllogismes, et qu'on s'y conforme dans l'argumentation.

El-Amîdi est le premier qui ait écrit sur cette matière ; c'est pour

---

1 Rokn ed-Dîn el-Amîdi Abou Hatned Mohammed Ibn Mohammed, docteur de l'école hanefite, natif de Samarcand et auteur d'un célèbre traité sur la dialectique, mourut l'an 615 (1218 de J. C.).

cela que la méthode (imaginée par lui) est désignée par son nom. Il l'a exposée d'une manière abrégée dans son livre intitulé : El-Irchad (la direction). Plusieurs écrivains plus récents, tels qu'En-Necefi [1] et autres, ont marché sur les traces d'El-Amîdi et font pris pour guide. On a composé, sur la dialectique, un grand nombre d'écrits ; mais aujourd'hui elle est négligée à cause du discrédit où sont tombés la science et l'enseignement dans les villes musulmanes. Au surplus cet art, étant un simple perfectionnement, n'est pas absolument nécessaire. Dieu fait tout ce qu'il veut.

La théologie scolastique.

La théologie scolastique (Eïlm el-Kelam) est une science qui fournit les moyens de prouver les dogmes de la foi par des arguments rationnels, et de réfuter les innovateurs qui, en ce qui concerne [2] les croyances, s'écartent de la doctrine suivie par les premiers musulmans et par les observateurs de la Sonna. Le fond [3] de ces dogmes est la profession de l'unité de Dieu.

Nous commencerons ce chapitre par donner, sous une forme digne d'attention [4], une preuve rationnelle de l'unité divine, preuve qui nous en fera voir la réalité de la manière la plus courte et la plus simple. Nous expliquerons ensuite le véritable caractère de la théologie scolastique, et, en parlant des matières dont elle s'occupe, nous indiquerons les causes qui firent naître cette science, et cela dans un temps où l'islamisme était déjà établi.

Toute chose qui, dans le monde sublunaire a eu un commencement [5], tant les essences (ou individus) que les actions des hommes et celles des animaux, doit nécessairement avoir eu des causes antécédentes ; causes au moyen desquelles cette chose arrive

1 Hafedh ed-Dîn Abou 'l-Berekat Abd Allah Ibn Ahmed en-Necefi, célèbre docteur de l'école hanefite et auteur d'un grand nombre d'ouvrages, mourut l'an 710 (1310-1311 de J. C.).

2 Les manuscrits C et D et l'édition de Boulac portent فى الاعتقادات , la bonne leçon.

3 Le texte arabe porte سر (*secret*), mot que notre auteur emploie quelquefois avec le sens de معنى , c'est-à-dire « la nature réelle, mais abstraite, d'une chose ».

4 Littéral. « élégante ».

5 Littéral. « tout ce qui est nouveau dans le monde des existences (c'est-à-dire des êtres créés) ».

conformément à l'usage établi [1] et auxquelles elle doit l'achèvement de son être (ἐντελέχεια) [2]. Chacune de ces causes, ayant eu aussi un commencement, doit dériver d'une autre cause, et ainsi de suite, en remontant jusqu'à la cause des causes, celle qui leur donne l'existence et qui les a créées. Cette cause, c'est le Dieu unique, gloire soit à lui !

Les causes deviennent plus nombreuses à mesure qu'elles remontent ; elles s'étendent en ligne directe et en lignes collatérales [3], de sorte que l'intelligence (de l'homme) est incapable de les suivre et de les énumérer. Nulle intelligence ne peut les comprendre en totalité, excepté celle qui embrasse tout. Cela est surtout évident pour ce qui regarde les actions des hommes et des animaux, lesquelles ont manifestement parmi leurs causes des intentions et des volontés. En effet, la production d'un acte ne peut s'effectuer qu'au moyen de la volonté et de l'intention. Or les intentions [4] et les volontés dépendent de l'âme et naissent ordinairement de concepts (ou simples idées) préexistants et se suivant les uns les autres. Ces concepts sont les causes qui produisent l'intention de faire l'acte et ont ordinairement pour causes d'autres concepts. On ne peut connaître la cause (primitive) d'aucun concept qui a lieu dans l'âme, car personne n'est capable de comprendre les origines des choses qui se rattachent à l'âme ni l'ordre dans lequel elles se présentent. C'est Dieu qui jette les concepts dans la faculté réflective, les uns à la suite des autres ; aussi l'homme ne peut connaître ni leur origine ni leur fin. Si nous savons, comme cela arrive ordinairement, que certaines causes naturelles et extérieures s'offrent à nos facultés perceptives dans un ordre et un arrangement invariable, cela tient à ce que la nature (externe) est du domaine

---

1 C'est-à-dire : à l'habitude suivie par Dieu.

2 Il y a plusieurs fautes dans ce passage, l'auteur ayant mis les mots عليه , يقع et كونه , à la place de عليها , تقع et كونها afin d'éviter l'équivoque que la construction régulière aurait présentée. Ses corrections sont pourtant malheureuses, car elles n'empêchent pas l'équivoque de reparaître. Il aurait dû écrire :

فلا بد لها من أسباب
متقدمة عليها يقع كل حادث فى مستقر
العادة عن سبب يتم كونه

3 Littéral. « en longueur et en largeur ».

4 Les manuscrits C et D et l'édition de Boulac remplacent le mot القصودات par القصود , leçon que je préfère.

de l'âme et peut en être comprise. Les concepts, au contraire, se présentent dans un ordre que l'âme ne saurait comprendre ; ils sont du domaine de l'intelligence, lequel est plus vaste que celui de l'âme. Aussi l'âme ne peut pas embrasser la plupart de ces concepts et encore moins leur totalité. Voyez, à ce sujet, une marque de la sagesse du législateur inspiré : il nous a défendu l'investigation des causes et prescrit de ne pas nous y arrêter. En effet, une telle occupation est, pour l'esprit, une vallée dans laquelle il s'égare au hasard, sans rien y trouver d'utile [1] et sans en découvrir le véritable caractère. Dis(-leur, ô Mohammed !) c'est Dieu (qui fait tout), et puis, laisse-les se débattre à plaisir dans leur bourbier [2]. L'homme s'arrête souvent à une cause sans pouvoir remonter plus haut ; le pied lui glisse alors, et il se trouve, un beau matin, au nombre de ceux qui se sont égarés et perdus. Que Dieu nous garde de ce qui peut tromper notre espoir et nous mener à une perte certaine !

Il ne faut pas s'imaginer qu'en s'arrêtant à une cause ou en renonçant à la reconnaître pour telle, on agit de son plein pouvoir et de sa libre volonté. Il n'en est pas ainsi : (ce qu'on fait alors) est le résultat d'une couleur (ou habitude) que l'âme a prise, d'une teinture qu'elle a reçue à force de plonger dans l'abîme des causes, en suivant un système dont elle ne se rend pas compte ; car, si elle le comprenait, elle se garderait bien de l'adopter. Il faut donc l'éviter et tâcher de le perdre de vue.

Ajoutons que, le plus souvent, on ignore le mode par lequel les causes agissent sur les effets. Cela ne se connaît que par l'expérience [3] et par l'association de ce qu'on observe à ce qui est probable. Mais la vraie nature de cette influence et la manière dont elle agit nous sont inconnues : Et Dieu ne vous a départi qu'une faible portion de la science. (Coran, sour. XVII, vers. 87.) Nous avons reçu l'ordre de renoncer à toute investigation au sujet des causes, afin de pouvoir diriger nos regards vers la cause des causes, l'Être qui en est l'auteur et qui leur donne l'existence. (Cet ordre nous est venu) afin que la croyance à l'unité de Dieu, telle que nous l'avons reçue du législateur inspiré, laissât dans l'âme une teinture durable. Le législateur, connaissant ce qui était au delà des

1 L'édition de Boulac porte يحلو , leçon que j'adopte.

2 Littéral. « laisse-les se jouer dans leur étang ». — Ceci est une partie du verset 91 de la VIe sourate du Coran.

3 Littéral. « par l'habitude ».

perceptions recueillies par les sens, savait mieux que tout autre les choses qui pouvaient contribuer à notre bien spirituel et les voies qui devaient nous mener au bonheur éternel. Il a dit : « Celui qui, en mourant, déclare qu'il n'y a point d'autre dieu que Dieu, entrera dans le Paradis. »

L'homme qui s'arrête aux [1] causes (secondaires, sans remonter plus haut) reste court (dans son progrès) et mérite, à juste titre, l'appellation d'infidèle. Qu'il nage dans l'océan de la spéculation et de l'investigation, en étudiant ces matières ; qu'il en recherche une à une les causes et les influences de ces causes, cet homme, je le déclare positivement [2], court à sa perte. Voilà pourquoi le législateur nous a défendu l'investigation des causes et ordonné de ne croire qu'à l'unité absolue de Dieu. « Dis [3] : Dieu est un ; Dieu est l'Éternel ; il n'a point enfanté et n'a point été enfanté ; il n'a pas d'égal [4]. » (Coran, sour. CXII.) Ne te fie pas à ce que ta faculté réflective te dira : qu'elle prétende avoir le pouvoir d'embrasser la nature de tous les êtres créés et leurs causes, qu'elle se déclare capable de comprendre ce qui existe, jusque dans les moindres détails, réponds-lui : « Ce que tu dis à ce sujet n'est que sottise ».

Celui qui est doué de la faculté de percevoir croit, du premier abord, qu'au moyen des sens qui recueillent les perceptions il a embrassé par son esprit tout ce qui existe, sans en laisser échapper la moindre partie : c'est là une opinion bien éloignée de la vérité, car c'est positivement le contraire qui a lieu. Voyez l'homme qui est sourd : pour lui, tout ce qui existe se borne à ce qu'il aperçoit par les quatre sens (qui lui restent) et par l'entendement ; pour lui, toute la catégorie d'idées qui se recueillent par l'audition est comme chose non avenue. Il en est de même de l'aveugle-né : pour lui, la classe des perceptions recueillies par la vue n'existe pas, et, si la foi qu'il ajoute aux paroles de ses parents, de ses précepteurs et de tous ses contemporains ne le ramenait pas à une opinion plus juste, il ne conviendrait jamais de l'existence des choses dont, on ne s'aperçoit que par la vue. Si de tels individus admettent l'existence

1 Le texte imprimé porte عن ; je lis عند avec les manuscrits C et D et l'édition de Boulac.
2 L'édition de Boulac porte الا ان لا يعود , leçon que je préfère.
3 Les manuscrits C et D et l'édition de Boulac portent المطلق قل .
4 Pour كفوء , lisez كفوءا avec les manuscrits C et D, l'édition de Boulac et le texte du Coran.

de ce qu'ils n'aperçoivent pas, ils n'y ont pas été conduits par leur organisation ni par la nature de leurs facultés perceptives, mais par la voix publique. Si un animal d'un ordre inférieur possédait la parole et si on l'entretenait de cette classe de notions qui sont purement intellectuelles, il répondrait qu'il n'y en a pas, car, pour lui, elles n'ont aucune existence [1].

Cela étant bien reconnu, je hasarderai ici mon opinion. Il y a un genre de perceptions différent de celles que nous recueillons (par les sens). Nos perceptions, ayant eu un commencement, sont créées. La nature de Dieu est supérieure à celle de l'homme et ne saurait être comprise ; l'étendue de la catégorie des choses existantes est trop vaste pour que l'homme soit capable de l'embrasser en entier. Dieu est au delà de la portée de l'esprit humain, et lui seul embrasse tout par sa compréhension. Donc, quand il s'agit de comprendre tout ce qui existe, il faut se méfier de ses facultés perceptives [2] et des notions qu'elles recueillent ; il faut obéir au législateur inspiré, qui, ayant plus de sollicitude pour le bonheur des hommes qu'ils n'en ont eux-mêmes, et sachant mieux qu'eux ce qui leur serait vraiment utile, leur a prescrit ce qu'ils auraient à croire et à faire.

(Cela devait être ainsi,) car le Prophète appartenait à une classe d'êtres [3] dont la perceptivité dépassait celle des autres hommes et qui agissaient dans une sphère dont l'étendue ne se laisse pas embrasser par la raison. Cela n'est pas toutefois un motif pour déprécier notre intelligence et nos facultés perceptives : l'intelligence est une balance parfaitement juste ; elle nous fournit des résultats certains, sans nous tromper. Mais on ne doit pas employer cette balance pour peser les choses qui se rattachent à l'unité de Dieu, à la vie future, à la nature du prophétisme, au véritable caractère des attributs divins et à tout ce qui est au delà de sa portée. Vouloir le faire, ce serait une absurdité. Que dire d'un homme qui, voyant une de ces balances qu'on emploie pour peser de l'or, voudrait s'en servir pour peser des montagnes ? Cela ne prouverait pas que la balance donne

1 L'auteur s'est exprimé ici d'une manière peu correcte : il aurait dû écrire وانها ساقطة au lieu de وساقطة . Au reste, il néglige très souvent la construction grammaticale de ses phrases, ce qui a de graves inconvénients quand les sujets qu'il traite exigent beaucoup de précision dans le langage. Ce chapitre offre plusieurs exemples de l'insouciance que je viens de signaler.

2 Littéral. « de la perception ».

3 C'est-à-dire des prophètes.

de faux résultats. La vérité est que la raison est limitée par certaines bornes et qu'elle ne doit pas essayer de les dépasser dans l'espoir de comprendre la nature de Dieu et de ses attributs. Elle n'est qu'un atome parmi ceux qui composent les choses qui existent et qui proviennent de Dieu.

Ces considérations feront comprendre l'erreur de ceux qui, dans ces matières abstruses, se fient à leur raison plutôt qu'à ce qu'ils ont entendu ; elles feront aussi reconnaître la faiblesse de l'intelligence humaine et la vanité de ses jugements. Quand on a bien compris ces vérités, on doit convenir que les causes, lorsqu'elles remontent au delà de notre compréhension et de notre sphère d'existence, ne sont plus de cette catégorie qui se laisse apercevoir (par la simple raison). On admettra aussi que, si la raison tâchait de les saisir, elle irait à l'abandon dans le champ des conjectures. La confession de l'unité de Dieu est donc l'aveu implicite de notre impuissance de saisir les causes des choses et le mode de leur opération ; elle indique que nous en laissons la compréhension à celui, qui les a créées et dont l'intelligence les embrasse toutes. Comme il n'y a point d'autre agent que Dieu, toutes les causes remontent jusqu'à lui et dépendent de sa puissance. Ce que nous savons au sujet (des causes), nous le devons au fait que nous sommes sortis de lui. Ces observations feront comprendre la pensée d'un profond investigateur, de la vérité, qui disait : « L'impuissance de percevoir est un mode de perception [1]. »

Dans le dogme de l'unité de Dieu, ce n'est pas la foi, envisagée seulement comme une simple déclaration affirmative, qu'il faut considérer, car elle n'est alors qu'un accident de l'âme : ce dogme n'y est pas parfaitement établi tant qu'il ne lui a pas communiqué une dualité, celle de la foi, et que l'âme ne se l'est pas assimilée [2]. C'est ainsi que les bonnes œuvres et les pratiques de religion nous ont été prescrites dans le but de nous former à l'obéissance et à la soumission, et d'éloigner de nos cœurs toute préoccupation, excepté, (le service de) l'Être adorable ; de sorte que nous, simples

1 C'est-à-dire, l'aveu d'impuissance de comprendre est pour celui qui le fait une preuve qu'il possède une faculté de perception supérieure à celle qu'il possédait déjà.

2 Voulant éviter les périphrases, j'emploierai dorénavant le terme *appropriation* pour désigner le résultat de cette opération par laquelle l'âme s'assimile (اتّصاف ou تكيّف) la foi, de manière à s'en faire une qualité acquise et réelle.

aspirants qui essayons de marcher (dans le sentier de la vérité), nous puissions devenir parfaits en science et en religion [1].

Il y a autant de différence entre la connaissance des dogmes de la foi et la réalité (c'est-à-dire la croyance intime à ces doctrines) qu'entre la profession et l'appropriation [2]. Expliquons-nous : beaucoup de personnes savent que montrer de la compassion envers les orphelins et les malheureux rapproche l'homme de Dieu. Comme la compassion est une vertu fortement recommandée, on prétend la pratiquer ; on en reconnaît l'importance et l'on se rappelle les passages de la loi qui l'ordonnent ; et cependant [3], si l'on voyait un orphelin ou un pauvre malheureux, on serait plus porté à le fuir et à éviter sa rencontre qu'à essuyer ses larmes. (On ne ressent alors ni) la compassion, ni les sentiments, encore plus élevés, de la miséricorde, de la pitié et de la charité. Un tel homme, avec une telle manière d'entendre la compassion envers les orphelins, ne parvient qu'à la station de la connaissance seulement ; il n'a pas atteint la station de la réalité [4] ni celle de l'appropriation [5]. Parmi les hommes il s'en trouve qui, après avoir occupé la station de la connaissance et reconnu que la compassion pour les malheureux rapproche de la faveur de Dieu, parviennent à une station plus élevée, celle de l'appropriation ; ils se sont approprié la charité, de sorte qu'elle est devenue pour eux une faculté acquise. Quand ceux-là voient un orphelin ou un malheureux, ils se hâtent d'essuyer ses larmes et de mériter la récompense de la compassion qu'ils ont montrée. On essayerait vainement de les en empêcher ; ils ne se laisseraient pas arrêter [6] avant de lui avoir donné une portion de ce qui se trouve sous leur main. Il en est de même de la connaissance de la doctrine de l'unité et de l'appropriation de cette doctrine comme qualité de l'âme. L'appropriation en donne nécessairement la connaissance, et celle-ci est bien plus solide que la connaissance

1 Le terme ربّانى signifie العالم الراسخ فى العلم والدين « profondément versé dans la science (de la vérité) et dans tout ce qui regarde la religion ».

2 Littéral. « la différence entre la réalité et la connaissance, pour ce qui regarde les dogmes, est comme la différence entre le dire et l'appropriation. »

3 Pour هو lisez وهو .

4 C'est-à-dire, arrivé à la station de la connaissance, l'homme connaît le précepte, mais ne l'observe pas.

5 C'est-à-dire en faisant de la charité une qualité de l'âme.

6 Ici le texte me paraît altéré, aussi je suis la leçon du manuscrit D et de l'édition de Boulac, qui portent ثمّ à la place de لم .

acquise avant l'appropriation. Pour arriver à l'appropriation, la simple connaissance ne sert de rien ; il faut qu'auparavant des actes aient lieu et qu'ils se répètent assez fréquemment, pour que l'habitude de les pratiquer devienne pour l'âme une faculté acquise et bien établie. Alors s'est effectuée l'appropriation et l'action de cette faculté est assurée ; alors l'âme obtient la connaissance du second degré, celle qui (est la plus élevée et qui) est la seule qui soit réellement utile à l'homme, en lui assurant le bonheur dans l'autre vie. La connaissance du premier degré, celle qui s'acquiert avant l'appropriation, a peu d'utilité et ne sert presque à rien. C'est cependant celle qui se trouve chez la plupart des théoriciens qui s'occupent de ces matières. La connaissance réellement utile est celle qui, née de la piété, a des effets positifs.

Voilà comment on se perfectionne dans la pratique des devoirs que le législateur inspiré a imposés aux hommes. Nous ne possédons d'une manière parfaite les dogmes auxquels nous sommes tenus à croire qu'après en avoir obtenu cette connaissance du second degré [1], celle qui résulte de l'appropriation [2] ; et, quant aux actes de piété qui nous sont prescrits, nous ne pouvons les accomplir parfaitement jusqu'à ce que l'âme s'y soit formée et se trouve en mesure de bien les exécuter. C'est en s'appliquant aux actes de dévotion et en les pratiquant avec constance qu'on parvient à recueillir le fruit précieux (pour lequel où travaille. Le Prophète a dit, en parlant de ce qui est la partie fondamentale de la dévotion : « Ma plus grande jouissance est dans la prière [3]. » En effet, l'habitude de prier était devenue pour son âme une qualité et un état réel [4], au moyen desquels il parvenait à goûter un plaisir extrême et une vive jouissance. Quelle différence entre une prière de cette nature et les prières que font les autres hommes ! Qui pourrait les aider à en faire une semblable ? Malheur à ceux qui

1 Pour فيه العلم , lisez فيه فى العلم .

2 C'est-à-dire, on n'est pas arrivé à cette perfection jusqu'à ce qu'on ait obtenu une connaissance plus avancée, celle qui se produit chez l'homme quand son âme s'est approprié, comme une qualité, une profonde conviction de ce dogme.

3 Littéral. « La fraîcheur de mes yeux est dans la prière. » — Selon les Arabes, l'œil est froid dans la joie et chaud dans la tristesse. On dit de même en français : « Cela me rafraîchit le cœur. » (Voyez la *Chrestomathie arabe* de M. Bresnier, p. 309, ouvrage précieux pour celui qui veut apprendre la langue usuelle des Arabes.)

4 Pour حالة , lisez حالا , avec l'édition de Boulac et les manuscrits C et D.

sont distraits en faisant la prière ! Seigneur Dieu ! aide-nous de ta grâce et dirige-nous dans la voie droite, dans la voie de ceux que tu as favorisés, de ceux qui n'ont pas encouru ta colère et qui ne se sont pas égarés. Amen. (Coran, sour. I.)

Ce que nous venons d'exposer montre qu'à l'égard des prescriptions du législateur l'essentiel pour l'âme est d'acquérir une faculté qui s'y tienne solidement et qui y produise une connaissance indispensable, celle de l'unité divine, dogme dont la croyance suffit pour nous procurer le bonheur éternel. Cette (assimilation) est vraie pour toutes les prescriptions, tant celles qui concernent l'âme que celles qui concernent le corps. On comprend alors [1] que la foi, principe et base de tous les devoirs imposés par le législateur, représente cette faculté acquise.

La foi est de plusieurs degrés, dont le premier est celui où la croyance du cœur (la conviction interne) s'accorde avec la profession faite par la langue. Le degré le plus élevé, c'est l'acquisition d'une certaine manière d'être qui, provenant de la croyance dont le cœur est pénétré et de l'influence des œuvres qui sont les conséquences de cette croyance, finit par régner sur le cœur, par agir en maître sur tous les membres du corps, par réduire sous sa domination les diverses actions de l'homme, et par l'empêcher de rien faire sans sa permission. Voilà le degré le plus élevé de la foi ; c'est la foi parfaite, celle qui, se trouvant chez le croyant, l'empêche de commettre non seulement les grands péchés, mais les petits. En effet, cette faculté acquise est alors si fortement établie dans l'âme, qu'elle ne permet pas à l'homme de s'écarter, même pour un seul instant, des sentiers qu'elle lui a tracés. Le Prophète a dit : « Le fornicateur ne commet plus l'acte de fornication quand il est devenu vrai croyant [2]. » Une tradition nous apprend qu'Héraclius (l'empereur grec), ayant interrogé Abou Sofyan Ibn Harb au sujet du Prophète, lui demanda si jamais un des Compagnons avait

1 Variantes : وتتفهم , ويتفهم . Ces deux leçons sont également admissibles, mais je suis porté à croire que la première est celle de l'auteur.

2 Le traducteur turc a rendu de la même manière que moi cette tradition, qui, prise à la lettre, signifie : « Le fornicateur ne fornique pas quand il fornique, étant vrai croyant. » Comme musulman orthodoxe, Djevdet Éfendi a raison, mais il faut avouer que la tradition donne à entendre qu'un vrai croyant ne pèche pas en forniquant. Mohammed ne savait pas toujours bien exprimer sa pensée.

renoncé à l'islamisme par dégoût, après l'avoir embrassé [1], et quand Abou Sofyan lui eut répondu que non, il fit cette observation : « Tel est l'effet de la foi lorsque son influence excitante [2] a pénétré dans les cœurs. » Il donnait ainsi à entendre que, si la foi est fermement établie dans le cœur, l'âme ne peut guère lui désobéir ; principe qui est vrai de toutes les facultés acquises, pourvu qu'elles soient bien raffermies dans l'âme. Elles lui tiennent lieu de naturel primitif et de disposition innée.

Le degré le plus élevé de la foi correspond [3] au degré inférieur de l'impeccabilité (eïsma), état particulier aux prophètes, et dans lequel ils se trouvent placés par suite d'une nécessité absolue et prédéterminée. Il en est autrement dit (plus haut) degré de la foi auquel les hommes peuvent atteindre : ils y parviennent par suite de leurs actions et de leur croyance. Cette qualité se laisse parfaitement acquérir par l'âme, bien que, dans la foi elle-même, il y ait plusieurs caractères distincts. On en reconnaît quelques-uns [4] quand on se fait lire les paroles des premiers musulmans et quand on examine les titres des diverses sections dont se compose le chapitre (du Sahîh) dans lequel El-Bokhari traite de la foi. On y voit, par exemple, que la foi consiste en paroles et en actes, qu'elle peut augmenter et diminuer, que la prière et le jeûne en font partie, ainsi que la modestie et l'observation volontaire (du jeûne pendant le mois) de ramadan. En parlant de la foi parfaite, qui devient une faculté de l'âme et un agent effectif, nous avons entendu la réunion de tous ces caractères.

Quant à la croyance, premier degré de la foi, elle n'offre aucune diversité de caractère. Si l'on tient compte de la signification primitive des mots et que l'on prenne le mot foi (iman) dans le sens de croyance, on nie l'existence d'une diversité de caractères dans la foi, et telle est la doctrine des grands théologiens scolastiques ; si, au contraire, on prend les mots dans le dernier sens qu'on leur a assigné et qu'on se serve du mot foi pour désigner cette faculté qui s'appelle la foi parfaite, on verra clairement qu'il implique une

1 Le texte des mots « après l'avoir embrassé » ne se trouve ni dans les manuscrits C et D, ni dans l'édition de Boulac.

2 Pour بثاثة , lisez بثاثته , avec C, D et Boulac.

3 Pour وهو , lisez وهى .

4 Pour الذى , lisez كالذى , avec l'édition de Boulac et les manuscrits C et D.

diversité de caractère [1]. Cela n'infirme pas le fait que la croyance, premier degré véritable de la foi, se distingue par son homogénéité : la croyance existe dans tous les degrés de la foi, et ce fut elle qu'on désigna d'abord par le nom de foi. C'est elle qui nous dégage de l'infidélité, c'est elle qui forme la distinction [2] entre le vrai croyant et l'infidèle ; moins que la croyance ne sert de rien. La croyance est en elle-même une réalité simple, qui ne se compose pas de parties. C'est dans l'état où l'âme s'est mise à la suite d'actes (fréquemment répétés) que se trouve la diversité, ainsi que nous l'avons déjà dit et que le lecteur doit le comprendre.

Le législateur a fait la description de ce genre de foi, celle qui est du degré le moins élevé et qui s'appelle croyance, car il désigna particulièrement certaines choses auxquelles il fallait croire de tout son cœur et du fond de son âme, et qu'on était obligé d'affirmer au moyen de la langue. Ces choses sont les dogmes établis de la religion. On l'avait interrogé au sujet de la foi, et il répondit : « Elle consiste à croire en Dieu, en ses anges, en ses livres révélés, en ses apôtres, au dernier jour et à la prédestination tant pour le mal que pour le bien. » Tels sont les dogmes que les théologiens scolastiques établissent par des preuves. Nous les indiquerons ici d'une manière sommaire afin de faire connaître le véritable caractère de la science scolastique et la manière dont elle a pris son origine.

Sachez que le législateur, en nous ordonnant de croire à ce créateur auquel, ainsi que nous l'avons dit, il rapporte toutes les actions (des êtres créés) et qu'il regarde comme en étant la cause unique, et en nous apprenant que la foi serait notre salut à l'heure de la mort, ne nous a pas fait connaître la vraie nature du Créateur adorable, parce que de telles notions sont au-dessus de notre intelligence et dépassent notre compréhension. Il se borna à nous prescrire d'abord la croyance que Dieu est trop élevé, par son essence [3], pour

1 Il y a ici une grave omission dans l'édition de Paris : après les mots اوايل الاسماء وحمله il faut insérer, d'après tous les manuscrits :

على التصديق منع من التفاوت
كما قال ايمة المتكلمين ومن اعتبر اواخر
الاسماء وحمله

Ce passage se retrouve dans l'édition de Boulac et dans la traduction turque.

2 Je lis الفصيل avec le manuscrit D et l'édition de Boulac. Le manuscrit C porte الفيصل .

3 Littér. « la croyance à son *écartement*, (ou à son isolement) quant à son

être assimilé aux êtres créés ; car, en supposant cette ressemblance dans le mode d’existence, on admettrait qu’il n’y a pas entre Dieu et les êtres créés cette différence (d’espèce) qui seule pouvait lui donner le pouvoir de les créer. Il nous apprit ensuite que Dieu était trop élevé (tenzîh) pour posséder aucun attribut imparfait, car autrement il aurait de la ressemblance avec ses créatures ; puis il nous dit que Dieu est unique par sa nature divine [1], car (s’il y avait plusieurs dieux) la création n’aurait pas pu s’effectuer à cause du conflit de leurs volontés [2]. Il nous prescrivit ensuite de croire que Dieu sait tout et qu’il est tout-puissant ; car, sans cela, les actions (des créatures) n’auraient pas pu s’accomplir (vu que c’est par lui qu’elles se font) ; — que Dieu, ayant tout pouvoir de créer et de produire, est témoin (de l’exécution), de ses jugements [3] ; — qu’il possède la volonté ; car, sans elle, il n’aurait tiré du néant aucun être préférablement à un autre [4] ; — qu’il a prédestiné tous les événements, car autrement sa volonté ne serait pas éternelle [5] ; — qu’il nous ramènera à la vie après notre mort, afin de compléter la grâce qu’il nous avait faite en nous donnant l’existence pour la première fois, car, s’il nous avait créés pour subir l’anéantissement absolu, cela aurait été (de sa part) un acte de dérision ; donc il nous a créés afin de nous accorder l’existence éternelle après la mort ; — que la mission des prophètes a eu lieu pour nous sauver d’un sort misérable au jour où nous comparaîtrons devant Dieu, car il y aura alors du malheur pour les uns, du bonheur pour les autres ; et, comme c’était là une chose que nous ne savions pas, il nous

---

essence ». J’emploierai dorénavant le mot *exemption* pour représenter le terme *tenzîh*, qui signifie *agnoscere ac profiteri Deum a paritate, pluralitate ac qualitatibus humanis, exemptum esse*. Pococke rend ce mot par « *Amotio eorum quae de Deo non dicuntur.* » (Voy. *Specimen Hist. Ar.* p. 270, édition White.)

1 Le texte arabe de ce paragraphe et du suivant a subi plusieurs corrections que les manuscrits A et B, de Constantinople, ont reproduites, mais qui ne se trouvent ni dans les manuscrits C et D, ni dans l’édition de Boulac. Ces derniers textes portent (p. 36, 1. 1) بالاتحاد , à la place de بالالوهية ; (l. 5) لامر بالايجاد ولو كان à la place de بالايجاد الاول ولو كان (l. 9) هذه , à la place de فهذه , et (1. 11) وارشد , à la place de نا وارشد . Les leçons de l’édition de Paris sont les mêmes que le traducteur turc a suivies, et, comme elles donnent un sens bien plus précis que les leçons de C, D et Boulac, je n’ai pas hésité les adopter.

2 L’auteur emploie ici le terme *temanoâ* تمانع (empêchement mutuel).

3 Pour اقضيتة , lisez اقضيته .

4 Littéral. « rien entre les êtres créés n’aurait été distingué spécialement ».

5 Littéral. « serait *neuve* حادثة », c’est-à-dire, aurait eu un commencement.

l'a fait annoncer (par des prophètes), afin de mettre le sceau à sa bonté et de nous rendre capables de distinguer la bonne voie de la mauvaise [1] ; — enfin que le paradis a été fait pour être un lieu de bonheur, et l'enfer pour être un lieu de tourment.

La vérité de ces dogmes de la foi musulmane a ses preuves particulières fondées sur la raison et beaucoup d'autres tirées du Coran et de la Sonna. Celles-ci sont les bases sur lesquelles les premiers musulmans avaient établi leur croyance ; les savants (uléma) ont signalé ces preuves à notre attention (comme étant les meilleures) et celles dont la certitude a été admise par les grands docteurs de la religion.

Plus tard, cependant, il survint des différences d'opinion, au sujet des doctrines secondaires qui se rattachent à ces dogmes, différences qui, presque toutes, eurent pour causes ces versets du Coran dont le sens est obscur [2] : Cela conduisit à des disputes, à des discussions et à l'emploi de preuves tirées de la raison pour renforcer celles qui étaient basées sur la tradition, et voilà comment la théologie scolastique prit son origine.

Nous exposerons ici en détail ce que nous venons d'indiquer d'une manière sommaire. Le Coran attribue à l'(Être) adorable la qualité de l'exemption (tenzîh) absolue, et cela dans un grand nombre de versets dont la signification est si évidente qu'on ne saurait leur donner un autre sens, et qui expriment toujours l'idée de privation [3]. Chacun de ces versets est tellement clair dans ce qu'il énonce que nous devons l'accepter et y croire. Les discours du Prophète, des Compagnons et de leurs disciples montrent qu'ils ont entendu ces versets dans leur sens littéral. Il se présente ensuite dans le Coran d'autres [4] versets, mais en petit nombre, dont les uns paraissent donner à entendre qu'il y a (entre Dieu et les hommes) une ressemblance dans l'essence (la nature), et dont

---

1 Littér. « de distinguer les deux voies ».

2 Le terme arabe est *motechabeh,* qui signifie *équivoque.* Il désigne, en théologie musulmane, des textes sacrés dont il est presque impossible de saisir le vrai sens. Je représente ce terme par le mot *obscur.*

3 Le mot سلب , au pluriel سلوب , signifie *dépouillement.* En langue scolastique, il indique qu'on doit écarter de Dieu toutes les qualités, tous les caractères qui appartiennent aux êtres créés. Je le rends par le terme privation. Le mot تنزيه (*exemption*) est expliqué à la page 51.

4 Pour اخر , lisez اخرى .

les autres semblent indiquer une ressemblance dans les qualités (ou attributs). Aux yeux des anciens musulmans, les versets de la privation l'emportaient sur les autres, parce qu'ils étaient plus nombreux et plus clairs. Ils sentaient l'absurdité de l'assimilation et, tout en reconnaissant que les versets (obscurs) faisaient réellement partie de la parole de Dieu, et en y croyant, ils n'essayaient pas d'en éclaircir la signification par l'emploi de la disquisition et de l'interprétation allégorique. Cela nous fait comprendre le sens d'une parole énoncée par plusieurs d'entre eux : « Laissez-les (ces versets) passer [1] comme ils viennent, y disaient-ils ; nous donnant ainsi à entendre que nous devions croire à leur origine divine et nous abstenir de leur trouver une interprétation, ou même de vouloir les expliquer [2]. Il se peut (disaient-ils) que ces versets [3] aient été révélés dans le but de mettre à l'épreuve (la foi des croyants) ; aussi vaut-il mieux s'abstenir de les examiner [4] et nous humilier devant Dieu. Dans les premiers temps il y avait un petit nombre d'individus, amateurs de nouveautés, qui, prenant ces versets dans leur sens apparent, se jetaient dans l'assimilation : les uns appliquaient cette assimilation à la personne même de Dieu, en lui supposant des mains, des pieds et un visage, et cela parce qu'ils se tenaient au sens littéral de certains versets, qui semblaient exprimer cette idée. Ils tombaient, de cette façon, dans l'anthropomorphisme pur, et adoptaient des opinions contraires à ce que les versets d'exemption leur imposaient ; car l'idée que le mot corps éveille dans l'intellect est celle d'imperfection et d'insuffisance. Il est donc préférable de reconnaître l'autorité supérieure des versets de privation qui énoncent l'exemption absolue, versets consultés plus souvent que les autres, et offrant une signification plus claire, que de s'attacher au sens apparent de certains versets dont on peut fort bien se passer, et de chercher à concilier ces deux classes d'indications par des interprétations forcées [5].

Ces gens-là, voulant éviter le reproche d'adopter une doctrine

1 Variante : « lisez-les اقرءوها ». Il me semble que la bonne leçon est امررها, celle que j'ai suivie dans la traduction.

2 Variantes : تعبيرها , تفسيرها . Cette dernière leçon est celle que j'ai adoptée.

3 Je lis تكون avec les manuscrits C et D et l'édition de Boulac.

4 Littéral. « Il faut nous arrêter ». Les manuscrits C et D et l'édition de Boulac portent الوقف , à la place de الوقوف .

5 Le traducteur turc a omis ce dernier passage, à commencer par les mots : « dont on peut fort bien se passer ».

aussi abominable (que l'anthropomorphisme), disent (que le corps de Dieu est) un corps qui n'est pas comme les corps (ordinaires) ; mais ce subterfuge ne peut leur servir de rien ; l'expression Dieu est un corps qui n'est pas comme les corps renferme une contradiction, puisqu'elle énonce simultanément une négation et une affirmation, dans le cas où on lui attribue une des idées que le mot corps éveille dans l'intellect ; si, au contraire, ils disent que la négation et l'affirmation s'appliquent l'une à un (corps spirituel) et l'autre à un (corps matériel) et servent à nier (qu'on attache au corps de Dieu) les idées usuelles que le mot corps éveille dans l'esprit, ils sont alors de notre avis au sujet de l'exemption, et ils n'ont qu'à déclarer que le mot corps est un de ces termes (qui s'emploient d'une manière particulière en parlant) de Dieu. Alors leur doctrine peut être admise.

Il y avait d'autres innovateurs qui allaient jusqu'à l'assimilation des attributs (en attribuant à Dieu ce qui ne convient qu'aux hommes) : ils affirmaient la réalité du lieu (qu'il occupe), de son action de s'asseoir et de descendre, de sa voix, de la lettre [1] et autres choses semblables. Cette opinion conduit aussi à l'anthropomorphisme, bien qu'ils eussent déclaré, à l'instar de ceux dont nous venons de parler, que c'est une voix différente des autres voix, un lieu qui n'est pas comme les autres lieux, une descente qui n'est pas comme les autres, c'est-à-dire comme les voix, les lieux et les descentes des corps (matériels) ; mais cette opinion se réfute par l'argument que nous avons opposé aux premiers. Il ne nous reste donc rien à faire, en ce qui concerne le sens apparent (de certains versets), que de nous en tenir à la croyance des premiers musulmans et à leur pratique, et d'accepter pour vrais ces versets tels qu'ils sont ; de cette manière, nous empêcherons que la négation de leur sens amène la négation de leur autorité, bien qu'ils soient parfaitement authentiques et qu'ils fassent partie du Coran. C'est vers cette opinion que tend [2] ce que nous lisons dans la Riçala (ou épître) d'Ibn Abi Zeïd [3], dans le Mokhtecer (ou abrégé) du même auteur,

---

1 C'est-à-dire que la parole de Dieu consistait en sons formés par la combinaison de lettres. (Voy. le *Specimen historiæ Arabum* de Pococke, p. 278.)

2 Je lis ينظر avec le manuscrit D.

3 Les deux textes imprimés portent الرسالة عقيدة , ainsi que les manuscrits ; mais il est certain que le mot عقيدة ne fait pas partie du titre de ce traité, et le traducteur turc ne l'a pas rendu. Si notre auteur a inséré ce mot ici à dessein, il faut supposer

dans le livre d'Ibn Abd el-Berr [1] et dans d'autres traités. Les auteurs de ces écrits ont tourné autour de l'idée que nous venons d'énoncer (et l'ont entrevue), et, si le lecteur ne se laisse pas égarer par leurs discours embrouillés [2], il y reconnaîtra les notions accessoires qui conduisent à ce que nous venons d'énoncer.

Les connaissances scientifiques et les arts s'étant ensuite multipliés, on se mit à former des recueils (de notions utiles) ; on dirigea ses investigations vers tous les sujets [3], et les théologiens scolastiques composèrent des ouvrages sur l'exemption. Alors se produisit une nouvelle doctrine, celle des Motazelites qui, entendant de la manière la plus compréhensive l'exemption qui est indiquée dans les versets de privation, déclarèrent qu'il fallait nier non seulement les conclusions tirées (de l'existence) des attributs essentiels [4], lesquels sont la science, la puissance, la volonté et la vie, mais l'existence même de ces attributs. « Car, disaient-ils, cela (c'est-à-dire admettre qu'ils existent) conduirait nécessairement à [5] (reconnaître) la multiplicité de l'(Être) éternel. » Cette opinion se réfute par la déclaration que les attributs ne sont ni l'essence même (du sujet), ni une autre chose (que l'essence) [6]. Comme ils niaient l'attribut de la volonté, ils étaient obligés de nier aussi la prédestination, vu que la prédestination est l'antériorité de la volonté à l'égard des êtres créés [7]. Ils rejetaient aussi les attributs de l'ouïe et de la vue, pour la raison que ces facultés sont des accidents propres aux corps. On réfute cette opinion en faisant observer

---

qu'il voulait indiquer le chapitre de l'ouvrage qui traite des articles de foi.

1 Le livre dont Ibn Khaldoun parle ici, sans le désigner par son titre, est probablement le *Temhîd,* espèce de commentaire sur le *Mowatta.*

2 Littéral. « les rides de leurs discours ».

3 Littéral. « dans toutes les directions ».

4 En arabe صفات المعنى (*attributs des réalités*). On emploie aussi les termes المعنوية الصفات et صفات الذات (*attributs de l'essence*).

5 Pour عن , lisez على avec les manuscrits A, D et l'édition de Boulac.

6 C'est-à-dire les attributs de Dieu ne sont ni son essence, ni quelque chose en dehors de son essence, car ils ne seraient alors que des accidents de l'essence. (Voy. sur ce sujet le *Guide des Égarés* de Maimonide, traduit par M. Munk, t. I, p. 183, 184, 185.)

7 Les scolastiques définissent, la prédestination comme l'attachement de la volonté essentielle aux choses, dans les temps qui leur sont particuliers ; ce qui veut dire que la volonté, attribut de l'Être suprême, se met en rapport avec les autres êtres dans les temps où cela doit se faire, et c'est en cela que consiste la prédestination.

que la signification du mot (ouïe et du mot vue) n'implique pas nécessairement l'idée d'une organisation (corporelle servant à recueillir des perceptions) ; ces mots ne désignent que la perception même de ce qui peut s'entendre et de ce qui peut être vu. Ils rejetaient l'attribut de la parole pour la même raison et parce qu'ils étaient incapables de comprendre le caractère [1] de cette parole qui existe in mente (Dei). Ils déclaraient que le Coran était une chose créée, (énonçant ainsi) une nouveauté absolument contraire à l'opinion hautement professée par les anciens musulmans.

La promulgation de cette doctrine pernicieuse fit énormément de mal ; quelques khalifes [2] l'apprirent de certains imams de la secte motazelite et obligèrent le peuple à y croire. La résistance opposée par les imams de la vraie religion à cet ordre tyrannique leur attira, aux uns des châtiments corporels, et aux autres la mort. Ce fut alors que les partisans de la Sonna s'appliquèrent à démontrer la vérité des dogmes orthodoxes par des preuves tirées de la raison, afin de réfuter ces nouveautés. Le cheïkh (ou docteur) Abou 'l-Hacen el-Achari, le grand chef des théologiens scolastiques, se chargea aussi de cette tâche et suivit un plan qui tenait le milieu entre les autres systèmes. Il répudia l'assimilation, reconnut l'existence des attributs essentiels et restreignit l'exemption aux mêmes choses que les anciens musulmans avaient précisées, toutes les fois que des preuves spéciales faisaient voir qu'on devait y appliquer, d'une manière générale, le principe de l'exemption. Il démontra, à l'aide de la raison et de la tradition, la réalité des quatre attributs essentiels et celle de l'ouïe, de la vue et de la parole, qui existe in mente (Dei). Sur tous ces points il répondit victorieusement aux novateurs et discuta avec eux au sujet du bien, du mieux, de la connaissance du bon et du mauvais [3], principes dont ils s'étaient servis afin de frayer

1 Littéral. « la qualité ».

2 Ce fut en l'an 212 de l'hégire que le khalife El-Mamoun professa ouvertement la doctrine de la création du Coran. Cinq années plus tard il voulut imposer son opinion à tous les docteurs de la loi et punit de coups, d'emprisonnement ou de mort ceux qui refusaient d'y souscrire. Son successeur El-Motacem continua la persécution.

3 Les Motazelites professaient le libre arbitre et niaient les attributs divins. Ils enseignaient que c'était pour Dieu une nécessité que de faire le *bien* aux hommes, et quelques-uns d'entre eux prétendaient même qu'il devait faire pour eux *le mieux possible*. Ils disaient aussi que la raison seule suffisait pour mettre l'homme en état de connaître le bien et le mal, tandis que, selon l'opinion

le chemin à leur hérésie. Il démontra complètement les dogmes qui se rapportent à la résurrection, aux circonstances du jour du jugement, au paradis, à l'enfer, aux peines et aux récompenses (de l'autre vie). Il composa, de plus, un discours sur l'imamat, parce que les imamiens venaient de répandre leur doctrine et d'enseigner, comme un dogme de la foi, la nécessité de croire à l'imamat [1], et parce qu'ils déclaraient que le Prophète était obligé, par devoir, à préciser le caractère de cet office et à dégager sa responsabilité en la confiant à celui qui y avait droit. « Le même devoir, disaient-ils, était imposé à tout le peuple musulman. »

Bien que l'imamat ne soit qu'une institution établie en vue de l'utilité publique et reconnue par le consentement général, et qu'y croire ne soit pas un article de foi, on l'a cependant classé parmi les matières auxquelles se rapportent les problèmes dont la discussion appartient à la science qui nous occupe. La réunion de ces discussions forme ce qu'on appelle la science de la parole (la théologie scolastique). On la nommait ainsi, soit à cause des controverses qui eurent lieu au sujet des nouvelles doctrines, controverses qui n'étaient que de pures paroles demeurées sans effet [2], soit parce que son invention et son étude eurent pour cause les disputes des docteurs sur la réalité de la parole in mente (Dei).

El-Achari laissa un grand nombre de disciples qui marchèrent sur ses traces et entre lesquels nous pouvons signaler Ibn-Modjahed. Le cadi Abou Bekr el-Bakillani étudia sous eux et finit par devenir le chef de cette école. Il réduisit en système les doctrines qu'on y professait et fixa les principes qui servent d'introduction à cette science, principes fournis par le raisonnement et formant la base [3] de toutes les preuves employées par les scolastiques et de toutes leurs spéculations. Ainsi il enseigna l'existence des atomes et du vide ; il déclara qu'un accident ne saurait exister dans un autre

orthodoxe, cette connaissance fut acquise à l'homme par la révélation. (Voy. l'ouvrage de Chehrestani sur les sectes, éd. Cureton, p. ٣١, et la traduction allemande de Haarbruecker, et suiv. Voy. aussi le *Mewakif* d'El-Idji, p. ٣٣٥, éd. Soerensen.)

1 Selon les orthodoxes, l'imamat n'est pas un dogme, mais une institution nécessaire.

2 Quelques auteurs musulmans regardent ce terme comme la traduction du mot λογική.

3 Je lis الادلة à la place de والادلة. Les manuscrits C et D et l'édition de Boulac m'ont fourni cette leçon, qui, du reste, est indiquée par le sens.

accident, et qu'un même accident ne saurait durer deux instants de temps [1]. Croyant que la nullité d'une preuve impliquait la nullité de ce qu'on prétend prouver, il enseigna qu'immédiatement après l'obligation de croire aux dogmes de la foi venait l'obligation de reconnaître ces principes comme vrais. Ce fut ainsi que se compléta un système de doctrine qui forme une des plus belles branches de la science spéculative et théologique. Il faut toutefois avouer que les démonstrations dont l'auteur se sert ne sont pas toujours conformes aux règles de l'art. Cela eut pour causes l'extrême simplicité des connaissances qui existaient chez les (scolastiques) de cette époque, et la circonstance que la logique, art au moyen duquel on contrôle l'exactitude des démonstrations et qui prescrit l'observation des règles syllogistiques, n'avait pas encore paru chez le peuple musulman. Quand même on y aurait introduit quelques principes de cet art, les scolastiques se seraient bien gardés de les adopter : la logique tenait de près aux sciences philosophiques, sciences tellement différentes des doctrines enseignées par la loi révélée, que cela seul aurait suffi pour la faire repousser.

Après le cadi Abou Bekr, qui fut un des grands docteurs de cette école, parut l'imam El-Haremeïn Abou 'l-Maali. Celui-ci dicta à ses élèves le contenu d'un ouvrage qu'il avait composé sur la matière et qu'il intitula Chamel (le compréhensif). Ce livre, dans lequel l'auteur s'étendait très longuement, fut ensuite abrégé par lui et obtint, sous le titre Kitab el-Irchad (livre de la direction), la plus haute autorité chez les Acharites, comme résumé de leurs doctrines.

L'art de la logique, s'étant ensuite introduit chez les musulmans, devint pour eux un objet d'étude. On l'avait excepté de la réprobation qui s'attachait aux sciences philosophiques, parce qu'on le regardait comme une simple règle, ou pierre de touche, au moyen de laquelle on pouvait éprouver l'exactitude, non seulement des arguments philosophiques, mais aussi de ceux qui s'emploient dans les autres sciences. L'on se mit alors à examiner les principes que les anciens maîtres avaient posés comme bases de la scolastique, et l'on fut conduit, par des arguments tirés en grande

1 Pour qu'une qualité ou un accident persiste dans un sujet, il faut que Dieu le crée de nouveau à chaque instant de temps : telle est la doctrine des philosophes scolastiques. (Voy. le *Guide des Égarés*, édition de M. Munk, t. I, p. 377, 388, 399.)

partie des traités rédigés par les anciens philosophes sur la physique et la métaphysique, à repousser plusieurs de ces maximes. Tel fut le résultat auquel on arriva en appliquant la logique à la scolastique. On rejeta même le principe admis par le cadi El-Bakillani, savoir : que la nullité de la preuve impliquait celle de la chose qu'on croyait avoir prouvée. Le système qu'on venait d'introduire, et que tous les scolastiques s'accordaient à accepter, différait beaucoup de l'ancien et était désigné par le nom de système des modernes. On y introduisit la réfutation de certaines doctrines enseignées par les anciens philosophes et contraires aux dogmes de la foi ; on rangea même ces philosophes parmi les adversaires de la religion, parce qu'il y avait beaucoup d'analogie entre leurs opinions et celles dont les sectes hétérodoxes de l'islamisme faisaient profession.

El-Ghazzali fut le premier qui adopta ce plan dans ses écrits sur la scolastique. L'imam (Fakhr ed-Dîn) Ibn el-Khatîb suivit son exemple, et une foule d'étudiants les prirent pour autorités et pour guides. Les théologiens de l'époque suivante se plongèrent dans l'étude des livres composés par les anciens philosophes et finirent par confondre l'objet de la scolastique avec celui de la philosophie. Ils regardèrent même ces deux sciences comme identiques, à cause de la ressemblance qui existe entre les problèmes de l'une et ceux de l'autre.

Sachez maintenant que les théologiens scolastiques, lorsqu'ils voulaient démontrer l'existence et les attributs du Créateur, citaient comme argument l'existence des êtres créés et tout ce qui les concerne ; ce qui, du reste, était leur manière ordinaire de procéder. Or le corps naturel, considéré sous le même point de vue que les philosophes l'ont regardé dans leurs traités de physique, fait partie de ces êtres. Mais leur manière de l'envisager est directement opposée à celle des théologiens scolastiques ; ils ne voient dans le corps qu'un être capable de mouvement et de repos, tandis que les autres y voient une chose qui indique l'existence d'un agent. C'est de la même manière que les philosophes procèdent dans leurs traités de métaphysique : ils ne regardent qu'à l'existence absolue (des êtres) et à ces (qualités) que l'existence exige par son essence même ; les scolastiques, au contraire, ne voient dans l'existence (des êtres) qu'une preuve de l'existence d'un créateur.

En somme, les scolastiques posent d'abord comme principe que la vérité des dogmes est constatée par la loi révélée ; puis ils les considèrent comme formant l'objet de la science qu'ils cultivent, et cela en tant qu'on peut défendre ces dogmes au moyen d'arguments tirés de la raison. « De cette manière on parvient (disent-ils) à repousser les nouveautés hétérodoxes et à lever les doutes et les incertitudes qu'on peut avoir au sujet des dogmes. »

Si l'on considère les commencements de cette science et le progrès régulier de sa marche à travers les générations successives de docteurs, qui, après avoir admis comme principe que les dogmes étaient vrais, mettaient en avant des arguments et des preuves, pour appuyer leur opinion, on reconnaîtra l'exactitude de ce que nous avons déjà énoncé relativement à l'objet de cette science, objet au delà duquel elle ne doit pas passer.

Les scolastiques des derniers siècles ont fait un mélange des deux systèmes et confondu les problèmes de la scolastique avec ceux de la philosophie, de sorte qu'on ne saurait distinguer l'une de ces sciences de l'autre, et l'on chercherait en vain dans leurs livres quelques indications sur ce sujet. Le Taoualê [1] d'El-Beïdaoui et tous les ouvrages composés par les savants étrangers (non arabes, persans) qui florissaient après lui sont la preuve de ce que nous avançons.

Un certain nombre d'étudiants se sont occupés de ce système (hybride), dans le but de se mettre au courant des doctrines qui s'y trouvent, et d'acquérir une connaissance approfondie des arguments (dont on s'était servi pour défendre les dogmes de la foi), arguments qui, en effet, s'y trouvent en grande abondance ; mais, si l'on veut appliquer les principes de la scolastique au système des anciens musulmans, il faut suivre le procédé des premiers scolastiques, procédé basé sur les indications du Kitab el-Irchad (de l'imam el-Haremeïn) et d'autres livres rédigés sur le même plan. Je recommande à celui qui veut défendre ses croyances en réfutant les philosophes d'étudier les traités d'El-Ghazzali et de l'imam Ibn el-Khatîb ; car, bien que leurs écrits s'écartent du plan [2] que les anciens s'étaient accordés à suivre, ils n'offrent ni ce mélange de problèmes (dont nous avons parlé), ni cette confusion d'idées

1 Le *Taoualê en-Anouar* (*ortus luminum*) eut pour auteur le même Beïdaoui qui composa le célèbre commentaire du Coran.

2 Pour الاصطلاح , lisez للاصطلاح avec les manuscrits C et D et l'édition de Boulac.

qui se remarque dans les ouvrages des scolastiques modernes relativement à l'objet de la science qu'ils enseignent.

En somme, nous dirons que la connaissance de cette branche de science qui s'appelle la scolastique n'est pas maintenant nécessaire pour l'étudiant, puisqu'il n'existe plus d'hérétiques ni d'impies, et que les livres et compilations laissés par les grands docteurs orthodoxes sont parfaitement suffisants pour nous guider. L'emploi de preuves tirées de la raison était bon quand il fallait défendre la religion et en confondre les adversaires ; mais aujourd'hui (il n'en est pas ainsi, car) il ne reste (de ces opinions dangereuses) qu'une ombre de doctrine [1], dont nous devons repousser [2] les suppositions et les assertions par respect pour la majesté de Dieu [3].

El-Djoneïd [4] passa un jour auprès d'un groupe de docteurs scolastiques qui exposaient leurs opinions à grand flux de paroles, et il demanda qui étaient ces gens-là ? On lui répondit : « Ce sont des gens qui se servent de la démonstration afin d'écarter de Dieu les attributs propres aux êtres créés et les indices de l'imperfection. » Il dit alors : « Nier le défaut quand ce défaut ne saurait possiblement exister est un défaut (de jugement). Cette science est pourtant d'une certaine utilité pour quelques esprits d'élite et pour ceux qui cherchent à s'instruire ; car il serait honteux pour une personne qui sait par cœur toute la Sonna d'ignorer les preuves spéculatives qui peuvent s'employer dans la défense des dogmes dont elle est la base ; et Dieu est l'ami des vrais croyants. (Coran, sour. III, vers. 61.)

Éclaircissements au sujet des motechabeh (passages et termes de signification obscure) qui se trouvent dans le Coran et la Sonna, et indication de l'influence qu'ils ont eue sur les croyances des diverses sectes tant sonnites qu'hétérodoxes [5].

1 Littéral. « qu'un discours ».
2 Pour ينزه , lisez تنزه .
3 Je crois que l'auteur veut désigner ici les doctrines d'Averroès.
4 Abou 'l-Cacem Djoneïd, célèbre ascète et soufi, naquit et fut élevé à Bagdad. Il mourut en cette ville l'an 297 (909-910 de J. C.). Sa vie se trouve dans le dictionnaire biographique d'Ibn Khallikan, vol. I p. 338 de la traduction anglaise, et dans le *Nefehat el-Ons* de Djamê.
5 Ce chapitre manque dans les manuscrits C et D, et dans l'édition de Boulac. J'y ai remarqué plusieurs erreurs de copiste, mais j'ai pu les corriger presque toutes

Dieu envoya son Prophète pour nous appeler au salut et à la possession du bonheur (éternel). Il lui transmit du ciel le noble Livre (le Coran, écrit) en cette langue arabe qui exprime si clairement les idées [1]. Dans ce volume, Dieu nous entretient des devoirs dont l'accomplissement doit nous conduire à la félicité. Ces discours, devant nous fournir les moyens de connaître Dieu, renferment nécessairement la mention de ses dualités (ou attributs) et de ses noms. Dieu nous y parle aussi de l'âme, qui est attachée à notre (corps), de la révélation, des anges, par l'intermédiaire desquels il communiqua aux prophètes les messages que ceux-ci devaient nous apporter. Il y fait mention du jour de la résurrection et des avertissements qui doivent précéder cet événement, mais sans nous donner la moindre indication au sujet de l'époque où cela aura lieu. Dans ce noble Coran on trouve, au commencement de certaines sourates, quelques lettres de l'alphabet, isolées les unes des autres, et dont nous n'avons aucun moyen de connaître la signification.

Tous les versets du Coran qui ont rapport à ces diverses matières sont désignés par le terme motechabeh (équivoque, allégorique, obscur), et la recherche de leur signification a été formellement interdite. Dieu lui-même a dit : C'est Lui qui t'a envoyé le Livre ; parmi les versets qu'il renferme les uns sont mohkam (solidement établis, d'une signification précise, clairs) et forment la base du Livre, les autres sont motechabeh (obscurs). Ceux dont les cœurs dévient (vers l'erreur) s'attachent aux motechabeh, par le désir de faire du scandale ou de les expliquer ; mais personne n'en connaît l'explication excepté Dieu, et les hommes consommés dans la science diront : Nous croyons aux motechabeh ; ils viennent tous de la part de notre Seigneur, et il n'y a que les hommes sensés qui soient capables de réfléchir. (Coran, sour. III, vers. 5.)

Les savants d'entre les premiers musulmans, c'est-à-dire d'entre les Compagnons du Prophète et leurs disciples, ont entendu par le mot mohkam les versets dont le sens est clair et dont les indications sont positives, et c'est pour cette raison que, dans le style technique des légistes, on définit comme mohkam, « ce qui est évident quant au sens ». Ils s'expriment de diverses manières au sujet des passages motechabeh : selon quelques-uns, ce sont les versets dont le sens

---

à l'aide du manuscrit A et de la traduction turque. Je le crois d'Ibn Khaldoun.

1 Littéral. en arabe « discernant ».

ne peut être rendu clair que par un examen attentif et une interprétation (allégorique), puisqu'ils se trouvent en contradiction avec d'autres versets ou avec la raison ; aussi leur signification est-elle cachée et obscure. Ce fut en partant de ce principe qu'Ibn Abbas disait : « On doit croire aux versets motechabeh , mais ne pas les prendre pour règle de conduite. » Selon Modjahed [1] et Eïkrima [2], tous les versets du Coran, excepté ceux qui sont mohkam et ceux qui forment des narrations, sont motechabeh, et telle fut aussi l'opinion d'Abou Bekr (el-Bakillani) et de l'imam El-Haremeïn. Thauri, Es-Chabi [3], et un certain nombre des premiers docteurs, disaient que le motechabeh était ce dont il n'y avait aucun moyen d'obtenir la connaissance, comme, par exemple, les signes qui annoncent l'approche de la fin du monde [4], les époques où les avertissements (à ce sujet) auront lieu, et les lettres de l'alphabet placées au commencement de quelques sourates.

Le verset dans lequel Dieu dit que les mohkam sont la base du livre signifie qu'ils en forment la majeure partie, tandis que les motechabeh n'en sont qu'une faible portion. On classe ce verset parmi les mohkam. Dieu blâme ensuite ceux qui s'attachent aux versets obscurs afin de les expliquer ou de leur donner un sens qu'ils ne pouvaient pas avoir en arabe, langue dans laquelle ces communications nous sont parvenues. Il désigne ces personnes comme des gens de la déviation, c'est-à-dire, qui se détournent de la vérité, tels que les infidèles, les zendics (matérialistes) et les novateurs ignorants, et déclare qu'elles ont pour but, en agissant ainsi, de faire du scandale, c'està-dire, de justifier le polythéisme, ou de tromper les vrais croyants, ou bien, qu'elles y cherchent un sens qui réponde à leurs désirs et qui serve d'appui aux nouvelles doctrines qu'elles veulent enseigner. Il dit ensuite : — Gloire soit à lui ! — qu'il se réserve à lui-même l'interprétation de ces versets

1 Son père Djebr s'appelait aussi Djobeïr.

2 Eïkrima (ou *Akerma* selon la prononciation berbère) était originaire de la Mauritanie et de race berbère. Devenu client ou affranchi d'Ibn Abbas, il s'appliqua à l'étude de l'exégèse coranique et du droit musulman, et finit par être regardé comme l'homme le plus savant de son temps. Il mourut vers l'an 106 de l'hégire (724-725 de J. C.).

3 Amer Ibn Chorahîl es-Chabi fut, de son temps, le docteur le plus savant de la ville de Koufa. Il y naquit vers l'an 20 de l'hégire. Sa mort eut lieu l'an 104 (722-723 de J. C.).

4 Littéral. « les conditions de l'heure ».

et que lui seul en connaît la signification. Ses paroles sont : Mais personne n'en connaît l'explication excepté Dieu. Ensuite, pour louer les savants qui croient à ces versets, il dit : Et les hommes consommés dans la science diront : Nous y croyons.

Les premiers musulmans (entendaient ce dernier passage de la même manière que nous : ils) regardaient les mots et les hommes consommés dans la science comme le commencement d'une nouvelle proposition, dont l'influence devait l'emporter sur celle de la conjonction copulative (et) [1]. « Croire, disaient-ils, à ce qui est absent (c'est-à-dire caché, inconnu) est ici ce qu'il y a de plus digne d'éloge ; si la conjonction gardait sa valeur, ces hommes croiraient à ce qui est présent (patent, connu), vu que le sens de ces versets leur serait déjà connu ; donc ils ne croiraient pas à ce qui leur était caché. » Les mots, ils viennent tous de la part de notre Seigneur, corroborent cette opinion.

Ce qui montre que la manière d'expliquer ces versets est inconnue aux mortels, c'est que les mots de la langue (arabe) comportent seulement les significations que les Arabes leur ont assignées et que, si nous nous trouvons dans l'impossibilité de rattacher à une expression l'idée qu'elle sert à énoncer, nous ignorons ce que cette expression veut indiquer. Donc, si elle nous vient de la part de Dieu, nous devons laisser à Dieu d'en connaître le sens, sans vouloir engager notre esprit dans la recherche d'une signification que nous ne possédons aucun moyen de trouver. Aïcha (la femme de Mohammed) a dit : « Quand vous verrez des gens qui se disputent au sujet (du sens) du Coran, évitez-les ; car ce sont eux que Dieu a désignés (par ces paroles : ceux dont les cœurs dévient vers l'erreur). » Telle fut la règle suivie par les anciens musulmans à l'égard des versets obscurs [2] ; ils l'appliquaient aussi aux expressions du même genre qui se présentent dans la Sonna, parce qu'elles proviennent de la même source que celles du Coran.

Ayant signalé les diverses espèces de versets obscurs, nous reviendrons aux différentes opinions qui ont cours à ce sujet. Parmi les versets qu'on a spécifiés comme ayant ce caractère, sont ceux qui ont rapport à la (dernière) heure (du monde), aux conditions sous

---

1 Si la conjonction gardait sa valeur, le sens du verset serait : « Personne n'en connaît la signification excepté Dieu et les hommes versés dans la science. »

2 Je rendrai dorénavant *motechabeh* par *obscur* et *mohkam* par *clair*.

lesquelles elle doit arriver, aux temps où les signes précurseurs de cet événement auront lieu, au nombre des suppôts (de l'enfer ; Coran, sour. XCVI, vers. 18), etc. Mais il me semble que ces versets-là ne sont pas du nombre des obscurs, car ils n'offrent aucun mot, aucune expression, dont le sens puisse donner lieu à des conjectures. (Ce qu'ils renferment de vague et d'indéterminé ce ne sont pas les mots,) mais les temps de certains événements qui doivent arriver, temps dont Dieu s'est réservé la connaissance, ainsi qu'il l'a déclaré lui-même dans le texte du Coran et par la bouche de son Prophète. Il a dit : « La connaissance de ces choses n'existe que chez Dieu. (Coran, sour. VII, vers. 187.) On a donc lieu de s'étonner que quelques personnes aient regardé ces versets comme obscurs. Quant aux lettres isolées qui se trouvent en tête de certaines sourates, elles y sont comme lettres de l'alphabet (et ne désignent pas autre chose). Il est possible (que Dieu les y ait mises à dessein (afin de marquer l'impossibilité d'imiter le style du Coran) [1]. Zamakhcheri a dit [2] : « Elles indiquent que le style du Coran est porté à un si haut degré d'excellence qu'il défie toute tentative faite pour l'imiter ; car ce livre, qui nous a été envoyé du ciel, est composé de lettres ; et tous les hommes peuvent les connaître également bien ; mais cette égalité disparaît quand il s'agit, pour eux, d'exprimer leurs idées au moyen de lettres combinées ensemble [3]. » Si l'on n'adopte pas l'explication qui donne à entendre que ces signes désignent réellement des lettres (on est obligé de convenir qu'ils désignent quelque autre chose) ; ce qui n'a pu arriver qu'à la suite d'un transport régulièrement fait [4]. (Ceux qui admettent le transport) disent, par exemple, que ta (ط) et ha (ه) (lettres placées en tête de la vingtième sourate) sont des

1 L'auteur n'explique pas son idée. Je pense, avec le traducteur turc, que le sens du passage est ceci : « Dieu a mis ces lettres en tête de quelques sourates comme une espèce de défi ; c'est comme s'il leur avait dit : « Voilà les éléments dont se compose le Coran ; prenez-les et faites-en un livre qui l'égale par le style. »

2 Zamakhcheri parle très longuement de ces lettres dans son commentaire sur la seconde sourate du Coran ; mais le passage cité ici ne s'y trouve pas.

3 Littéral. « les hommes, dans elles, égalité ; l'inégalité existe dans l'indication d'elles, après la combinaison. »

4 Détourner un nom appellalif de sa signification primitive pour lui en donner une autre, ou pour en faire un nom propre, c'est ce que les grammairiens arabes désignent par le terme نقل (transport). (Voy. à ce sujet l'*Anthologie grammaticale* de M. de Sacy, de l'*avis aux lecteurs.)*

particules compellatives dérivées des (verbes) taher (purifier) et hada (donner) ; mais le transport régulier se fait très difficilement et, dans les exemples dont il s'agit, ces lettres appartiendraient à la classe des termes obscurs (ce que nous n'admettons pas) [1].

Les versets dans lesquels il est question de la révélation, des anges, de l'esprit (saint) et des génies rentrent dans la classe des versets obscurs, à cause de l'incertitude dont leur signification réelle est entourée, signification qui n'est pas de celles qui sont généralement connues. Quelques personnes rangent dans la même catégorie certains versets d'un caractère semblable à celui des précédents et traitant, soit de ce qui se passera au jour de la résurrection, soit du paradis, de l'enfer, du Djeddjal (l'Antechrist), des troubles (qui auront lieu avant la fin du monde), des signes précurseurs [2] (de la dernière heure) et de toutes les autres matières qui diffèrent des choses auxquelles les hommes sont habitués. Cette opinion a une certaine probabilité, mais la grande majorité des docteurs, et surtout les théologiens scolastiques, ne l'admettent pas. Ceux-ci ont même indiqué la manière dont il faut entendre chacun de ces versets, comme cela se voit dans leurs livres.

Il nous reste à indiquer, comme faisant partie des motechabeh, les qualités que Dieu s'attribue à lui-même dans son Livre, et qu'il nous a fait connaître par la bouche de son Prophète ; qualités qui, entendues de la manière ordinaire, nous porteraient à mésestimer la perfection et la puissance divines. Nous avons dit comment, à l'égard de ces versets, les premiers musulmans s'y prenaient. Après leur mort, il s'éleva des disputes à ce sujet, et l'esprit d'innovation alla jusqu'au point de porter atteinte au dogme. J'exposerai ici les diverses doctrines qu'on énonçait, et j'aurai soin de faire la distinction des bonnes d'avec les mauvaises. Mettant d'abord toute ma confiance en Dieu, je dis que le Seigneur — Gloire soit à lui ! — s'est qualifié dans son Livre comme savant, puissant, doué de volonté et de vie, ayant la faculté d'entendre, celle de voir et celle de parler ;

---

1 Je donne ici la traduction littérale du paragraphe : « Se détourner de ce point de vue, lequel comporte la direction vers la réalité, ne peut se faire que par le transport sain, comme leur dire au sujet de *t-h*, qu'il est un compellatif de *taher, hada,* et autres choses semblables. Or le transport sain est très difficile, et le *motechabeh* (l'obscurité) serait amené dans elles (dans ces lettres), sous ce point de vue. »

2 Littéral. « des conditions ».

qu'il se dit magnifique, généreux, libéral, bienfaisant ; grand et glorieux. Il s'est même donné des mains, des yeux, un visage, des pieds, une langue et autres organes (propres au corps des êtres créés). Parmi ces attributs il y en a qui exigent nécessairement que le sujet dans lequel ils se trouvent soit réellement de nature divine [1] : tels sont, le savoir, la puissance, la volonté, puis la vie, attribut sans lequel les autres n'existeraient pas. Il s'y trouve aussi d'autres attributs qui servent à renforcer l'idée de sa perfection, comme ceux de l'ouïe, de la vue et de la parole ; puis d'autres qui donnent l'idée de l'imperfection (qui se rattache au corps : tels sont les actes de s'asseoir, de descendre et de venir, la possession d'un visage, de deux mains, et de deux yeux, organes particuliers aux êtres crées. Le législateur nous a dit qu'au jour de la résurrection nous verrons Dieu aussi clairement que nous voyons la lune quand elle est dans son plein, et que nous ne serons pas frustrés (de cette jouissance) [2]. Je rapporte ici la tradition telle qu'elle se trouve enregistrée dans le Sahîh (d'El-Bokhari). Les premiers musulmans, tant les Compagnons que leurs disciples, reconnaissaient à Dieu les attributs de la divinité et de la perfection, et s'en remettaient à lui pour l'intelligence des versets qui faisaient croire à l'imperfection de son être ; ils n'essayaient pas d'en expliquer le sens.

Il y eut, après eux, des différences d'opinion parmi les docteurs au sujet des attributs ; les Motazelites les regardaient comme des jugements abstraits de l'esprit et niaient l'existence des attributs dans l'essence divine. A cette doctrine ils donnaient le nom de tauhîd (profession de l'unité). Ils enseignaient aussi que l'homme est le créateur de ses actions et que la puissance divine n'y est pour rien, surtout quand ces actes amènent le mal ou se font contre les ordres de Dieu. « Il n'est pas permis, disaient-ils, au hakîm (à l'être sage par excellence) de causer de telles actions. Ils enseignaient aussi que Dieu était dans l'obligation de viser [3] toujours à faire pour le mieux dans sa conduite envers ses serviteurs, et ils désignaient cette doctrine par le terme adl (justice). Avant cela, ils avaient commencé par nier la prédestination et par déclarer que chaque chose doit son origine à un savoir, à une puissance et à

1 Pour الوهية , lisez الالوهيه .

2 Le traducteur turc a lu ترى et تضام , à la seconde personne du singulier.

3 Je lis مراعاة , à la place de مراعات .

une volonté créés [1] (exprès pour cet objet). Le Sahîh fait mention de cela et rapporte qu'Abd Allah, fils (du khalife) Omar, maudit publiquement [2] Mabed el-Djoheni et ses disciples parce qu'ils professaient cette doctrine. Ouacel Ibn Atâ el-Ghazzal [3], un de ses sectateurs et disciple d'El-Hacen el-Basri, accueillit l'opinion de la non-existence de la prédestination. Cela eut lieu du temps d'Abd el-Melek Ibn Merouan (le cinquième khalife omeïade). Mâmer es-Solemi adopta ensuite la même opinion, mais ceux qui l'avaient déjà admise y renoncèrent (pendant quelque temps) [4]. Un autre membre de cette secte fut Abou 'l-Hodeïl el-Allaf. Il devint le chef de l'école motazelite après en avoir étudié les doctrines sous Othman Ibn Khaled et-Taouîl, ancien disciple de Ouacel. (Othman) fut un de ceux qui niaient la prédestination et rejetaient les attributs de l'existence (les attributs essentiels), suivant, en cela, l'opinion des philosophes (grecs), dont les doctrines avaient commencé à s'introduire parmi les musulmans. Ensuite vint Ibrahîm en-Naddham. Celui-ci admit la prédestination, et entraîna les (Motazelites) dans la même voie ; mais, ayant ensuite étudié les livres des philosophes, il se prononça de la façon la plus énergique contre l'existence des attributs et rétablit la doctrine motazelite sur ses anciens fondements. Il eut pour successeurs El-Djahed [5], El-Kaabi [6] et El-Djobbaï [7].

Ce système fut appelé la science de la parole (la scolastique), soit à cause des argumentations et des controverses auxquelles il donna lieu, soit, parce que la négation de la parole comme attribut divin en formait la base. Ce fut à cause de cela que l'imam Es-Chafêi disait, en parlant des Motazelites, qu'ils méritaient d'être fustigés

1 Littéral. « qui sont nouveaux ».

2 Ou excommunia. Le verbe arabe signifie : « déclarer qu'on ne répond pas pour un autre ».

3 Abou Hodeïfa Ouacel Ibn Atâ el-Ghazzal, naquit à Médine l'an 80 (699-700 de J. C.). Il enseigna la doctrine motazelite à Basra, et mourut l'an 131 (748-749 de J. C.). Dans le texte arabe il faut lire الغزال à la place de الغزالی .

4 Cette parenthèse est justifiée par le fait et par la traduction turque. On y lit قدری برارالك .

5 Mort en 255 (868-869 de J. C.).

6 Abou 'l-Cacem Abd Allah el-Kaabi. Fondateur de la secte motazelite appelée des *Kaabites,* mourut en 317 (929 de J. C.).

7 Abou Ali 'l-Djobbaï, théologien motazelite, mourut l'an 303 (916 de J. C.). Son fils Abou Hachem professa les mêmes doctrines et mourut en 321 (933). — Lisez الجبّاءی dans le texte arabe.

avec des branches de palmier et promenés avec ignominie à travers les rues.

Les personnes que nous venons de mentionner consolidèrent le système. Leurs opinions furent admises par les uns et repoussées par les autres, jusqu'à ce qu'Abou 'l-Hacen el-Achari se mît en avant. Ce docteur eut de fréquentes controverses avec les principaux Motazelites au sujet du bien et du mieux, et rejeta leur théorie. Il suivit les opinions d'Abd Allah Ibn Saîd Ibn Kilab, d'Abou 'l-Abbas el-Calaneci et d'El-Hareth Ibn Aced el-Mohacebi, tous partisans des doctrines professées par les premiers musulmans et sincèrement attachés au système fondé sur la Sonna. Il fortifia [1] ces doctrines par des preuves tirées de la scolastique et montra, que, dans l'essence de Dieu, il existe certains attributs, tels que la science, la puissance et la volonté, attributs au moyen desquels on complète la démonstration tirée de l'empêchement mutuel (pour prouver l'unité de Dieu) [2] et celle qui montre la réalité de la puissance possédée par les prophètes d'opérer des miracles. Les Acharites reconnaissaient pour attributs la parole, l'ouïe et la vue, et voici pour quelle raison : bien que ces mots, pris dans leur sens littéral, pussent faire croire à l'imperfection (de Dieu), en donnant à entendre que sa parole consiste en un son et en des lettres énoncés par des organes corporels, il n'en est pas moins vrai que, chez les Arabes, le mot parole a une autre signification, dans laquelle l'idée de son et celle de lettres n'entrent pas, savoir, ce qu'on roule dans l'esprit. Tel est (selon les Acharites) la véritable signification [3] du mot parole (employé pour désigner l'attribut de Dieu ; pour eux), la première signification ne vaut rien. Ayant ainsi écarté ce qui pouvait faire supposer qu'il y avait de l'imperfection (dans Dieu), ils reconnaissaient cet attribut (la parole divine) comme éternel a parte ante [4] et comme rentrant tout à fait dans la catégorie des autres attributs. D'après cette doctrine, le mot Coran désigne également (la parole) ancienne qui existe dans l'essence de Dieu et qui, s'appelle la parole mentale, et la parole nouvelle [5],

1 Pour فايدة , lisez فايّد . La traduction turque porte تاييد , ce qui justifie la correction.

2 En arabe تمانع . Ce terme peut aussi se rendre par *conflit de volontés*.

3 Pour حقيقة , lisez جقيقته .

4 Littéral. « comme ancien ».

5 De même que chez les scolastiques, le terme *ancienne* s'emploie pour désigner ce qui est éternel *a parte ante*, le mot *nouvelle* sert à désigner ce qui n'est pas

qui consiste en des combinaisons de lettres s'énonçant au moyen de sons. Quand on emploie le terme ancienne, on attribue au mot parole la première de ces deux significations, et quand on dit que cette parole peut se lire et s'entendre, on veut dire (qu'elle porte la seconde de ces significations et) que la lecture et l'écriture peuvent servir à la représenter.

L'imam Ahmed Ibn Hanbel évitait, par un scrupule de conscience, d'employer le terme nouvelle (pour désigner la parole qui se lit et qui s'entend), et cela pour la raison qu'on n'avait jamais ouï dire que les anciens musulmans s'en fussent servis dans ce sens. Sa répugnance, à cet égard, n'impliquait point qu'il regardât comme éternels les exemplaires du Coran écrits à la main et les textes coraniques qui s'énoncent au moyen de la langue ; car il voyait parfaitement bien que ces exemplaires étaient nouveaux ; elle provenait uniquement d'un excès de piété. Dans toute autre supposition, cela aurait été, de sa part, la négation d'un état de choses dont tout le monde devait nécessairement reconnaître la réalité ; et à Dieu ne plaise que cet imam fût capable (de montrer une telle faiblesse d'esprit).

Quant aux attributs de l'ouïe et de la vue, bien que leurs noms fassent penser à la faculté perceptive exercée par certains organes du corps, ces mêmes noms s'emploient dans la langue (arabe) pour indiquer l'acte d'apercevoir ce qui peut être entendu ou vu. Cela suffit pour écarter l'idée d'imperfection que ces mots pourraient suggérer ; d'ailleurs, les significations que nous venons indiquer appartiennent réellement à ces deux termes. Quant aux mots se poser, venir, descendre, visage, deux mains, deux yeux, etc. on évite de les entendre dans leur signification ordinaire ; car elle pourrait faire croire à de l'imperfection (dans la nature de Dieu), en établissant une similitude (entre lui et les êtres créés), et on les regarde comme des expressions métaphoriques. C'est ainsi que les Arabes donnent un sens allégorique à des phrases dont le sens littéral serait inadmissible. Ils ont expliqué de cette manière le passage du Coran (où il s'agit d'un mur) qui pensait s'écrouler (sour. XVIII, vers. 76). C'est chez eux une pratique admise qui n'a jamais été repoussée ni regardée comme une innovation.

Ce qui porta les (scolastiques) à interpréter ces mots d'une manière allégorique, bien que cela fût contraire au système des

éternel *a parte ante*, ce qui a eu un commencement, ce qui a été créé.

premiers musulmans, qui remettaient à Dieu la compréhension des versets obscurs, ce fut la hardiesse de quelques musulmans des temps postérieurs, — nous voulons parler des Hanbelites anciens et modernes. — qui entendaient ces expressions d'une manière tout à fait étrange : ils les regardaient comme désignant des attributs établis dans Dieu, mais d'une manière inconnue. Ainsi, pour expliquer l'idée de Dieu qui se pose sur son trône, ils disent que l'acte de se poser est établi en lui. Nous conservons (disaient-ils) au terme se poser sa signification littérale pour ne pas être obligés à le déclarer nul (tatîl). Nous n'indiquons pas la manière dont l'acte de se poser est établi en Dieu, pour ne pas nous laisser entraîner dans l'assimilation (de Dieu aux créatures), choses que les versets privatifs n'autorisent pas. Tels sont les passages : Il n'y a rien qui lui soit semblable (Coran, sour. XLII,
vers. 9), — loin de sa gloire ce qu'on lui attribue (sour. XXIII, vers. 93), — loin de lui ce que disent les gens pervers [1], — il n'a pas engendré et n'a pas été
engendré (sour. CXII, vers. 3). » Les Hanbelites ne se doutaient cependant pas qu'ils entraient en pleine assimilation quand ils reconnaissaient pour réel l'acte de se poser. Chez les philologues, se poser veut dire se tenir dans un lieu, s'y fixer ; donc, il implique l'idée de la corporéité. L'emploi de l'annulation leur répugnait [2], mais il s'agissait ici d'annuler la signification d'un mot, ce qui n'est pas défendu ; c'est l'annulation (des attributs) de la divinité qui est défendue. Il leur répugnait aussi d'admettre que certaines obligations fussent inexécutables (dans le cas où l'on s'écarterait de la signification littérale des mots) [3] ; mais cela est une illusion de leur part, car aucune obscurité ne se présente dans les versets qui prescrivent des devoirs. Ils prétendaient que leur système était celui des premiers musulmans ; mais à Dieu ne plaise (que nous admettions leur opinion) ! Le système des anciens fut celui que nous avons indiqué, savoir, de s'en rapporter à Dieu pour le sens de ces versets et de ne pas essayer de les comprendre. Pour justifier leur opinion que Dieu se pose réellement sur le trône, ils citent

1 Ce passage, tel qu'il est rapporté dans le texte arabe, ne se trouve pas dans le Coran.

2 On avait donné aux Motazelites le sobriquet d'*annulateurs*, parce qu'ils niaient l'existence des attributs divins.

3 Je ne sais de quels passages du Coran il s'agit.

cette parole de l'imam Malek : « L'acte de se poser est connu, mais la manière en est inconnue. » Malek ne voulait cependant pas dire que l'acte de se poser attribué à Dieu était une chose connue ; à Dieu ne plaise ! il connaissait trop bien la signification du verbe se poser pour énoncer une telle opinion ; il voulait seulement dire que la signification étymologique de ce verbe était connue et qu'il ne se dit que des êtres ayant un corps ; mais la manière de se poser (en parlant de Dieu), c'est-à-dire, la réalité de la prise de position, était inconnue [1]. En effet, tous les attributs sont des manières d'être réelles, et l'on ignore comment les manières d'être sont établies en Dieu. Pour démontrer que Dieu occupe un lieu [2] ils citaient la tradition de Saouda [3] : Le Prophète lui demanda où était Dieu, et elle répondit : « Dans le ciel ». « Rends-lui la liberté, s'écria-t-il, car elle est vraie croyante ». Mais il ne la reconnaissait pas pour telle parce qu'elle avait dit que Dieu existait dans un lieu, mais parce qu'elle avait cru au sens apparent des versets qui donnaient à entendre que Dieu était dans le ciel. Ce fut ainsi qu'elle se trouva comprise dans la classe des musulmans sincères qui croyaient aux versets obscurs sans avoir essayé d'en trouver le véritable sens. Un argument décisif contre la proposition que Dieu est dans un lieu est fournie par la raison même : elle nie que Dieu ait besoin (de l'extrinsèque pour exister). D'autres preuves nous sont offertes par les versets privatifs qui impliquent l'exemption ; tels, par exemple, que : Il n y a rien qui lui ressemble ; Il est Dieu dans les cieux et sur la terre, etc. Or aucun être ne peut occuper deux lieux à la fois ; aussi (ce dernier verset) ne signifie pas que Dieu occupe un lieu quelconque, mais désigne autre chose.

Plus tard, (les Hanbelites) généralisèrent leur manière d'entendre les passages (du Coran) qui donnaient à Dieu un visage, deux yeux et deux mains, ou qui lui attribuaient l'acte de descendre et de parler en énonçant des mots composés de lettres et de sons. (Dans leur nouveau système) ils donnaient à ces versets des significations plus compréhensibles que celle de la corporéité, et exemptaient Dieu de la qualité corporelle que ces versets paraissaient indiquer.

---

1 Le sens exige l'insertion du mot مجهولة après حقيقته .

2 Littéral. « pour prouver l'affirmation du lieu ».

3 Moaouïa Ibn el-Hakem possédait une esclave appelée *Saouda* et voulait l'affranchir. Il consulta à ce sujet le Prophète, qui interrogea la femme afin de savoir si elle était croyante et digne de la liberté.

Bien qu'un tel procédé ne soit pas autorisé par la langue (arabe) ils ont continué, depuis les premiers jusqu'aux derniers, à le mettre en pratique. Ils eurent pour adversaires les scolastiques, les Acharites et les Hanefites ; en un mot, tous les partisans de la doctrine sonnite se réunirent pour les réfuter. On sait que les scolastiques hanefites de la ville de Bokhara eurent des controverses à ce sujet avec Mohammed Ibn Ismaël el-Bokhari.

Les corporalistes (ceux qui donnent un corps à Dieu, les anthropomorphistes) procédèrent de la même manière quand ils affirmèrent la corporéité. Ils disaient que le corps de Dieu n'était pas comme les (autres) corps. Bien que le mot corps ne soit pas employé [1] dans les traditions sacrées quand il y est question de Dieu, ces hommes osèrent attribuer à Dieu un corps, en prenant à la lettre (quelques textes d'une signification obscure). Ils allèrent même plus loin et affirmèrent la corporéité (de l'Être suprême), mais en y mettant les mêmes réserves qu'eux (les Hanbelites). Voulant aussi sauver la doctrine de l'exemption, ils se servirent d'une expression renfermant une contradiction et une absurdité : « Dieu, disaient-ils, est un corps, mais non pas comme les (autres) corps. » (Cette distinction ne vaut rien, car) le mot corps (djism), en langue arabe, désigne ce qui a de l'épaisseur et des limites. On en donne (il est vrai) d'autres définitions : tantôt c'est ce qui subsiste par soi-même et tantôt c'est ce qui est composé d'atomes, etc. Mais ces formules appartiennent aux théologiens scolastiques, qui les avaient adoptées en laissant de côté le sens attribué au mot corps dans la langue arabe. Aussi les corporalistes se jetèrent-ils non seulement dans l'innovation, mais dans l'infidélité : ils assignèrent à Dieu un attribut imaginaire qui ferait croire à son imperfection et dont aucune mention ne se trouve ni dans le Coran ni dans les paroles du Prophète.

Le lecteur voit maintenant les différences qui existent entre le système des premiers musulmans et des scolastiques orthodoxes, et celui des sectaires plus modernes et des innovateurs, tant motazelites que corporalistes.

---

1 Pour يثبت , lisez لم يثبت . La traduction turque porte : ده ايسه جسم واقع وثابت اولميوب منقولات شريعه, c'est-à-dire, « Dans les traditions sacrées le mot corps ne se trouve pas ».

Parmi les théologiens des temps postérieurs [1], se trouvèrent des extravagants qu'on nommait assimilateurs et qui affirmaient la réalité de la ressemblance (entre Dieu et ses créatures). Cette doctrine fut portée si loin qu'un de leurs adeptes disait, à ce qu'on rapporte : « Ne me demandez de vous parler ni de la barbe de Dieu, ni de ses parties génitales ; quant au reste, je saurai répondre à toutes les questions qu'il vous plaira de m'adresser. » — Aucune interprétation donnée à cette doctrine ne peut la pallier, à moins qu'on ne dise en leur faveur qu'ils avaient seulement l'intention de renfermer (dans les limites d'une seule proposition [2]) toutes les idées (absurdes) que certains versets du Coran, pris à la lettre, pourraient inspirer, et que (du reste,) ils entendaient ces versets de la même manière que les grands docteurs (du peuple musulman). Sans cela, ce serait de la franche infidélité. Que Dieu nous en préserve !

Les livres composés par les partisans de la Sonna renferment beaucoup d'arguments destinés à réfuter ces nouveautés et fournissent en abondance les meilleurs arguments qui puissent s'y employer. Les indications que nous venons de donner font connaître en gros ces diverses doctrines, ainsi que leurs ramifications. Louange à Dieu qui nous a dirigés vers ce but ! nous nous serions égarés si Dieu ne nous avait pas dirigés. (Coran, sour. VII, vers. 41.)

Quant aux versets qui, pris à la lettre, offrent un sens dont la signification et la portée réelle nous sont cachées, ceux, par exemple, qui regardent la révélation, les anges, l'âme, les génies, le berzekh, les circonstances de la résurrection, l'Antechrist, les troubles (qui auront lieu dans le monde avant le dernier jour) et les conditions (ou signes précurseurs de cette catastrophe), — tous ceux enfin qui sont difficiles à comprendre ou qui énoncent des choses insolites, — on doit les regarder comme non obscurs si on les entend de la manière que les Acharites, partisans de la Sonna, les ont expliqués dans tous leurs détails. Aussi, si nous déclarons qu'ils sont obscurs, nous sommes obligés d'exposer nos preuves et de rendre évidente la vérité de notre assertion. Nous disons donc que le monde (ou catégorie) de l'humanité est le plus noble et le plus élevé de tous les mondes d'êtres créés. Bien qu'en lui la

1 Lisez المحدثين , sans *techdîd.*

2 Littéral. « de circonscrire ».

nature humaine soit toujours identiquement la même, elle passe par des phases qui diffèrent les unes des autres par leurs caractères particuliers, et il en résulte que les vérités observées dans chacun de ces états ne sont pas comme celles qui s'aperçoivent dans les autres.

La première phase est celle du monde corporel, avec ses sens externes, avec cette préoccupation d'esprit qui a pour cause la nécessité de se procurer la subsistance et avec toutes les démarches auxquelles les besoins de chaque jour donnent naissance. La seconde phase est celle du monde de la vision. La vision c'est le travail de l'imagination qui forme des images en tirant parti [1] de celles qui parcourent [2] son intérieur, et fait en sorte que l'homme les aperçoive par le moyen de ses sens externes. Elles lui arrivent alors dégagées de temps, de lieu et de toutes les autres circonstances qui sont particulières au monde corporel. Le lieu [3] d'où l'homme les voit n'est pas alors celui où il se trouve. Les saints obtiennent par la voie des visions l'annonce du bonheur temporel ou spirituel auquel ils s'attendent, ainsi que cela leur fut promis par notre Prophète véridique. Ces deux phases sont communes à tous les individus de l'espèce humaine, mais elles diffèrent, comme on le voit, en ce qui regarde les perceptions de l'esprit. La troisième phase, celle du monde du prophétisme, est d'un caractère tout spécial : elle n'existe que pour les êtres les plus nobles de l'espèce humaine, pour ceux que Dieu a particulièrement favorisés en se faisant connaître à eux, en leur enseignant son unité, en leur envoyant du ciel des révélations par l'entremise de ses anges et en les chargeant de veiller au bonheur des autres hommes, bonheur tout différent de celui dont on jouit dans la vie extérieure de ce monde. La quatrième phase est celle de la mort. Dans cette phase, les individus quittent la vie extérieure, pour entrer dans un état d'existence qui précède le jour de la résurrection. Cet état est ce qu'on appelle le berzekh.

---

1 Littéral. « en rendant efficace, ou en expédiant ».

2 Je lis الجايلة , à la place de جاياة . Le traducteur turc s'est borné à dire : « Le monde de la

عالم رؤيادركه تصرفات خياله دن عبارت اولور vision consiste en opérations faites par l'imagination. »

3 Pour امكان , lisez مكان .

Les hommes y jouissent du bonheur ou subissent des peines, selon la nature de leurs actes passés, et ils y attendent le jour de la résurrection générale, l'époque[1] de la grande rétribution, quand ils iront goûter le bonheur dans le paradis ou souffrir des tourments dans l'enfer. La réalité des deux premières phases est prouvée par le témoignage de nos sens, et celle de la troisième par les miracles et autres signes particuliers aux prophètes. La quatrième a pour preuves les révélations que Dieu envoya à ses prophètes touchant l'autre vie, le berzekh et le jour de la résurrection. La simple raison nous montre que cet état existe, ainsi que Dieu lui-même nous l'a dit, dans plusieurs versets qui se rapportent à ce jour. Une des preuves les plus claires en faveur de la réalité de cette phase c'est que, s'il n'y avait pour les hommes, après la mort, un état d'existence tout autre que celui d'ici-bas et dans lequel ils[2] trouveraient ce qu'ils ont mérité, leur première création aurait été une dérision. En effet, si la mort était la privation absolue de l'existence, l'homme finirait par aboutir à la non-existence, et sa première création n'aurait pas eu sa raison d'être. Or il est absurde de supposer que le hakîm (l'être sage par excellence) soit capable d'un acte dérisoire.

Ayant établi la réalité de ces quatre phases, nous allons indiquer les divers genres de perceptions que l'homme ressent dans chacune d'elles et montrer combien ils diffèrent les uns des autres, Cela mettra le lecteur à même d'approfondir le problème des versets obscurs.

Dans la première phase, les perceptions sont claires et évidentes : Dieu lui-même a dit : Dieu vous a tirés du sein de vos mères, alors que vous étiez privés de toute connaissance, et il vous a donné l'ouïe, la vue et l'intelligence. (Coran, sour. XVI, vers. 80.) Les perceptions obtenues ainsi produisent la faculté d'acquérir des connaissances ; elles complètent aussi la nature humaine de l'homme et le mettent en état de remplir le devoir de la dévotion qui doit le conduire au salut éternel.

Dans la seconde phase ; celle de la vision (ou songes), les perceptions sont identiques avec celles qui entrent par les sens extérieurs mais elles ne s'obtiennent pas au moyen des organes du

1 Littéral. « la demeure ».

2 Je lis بهم à la place de به , et, dans la ligne suivante, je substitue ايجادهم à ايجاده .

corps [1], comme cela arrive dans l'état de veille. Le voyant [2] accepte comme certain tout ce qu'il aperçoit en songe ; il n'a aucun doute sur la réalité de ce qu'il voit, aucune incertitude à ce sujet, bien que l'emploi ordinaire des organes du corps pour procurer des perceptions ait discontinué. Il y a deux opinions touchant la nature réelle de cet état. Selon les philosophes (musulmans), les images qui se trouvent dans l'imagination sont renvoyées par elle, au moyen du mouvement de la réflexion, jusqu'au sens commun, lequel est le point où le sens extérieur se rattache au sens intérieur ; et alors l'image que celui-ci vient d'apercevoir se reproduit extérieurement dans les autres sens. Pour cette classe (de métaphysiciens) il y a une question embarrassante : la perception des choses présentées à l'imagination par Dieu ou par un ange est-elle plus sûre et plus certaine que celle des choses montrées à l'imagination par le démon ? car cette faculté, comme ils le déclarent eux-mêmes, est unique (et admet également ces deux genres de perceptions [3]). La seconde théorie est celle des scolastiques, qui s'expriment, à ce sujet, dans des termes généraux. « (La vision,) disent-ils, est une perception que Dieu crée dans les organes des sens et qui s'y présente de la même manière que (les perceptions obtenues) dans l'état de veille. » Cette théorie est plus satisfaisante que l'autre, bien que nous ne sachions pas comment l'opération se fait. Les perceptions qu'on ressent pendant les songes forment un des témoignages les plus clairs en faveur de la réalité des perceptions obtenues par les sens dans les phases suivantes.

Les perceptions sensibles qui arrivent pendant la troisième phase, celle du prophétisme, viennent on ne sait de quelle manière, mais leur réalité est (pour les prophètes) encore plus certaine que la certitude même. Ils voient Dieu et les anges ; ils entendent la parole de Dieu, soit qu'elle leur vienne de lui directement ou par l'entremise de ses anges, ils voient le paradis, le feu, le trône et le siège (c'est-à-dire le ciel qui soutient le trône) ; montés sur le Borac [4], ils traversent les sept cieux et rencontrent les prophètes qui s'y trouvent, ils font

---

1 Pour الجوارج , lisez الجوارح .

2 Pour الراى , lisez الرائى .

3 Je ne sais si j'ai bien compris le sens des derniers mots de cette phrase ; le secours de la traduction turque me fait ici défaut, puisqu'elle ne les a pas rendus.

4 Ce fut sur le *Borac*, animal ayant la forme d'un mulet ailé et la tête d'une femme, que Mohammed fit son célèbre voyage à travers les sept cieux.

la prière avec eux et ressentent divers genres de perceptions tout aussi sensibles que celles dont l'arrivée a lieu pendant les phases de la corporéité et de la vision. (Ils les perçoivent) par une science nécessaire que Dieu crée en eux et non pas au moyen de cette faculté perceptive et usuelle qui opère, chez les (autres) hommes, au moyen des organes du corps.

Il ne faut attacher aucune importance aux paroles d'Ibn Sîna (Avicène), quand il abaisse la phase du prophétisme au même niveau que celle de la vision, et qu'il dit : « C'est l'acte de l'imagination qui renvoie une image au sens commun. » (Cette définition est inexacte) car la perception de la parole (de Dieu), dans la phase du prophétisme, est bien plus pénible pour les prophètes que dans celle de la phase de la vision, ainsi que nous l'avons indiqué [1] ; d'ailleurs, s'il en était ainsi, il en résulterait que la révélation (orale) et la vision seraient positivement et réellement identiques. Cela n'est pas vrai, car nous savons que le Prophète avait eu des visions six mois avant d'obtenir des révélations (orales). Ces visions étaient le commencement et les préliminaires de la révélation. On voit par là que la vision est réellement inférieure en degré [2] à la révélation (orale). Le caractère particulier de la révélation elle-même sert à confirmer ce que nous venons de dire. On sait par le Sahîh (d'El-Bokhari), combien étaient grandes les souffrances du Prophète quand il recevait des révélations (orales). Ce fut au point qu'il fallait d'abord lui communiquer le Coran par versets isolés. La sourate du désaveu fut la première qui lui arriva toute à la fois ; mais il la reçut à une époque postérieure, pendant qu'il accompagnait, à dos de chameau, l'expédition de Tebouk. Si la révélation se faisait par la descente de la réflexion à l'imagination et de celle-ci au sens commun [3], il n'y aurait point de différence entre ces deux états [4].

La quatrième phase, celle des morts dans le berzekh, commence par le tombeau quand les hommes restent dépouillés de leurs

1 Je ne rends pas les mots لان هذا التنزيل طبيعة واحدة, parce que l'idée qu'ils servent à exprimer est énoncée beaucoup plus clairement à la fin de la phrase.

2 Je lis دونه avec le manuscrit B et le traducteur turc.

3 L'auteur ne reproduit pas ici d'une manière exacte l'opinion qu'il veut réfuter.

4 C'est-à-dire celles de la vision et de la révélation. Il aurait dû écrire بين الحالتين, ce que le traducteur turc a bien senti ; il rend les paroles de l'auteur par : حال بيننده بو يكى « entre ces deux états ».

corps, et finira par [1] la résurrection, quand les corps leur seront rendus. Dans cet état, les perceptions des sens sont réelles : le mort, dans son tombeau, voit de ses propres yeux les deux anges qui l'interrogent, la place qu'il doit occuper dans le paradis ou dans l'enfer et les personnes qui assistent à son enterrement ; il entend leurs discours, le bruit de leurs pas [2] pendant qu'ils s'éloignent, le témoignage qu'ils portent en sa faveur comme croyant à l'unité de Dieu, et leur déclaration, faste en son nom, qu'il n'y a qu'un seul dieu et que Mohammed est l'apôtre de Dieu, etc. Nous lisons dans le Sahîh que le Prophète s'arrêta au bord du puits de Bedr, dans lequel on avait jeté les corps des Coreïchites infidèles qui venaient d'être tués, et les appela par leurs noms [3]. Omar lui dit : « Prophète de Dieu ! pourquoi parlez-vous à des cadavres ? », Le Prophète répondit : « Par celui qui tient mon âme entre ses mains ! ils entendent ce que je dis aussi bien que vous. » Ensuite, au jour de la résurrection, quand ils seront ressuscités, ils entendront et ils verront aussi clairement que s'ils vivaient ; ils verront les divers étages de bonheur qui existent dans le paradis et de tourments qui se trouvent dans l'enfer. Ils verront les anges et celui qui en est le seigneur, ainsi que nous l'apprend ce texte du Sahîh : « Au jour de la résurrection, vous verrez votre Seigneur comme vous voyez la lune dans son plein et vous ne serez pas privés de cette vue. Rien de semblable à ces perceptions ne leur était jamais arrivé pendant la vie de ce monde ; elles leur viendront alors à la manière des perceptions mondaines, par les organes du sens, et se présenteront dans ces organes par l'effet d'une connaissance nécessaire que Dieu aura créée (pour cet objet), ainsi que nous l'avons dit.

Tout cela, au fond, revient à ceci que l'âme [4] de l'homme croît avec le corps et avec les perceptions du corps, et qu'en quittant le corps par l'effet d'une vision, ou de la mort, ou d'une extase amenée par une révélation, — ce qui arrive aux prophètes, — elle sort du domaine des perceptions humaines pour entrer dans celui des perceptions accordées aux anges, et emporte avec elle les facultés perceptives de l'état d'humanité, facultés qui sont alors tout à

1 Je lis وآخره à la place de او .

2 Littéral. « le clapotement de leurs sandales ».

3 Voyez l'*Essai sur l'histoire des Arabes* de M. Caussin de Perceval, t. III, p. 67.

4 Ici et plus loin, l'auteur paraît employer le mot نفس (esprit) dans le sens de روح (âme).

fait indépendantes des organes (du corps). L'homme, étant entré dans cette phase, reçoit, au moyen de ces facultés, une quantité de perceptions d'une nature bien plus élevée que celles dont l'âme avait pris connaissance pendant qu'elle était dans le corps. Telles sont les paroles d'El-Ghazzali, — que la miséricorde de Dieu soit sur lui ! — Il ajoute que l'âme humaine est une forme qui, après avoir quitté le corps, conserve les deux yeux, les deux oreilles et tous les autres organes servant à recevoir des perceptions ; ces organes, dit-il, sont semblables à ceux du corps et ont la même forme. Je ferai observer que ce docteur veut indiquer par les termes (forme et semblables) les facultés qui ont été acquises par l'opération de ces organes dans le corps et qui sont venues s'ajouter à celles qui dérivent des perceptions (ordinaires) [1].

Le lecteur qui aura compris toutes ces observations saura parfaitement que les perceptions dont nous parlons comme ayant lieu dans ces quatre phases sont réelles, bien qu'elles n'existent pas de la même manière que dans la vie de ce monde : elles varient aussi d'intensité selon les circonstances. Les théologiens scolastiques ont indiqué ce fait d'une manière générale en disant que Dieu crée dans elle (l'âme) une connaissance nécessaire qui lui permet de recevoir ces [2] perceptions, de quelque genre qu'elles soient. Par cette définition, ils veulent désigner précisément ce que nous venons d'exposer.

Ceci n'est qu'un résumé des indications que nous avons signalées comme pouvant servir à éclaircir la question des passages obscurs (du Coran) ; si nous avions traité le sujet avec plus d'étendue, le lecteur ne l'aurait pas mieux compris. Nous prions Dieu de nous diriger et de nous faire bien comprendre ce que ses prophètes et son Livre ont dit, afin que nous puissions obtenir une connaissance réelle de l'unité divine et arriver à la félicité éternelle. Dieu dirige qui il veut.

Du soufisme [3].

1 Selon Ibn Khaldoun, c'est en recueillant des perceptions que la perceptivité acquiert sa perfection, de même que l'âme se forme et se perfectionne en recueillant les formes des choses extérieures au moyen des sens.

2 Il faut lire بتلك à la place de بذلك.

3 Le commencement de ce chapitre a été traduit par M. de Sacy et inséré dans la notice des *Vies des soufis*, par Djamê. Je reproduis ici cette traduction avec

Le soufisme est une des sciences qui sont nées dans l'islamisme. Voici à quoi elle doit son origine. Le système de vie adopté par ces gens (les mystiques ou Soufis) a toujours été en vigueur depuis le temps des premiers musulmans. Les plus éminents parmi les Compagnons et (leurs disciples) les Tabê, et parmi les successeurs de ceux-ci, le considéraient comme la route de la vérité et de la bonne direction. Il avait pour base l'obligation de s'adonner constamment aux exercices de piété, de vivre uniquement pour Dieu, de renoncer aux pompes et aux vanités du monde, de ne faire aucun cas de ce que recherche le commun des hommes, les plaisirs, les richesses et les honneurs ; enfin de fuir la société pour se livrer dans la retraite aux pratiques de la dévotion. Rien n'était plus commun parmi les Compagnons et les autres fidèles des premiers temps. Lorsque, dans le second siècle de l'islamisme et dans les siècles suivants, le goût pour les biens du monde se fut répandu et que la plupart des hommes se furent laissés entraîner dans le tourbillon de la vie mondaine, on désigna les personnes qui se consacrèrent à la piété par le nom de Soufis ou de Motesouwefis (c'est-à-dire aspirants au soufisme) [1].

El-Cocheïri [2] a dit qu'on ne saurait assigner à ce nom une étymologie qui soit tirée de la langue arabe et conforme à l'analogie ; que c'est évidemment un sobriquet et que l'opinion de ceux qui le font dériver de safa (pureté), ou de soffa (banquette) [3], ou de soff (rang, ordre) est trop difficile à concilier avec les formes étymologiques de la langue pour être admissible. Il ajoute qu'on ne peut pas non plus le faire dériver de souf (laine), vu que ces gens-là n'avaient pas l'habitude de se distinguer des autres en portant des vêtements de laine. Je dis, moi, que, puisqu'il s'agit d'étymologie, soufi vient très probablement de souf (laine), car la plupart de ces dévots portaient des vêtements de cette étoffe pour se distinguer du commun des

---

quelques modifications.

1 Les deux termes s'emploient indifféremment pour désigner les mystiques. M. de Sacy en a déjà fait la remarque.

2 J'ai déjà parlé de ce célèbre hagiographie.

3 Certains pauvres musulmans, contemporains de Mohammed, dormaient dans la mosquée de Médine pendant la nuit, et se tenaient assis sur une banquette, à l'extérieur de la mosquée, pendant le jour. Abou Horeïra l'aveugle, ce Compagnon et protégé de Mohammed, qui nous a transmis tant de traditions dont plusieurs sont évidemment mensongères, était un des *gens de la banquette* ou *sofa* (en arabe *soffa*).

hommes, qui aimaient à se montrer dans de beaux habits.

Les Soufis ayant adopté pour règle de renoncer aux biens du monde, de se tenir séparés de la société et de s'adonner à la dévotion, se distinguèrent aussi des autres hommes par des extases [1] qui leur survenaient. Expliquons cela. L'homme, en tant qu'il est homme, se distingue des autres animaux par la perception [2], et cette perception est de deux sortes : la première a pour objet les sciences et les connaissances, non seulement tout ce qui est certain, mais tout ce qui est supposition, ou doute ou opinion ; l'autre a pour objet les états qu'il éprouve en lui-même, tels que la joie, la tristesse, le resserrement (de cœur), l'épanouissement, la satisfaction, la colère, la patience, la gratitude et antres dispositions semblables. L'être réel et intelligent (l'âme) qui agit librement dans le corps se compose de perceptions, (venues de l'extérieur), de volontés (intérieures) et d'états (ou modifications qu'elle éprouve) ; et c'est là, comme nous l'avons dit, ce qui distingue l'homme. Ces états proviennent les uns des autres ; ainsi la science vient du raisonnement, la joie et la tristesse proviennent de ce qui fait éprouver du plaisir ou de la douleur ; l'activité est le produit du repos, et la paresse de la lassitude.

Il en est de même de l'aspirant (ou disciple de la vie spirituelle dans le combat qu'il se livre à lui-même et dans ses exercices de piété : chaque combat qu'il livre à ses penchants produit en lui un état qui est la conséquence de ce combat. Cet état est, nécessairement, ou un acte [3] de dévotion qui, s'enracinant (par la répétition), devient pour lui une station, ou, si ce n'est point [4] un acte de dévotion, ce doit être nécessairement une qualité que son âme acquiert [5], comme joie, gaieté, activité, paresse, etc. Maintenant, quant aux stations, l'aspirant ne cesse de s'élever d'une station à une autre jusqu'à ce qu'il parvienne à la confession (ou la conviction) de l'unité divine [6] et à la connaissance (parfaite de Dieu), terme nécessaire

---

1 Selon M. de Sacy, le mot مواجد est le pluriel de وجد .

2 L'auteur aurait dû écrire بالفكر وفكره « par la réflexion, et cette réflexion », etc.

3 Littéral. « une espèce ».

4 Il faut insérer لا entre ان et تكون . Les manuscrits C et D et l'édition de Boulac offrent la benne leçon. Le traducteur turc l'a adoptée.

5 C'est-à-dire une modification qu'elle éprouve.

6 Le terme employé ici est *tauhîd.* Plus loin on le verra prendre une autre signification, celle de l'*unification* ou *identité* de l'homme avec Dieu.

pour obtenir la félicité, conformément à cette parole du Prophète : Quiconque mourra en confessant qu'il n'y a point d'autre dieu que Dieu entrera dans le paradis.

L'aspirant ne peut se dispenser de s'élever successivement dans ces divers degrés, ils ont tous pour fondement l'obéissance et la sincérité (d'intention) ; la foi les précède et les accompagne, et d'eux naissent les états et les qualités [1] qui en sont les produits et les bons résultats [2]. Ces états et ces qualités en produisent d'autres par une progression successive qui se termine à la station de la confession de l'unité (tauhîd) et de la connaissance. S'il se rencontre quelque défaut ou quelque imperfection dans le produit, on doit reconnaître que cela provient d'un défaut dans ce qui a précédé. Il en est de même des pensées qui passent par l'esprit de l'homme et des lumières surnaturelles qui arrivent spontanément au cœur [3]. En conséquence de cela, l'aspirant a besoin de demander compte à son âme de ses dispositions dans tout ce qu'elle fait, et d'examiner jusqu'aux replis les plus cachés de son cœur ; car les actions doivent, de toute nécessité, produire des résultats, et si ces résultats sont imparfaits, cela provient de défauts dans les actions. L'aspirant s'aperçoit de cela par son goût [4] et entre en compte avec son âme pour en découvrir la cause.

Il y a bien peu d'hommes qui imitent dans cette pratique les Soufis, car l'indifférence à cet égard est pour ainsi dire universelle. Les hommes pieux qui ne se sont pas élevés jusqu'à cette classe (de mystiques) ne se proposent rien de plus que de remplir les seuls devoirs que la jurisprudence regarde comme suffisants pour celui qui veut satisfaire (aux prescriptions de la loi) et s'y conformer. Mais les mystiques examinent scrupuleusement les résultats (de leur conduite), faisant usage pour cet examen des goûts et des extases [5], dans le but de s'assurer si leurs actions sont exemptes ou non de quelque défaut.

---

1 C'est-à-dire, les modifications durables et passagères de l'âme. (S. de S.).

2 Littéral. « les fruits ».

3 Selon l'auteur du Tarîfât, le terme واردة désigne toutes les idées des choses du monde invisible qui surviennent dans le cœur de l'homme sans aucun effort de sa part.

4 C'est-à-dire, par une lumière intérieure qui est une sorte d'inspiration divine. (S. de S.)

5 Dans les extases, l'âme reçoit des révélations ; telle est l'opinion des Soufis.

Il est donc évident que tout leur système est fondé sur la pratique d'obliger l'âme à se rendre compte de ses actions et de ses fautes d'omission, et sur les discours dans lesquels ils traitent des goûts et des extases qui, naissant des combats (livrés aux inclinations naturelles), deviennent pour l'aspirant des stations dans lesquelles il s'élève progressivement en passant de l'une à l'autre. Mais, outre cela, ils ont certaines règles de convenance qui leur sont particulières, et ils emploient entre eux certains termes auxquels ils ont assigné des significations techniques. Les mots, dans le langage ordinaire, ne servent qu'à désigner des idées généralement connues ; mais, quand il se présente des idées qui ne sont pas dans la circulation générale, nous sommes obligés d'employer par convention, pour les exprimer, des mots au moyen desquels on puisse aisément les concevoir. Par suite de cela, les Soufis se sont fait une science particulière, sur laquelle on ne trouve aucune indication chez les personnes qui cultivent les autres sciences religieuses. Celle de la loi se divise en deux espèces : la première est propre aux légistes et aux jurisconsultes, et a pour objet les règles communes à tous et se rapportant aux devoirs du culte, aux usages et aux transactions sociales ; la seconde est particulière à cette classe d'hommes dont nous parlons : elle embrasse tout ce qui concerne l'exercice du combat spirituel et le compte qu'on doit en demander à son âme, elle traite aussi des goûts et des extases qui surviennent dans la pratique de ces exercices, elle parle du procédé par lequel on s'élève successivement dans l'échelle des goûts et donne l'explication des termes techniques qui sont usités parmi ces gens (les Soufis).

A l'époque où l'on commença à mettre par écrit les connaissances scientifiques et à en former des recueils, les docteurs rédigèrent des ouvrages sur le droit, sur les principes fondamentaux de la jurisprudence, sur la théologie scolastique, sur l'exégèse coranique et autres sciences de ce genre. Quelques hommes éminents dans l'ordre des Soufis[1] écrivirent alors des ouvrages sur leur système. Les uns ont traité des règles de la dévotion et du compte qu'on doit faire rendre à l'âme au sujet du soin qu'elle a apporté à se conformer (à ces lois), soit dans ce qu'il convient de faire, soit dans ce qu'il convient de

1 Dans le style des Soufis, le mot رجال (hommes) est souvent employé pour dire : *les hommes distingués par leur avancement dans la vie spirituelle*. (S. de S.)

ne pas faire. El-Mohacebi [1] a composé sur cette matière un traité intitulé Reâïa (l'observance). D'autres ont traité des bienséances qui doivent s'observer dans la pratique du soufisme, des goûts que l'on y éprouve et des extases qui surviennent aux Soufis dans leurs états (d'exaltation). C'est ce qu'ont fait El-Cocheïri dans son Riçala, Es-Sohrewerdi dans son Aouaref el-Maaref [2] et d'autres écrivains. El-Ghazzali a réuni ces deux genres de sujets dans son livre intitulé Ihya [3] : il y a consigné non seulement les principes qui doivent régler les pratiques de la dévotion et l'observance (des bons exemples), mais aussi l'étiquette des usages observés par la confrérie et l'explication des termes qu'ils se sont accordés à employer pour exprimer leurs idées.

Ce fut ainsi que le système des Soufis se présenta, dans l'islamisme, sous la forme d'une science rédigée méthodiquement par écrit, bien que d'abord elle n'eût été qu'une manière de pratiquer les exercices de la dévotion, et que ses règles ne se trouvassent que dans le cœur des hommes. C'est de la même manière que se rédigèrent les ouvrages où l'on traite de l'exégèse coranique, des traditions, du droit, des principes fondamentaux de la jurisprudence et d'autres sciences.

Ce combat spirituel, cette retraite et cette méditation sont suivis ordinairement de l'écartement des voiles des sens [4], et accompagnés de la vue de certains mondes (ou catégories d'êtres) qui, étant du domaine de Dieu, ne sauraient être aperçus, même dans la moindre partie, par celui qui n'a pour se servir que les organes des sens. Un de ces mondes est celui de l'âme. Ce dégagement a lieu quand l'âme quitte les sens extérieurs pour rentrer dans le sens interne ; alors les états (produits par l'opération) des sens s'affaiblissent, ceux qui proviennent de l'âme se fortifient, l'âme exerce un empire

---

1 Abou Abd Allah el-Hareth Ibn Aced el-Mohacebi, auteur d'un traité renfermant la biographie des Soufis et l'exposition de leur doctrine, mourut l'an 243 (857-858 de J. C.).

2 Abou Hafs Omar es-Sohrewerdi, grand maître des Soufis de Baghdad et auteur du célèbre traité intitulé *Aouaref el-Maaref* (*les dons de connaissances spirituelles*), mourut dans cette ville, l'an 632 de l'hégire (1234 de J. C.).

3 L'*Ihya oloum ed-dîn* (réanimation des sciences religieuses) remplit deux gros volumes. M. Gosche a donné la liste des chapitres de cet ouvrage dans sa notice sur El-Ghazzali. (Voy. *Mémoires de l'Académie de Berlin* pour l'an 1858.)

4 Le terme arabe est كشف (*kechf*). Je le rendrai dorénavant par *dégagement.*

dominant et sa vigueur se renouvelle. Or la méditation [1] aide puissamment à cela, car elle est comme la nourriture qui donne la croissance à l'âme, et celle-ci ne cesse pas de croître et d'augmenter jusqu'à ce que, de science (ou être en puissance) qu'elle était, elle devienne présence (ou être en acte), et que, s'étant dégagée des sens, elle [2] acquière la plénitude de cette existence qu'elle tient de son essence et qui consiste en la perception même. Dans cet état, elle est susceptible de recevoir les dons divins, les connaissances déposées près de la divinité [3] et les faveurs spontanées [4] de Dieu ; enfin son essence (ou nature), en ce qui concerne la connaissance exacte de ce qu'elle est, se rapproche de l'horizon le plus élevé, l'horizon des anges [5].

Ce dégagement (par lequel on est délivré) des sens arrive le plus souvent aux hommes qui pratiquent le combat spirituel ; et alors ils obtiennent une perception de la véritable nature des êtres, perception telle que personne autre qu'eux ne saurait l'avoir. De même, ils ont souvent la connaissance des événements avant qu'ils arrivent, et, par l'influence de leurs désirs ardents [6] et par les forces de leurs âmes, ils disposent des êtres inférieurs, qui sont contraints d'obéir à leur volonté.

Les plus grands personnages d'entre les mystiques ne font point de cas de ce dégagement et de cet empire (sur les êtres) ; ils ne déclarent rien de qu'ils savent sur la nature réelle (et secrète) d'aucune

---

1 Le terme arabe est *dikr* (souvenir). Il consiste maintenant chez les Soufis et derviches en la récitation du chapelet et des litanies, accompagnée de mouvements de corps très désordonnés. On trouvera dans l'ouvrage de M. Lane, intitulé, *Modern Égyptians,* une description détaillée de ces pratiques.

2 J'ai déjà fait remarquer que l'auteur emploie les termes روح et نفس pour désigner l'âme de l'homme.

3 La signification du mot لدنى est expliquée dans la 1e partie, p. 202, note 1.

4 Le mot فتح (*ouverture*) est employé dans ce langage pour désigner toutes sortes de faveurs extraordinaires que Dieu accorde aux mystiques fort avancés dans la vie spirituelle. Cette expression vient de ce que pour dire *Dieu lui accorde des bienfaits,* on dit : *Dieu lui ouvre la porte des bienfaits.* (S. de S.) Il signifie aussi des émanations subites et inattendues de la part du premier agent, c'est-à-dire de Dieu.

5 Cet *horizon* est la *station* la plus élevée à laquelle l'âme puisse atteindre.

6 Le mot همّة est souvent employé dans les écrits des mystiques, pour signifier les *vœux*, les *prières* ou les *bénédictions* qu'un personnage réputé saint fait pour le succès d'une entreprise quelconque, et qui doivent en faciliter ou en assurer la réussite. (S. de S.)

chose, quand ils n'ont point reçu l'ordre d'en parler ; bien plus, ils regardent ce qui leur arrive de ces effets (surnaturels) comme une tentation, et, quand ils les éprouvent, ils demandent à Dieu de les en délivrer.

Les Compagnons pratiquèrent aussi ce combat spirituel et se virent abondamment comblés de faveurs surnaturelles : Abou Bekr, Omar et Ali se distinguèrent par un grand nombre de dons de ce genre, mais aucun d'eux n'y attacha la moindre importance. Leur façon de voir à cet égard a été suivie par les mystiques dont les noms sont mentionnés dans le traité d'El-Cocheïri, et par ceux qui, après eux, marchèrent dans la même voie.

Parmi les modernes il s'est trouvé des hommes qui ont mis beaucoup d'intérêt à obtenir ce dégagement des voiles, et à pouvoir parler des perceptions que ces voiles leur avaient cachées. Ils ont eu recours, pour y parvenir, à différents exercices de mortification, suivant les divers enseignements qu'ils ont reçus relativement à la manière d'éteindre les facultés des sens, et de nourrir, par la méditation, l'âme intelligente. On continue ces exercices jusqu'à ce que l'âme, ayant pris toute sa croissance et toute la nourriture dont elle est susceptible, puisse jouir pleinement de la faculté de percevoir qui lui appartient en vertu de son essence. Quand un homme, disent-ils, est parvenu à ce point, tout ce qui existe est compris dans ses perceptions ; ils prétendent avoir vu à découvert l'essence réelle de tous les êtres, et s'être fait des idées justes de la nature véritable de toutes ces choses, depuis le trône (de Dieu) jusqu'à la plus légère pluie [1]. C'est ce que dit El-Ghazzali dans son ouvrage intitulé Ihya, après avoir décrit les pratiques de mortification (dont on fait usage pour parvenir à cet état surnaturel). D'après eux, ce dégagement n'est réel et complet que s'il provient de la droiture (des intentions et des dispositions) ; car il peut avoir lieu (mais d'une manière imparfaite) pour des gens qui s'attachent à vivre dans la retraite et à supporter la faim, sans qu'il y ait chez eux de la droiture ; tels sont les magiciens, les chrétiens et autres gens qui pratiquent des exercices de mortification ; mais nous ne voulons parler à présent que du dégagement provenant de la droiture. On peut user ici d'une comparaison prise d'un miroir bien poli : si l'on

1 Ce mot est mis ici pour la rime ; dans le langage des Soufis il ne paraît pas avoir une acception particulière.

met un miroir convexe ou concave devant un objet dont il doit réfléchir l'image, cet objet s'y montrera sous une figure contournée qui ne sera pas la sienne ; si, au contraire, la surface du miroir est plane, cet objet s'y montrera tel qu'il est. Ce que la surface plane est pour le miroir, la droiture l'est pour l'âme, relativement aux états dont celle-ci reçoit l'impression.

Les modernes, ayant donc attaché une grande importance à ce dégagement, ont discouru sur la nature réelle des êtres supérieurs et inférieurs, sur celle de l'espèce angélique, de l'âme (universelle), du trône (de Dieu), du siège (qu'il occupe) et d'autres choses semblables ; mais les personnes qui ne sont pas leurs confrères et qui ne suivent pas leur système sont incapables de comprendre les goûts et les extases qu'ils éprouvent. Parmi les casuistes, les uns repoussent (les prétentions de ces mystiques), tandis que d'autres les admettent ; mais, en cette matière, les raisonnements et les arguments ne sont d'aucune utilité, ni pour réfuter ni pour prouver, attendu qu'il s'agit de choses dont on ne peut juger que par les sens intérieurs [1].

[Examen détaillé et appréciation (de ces matières). — Les savants, parmi les traditionnistes et les jurisconsultes qui se sont occupés des dogmes (de la foi), ont très souvent énoncé l'opinion que Dieu est séparé (mobaïn) de ses créatures ; les scolastiques ont dit qu'il n'en est pas séparé et qu'il n'y est pas joint (motassel) ; les philosophes ont enseigné qu'il n'est ni dans le monde ni en dehors du monde, et les Soufis des derniers temps ont déclaré qu'il est identique (mottahed) avec les êtres créés, soit parce qu'il s'est établi (holoul) dans eux, soit que ces êtres soient lui-même, et qu'ils ne renferment, ni en totalité ni en partie [2], aucune autre chose que lui. Nous allons examiner ces propositions d'une manière détaillée et les apprécier à leur juste valeur, afin qu'on comprenne clairement ce qu'elles énoncent.]

[Le terme séparation s'emploie pour exprimer deux idées (que

1 Selon l'auteur du *Tarîfat*, le mot وجدانية signifie *ce qui s'aperçoit au moyen des sens intérieurs* ما يكون مدركه بالحواس الباطنة — Ici finit l'extrait publié par M. S. de Sacy. Tout ce qui suit dans l'édition de Paris, à partir du mot الوجدانيات , jusqu'au mot وربما , dans l'avant-dernière ligne de la page 68, ne se trouve que dans le manuscrit A. Le traducteur turc a reproduit cette addition sans aucune observation ; j'ai mis entre des crochets les paragraphes dont elle se compose.

2 Lisez تفصيلا .

nous aurons à discuter successivement). Il signifie d'abord être séparé quant au lieu et la place, idée dont l'idée opposée est être joint. Si l'on entend le mot séparation avec la restriction (de lieu et de place) et si l'on admet cette corrélation, on est obligé d'y reconnaître l'idée de localité, soit explicitement, ce qui serait affirmer la corporéité (de Dieu), soit par une conséquence nécessaire, ce qui serait assimiler (Dieu aux créatures), doctrine qui rentre encore dans la catégorie de la doctrine qui assigne une place à Dieu.]

[On rapporte que certains docteurs parmi les premiers musulmans professèrent ouvertement la séparation ; mais, en ce cas, on ne saurait assigner à ce mot la signification dont nous parlons. L'emploi de ce terme a été condamné par les théologiens scolastiques, parce qu'il impliquait l'idée de lieu. Voici leurs paroles : « Qu'on ne dise pas que le Créateur est séparé de ses créatures, ou qu'il leur est joint ; car de pareils attributs ne conviennent qu'à des choses qui sont dans un lieu. Qu'on ne dise pas qu'un sujet doive nécessairement avoir un attribut exprimant une certaine idée ou bien l'opposé de cette idée, car cela dépend d'abord [1] d'une condition, à savoir, que l'adjonction d'un attribut à un sujet soit de rigueur ; si cette condition n'est pas admise, la nécessité de l'adjonction n'existe pas. Il est même possible qu'un sujet se passe d'attribut exprimant une idée particulière ou le contraire de cette idée [2]. Aussi peut-on très bien dire d'un corps inorganique qu'il n'est ni savant ni ignorant, ni puissant ni faible, ni écrivant ni sans instruction. L'emploi du mot séparé comme attribut (d'un sujet) n'est autorisé que sous la condition qu'on veuille indiquer l'existence (du sujet) dans un lieu ; cela est certain, à ne considérer que le sens de ce mot. Mais le Créateur, — Gloire soit à lui ! — est bien au-dessus de pareils attributs. » Ce passage est cité par Ibn et-Tilimçani [3] dans son commentaire sur les Lomâ (les éclairs) de l'imam el-Haremeïn. Il dit ailleurs : « Qu'on ne dise pas que le

---

1 Je lis أوّلاً à la place de أولا , comme l'a fait le traducteur turc, qui a rendu ce mot par le terme équivalent, ابتدا .

2 Lisez ici اوضدّه , ainsi que dans la ligne qui précède.

3 Hadji Khalifa ignorait la date de la mort de ce docteur, qu'il appelle *Abd Allah Ibn Mohammed el-Fihri et-Tilimçani* (natif de Tlemcen) ; mais il nous apprend qu'outre le commentaire sur le *Lomâ* il en composa un autre sur le *Maalem* de Fakhr ed-Dîn er-Razi.

Créateur est séparé du monde ou qu'il y est joint ; qu'on ne dise pas qu'il est en dehors ou en dedans du monde. » Cela est conforme à la doctrine des philosophes ; ils enseignaient que Dieu n'est ni dans le monde ni en dehors du monde ; mais ils fondaient leur opinion sur le principe qu'il existe des substances qui ne sont pas dans un lieu, principe repoussé par les théologiens scolastiques, parce qu'il nous obligerait à convenir que certaines substances possèdent un des attributs qui sont particuliers au Créateur. La question que nous examinons ici est traitée en détail dans les livres de théologie scolastique.

[Passons à la seconde idée exprimée par le terme séparation, et qui est celle de différence et d'opposition. Quand on prend le mot séparé dans ce sens, on peut fort bien dire que Dieu est séparé de ses créatures quant à son essence, à son individualité [1], à son existence et à ses attributs. L'idée opposée à celle-ci s'exprime par les termes unification, combinaison et mélange. Cette signification du mot séparé a été systématiquement adoptée par ceux qui étaient dans le vrai [2], c'est-à-dire, par la totalité des premiers musulmans, par les hommes savants dans la loi, par les théologiens scolastiques, par les Soufis des temps anciens, ceux, par exemple, dont les noms sont cités dans la Riçala (d'El-Cocheïri), et par tous les docteurs qui ont marché dans la même voie. Mais une fraction des Soufis modernes, celle qui a fait des perceptions recueillies par le sens interne un objet de science et d'investigation, est allée jusqu'à déclarer que le Créateur est identique (mottahed) avec ses créatures, quant à son individualité, à son existence et à ses attributs. Ils ont même dit que c'était là l'opinion des philosophes qui précédèrent Aristote, savoir, de Platon et de Socrate. Telle est la doctrine que les théologiens scolastiques ont en vue quand ils parlent, dans leurs écrits, d'une certaine opinion des Soufis qu'ils prennent à tâche de réfuter : « C'est, disent-ils, un contre-sens manifeste que de supposer la réunion de deux essences dont l'une est totalement différente de l'autre, ou dont l'une est renfermée dans l'autre, comme la partie (dans le tout). » Aussi, repoussent-ils cette doctrine. L'unification (ittihad) dont nous parlons est identique avec l'établissement (de la divinité dans l'homme, c'est-à-dire l'incarnation), dogme

1 Le terme arabe est هوية ; pour le rendre en français, il faudrait inventer un mot comme *ipséité*.

2 Littéral. « les gens de la vérité ».

professé par les chrétiens au sujet du Messie, et dont la bizarrerie est manifeste, parce qu'il suppose l'établissement d'un ancien dans un nouveau (c'est-à-dire d'un être éternel dans un être créé), ou l'unification de ces deux êtres. Cela est encore la même doctrine que celle des Chîïtes imamiens [1] à l'égard de leurs imams.]

Quand ils (les Soufis) parlent de l'unification [2], ils l'entendent de deux manières. Selon la première, l'essence éternelle est cachée dans les êtres qui ont eu un commencement, tant dans ceux qui se laissent apercevoir par les sens que dans ceux qu'on aperçoit par l'entendement, et elle est identique avec ces deux classes d'êtres. Tous (ces êtres, disent-ils,) sont des manifestations externes de (l'être) éternel, et celui-ci en est le recteur, c'est-à-dire, il les maintient dans l'existence. Cela signifie que, sans lui, ils n'existeraient pas. Telle est la doctrine de ceux qui croient à l'établissement. La seconde opinion est celle des partisans de l'unité absolue (el-ouehda 'l-motlaca). Il semblerait que ceux-ci s'étaient aperçus que la doctrine des partisans de l'établissement renfermait l'idée de la non-identité, idée tout à fait opposée à celle qui est indiquée par le terme unification ; aussi ont-ils rejeté la non-identité de (l'être) éternel et des créatures, en ce qui concerne l'essence, l'existence et les attributs ; et ils ont regardé comme erronée la doctrine qu'il y avait non-identité (entre l'être éternel) et les manifestations extérieures qui se laissent apercevoir par les sens et par l'entendement. « Ces manifestations (disent-ils) sont des perceptions humaines, lesquelles sont des ouehm (c'est-à-dire des illusions). » Ils ne veulent pas exprimer par ouehm l'idée que ce terme comporte en tant qu'il entre dans la catégorie dont les mots eïlm (savoir), dhann (opinion) et chekk (doute) font partie ; au contraire, ils veulent déclarer que toutes (les perceptions humaines) sont réellement des non-êtres qui ont seulement une

1 Voy. *ibid.* p. 104.

2 L'idée d'*unification* s'exprime en arabe par le mot *taouhîd*, qui signifie aussi *confesser l'unité de Dieu.* Les Soufis adoptèrent ce terme précisement à cause de sa double signification et parce que, pour les profanes, il n'impliquait aucune autre idée que celle de la conviction de l'unité de Dieu. Ce fut là une supercherie qui déjà se laisse entrevoir dans les observations d'Ibn Khaldoun et qui est maintenant bien constatée. Djamé, le célèbre poète mystique, a évidemment compris la signification que les Soufis des hauts grades assignaient au mot *taouhîd,* mais il s'est efforcé de la déguiser. Cette équivoque ne saurait se rendre dans une traduction.

existence (apparente) [1] dans la faculté perceptive de l'homme. Il n'y a réellement point d'existence (disent-ils), soit externe, soit interne, excepté pour (l'être) éternel. Plus loin, nous tâcherons d'expliquer cela autant que nous le pourrons ; car on essayerait en vain de s'en rendre raison à l'aide de la spéculation et de la démonstration, comme cela se fait dans l'examen des perceptions purement humaines. En effet, la connaissance de ces matières (si obscures) provient des impressions reçues dans le monde des anges, et il n'y a que les prophètes et les saints venus après ceux-ci qui tiennent — les premiers de leur naturel primitif, et les seconds d'une direction qu'ils ont reçue, — la faculté de les obtenir. Celui qui chercherait à en prendre connaissance en se servant des sciences humaines se tromperait tout à fait [2].

Quelques auteurs ont entrepris de dévoiler la nature des choses existantes [3] et de fixer l'ordre véritable dans lequel elles ont paru, et dans cette tâche ils ont adopté la théorie des partisans des apparences [4]. Les notions qu'ils fournissent à ce sujet sont plus obscures les unes que les autres, surtout si on les compare avec (les indications fournies par les docteurs orthodoxes), qui, dans leurs recherches spéculatives, s'en tenaient à la terminologie reçue et aux sciences déjà établies. El-Ferghani [5] nous est un exemple des premiers ; dans la préface qui accompagne son commentaire du poème (mystique) d'Ibn el-Fared [6], il expose la manière dont

1 Pour rendre le texte arabe intelligible il faut insérer le mot لها avant وجود).

2 Fin de l'addition fournie par le manuscrit A, et adoptée par le traducteur turc.

3 Pour ذلك فى كشف الموجودات , lisez فى ذلك كشف الموجود .

4 Quelques Soufis regardaient comme des *apparences* مظاهر (φαινόμενα) tout ce qui compose le monde sensible. — Dans l'édition de Paris la même phrase se trouve répétée sous une autre forme plus simple ; mais cela provient du copiste, qui a reproduit, sans y faire attention, le texte de la rédaction primitive que l'auteur avait supprimée ; aussi faut-il biffer les dernières lignes de la page, à commencer par le mot وربما , dans l'avant-dernière ligne, et à finir par حقايقه , dans la dernière ligne. Le traducteur turc n'a reconnu que la nouvelle rédaction.

5 Selon Hadji Khalifa, Mohammed Ibn Ahmed el-Ferghani mourut postérieurement à l'année 700 (1300). Ce fut lui qui, le premier, composa un commentaire sur le *Taïya* d'Ibn el-Fared.

6 Le grand poète mystique Omar Ibn el-Fared mourut au Caire, l'an 632 (1235 de J. C.). Sa célèbre *cacîda* ou poème sur le soufisme, intitulée *Taïya,* a été publiée par M. de Hammer en 1854. M. Grangeret de Lagrange a publié d'autres poèmes du même auteur dans son *Anthologie arabe,* et M. de Sacy eu a donné d'autres dans le troisième volume de sa *Chrestomathie arabe.* La collection complète des

ce qui existe a émané de l'agent (qui est Dieu, et indique l'ordre (dans lequel tout a paru) : « Ce qui existe émane (dit-il,) de l'attribut de l'unitisme [1], lequel fait émaner [2] l'unéité, et tous deux émanent ensemble de la noble essence (l'Être suprême), qui n'est ni plus ni moins que l'unité même. Les mystiques désignent cette émanation (sodour) par le terme manifestation. La première des manifestations, selon eux, est celle de l'essence (qui se montre) à elle -même ; elle renferme la perfection, qui implique la faculté de faire exister et de faire paraître ; ce qui est conforme à une parole qui a cours parmi eux et qu'ils attribuent à Dieu, savoir : J'étais un trésor caché, et, voulant être connu, j'ai créé les créatures afin qu'elles me connussent. Cette perfection consiste dans la faculté de faire exister, laquelle est descendue d'en haut (pour se manifester) dans ce qui existe et jusque dans les détails de la nature réelle des choses existantes. Cela forme, selon eux, le monde des réalités, la présence amaïenne [3] et la vérité mohammédienne. Là-dedans se trouvent les vérités (ou caractères réels des attributs du tableau (sur lequel sont inscrits les décrets divins, de la plume (qui a servi pour les écrire), de tous les prophètes et envoyés (célestes et de la perfection du peuple mohammédien [4]. Tout cela forme des parties distinctes de la vérité mohammédienne. De ces vérités il en émane d'autres qui concernent la présence hébaïenne [5], qui (dans cette échelle) est le

poèmes d'Ibn Fared, avec un double commentaire, a été imprimée à Marseille en 1855, par les soins de Rochaïd Dahdah ; 1 vol, in-8° de 608 pages.

1 J'ai dû inventer les mots *unitisme* et *unéité* pour représenter les termes وحدانية (*ouahdaniya*) et احدية (*ahdïya*) *;* le mot وحدة (*ouehda*) signifie *unité.*

2 Je lis مهظر avec les manuscrits C et D, l'édition de Boulac et la traduction turque.

3 Selon El-Djordjani, la *hadra,* ou présente *amaïenne,* est le degré de l'*unité* (*ouehdiya*), c'est-à-dire, probablement, le plus haut degré de l'échelle des manifestations divines. Selon un auteur cité dans le *Dictionary of technical terms,* cette *présence* est la vérité des vérités, qui n'a pour attribut ni la nature de l'Être divin (*hakkiya*) ni celle des êtres créés (*khalkiya*). C'est une essence simple, etc..... et, sous un certain rapport, elle est la contre-partie de l'*unité.* Le terme *amaïenne* (عمائية) dérive de *amâ* (عماء) « nuage élevé ».

4 Pour المحدية , lisez المحمدية .

5 Par le mot *présence* (hodour) doit s'entendre une *manifestation* de la divinité. Il y a plusieurs degrés de *présence,* selon la doctrine des Soufis exaltés. Le terme *hébaïenne* (هبائية) est dérivé de *hebâ,* mot servant à désigner les atomes ou grains de poussière qui flottent dans l'atmosphère d'une chambre éclairée par un rayon de soleil. Il est employé par les mystiques pour désigner la manifestation par laquelle Dieu crée les choses avec la matière abstraite (ὕλη), qu'il convertit en

degré de la représentation. De là procèdent le trône, puis le siège, puis les sphères, puis le monde des éléments, puis le monde de la combinaison. Tout cela forme le monde de l'assemblage (retec), ce qui, étant manifesté, s'appelle le monde de la séparation (fetec). » — Fin de l'extrait. — Cela s'appelle le système des manifestations, ou des apparences, ou des présences. Ceux qui procèdent par la voie de la spéculation (et du raisonnement) ne sont pas faits [1] pour comprendre ce genre de langage, tant le sens en est obscur et impénétrable ; combien le style des hommes aux extases et à la contemplation mystique[2] diffère de celui des personnes qui se guident par (le raisonnement et par) la démonstration ! Il nous semble même que la loi divine condamne ce système, puisqu'elle ne renferme aucune disposition qui puisse nous faire soupçonner une telle suite de manifestations.

Quelques Soufis d'une autre classe sont allés jusqu'au point d'affirmer l'identité (ouehda) absolue (de Dieu avec le monde), principe plus difficile à concevoir que le précédent et plus étrange dans ses résultats. Ils prétendent que tout ce qui existe renferme dans ses diverses parties certaines puissances (ou facultés) dont la nature réelle des êtres dépend, ainsi que leur forme et leur matière. Les éléments tiennent leur existence des puissances qu'ils renferment, et la matière de chaque élément renferme en elle-même une puissance qui la fait exister. Dans les êtres composés se trouvent encore les mêmes puissances jointes à celle qui a opéré la composition de ces êtres. Ainsi, pour en donner des exemples, les minéraux renferment leur puissance constituante jointe à celle des éléments et de la matière (hioulé, ὕλη) des éléments ; la puissance qui constitue les animaux est jointe à celle des minéraux ; la puissance qui constitue le caractère de l'espèce humaine est jointe à celle qui fait l'animalité ; ensuite vient la sphère (du monde), qui

substance par l'adjonction de la forme. « Le *hebâ,* dit l'auteur du *Tarîfat,* est cela dans lequel Dieu *a ouvert* (a produit à l'improviste) les corps de l'univers, bien qu'il (ce *hebâ*) n'ait aucune existence propre, excepté par les formes que Dieu *a ouvertes* en lui. On le désigne par le mot *anca* (phénix), parce qu'on en parle, bien qu'il n'ait pas une existence réelle. »

1 Pour يقدر, lisez يقتدر.

2 Selon les Soufis, le terme المشاهدة, car c'est ainsi qu'il faut lire dans le texte arabe, désigne l'acte de contempler les choses en suivant les indications de la confession de l'unité ; ce qui paraît signifier : « voir les choses en Dieu, de même qu'on voit Dieu dans les choses. »

renferme la puissance de l'humanité et (une autre puissance) de plus. Il en est de même des essences spirituelles et de la puissance qui réunit en elle-même celle de tous les êtres sans exception, c'est-à-dire la puissance divine, celle qui s'est répandue dans la totalité et dans les parties de tous les êtres et qui les réunit tous. Elle les entoure, non pas (seulement) dans leurs états de manifestation et de recèlement, dans leurs formes et dans leur matière, mais aussi de tous les côtés. Tout cela n'est cependant qu'un seul être, la personnalité même de l'essence divine. Cette essence est un être réel, unique et non composé ; c'est seulement en la considérant qu'on est amené à y voir des parties. Que l'on examine la nature humaine mise en rapport avec celle de l'animalité, n'y voit-on pas que la première renferme en elle-même la seconde, et que son existence dépend de celle de l'autre ? Aussi, a-t-on assimilé ce rapport, tantôt à celui du genre à l'espèce et tantôt à celui du tout à la partie ; mais ce n'est là qu'une simple assimilation. On voit que dans tout cela ces Soufis évitent à dessein ce qui pourrait donner l'idée de combinaison et de pluralité ; « car, disent-ils, ces deux idées sont les produits de la supposition et de l'imagination. » Il paraît, d'après un discours dans lequel Ibn Dehhac [1] traite de ce système, que leur doctrine au sujet de l'unité (ouehda) est absolument semblable à celle des philosophes au sujet des couleurs. « Leur existence, disent-ils, dépend de la lumière ; si la lumière n'existait pas, il n'y aurait pas de couleurs. » De même, chez ces mystiques, l'existence de tous les êtres perceptibles dépend de celle de la perceptivité des sens, et, ce qui est encore plus fort, l'existence des êtres perçus par l'intellect et de ceux qu'on peut imaginer dépend de celle de la perceptivité de l'intellect. De là résulterait que toute l'existence séparable (c'est-à-dire les êtres qui se distinguent les uns des autres) dépendrait de l'existence de la perceptivité humaine. Donc, si nous supposons que cette perceptivité n'existe pas, il n'y aurait pas de distinction entre les choses qui existent, et elles seraient, alors comme une seule chose simple et unique ; le chaud et le froid, le dur et le mou, la terre même, et l'eau et le feu, et le ciel et les étoiles, n'existeraient que par l'existence des sens faits pour les apercevoir : car la perceptivité a la faculté de reconnaître, dans les êtres, des différences qui n'y sont pas ; cette faculté n'existe

1 L'édition de Boulac et la traduction turque portent *Dihcan* دهقان . J'ai cherché inutilement les deux noms dans les listes de Hadji Khalife et de Djamê.

que dans les organes de la perception, et si ces organes, doués de la faculté de distinguer, n'existaient pas, il n'y aurait qu'une perception unique, celle du moi. Ils comparent cela à ce qui se passe pendant le sommeil : quand l'homme dort, les sens extérieurs, et tout ce qu'ils aperçoivent, n'existent plus, et l'homme, dans cet état, est incapable de distinguer entre les êtres, excepté par le moyen de l'imagination (agissant dans les songes). L'homme qui veille est, disent-ils, dans un état semblable : il ne reconnaît les différences entre tous les êtres dont il s'aperçoit qu'au moyen de la perceptivité humaine, et, si elle lui manquait, la différence entre eux n'existerait pas. C'est là ce qu'ils désignent par le terme ouehm (illusion), qu'il ne faut pas confondre avec le même terme (qui signifie opinion, δόξα) et qui fait partie de ceux qui désignent les modes perceptifs de l'homme.

Tel est le sommaire de leur doctrine, autant qu'on peut la comprendre, d'après les indications d'Ibn Dehhac [1]. C'est une doctrine bien chancelante ; car nous avons la conviction intime que le pays vers lequel nous voyageons existe, bien qu'il soit hors de notre vue ; nous sommes positivement certains de l'existence du ciel, déployé au-dessus de nos têtes, des étoiles et de bien d'autres choses qui sont cachées à nos regards. Puisque l'homme a réellement cette conviction, personne ne doit faire violence à ses propres sentiments et se roidir contre ce qui est certain. Ajoutons que les plus avancés [2] parmi les Soufis modernes disent que l'aspirant, au moment où les voiles (des sens s'écartent (devant son intelligence), obtient quelquefois une perception vague de cette unité. Il est alors dans ce qu'ils appellent la station de l'union. Ensuite il monte plus haut, jusqu'à ce qu'il acquière la faculté de distinguer entre les êtres, ce qu'ils nomment la station de la séparation, celle à laquelle parvient l'initié très avancé [3]. « L'aspirant, disent-ils, doit de toute nécessité franchir le seuil de (la station de) l'union, ce qui est un pas très difficile, car il s'exposerait autrement à rester court et à perdre sa peine. » Telles sont les indications que nous avons à donner au sujet des diverses classes des Soufis [4].

1 Variante : « Dihcan ».

2 En arabe المحققين (*vérificateurs*), terme qui paraît désigner, dans le langage des Soufis, les personnes qui sont arrivées à la connaissance des grandes vérités.

3 Littéral. « le connaissant vérificateur ».

4 Littéral. « les degrés des gens de cette voie ». Dans le texte arabe il faut lire

Les mêmes Soufis, ceux qui, dans les temps modernes, ont disserté sur le dégagement (de l'âme du voile des sens) et sur ce qui est derrière le voile, se sont tellement enfoncés dans cette matière, que plusieurs d'entre eux sont allés jusqu'à professer la doctrine de l'établissement (de la divinité dans le corps de l'homme) et de l'identité (de Dieu avec le monde), ainsi que nous en avons déjà fait la remarque, et en ont rempli leurs livres. C'est ce que tirent El-Herouï [1], dans son Kitab el-Macamat (livre des stations), et d'autres écrivains. Plus tard, Ibn el-Arebi, Ibn Sebaïn [2] et leurs disciples marchèrent dans la même voie. Leur exemple fut suivi par Ibn el-Afîf, par Ibn el-Fared et par En-Nedjm el-Ismaïli, dans les poèmes qu'ils composèrent (sur la vie spirituelle). Il est vrai que les aïeux de ces gens-là avaient eu des relations avec les derniers Ismaéliens rafedites (hérétiques), qui croyaient aussi à l'établissement et à la divinité de leurs imams, doctrines ignorées des premiers (Ismaéliens).

Chacune de ces sectes puisa des notions dans les doctrines de l'autre, d'où résulta un mélange d'opinions et une assimilation de croyances. Ce fut alors que commença dans les discours des Soufis l'emploi du terme cotb (axe), servant à désigner le chef des connaissants (initiés à la vie spirituelle). « Aussi longtemps, disent-ils, que ce personnage vit, il reste sans égal dans la connaissance (du monde spirituel), et, quand il quitte le monde pour paraître devant Dieu, il laisse en héritage à un autre individu des gens de la connaissance, la station qu'il occupait. » Ibn Sîna (Avicenne) fait allusion à cette opinion dans un des Chapitres de son Kitab el-Icharat [3] qu'il a consacrés au soufisme : « La majesté de la vérité (c'est-à-dire de Dieu) est trop exaltée pour servir d'abreuvoir à tous les passants ; on ne doit y arriver que l'un après l'autre. » En effet, cette opinion

---

الطريقة à la place de الطريق .

1 Abd Allah Ibn Mohammed Ibn Ismaïl el-Ansari, surnommé *El-Herouï* (natif ou originaire de Herat), soufi célèbre et docteur de l'école hanbelite, mourut l'an 481 (1088-1089 de J. C.). Son ouvrage intitulé *Menazil es-Saïrîn* (*lieux de halte pour ceux qui marchent* (*dans la voie de la dévotion*) jouit d'une grande réputation et a eu plusieurs commentateurs.

2 Voy. *ibid.* p. 192.

3 Le *Kitab el-Icharat oua't-tenbîhat* (livre d'indications et d'avertissements), petit manuel de logique et de métaphysique composé par le célèbre Avicenne, a eu un grand nombre de commentaires. L'auteur mourut l'an 438 (1037 de J. C.). La vie d'Avicenne se trouve dans Ibn Khallikan, tome I de ma traduction.

ne s'appuie sur aucune preuve tirée de la raison ou de la loi divine ; elle n'est en réalité qu'une simple figure de rhétorique. Au reste, c'est la même doctrine que professent les Médites au sujet de leurs imams, dont l'un, selon eux, doit hériter de l'autre. Voyez comment ces gens-là (les Soufis) se sont laissés porter par leur disposition naturelle à dérober des opinions aux Rafedites et à s'en faire des articles de foi. Ils arment aussi l'existence des abdals, placés à la suite du cotb. Cette doctrine est identique avec celle des Chîïtes au sujet des nakîbs [1]. Ils sont allés si loin dans cette voie, qu'après avoir posé comme règle fondamentale de leur ordre et de leur communion (obligation de porter la guenille (ou froc qui distingue maintenant les professeurs) du soufisme, ils ont fait remonter cet usage jusqu'à Ali. C'est encore là une opinion du même genre (que celle des Rafedites). Ali ne se distinguait pas des autres Compagnons par une doctrine particulière, ou par une règle qui l'obligeât à porter un certain genre d'habillement, ou par aucune autre chose. Je dirai de plus qu'après le Prophète les hommes dont la vie fut la plus austère, et dont les actes de dévotion furent les plus fréquents, étaient Abou Bekr et Omar. Aucune tradition n'a conservé le moindre trait d'un Compagnon qui se soit distingué par des pratiques religieuses d'un genre particulier ; je dirai même de plus que tous les Compagnons étaient égaux en piété, en dévotion, en austérité de mœurs et dans la pratique du combat spirituel. Leur conduite et l'histoire de leurs actes sont la preuve de ce que j'avance [2]. Il est vrai que les Chîïtes se sont imaginé, d'après certaines traditions qu'ils rapportent à ce sujet, qu'Ali se distinguait des autres Compagnons par ses mérites transcendants ; mais, en cela, ils ne font que se conformer aux croyances hérétiques qu'on leur connaît.

[A l'époque où la secte chîïte des Ismaéliens [3] publia ce que nous savons de sa doctrine au sujet de l'imamat et de ce qui s'y rapporte, les Soufis de l'Irac lui empruntèrent probablement l'idée du parallélisme entre l'externe (dhaber) et l'interne (baten) [4]. (A l'instar

1 *Ibid.* p. 191.

2 La conduite de la plupart des Compagnons, et surtout celle de leurs chefs, prouvent directement le contraire. Par leur ambition et leur cupidité ils plongèrent les musulmans dans une guerre civile, qui fut le salut du christianisme.

3 Ce passage manque dans les manuscrits C et D, et dans l'édition de Boulac. Il se trouve dans le manuscrit A et dans la traduction turque.

4 C'est-à-dire entre le sens *littéral* et le sens *allégorique* des textes sacrés.

des Chiïtes), qui avaient posé en principe qu'il fallait un imam pour maintenir les hommes dans la soumission à la loi divine et que cet imam devait être unique, afin de prévenir les conflits signalés par cette loi [1], les Soufis enseignèrent qu'il y avait un cotb chargé, en sa qualité de chef des connaissants [2] et à l'exclusion de tout autre individu, d'enseigner aux hommes la connaissance de Dieu : comme l'imam était institué pour les choses externes, ils lui donnèrent un égal, dans la personne du cotb, institué pour les choses internes. Ils le nommèrent cotb (axe), parce qu'il était le pivot sur lequel roulait la connaissance (de la vérité). Poussant ensuite cette espèce d'assimilation jusqu'à ses dernières limites, ils imaginèrent des abdals pour répondre aux nakîbs.]

On peut reconnaître ces (emprunts) dans ce que les Soufis de cette classe disent du Fatemide (attendu) et dans les dissertations dont ils ont rempli leurs livres et qui ont rapport à ce sujet ; opinions que les anciens Soufis n'avaient ni avancées ni repoussées. Tout cela est certainement emprunté aux discours tenus par les Chiïtes et les Rafédites, et aux doctrines qu'ils ont consignées dans leurs écrits. C'est Dieu qui dirige vers la vérité.

Appendice. — Je crois devoir insérer ici un extrait d'un discours tenu par un de mes professeurs, le connaissant (l'initié aux plus hautes vérités), le plus grand des ouélis (saints) de l'Espagne, Abou Mehdi Eïça Ibn ez-Zeïyat [3]. Il lui arrivait très souvent de se rappeler quelques vers qu'il avait lus [4] dans le Kitab el-Macamat (livre des stations) d'El-Herouï, qui semblaient énoncer, ou peu s'en faut, l'identité absolue (de Dieu avec le monde). Citons-les d'abord [5] :

> Personne n'a (réellement) confessé l'unité de l'Être unique, attendu que tous ceux qui l'ont confessée sont des mécréants.
>
> La confession de l'unité faite par quiconque essaye de décrire Dieu d'après ses attributs est un acte de dualisme dont l'Être unique a déclaré lui-même la fausseté.

---

1 Voyez la 1e partie, p. 89, et *Coran*, sour. II, vers. 252.

2 C'est-à-dire de ceux qui connaissaient la vérité, des initiés dans l'ordre.

3 Ce personnage m'est inconnu ; El-Maccari, l'historien de l'Espagne, n'en parle pas.

4 Le mot على est de trop.

5 Djamê a donné ces vers, avec une seule variante de peu d'importance, dans son *Nefehat el-Ins*. M. de Sacy les a reproduits dans sa notice sur ce traité..

« La confession qu'il (l'homme) fait lui-même de sa propre unité, c'est là véritablement la confession de l'unité de Dieu ; l'acte de celui qui tâche de le désigner (Dieu) par des attributs est un acte d'impiété.

Voici ce qu'a dit Abou Mehdi pour justifier l'auteur de ces vers :

« Le public fut tellement choqué de l'application du terme mécréant à tous ceux qui confessaient l'unité de l'Être unique, et du terme impie à ceux qui le désignaient par des attributs, qu'il se déchaîna contre celui qui l'avait dit et le traita de fou. Mais je dirai, moi, en me plaçant au point de vue de cette classe de Soufis, que la confession de l'unité signifie la négation de la réalité des choses créées, négation résultant de l'affirmation de l'existence de l'Être éternel [1], et que, (pour eux), tout ce qui existe n'est qu'un seul être réel, une seule chose dont on peut dire seulement qu'elle est [2]. Abou Saïd el-Djezzar, un des principaux Soufis, avait déjà dit : « La vérité (ou Dieu), c'est la chose même qui a paru et la chose même qui est cachée. » Ils croient aussi que la pluralité qui survient dans cette vérité et l'existence de la dualité (Dieu et le monde) sont, si on les compare avec les présences du sens [3], comme des ombres, des échos et des images réfléchies dans un miroir [4]. Ils ajoutent qu'en faisant une recherche suivie à ce sujet, on reconnaîtra que tout ce qui n'est pas l'Être éternel lui-même est le néant. « Telle, disent-ils, est l'idée exprimée par cette parole : Dieu était, et rien n'était avec lui ; et il est maintenant ce qu'il était auparavant. » Ils retrouvent aussi cette même idée dans la parole de Lebîd [5], dont le Prophète reconnut la vérité : « Certes, disait ce poète, toute chose, à l'exception de Dieu, n'est

1 Littéral. « la négation de la réalité (*aïn*) de la nouveauté par l'affirmation de la réalité de l'Éternel. »

2 Le terme employé ici est أنية ; (Voy. le *Maimonide* de M. Munk, vol. I, p. 241.)

3 Le terme *présence du sens* sert à désigner ces manifestations de la divinité, dont l'homme ne s'aperçoit qu'au moyen de son sens intérieur.

4 Il faut lire, dans ce passage, ووجود à la place de وجود , هم à la place de وهم , et الظلال à la place de الضلال.

5 Poète célèbre et auteur d'une des sept *Moallacas*.

que néant. » « D'ailleurs, disent-ils, celui qui confesse l'unité de Dieu et le désigne par des attributs déclare, par ce fait même, qu'il y a un être unique ayant un commencement et qu'il est lui-même cet être ; (il montre aussi) qu'il y a une confession de l'unité ayant un commencement, c'est-à-dire son propre acte (de la confesser), et qu'il y a un être unique [1] et éternel, c'est-à-dire l'Être qu'il doit adorer [2]. » Or nous venons de dire que la confession de l'unité est la négation de la réalité des choses créées, et cependant nous trouvons ici cette réalité positivement affirmée et même déclarée multiple ; nous y voyons la confession de l'unité repoussée ; la déclaration est donc mensongère. C'est comme le cas de deux individus qui se trouveraient dans la même maison et dont l'un dirait à l'autre : « Il n'y a personne dans la maison excepté toi. » A ceci l'autre n'aurait besoin de répondre que par sa présence même, ce qui équivaudrait à ces paroles : « Cela n'est pas vrai, à moins que tu n'y sois pas. »

« Quelques investigateurs minutieux ont dit que la proposition Dieu créa le temps implique une contradiction, parce que la création du temps a dû précéder le temps, et cependant cette création est un acte et n'a pu se faire que dans le temps. (A cela on a répondu qu') il fallait s'énoncer ainsi [3], à cause de la difficulté avec laquelle le langage se prête à l'expression des vérités (abstraites), et de son impuissance de les énoncer et de les faire comprendre. Donc, si l'on reconnaît que l'être déclaré unique est véritablement unique et que tout ce qui n'est pas lui est néant, la confession de l'unité est réelle. Cette idée se retrouve dans une maxime énoncée par les Soufis, à savoir que Dieu seul connaît Dieu. Aucun blâme ne peut

1 Pour موجد , lisez وموحد , correction autorisée par les manuscrits C et D.

2 Pour معبود , lisez معبوده . Toutes ces corrections sont autorisées par le manuscrit C et par la traduction turque. Le paragraphe entier est omis dans l'édition de Boulac.

3 Pour حمل ذلك , lisez حمل على ذلك avec les manuscrits C et D, et la traduction turque.

donc s'attacher à celui qui confesse l'unité de la vérité (c'est-à-dire de Dieu) pendant que les traces et les vestiges (du monde matériel) restent encore imprimés (sur son esprit) ; mais son acte rentre dans la catégorie des (actes qui ont donné lieu à cette maxime) : Les bonnes actions des hommes vertueux sont les mauvaises actions des hommes qui se trouvent rapprochés (de Dieu). En effet, cet acte est une conséquence nécessaire de la contrainte et de la servitude (que cet homme souffre dans le monde matériel) et de l'(idée d') appariement[1] (dont il n'a pas encore pu se délivrer). Mais, pour celui qui est monté jusqu'à la station de l'union et qui a la connaissance du grade auquel il est parvenu, (une telle confession n'est pas permise, car elle) porterait atteinte à son droit (de se trouver dans ce grade). En effet, (cette idée d'appariement) est une illusion résultant nécessairement de la servitude (dans laquelle cet homme se trouve encore, illusion) que la vue (du monde spirituel) fait disparaître, et qui, étant une nouveauté (une chose ayant un commencement), est une souillure dont l'âme n'est purifiée que par (sa présence dans la station de) l'union. De ces diverses classes (de Soufis), ceux chez lesquels cette doctrine est la plus enracinée, ce sont les partisans de l'identité absolue. De quelque façon qu'on envisage leurs opinions à ce sujet, on verra que tout roule sur un point, savoir : que, pour obtenir la connaissance (de Dieu), il faut parvenir jusqu'à l'Être unique. Le poète ne prononça ces vers (p. 106) que pour encourager (les hommes), pour les avertir et pour leur faire sentir qu'il y avait une station très élevée dans laquelle l'appariement disparaissait et la confession de l'unité absolue se faisait, non pas en discours et en paroles, mais en réalité. Qu'on admette cela et l'on aura l'esprit tranquille (au sujet de ces vers) ; celui à qui la vérité de ce principe inspire des doutes peut se rassurer en pensant à cette parole

1 En arabe شفعية . Ce terme signifie, dans le langage des Soufis, que Dieu et le monde font la paire. Il désigne donc une espèce de dualisme.

> (du Prophète) : J'étais son ouïe et sa vue [1]. Donc, quand on comprend les idées, on ne doit pas chicaner sur les termes qui s'emploient pour les exprimer. Tout ce (que renferment ces vers sert uniquement à constater qu'il y a au-dessus de la phase (d'existence dans laquelle nous sommes) une chose ineffable, inexprimable. Les indications que je viens de donner suffiront ; chercher à pénétrer plus avant dans le sujet, ce serait plonger dans les ténèbres ; et c'est ce qui a donné lieu à tant de dissertations que l'on connaît. »

Ici finit le discours du cheïkh Abou Mehdi. Je l'ai extrait du traité que le vizir Ibn el-Khatîb [2] composa sur l'amour (de Dieu ?) et qu'il intitula : Et-taarîf bit-mohabb es-cherîf (moyen qui fait connaître le noble bien-aimé). Je l'avais entendu plusieurs fois de la bouche du cheïkh lui-même ; mais, ne l'ayant pas vu depuis longtemps, il m'a semblé que ce livre devait conserver plus exactement que ma mémoire les paroles de ce savant docteur.

Un grand nombre de légistes et de casuistes se sont appliqués à réfuter les Soufis modernes, qui professent ces doctrines et d'autres opinions du même genre. Ils comprennent dans une même condamnation tout ce que les Soufis ont appris pendant qu'ils se livraient aux pratiques de leur ordre. Il est cependant certain qu'une discussion avec les Soufis doit porter sur plusieurs points. En effet, leurs dissertations roulent sur quatre sujets : 1° le combat spirituel, les goûts et les extases qui leur surviennent, le compte qu'ils font rendre [3] à leur âme au sujet de ses actes, afin de se procurer ces goûts, qui deviennent enfin une station de laquelle ils peuvent monter à une autre, ainsi que nous l'avons dit ; 2° le dégagement (du voile des sens), les vérités (ou êtres) qui s'aperçoivent dans le monde invisible, telles que les attributs divins, le trône, le siège, les anges, la révélation, le prophétisme, l'âme (universelle), les natures réelles de chaque être visible ou invisible et l'ordre dans lequel les choses émanent de celui qui leur donne l'existence et l'être ; 3° les actes d'autorité (exercés par certains hommes) sur les

1 C'est-à-dire « Dieu entendait par mes oreilles et voyait par mes yeux. » A la place de بقوله كنت , on lit dans les manuscrits بكنت , ce qui signifie la même chose.

2 Celui-ci est le personnage dont notre auteur parle si souvent dans son autobiographie.

3 Pour محاسبة , lisez و محاسبة .

divers mondes et sur les êtres au moyen de grâces que Dieu leur a accordées ; 4° les expressions qu'on est porté à prendre dans leur sens littéral et qui ont été employées par plusieurs de leurs grands docteurs, expressions qui, dans la terminologie de l'ordre, sont désignées par le terme chatehat (paroles en l'air), et qui, prises à la lettre, ne donneraient pas des idées vraies de leurs pensées. Il y en a qu'on a blâmées, d'autres qu'on a acceptées et d'autres qu'on a expliquées par une interprétation allégorique.

Quant, à ce qu'ils disent de leurs combats spirituels, de leurs stations, des goûts et des extases qui en sont le fruit, de leur usage de faire rendre compte à leur âme de la négligence qu'elle aurait montrée pour les actes qui sont les causes (de ces goûts et extases), tout cela est d'une vérité incontestable : les goûts qu'ils y ressentent sont réels et c'est dans la réalisation de ces goûts que consiste la suprême félicité. Leurs récits au sujet des faveurs (divines) accordées à leurs confrères (et qui leur permettaient d'opérer des prodiges), les renseignements que ceux-ci ont donnés relativement aux êtres du monde invisible, les actes d'autorité qu'ils exercent sur les choses qui existent, tout cela est parfaitement vrai et personne n'a le droit de le nier. Si quelques légistes ont été portés à condamner ces récits, c'est un tort qu'ils ont eu. Le célèbre docteur acharite Abou Ishac el-Isferaïni avait objecté à la réalité (des prodiges opérés par les hommes saints) que ces prodiges pouvaient être confondus avec des miracles (et l'on sait que le don des miracles n'appartient qu'aux prophètes). Mais quelques docteurs sonnites, investigateurs zélés de la vérité, ont fait observer que le miracle peut toujours se distinguer du prodige par le tahaddi, c'est-à-dire la déclaration qu'un miracle exactement conforme à ce qu'on annonce va avoir lieu [1]. Ils ajoutent : « Il n'est pas possible qu'un miracle ait lieu à la suite d'une annonce faite par un imposteur ; car la raison nous dit qu'un miracle démontre une vérité, vu qu'il possède en lui-même la qualité de confirmer la vérité. Or, si un miracle avait lieu à la suite d'une annonce faite par un imposteur, cette qualité essentielle serait changée dans son opposé, ce qui est absurde [2]. D'ailleurs, la

1 L'explication du mot تحدّى se trouve dans la 1e partie, p. 190 et suiv.

2 Ceci fait voir que, dans la première partie, les mots صفات النفس ont été mal rendus par les *attributs de l'âme*. (J'aurais dû écrire : « *les qualités essentielles du miracle* seraient changées *en leurs contraires.* » Le mot النفس est employé là pour نفسا المعجزة, c'est-à-dire l'individualité du miracle, le miracle même.

réalité des faits atteste que des prodiges en grand nombre ont été opérés (par des saints) ; ce serait donc un acte de présomption que de les nier. Tout le monde sait que les Compagnons en ont fait beaucoup, ainsi que plusieurs autres musulmans des premiers temps. Ce que les Soufis disent au sujet du dégagement, de la communication des vérités qui se trouvent dans les mondes supérieurs, de l'ordre dans lequel a eu lieu l'émanation des êtres, la plupart de ces renseignements rentrent, dans la catégorie des (choses obscures qui se désignent par le terme) motechabeh ; car c'est, de leur propre aveu, une (chose spirituelle) dont on ne peut juger que par le sens interne ; or, celui qui n'a pas l'usage de ce sens est dans l'impossibilité de comprendre les goûts au moyen desquels ils aperçoivent ces mystères. D'ailleurs, les locutions dont ils se servent ne suffisent pas pour rendre ce qu'ils veulent exprimer, parce qu'elles n'ont été instituées que pour représenter des idées usuelles, dont la plus grande partie provenait des objets perçus par les sens extérieurs.

Il ne faut donc pas se formaliser des expressions dont ils se servent en parlant de ces matières ; il faut passer là-dessus sans s'y arrêter, ainsi que cela se fait pour les termes obscurs (motechabeh) des textes sacrés. Celui qui a obtenu de Dieu la faveur de comprendre une partie de ces termes en leur assignant un sens qui soit conforme à la lettre de la loi (peut dire) : « Quelle noble jouissance que celle-là ! »

Quant à certaines expressions dont ils se sont servis, et qui (prises à la lettre) donneraient des idées fausses, je veux parler des termes qu'ils désignent eux-mêmes par le mot chatehat (paroles en l'air), et dont l'emploi leur est vivement reproché par les docteurs de la loi, je dirai que, pour être équitable à l'égard des Soufis, il faut se rappeler qu'ils sont des gens dont l'esprit est souvent absent du monde sensible et se laisse dominer par les sentiments surnaturels qui viennent se présenter à leurs cœurs. Aussi parlent-ils de ces communications dans des termes qu'ils n'avaient pas l'intention d'employer. A celui qui a l'esprit absent on n'adresse pas la parole, et celui qui subit une force majeure n'est pas responsable. Le Soufi qui s'est fait connaître par son mérite et par son zèle à suivre (les bons exemples peut laisser échapper de ces expressions ; mais,) en pareil cas, on doit dire que ses intentions étaient bonnes. (Il faut aussi se rappeler) combien il est difficile de parler d'extases, puisqu'il n'existe pas de termes faits exprès pour les dépeindre. Voyez l'embarras d'Abou Yezîd el-Bastami [1] et de ses confrères (quand ils essayaient d'exprimer leurs sensations). Le Soufi dont le mérite n'est pas généralement connu est digne de blâme s'il laisse échapper des expressions de cette nature, car nous ne possédons pas assez de renseignements sur son compte pour pouvoir donner à ses paroles une interprétation favorable. Le Soufi qui se sert de telles expressions pendant qu'il a l'esprit présent dans le monde des sens et qu'il n'est plus sous l'influence d'un de ses états extatiques, mérite aussi d'être blâmé.

Ce fut probablement pour cette raison que les légistes et les chefs de l'ordre des Soufis [2] autorisèrent, par une décision juridique, l'application de la peine de mort à El-Halladj, (illuminé) qui s'était permis des expressions (insolites) [3] pendant qu'il avait l'esprit présent et qu'il était parfaitement maître de lui-même.

Les anciens Soufis, ceux dont les noms figurent dans la Riçala (d'ElCocheïri), ces fanaux de la foi, dont nous avons déjà parlé, ne recherchaient jamais le dégagement des voiles (des sens) ni aucune autre perception de ce genre. Leur seule pensée était de suivre les bons exemples et de s'y conformer autant que cela leur était possible. Celui d'entre eux à qui (une de ces manifestations surnaturelles) arrivait, s'en détournait aussitôt et n'y faisait plus attention. A vrai dire, ils fuyaient tous (cette espèce de faveurs) et les regardaient comme des tentations et des obstacles (à leur progrès dans la vie spirituelle). (Pour eux), de telles perceptions de l'âme n'étaient que des choses créées, des choses non éternelles a priori ; ils croyaient que la perceptivité humaine était incapable de les embrasser toutes, que la connaissance possédée par Dieu était infinie, que ce qu'il a créé est immense et que sa loi (révélée) suffit pour nous diriger. Aussi ne parlaient-ils jamais des perceptions

1 Soufi célèbre qui mourut en 261 (874-875 de J. C.). Ibn Khallikan lui a consacré un article dans son dictionnaire biographique. (Voy. ma traduction de cet ouvrage, vol. I, p. 662.)

2 Les manuscrits C et D et l'édition de Boulac portent المتصوفة , à la place de الصوفية.

3 El-Halladj fut mis à mort l'an 309 (922 de J. C.). Une de ses paroles était : *Je suis la vérité*, c'est-à-dire, *je suis Dieu.* Il disait aussi : *Quand tu me vois, tu le vois, et quand tu le vois, tu nous vois.* On trouvera l'histoire de son procès dans la traduction d'Ibn Khallikan, volume I. p. 423.

(spirituelles) qu'ils avaient obtenues ; ils défendaient même de les examiner, et ne permettaient à aucun de leurs confrères qui aurait vu écarter les voiles de s'y arrêter pour y regarder. « Tenez-vous-en, disaient-ils, aux règles de l'ordre, en imitant et en suivant (les bons exemples), ainsi que vous le faisiez avant d'avoir assisté à l'écartement et pendant que vous étiez dans le monde des sens. » Voilà comment doit se conduire celui qui aspire (à la sainteté). C'est par le concours de Dieu qu'on réussit [1].

La science de l'interprétation des songes.

L'interprétation des songes est une des sciences qui se rattachent à la loi et qui prirent naissance dans l'islamisme. Elle parut à l'époque où l'on avait ramené les diverses connaissances à une classification artificielle et scientifique, et qu'on commençait à composer des livres sur ces matières. Il est vrai que les songes et l'art de les interpréter existaient chez les hommes des temps anciens, de même que chez ceux qui vécurent dans les siècles postérieurs ; mais, bien que cet art se pratiquât avant (l'islamisme) dans quelques sectes et chez quelques peuples ; il [2] ne nous est pas parvenu, parce que, depuis lors, on s'en est tenu uniquement aux doctrines émises à ce sujet par les musulmans. Quoi qu'il en soit, les songes sont naturels à l'espèce humaine et ont besoin d'être interprétés (pour être intelligibles). Joseph, le patriarche et favori de Dieu, expliquait les songes, ainsi que nous l'apprenons par le Coran ; le Prophète et Abou Bekr interprétaient les songes, ainsi que nous le lisons dans le Sahîh.

Les songes sont une des voies (par lesquelles l'homme arrive) aux perceptions du monde invisible. Le Prophète a dit : « Les bons songes forment une des quarante-six parties du prophétisme. » Il a dit aussi : « De toutes les annonces (qui viennent du ciel), il ne

1 Je lis والله الموفق avec les manuscrits C et D, l'édition de Boulac et la traduction turque. L'édition de Paris donne la leçon du manuscrit A, laquelle signifie : *Dieu connaît la vérité de la chose.* Mais cette expression ne s'emploie qu'en parlant des choses au sujet desquelles on entretient des doutes ; et Ibn Khaldoun, qui avait des idées bien arrêtées au sujet du soufisme et qui croyait aux perceptions recueillies dans le monde invisible, ne pouvait terminer son chapitre sur ce sujet par une phrase de ce caractère

2 C'est-à-dire l'ancien système.

reste que les bons songes ; l'homme saint les voit, ou bien ils se montrent à lui. » La première révélation que (le Prophète) reçut lui vint sous la forme d'un songe, et chaque songe qui lui arrivait était comme l'éclat de l'aurore. Quand il sortait de la prière du matin, il avait l'habitude de demander aux Compagnons si quelqu'un d'entre eux avait eu un songe cette nuit, espérant trouver dans cette manifestation quelque bon présage poux le triomphe de la religion.

Les songes sont un des moyens par lesquels on obtient des perceptions du monde invisible, et voici comment : l'esprit cardiaque, c'est-à-dire la vapeur subtile qui est renvoyée de la cavité du cœur, avec le sang, à travers les artères jusque dans toutes les parties du corps, et qui complète l'action des facultés animales et des sens ; quand cet esprit s'est fatigué à force d'agir sur la sensibilité par le moyen des cinq sens, et de diriger l'opération des facultés externes, et que la fraîcheur de la nuit enveloppe la surface du corps, il se retire de tous les membres et rentre dans son point central, qui est le cœur, afin d'y réparer ses forces et de se mettre en état de pouvoir recommencer son travail. Par cette retraite, il suspend l'opération de tous les sens extérieurs, et voilà en quoi consiste le sommeil, ainsi que nous l'avons déjà dit dans la première partie de cet ouvrage.

Cet esprit cardiaque est le véhicule de l'esprit (ou âme) intelligent de l'homme. Or l'esprit intelligent tient de son essence la faculté d'apercevoir tout ce qui est dans ce monde-ci [1], puisque, par sa nature et par son essence, il est la perceptivité même. Si les perceptions du monde invisible se dérobent à la connaissance de l'esprit intelligent, ce sont ses occupations avec le corps, les facultés (du corps) et les sens, qui en sont la cause. S'il pouvait écarter le voile des sens et s'en débarrasser, il reprendrait alors sa véritable nature, la perceptivité même, et saisirait toutes les perceptions.

Quand il (l'esprit intelligent) se dégage d'une partie de ces obstacles, il a moins de préoccupations pour le distraire et ne saurait manquer d'entrevoir quelque chose de son propre monde (du monde spirituel). Plus il se dégage des préoccupations que lui donnaient, les sens externes et qui formaient le principal obstacle à son progrès, plus il est disposé à recueillir dans le monde spirituel les perceptions qui lui conviennent le mieux, parce que ce monde-là

1 Littéral. « le monde de la chose ».

est le sien. Ayant alors ramassé des notions dans les divers mondes dont se compose le monde spirituel, il les rapporte avec lui dans le corps. Mais, tant qu'il reste dans le corps matériel qui l'enveloppe, il ne peut agir qu'au moyen des instruments de perception propres au corps. Or les instruments du corps qui servent à procurer des connaissances ont leur siège dans le cerveau, et l'instrument qui agit sur ces perceptions est l'imagination ; il enlève aux formes (ou images) recueillies par les sens les formes qui lui sont spéciales et les renvoie à la mémoire. Celle-ci les garde jusqu'au moment où l'esprit en a besoin, soit pour les examiner, soit pour en tirer des conclusions. L'esprit, de son côté, tire de ces mêmes formes celles qui sont spirituelles et Intellectuelles, de sorte qu'il remonte du sensible à l'intellectuel par la voie de l'abstraction et par l'entremise de l'imagination.

Il en est de même de l'esprit quand il recueille des perceptions dans le monde qui lui est propre (le monde spirituel) : il les renvoie à l'imagination, qui leur donne des formes en rapport avec sa propre nature et les passe au sens commun. Il en résulte que l'homme plongé dans le sommeil voit ces formes de la manière dont il aperçoit celles qui se recueillent par les organes des sens. Voilà comment les perceptions obtenues par l'esprit intellectuel se trouvent abaissées au degré de celles qui s'acquièrent par les sens (extérieurs) ; et, dans tout cela, l'imagination joue le rôle d'intermédiaire. Voilà la vérité en ce qui regarde les songes.

Ces indications suffiront pour faire distinguer entre les songes vrais et les songes confus et faux. Ces deux classes de manifestations se composent de formes (ou images) et se présentent à l'imagination pendant le sommeil : si elles descendent de l'esprit intelligent et perceptif, elles sont des songes vrais ; mais si elles proviennent de formes que l'imagination avait transmises à la mémoire [1] dans l'état de veille, ce sont des songes confus (et indignes d'attention).

[Sachez maintenant que les songes vrais portent en eux-mêmes des marques [2] qui attestent leur vérité et leur réalité, et qui autorisent celui à qui une de ces manifestations arrive à y reconnaître une

1 Le mot منه est inutile et ne se trouve ni dans l'édition de Boulac ni dans les manuscrits C et D.

2 Les deux paragraphes suivants ne se trouvent que dans le manuscrit A et dans la traduction turque.

annonce venue de la part de Dieu. Une de ces marques, c'est la promptitude avec laquelle celui qui a eu un songe [1] se réveille. On dirait qu'il a hâte de rentrer dans le domaine des sens. Quelque profond que soit son sommeil, l'impression que la perception du songe lui fait est tellement forte qu'il se dépêche de sortir de cet état pour rentrer dans un autre, celui du monde sensible, où l'âme reste engagée dans le corps et soumise à l'influence de tous les accidents qui affectent le corps. Une autre de ces marques, c'est la persistance et la durée de (l'impression laissée par) la perception du songe. Il s'imprime avec tous ses détails dans la mémoire, et cela si profondément qu'il ne saurait être négligé ou oublié [2]. L'homme se le rappelle sans être obligé d'avoir recours à sa réflexion ou à sa mémoire. Quand il s'éveille, son esprit en garde le souvenir jusque dans les moindres particularités.]

[La raison en est que la perception mentale (ou spirituelle) n'est pas de celles qui se font dans le temps et qui consistent dans une suite d'idées [3] ; au contraire, elle se fait tout d'un coup et, dans un seul instant de temps. Les songes confus ont besoin du temps (pour se déployer), car ils se trouvent dans les facultés du cerveau ; c'est de la mémoire que l'imagination les tire pour les renvoyer au sens commun, ainsi que nous venons de le dire. Or, comme tous actes du corps se font dans le temps, la perception des songes confus est celle d'une succession (d'idées dont les unes précèdent et les autres suivent ; elle subit aussi l'accident de l'oubli, accident commun à toutes les (perceptions obtenues par les) facultés du cerveau. Il en est autrement des perceptions reçues par l'âme raisonnable : elles se font en dehors du temps, n'offrent pas une suite d'idées et laissent leur impression sur l'esprit en moins d'un clin d'œil, en un seul instant de temps. Quand l'homme s'éveille, le songe lui reste présent dans la mémoire pendant une partie de sa vie ; il ne se dérobe jamais aux recherches de la faculté réflective, si, au premier moment de se laisser apercevoir, il fait (sur l'âme) une impression très forte. Si l'homme, en s'éveillant, occupe sa faculté réflective et son esprit dans le but de se ressouvenir d'un songe qu'il a eu et dont il a oublié trop de détails pour pouvoir se le rappeler en

1 Lisez ici et dans la ligne précédente الرائى (*le voyant*) à la place de الراى. Cette correction est justifiée par la traduction turque.

2 Littéral. « que la négligence et l'oubli ne sauraient l'effacer ».

3 Littéral. « et n'est pas soumise à un ordre ».

entier, il n'a eu qu'un songe confus. Les mêmes marques servent à faire reconnaître les révélations qui sont vraies. Dieu luimême a dit en parlant au Prophète : « N'agite pas la langue avec trop d'empressement (afin de répéter les paroles divines) ; c'est à nous de les rassembler et de les réciter. Quand nous (te) les lirons, suis-en la lecture, puis ce sera à nous de (te) les expliquer. (Coran, sour. LXXV, vers. 16, 17, 18.) Les songes ont donc un certain rapport avec le prophétisme et la révélation, comme le Sahîh le donne à entendre ; nous y lisons : « Le Prophète a dit : Le songe est une des quarante-six parties du prophétisme [1] ». Il est même assez probable que cette proportion (une quarante-sixième) existe entre les caractères qui distinguent les songes et ceux qui appartiennent au prophétisme.]

De l'interprétation des songes. — L'âme intelligente, ayant obtenu (pendant le sommeil de l'homme) une perception (du monde spirituel), la transmet à l'imagination afin que celle-ci lui applique une forme. La forme que l'imagination choisit a toujours quelque analogie avec cette perception. Ainsi, si l'âme a eu l'idée d'un puissant souverain, l'imagination donnera à cette idée la forme qui est propre à la mer ; si elle a aperçu l'idée d'inimitié, l'imagination attribuera à cette idée la forme appartenant à l'idée de serpent. Aussi, quand l'homme s'éveille, il sait seulement qu'il a vu la mer ou un serpent. Celui qui interprète les songes se rappelle d'abord que la forme de la mer est sensible, et que l'idée aperçue par l'âme se trouve cachée derrière cette forme ; il examine ensuite (la question) au moyen de sa faculté assimilante, et, se guidant par des circonstances accessoires, il parvient à découvrir la véritable perception. Il dira, par exemple, qu'il s'agit du souverain parce que la mer est un être très grand auquel on est autorisé, par l'analogie, à assimiler le souverain. On peut de même représenter un ennemi par un serpent, parce qu'un ennemi et un serpent sont tous les deux très nuisibles, et assimiler les femmes à des vases, parce que celles-là sont aussi des réceptacles.

Parmi les choses qui se voient [2] en songe, les unes n'ont pas besoin d'interprétation parce qu'elles sont parfaitement claires, ou parce qu'elles fournissent des perceptions ayant une analogie frappante

1 L'auteur a déjà cité cette tradition dans ce chapitre et dans la 1e partie, p. 213.
2 Pour المراى , lisez المرءىّ .

avec les formes (adoptées par l'imagination) pour les représenter. Voilà pourquoi nous trouvons dans le Sahîh qu'il y a trois espèces de songes : ceux qui viennent de Dieu, ceux qui viennent d'un ange et ceux qui viennent du démon. Le songe qui vient de Dieu est celui qu'on nomme clair, parce qu'il n'a point besoin d'interprétation ; celui qui vient d'un ange est le songe vrai, mais qu'il faut interpréter ; celui qui vient du démon est le songe confus.

Sachez maintenant que l'imagination, à qui l'âme transmet la perception qu'elle reçoit, façonne cette perception dans un des moules dont le sens (intérieur) a l'habitude de se servir ; si le sens ne possédait pas de ces moules, il serait incapable de rien façonner. L'aveugle-né ne saurait se figurer le sultan, un ennemi ni les femmes, sous les formes de la mer, du serpent et des vases, parce que les perceptions fournies par ces choses lui sont tout à fait étrangères ; mais son imagination travaille pour lui et donne à ces perceptions des formes qui s'accordent par leur ressemblance ou par quelque analogie avec les formes provenant des espèces de perceptions qu'il est capable de recevoir, c'est-à-dire de celles qui lui arrivent par l'audition ou par l'odorat. Si la personne qui interprète le songe ne fait pas attention à ces circonstances, elle s'embrouillera dans son explication et gâtera les règles qu'elle doit employer.

La science de l'interprétation des songes consiste en certaines règles générales auxquelles on doit se tenir quand on entreprend d'expliquer ce que le songeur, raconte. Aussi (les maîtres dans cet art) disent que la mer signifie, tantôt le souverain, tantôt la colère, tantôt le souci et tantôt une affaire grave. Le serpent, disent-ils, désigne tantôt un ennemi, tantôt la vie et tantôt celui qui garde un secret. L'interprète des songes doit savoir par cœur toutes ces règles, afin de pouvoir en appliquer, à chaque cas, celle que les circonstances accessoires désignent comme la plus convenable. De ces circonstances, les unes se présentent dans l'état de veille, d'autres dans celui de sommeil, et d'autres encore dans les pensées qui passent par l'esprit de l'interprète et qui lui arrivent grâce à une faculté innée. Un homme explique les songes avec plus ou moins de facilité, selon ses dispositions naturelles.

L'interprétation des songes nous est venue des anciens

musulmans : Mohammed Ibn Sîrîn [1], un des grands maîtres dans cet art, en a enseigné les règles, et ses disciples, qui les ont mises par écrit, nous les ont transmises. Après lui, El-Kermani [2] composa un livre sur cette matière, et des écrivains plus modernes ont rédigé beaucoup d'ouvrages sur le même sujet. Parmi les traités d'onéirocritique, celui qui, de nos jours, est le plus répandu dans le Maghreb, porte le titre d'El-Momettâ (l'usufruit) et a pour auteur Abou Taleb, savant (ulémâ) de Cairouan. L'Ichara (l'indication) d'Es-Salemi [3] est un ouvrage très satisfaisant [et assez concis [4]. Le Kitab el-Mercabat-el-Aliya (le haut observatoire), composé par notre professeur le savant Ibn Rached, de Tunis, est aussi un très bon ouvrage].

L'interprétation des songes forme une science dont la lumière est un reflet du prophétisme, avec lequel elle a beaucoup de rapport ; [en effet, l'un et l'autre ont pour objet les perceptions provenant de la révélation,] ainsi que nous le lisons dans le Sahîh. Et Dieu sait tout ce qui est caché.

Des sciences intellectuelles (ou philosophiques) et de leurs diverses classes.

Les sciences intellectuelles, étant naturelles à l'homme en tant qu'il est un être doué de réflexion, n'appartiennent pas spécialement à une seule nation ; on voit que tous les peuples civilisés se sont adonnés à leur étude et ont connu, aussi bien les uns que les autres, quels en étaient les principes et quelles étaient les questions dont elles traitaient. Ces sciences ont existé pour l'espèce humaine

1 Célèbre traditionniste et interprète de songes. Il mourut l'an 110 (729 de J. C.). Le traité d'onéirocritique qui porte son nom ne me paraît pas authentique.
2 Haddji Khalifa nous apprend, dans son dictionnaire bibliographique, articles *El-Eïchara ila eïlm il-eïbara,* et *Kitab et-Tabîr,* que cet auteur portait le surnom d'Abou Ishac. Il paraît avoir ignoré la date de sa mort. Selon M. Wüstenfeld, dans son *Histoire des médecins arabes* (en allemand), page 11, Abou Ishac el-Kermani vivait vers le commencement du IIIe siècle de l'hégire.
3 Selon Haddji Khalifa, ce personnage se nommait *Abou Abd Allah Mohammed Ibn Omar es-Salemi,* mais il n'indique pas l'année de sa mort. Es-Salemi avait refondu l'ouvrage d'El-Kermani dans un volume renfermant cinquante chapitres.
4 Je lis واخصرها , avec le traducteur turc, qui a rendu ce mot par مختصر . Le passage manque dans l'édition de Boulac et dans les manuscrits C et D.

depuis qu'il y a eu de la civilisation dans le monde. Elles s'appellent aussi sciences philosophiques et philosophie (hikma [1]). Il y en a quatre : 1° la logique, science qui garantit l'esprit contre les faux jugements et enseigne comment on dégage l'inconnu que l'on cherche des principes que l'on possède et que l'on connaît. Son utilité [2] consiste à faire distinguer le vrai du faux dans les questions qui se rattachent aux concepts et aux notions affirmées, tant essentielles qu'accidentelles, pour que l'investigateur parvienne à constater le vrai en toute chose par la puissance de sa faculté réflective [et sous la forme d'une affirmation ou d'une négation [3]] ; 2° la science de l'investigation, qui, chez les philosophes, a pour objet, soit les choses sensibles, telles que les éléments et les corps qui en sont composés, savoir : les minéraux, les plantes, les animaux ; les corps célestes et (leurs) mouvements naturels, ou bien l'âme, d'où procèdent les mouvements, etc. cela s'appelle la science de la nature (la physique) ; 3° la science, qui sert pour l'examen des choses surnaturelles, telles que les êtres spirituels, et qui s'appelle la métaphysique (ilahiya) ; 4° la science qui examine les quantités. Celle-ci se partage en quatre branches, qui forment les mathématiques (tealîm). La première est la géométrie (hendeça), au moyen de laquelle on examine les quantités prises absolument, tant les quantités nommées discrètes [4], parce qu'elles peuvent se compter, que les quantités continues [5], savoir : celles d'une seule dimension, celles de deux dimensions et celles de trois, c'est-à-dire, la ligne, la surface et le (solide ou) corps géométrique. La géométrie examine ces quantités et les changements qu'elles éprouvent, soit dans leur essence (ou nature), soit dans leurs rapports mutuels. La seconde branche est l'arithmétique (aritmatîki). Elle donne la connaissance des changements que subit la quantité discrète, c'est-à-dire le nombre, des propriétés qui s'y trouvent et des accidents qu'elle éprouve. La troisième branche est la musique (moucîki) ; elle nous fait connaître les rapports des sons entre eux et les rapports des tons aux tons, ainsi que la manière de les apprécier

1 Le terme arabe *hikma* est l'équivalent exact du terme exotique *filsefya* (philosophique). L'auteur les emploie ici tous les deux.

2 Il faut lire فايد ته , à la place de فايد تها , Les manuscrits C et D et l'édition de Boulac offrent la bonne leçon.

3 Le passage mis entre parenthèses ne se trouve que dans le manuscrit A.

4 Littéral. « séparées منفصلة ».

5 Littéral. « conjointes متصلة ».

numériquement. Son utilité consiste à faire connaître les lois de la modulation dans le chant. La quatrième branche est la science de la forme (du ciel, c'est-à-dire l'astronomie). Elle détermine la configuration des sphères et leurs positions, indique les positions de chaque étoile [soit] errante [soit fixe], et s'occupe d'obtenir la connaissance de ces choses en étudiant les mouvements réels et évidents de chacun des corps célestes, leurs rétrogradations et leurs mouvements directs.

Voilà les sciences qui servent de base à la philosophie. Il y en a sept : la logique d'abord, puis l'arithmétique et la géométrie, branches des mathématiques ; puis l'astronomie ; puis la musique, puis la physique, puis la métaphysique. Chacune de ces sciences se partage en plusieurs branches : de la physique dérive la médecine ; de l'arithmétique dérivent la science du calcul, celle du partage des successions et celle dont les hommes ont besoin dans leurs transactions commerciales ou autres ; l'astronomie comprend les tables, c'est-à-dire, des systèmes de nombres au moyen desquels on calcule les mouvements des astres, et qui fournissent des équations servant à faire reconnaître les positions des corps célestes, toutes les fois qu'on le désire. Une autre branche de l'astronomie, c'est l'astrologie judiciaire [1]. Nous parlerons successivement de toutes ces sciences jusqu'à la dernière inclusivement.

Il paraît, d'après nos renseignements, qu'avant l'établissement de l'islamisme, les peuples les plus dévoués à la culture de ces sciences furent ceux des deux puissants empires, celui de la Perse et celui de Roum (la Grèce). Chez ces peuples, m'a-t-on dit, les marchés de la science étaient bien achalandés, parce que la civilisation y avait fait de grands progrès et qu'antérieurement à la promulgation de l'islamisme ils exerçaient chacun une domination vaste et très étendue [2]. Aussi ces sciences débordèrent-elles, comme des océans, sur leurs provinces et dans leurs grandes villes.

Les Chaldéens, et les Assyriens (Seryaniyîn) avant eux, et les Coptes, leurs contemporains, s'appliquaient avec ardeur à cultiver la magie, l'astrologie et ce qui en dépend, savoir la science des influences (planétaires) et celle des talismans. Les Perses et les

1 Littéral. « une autre branche de l'observation des étoiles, c'est la science des jugements stellaires. »
2 Littéral. « l'empire et le sultanat étaient à eux ».

Grecs apprirent d'eux ces sciences, et les Coptes se distinguèrent particulièrement dans cette étude ; aussi (les sciences occultes) inondèrent-elles, pour ainsi dire, leur pays [1]. Cela s'accorde avec ce qui se lit (dans le Coran) au sujet de Harout et Marout [2] et des magiciens (de Pharaon), et avec ce que les hommes savants (dans cette partie) racontent des berbi [3] de la haute Égypte.

Plus tard, chaque religion imita celle qui l'avait précédée en défendant l'étude de ces sciences, de sorte que celles-ci finirent par disparaître presque entièrement. Rien ne s'en est conservé, — qu'elles soient vraies ou non ; Dieu le sait ! — excepté quelques restes que les gens adonnés à cette étude se sont transmis les uns aux autres, bien que la loi en ait défendu la pratique et qu'elle tienne son glaive suspendu sur les têtes des contrevenants.

Les sciences intellectuelles acquirent une grande importance chez les Perses, et leur culture y fut très répandue ; ce qui tenait à la grandeur de leur empire et à sa vaste étendue [4]. On rapporte que les Grecs les apprirent des Perses à l'époque où Alexandre tua Darius et se rendit maître du royaume des Caïaniens. Alexandre s'empara alors de leurs livres et (s'appropria la connaissance) de leurs sciences. Nous savons cependant que les musulmans, lors de la conquête de la Perse, trouvèrent dans ce pays une quantité innombrable de livres et de recueils scientifiques, et que (leur général) Saad Ibn Abi Oueccas demanda par écrit au khalife Omar Ibn al-Khattab s'il lui serait permis de les distribuer aux vrais croyants avec le reste du butin. Omar lui répondit en ces termes : « Jette-les à l'eau ; s'ils renferment ce qui peut guider vers la vérité ; nous tenons de Dieu ce qui nous y guide encore mieux ; s'ils renferment des tromperies, nous en serons débarrassés, grâce à Dieu ! » En conséquence de cet ordre, on jeta les livres à l'eau ou dans le feu, et dès lors les sciences des Perses disparurent au point qu'il ne nous en est rien parvenu.

Passons aux Roum (les Grecs et les Latins). Chez ces peuples l'empire appartint d'abord aux Grecs, race qui avait fait de grands

1 Pour منهم , lisez فيهم .

2 Pour l'histoire de ces deux anges déchus, qui enseignèrent la magie aux hommes, on peut voir le Coran, sour. II, vers. 96, et la note de Sale dans sa traduction de ce livre.

3 Les temples de l'ancienne Égypte.

4 Les manuscrits C et D et l'édition de Boulac portent واتصال (*connexité*).

progrès dans les sciences intellectuelles. Leurs hommes les plus célèbres, et surtout (ceux qu'on appelle) les piliers de la sagesse [1], soutenaient tout le poids de ces doctrines, et les péripatéticiens [2], gens du portique [3], s'y distinguaient par leur excellent système d'enseignement. On dit qu'ils donnaient des lectures sur ces sciences à l'abri d'un portique qui les garantissait contre le soleil et le froid. Ils prétendaient faire remonter leur doctrine à Locman le sage, qui l'aurait communiquée à ses disciples, qui l'auraient transmise à Socrate [4]. Celui-ci l'enseigna à son disciple Platon, qui la transmit à Aristote, qui la passa à ses disciples Alexandre d'Aphrodisée [5], Themistius, et autres. Aristote fut le précepteur d'Alexandre, roi des Grecs, celui qui vainquit les Perses et leur enleva l'empire. De tous les philosophes, Aristote était le plus profond et le plus célèbre. On l'appelle le premier des instituteurs (el-moallem el-aouwel), et sa renommée s'est répandue dans l'univers.

Après la ruine de la puissance des Grecs, l'autorité souveraine passa aux Césars, qui, ayant embrassé la religion chrétienne, défendirent l'étude de ces sciences, ainsi que cela se fait par les lois de tous les peuples. Dès lors, les sciences intellectuelles restèrent enfermées dans des livres et dans des recueils, comme pour demeurer éternellement dans les bibliothèques. Quand les musulmans s'emparèrent de la Syrie, on trouva que les livres de ces sciences y étaient encore restés.

Dieu donna ensuite l'islamisme (au monde). Ceux qui professent cette religion obtinrent un triomphe sans égal et enlevèrent l'empire aux Roum (de la Syrie), comme ils le firent à bien d'autres peuples. Habitués à la simplicité (de la civilisation nomade), ils n'avaient jamais tourné leur attention vers les arts ; mais, lorsque leur domination

1 Selon le traducteur turc, ces sages étaient Pythagore, Empédocle, Socrate, Platon et Aristote.
2 Lisez, dans le texte arabe, المشّاءون .
3 L'auteur a confondu les péripatéticiens avec les stoïciens, le Lycée avec le Portique.
4 Le texte porte : « à Socrate du tonneau ». Ibn Khaldoun, à l'exemple de Djemal ed-Dîn el-Kifti, auteur du dictionnaire biographique des philosophes, attribue à Socrate ce qu'on raconte de Diogène. Le traducteur turc a passé par-dessus le mot الدن (le tonneau). Il a connu trop bien l'histoire de la philosophie grecque pour se laisser tromper.
5 Ibn Khaldoun ne paraît pas s'être douté qu'Alexandre d'Aphrodisée était venu au monde plus de cinq siècles après Aristote.

se fut affermie[1] ainsi, que leur empire, lorsque l'adoption de la vie sédentaire les eut conduits à un degré de civilisation que jamais aucun peuple n'avait atteint, lorsqu'ils se furent mis à cultiver les sciences et les arts dans toutes leurs ramifications, ils conçurent le désir[2] d'étudier les sciences philosophiques, parce qu'ils en avaient entendu parler aux évêques et aux prêtres qui administraient les peuples tributaires, et parce que l'esprit de l'homme aspire naturellement à la connaissance de ces matières ; aussi (le khalife abbacide) Abou Djafer el-Mansour fit-il demander au roi des Grecs de lui envoyer les ouvrages qui traitaient des mathématiques, traduits (en arabe). Le roi lui expédia le livre d'Euclide et quelques ouvrages sur la physique. Quand les musulmans en eurent pris connaissance, ils souhaitèrent ardemment de posséder les autres écrits composés sur ces matières. El-Mamoun arriva ensuite (au pouvoir). Ce prince, était grand amateur des sciences, parce qu'il les avait cultivées et, ressentant une vive passion pour les sciences (intellectuelles), il envoya des ambassadeurs aux rois des Grecs, afin de faire mettre en arabe les ouvrages scientifiques de ce peuple et de les introduire dans son pays. A cet effet, il fit partir (avec eux) plusieurs interprètes, et parvint ainsi à recueillir la totalité de ces traités. Dès lors les musulmans qui s'occupaient des connaissances spéculatives s'appliquèrent à étudier ces sciences dans toutes leurs branches et y devinrent très habiles. Ils portèrent leurs investigations si loin qu'ils se mirent en état de réfuter un grand nombre d'opinions émises par le premier instituteur (Aristote). Ce fut aux doctrines de celui-ci qu'ils s'attachèrent particulièrement[3], soit pour les réfuter, soit pour les soutenir, parce qu'il était le plus célèbre (d'entre les philosophes)[4]. Ils composèrent de nombreux traités sur ces sciences et (par leur grand savoir ils) surpassèrent tous leurs devanciers.

Ceux d'entre les musulmans qui arrivèrent au premier rang dans ces études furent Abou Nasr el-Farâbi et Ibn Sîna (Avicenne), tous les deux natifs de l'Orient, et le cadi Abou 'l-Ouelîd Ibn Rochd

---

1 La traduction turque porte درجه كماله كاور (*arriva au degré de la perfection.*)

2 Je lis تشوقوا , avec le manuscrit D et l'édition de Boulac. Le traducteur turc a suivi cette leçon puisqu'il l'a rendue par le mot أشتياق .

3 Les manuscrits, l'édition de Boulac et la traduction turque fournissent la leçon واختصوه , celle qu'il faut substituer à اختصوا , leçon de l'édition de Paris.

4 Littéral. « auprès de qui la rénommée s'était arrêtée ».

(Averroès), et le vizir Abou Bekr Ibn es-Saïgh [1], natifs d'Espagne. Je ne parle pas des autres. Ces hommes montèrent au degré le plus élevé dans la connaissance des sciences intellectuelles et acquirent une grande réputation.

Beaucoup de personnes se bornèrent aux mathématiques et aux sciences qui en dépendent, telles que l'astrologie, la magie et la confection des talismans. Parmi ceux qui se distinguèrent le plus dans cette partie furent [Djaber (Geber) Ibn Haïyan, natif de l'Orient [2]], Maslema Ibn Ahmed el-Madjrîti, natif d'Espagne, et les disciples de celui-ci. Les sciences dont nous parlons s'introduisirent, avec ceux qui les cultivaient, chez le peuple musulman et fascinèrent tellement les esprits que beaucoup de monde s'y laissa attirer et y ajouta foi. Ceux qui ont commis (ce péché) doivent subir les conséquences de leur faute, et, si Dieu l'avait voulu, ils ne l'auraient pas fait. (Coran, sour. VI, vers. 112.)

Lorsque le vent de la civilisation eut cessé de souffler sur le Maghreb et l'Espagne, et que le dépérissement des connaissances scientifiques eut suivi celui de la civilisation, les sciences (occultes) disparurent de ces deux pays [3] au point d'y laisser à peine une trace de leur existence. On, en trouve seulement quelques notions, chez de rares individus, qui doivent se dérober à la surveillance des docteurs orthodoxes.

J'ai appris qu'une forte provision de ces connaissances s'est trouvée, de tous les temps, dans les pays de l'Orient et surtout dans l'Irac persan et la Transoxiane. On m'a dit qu'on y cultive

1 Ibn Khallikan a donné une notice d'Ibn es-Saïgh (Ibn Baddja, connu en Europe sous le nom d'*Avenpacé*) dans son dictionnaire biographique, vol. III de ma traduction. M. de Gayangos a publié dans sa traduction de l'histoire d'Espagne d'El-Maccari, vol. I, appendice, p. 12, la vie de ce philosophe, traduite de l'arabe d'Ibn Abi Osaïbiya. M. Munk a donné des notices sur les philosophes nommés ici par Ibn Khaldoun. (Voyez son savant ouvrage intitulé *Mélanges de philosophie juive et arabe*.)

2 Djaber Ibn Haïyan, natif de Tarsus, s'établit dans la ville de Koufa et compila dans un grand ouvrage les doctrines de l'imam Djafer es-Sadec, dont il fut le disciple. Cette indication montre qu'il était encore vivant au milieu du VIIIe siècle de notre ère. Il composa plusieurs traités sur l'alchimie. En Europe, les adeptes du moyen âge faisaient le plus grand cas de ses écrits : Geber, c'est-à-dire Djaber, était pour eux le premier des alchimistes. — Le passage mis entre des parenthèses manque dans les manuscrits C et D et dans l'édition de Boulac.

3 Je suis l'édition de Boulac, qui porte بهما à la place de به , et منهما à la place de منه .

avec un grand empressement [1] les sciences intellectuelles et les sciences traditionnelles (religieuses). Cela provient du haut degré de civilisation auquel ces peuples sont parvenus et de leur longue habitude de la vie sédentaire. J'ai trouvé en Égypte plusieurs ouvrages sur les sciences intellectuelles composés par un personnage très connu sous les surnoms de Saad ed-Dîn et-Teftazani [2], et qui est natif de Herat, une des villes du Khoraçan. Ses traités sur la scolastique, sur les bases de la jurisprudence et sur la rhétorique, montrent qu'il possède des connaissances très profondes dans ces branches de science et indiquent, par plusieurs passages, qu'il est très versé dans les sciences philosophiques et intellectuelles. Et Dieu aide celui qu'il veut. (Coran, sour. III, vers. 11.)

Je viens d'apprendre que, dans le pays des Francs, région composée du territoire de Rome et des contrées qui en dépendent, c'est-à-dire celles qui forment le bord septentrional (de la Méditerranée), la culture des sciences philosophiques est très prospère. L'on me dit que les sciences y ont refleuri de nouveau, que les cours institués pour les enseigner sont très nombreux, que les recueils dont elles font le sujet sont très complets, qu'il y a beaucoup d'hommes les connaissant à fond, et beaucoup d'étudiants qui s'occupent à les apprendre. Mais Dieu sait ce qui se passe dans ces contrées. Dieu crée ce qu'il veut et agit librement. (Coran, sour. XXVIII, vers. 68.)

Les sciences relatives au nombre [3].

---

1 La leçon du texte imprimé n'est justifiée ni par l'édition de Boulac ni par les manuscrits C et D. Je crois qu'il faut lire تَشَيُّج , nom d'action d'un verbe qui signifie *s'accroupir, se tenir prêt pour sauter sur sa proie ou pour éviter un danger, guetter, se tenir sur ses gardes,* et qui se construit avec la préposition من . Notre auteur a déja employé ce mot dans la 1e partie des *Prolégomènes*, p. 24, l. 17 du texte arabe. Je le regarde comme l'équivalent de استوفز .

2 Saad ed-Dîn Messaoud Ibn Omar et-Teftazani, auteur de plusieurs traités sur les sciences religieuses et philosophiques, mourut l'an 792 (1390 de J. C.). Les ouvrages de Teftazani sont très estimés et ont fait le sujet de plusieurs commentaires.

3 Feu M. Wœpcke inséra dans un ouvrage publié à Rome en 1856, et intitulé *Recherches sur plusieurs ouvrages de Léonard de Pise,* la traduction de ce chapitre et des sept chapitres suivants. Il me permit d'adopter son travail et donna son approbation aux modifications que j'avais cru devoir y apporter.

La première de ces sciences est (la théorie de) l'arithmétique, c'est-à-dire la connaissance des propriétés des nombres, en tant qu'ils sont ordonnés suivant une progression arithmétique ou géométrique. Par exemple, si des nombres forment une suite dont chaque terme surpasse le terme précédent du même nombre, alors la somme des deux termes extrêmes est égale à la somme de deux termes quelconques également distants des deux termes extrêmes. Cette somme est égale, en même temps, au double du terme moyen, lorsque le nombre des termes est impair ; cela a lieu pour les nombres (naturels) pris suivant leur ordre, et pour les nombres pairs et les nombres impairs, pris également suivant leur ordre. Il en est de même des nombres qui se suivent en proportion continue, de manière que le premier soit la moitié du second, le second la moitié du troisième et ainsi de suite jusqu'au dernier terme, ou que le premier soit le tiers du second, le second le tiers du troisième, et ainsi de suite jusqu'au dernier terme : dans ces cas, le produit des deux termes extrêmes est égal au produit de deux nombres quelconques (de la même suite), qui soient également distants des deux termes extrêmes, et ce produit est égal en même temps au carré du terme moyen, si le nombre des termes est impair. L'arithmétique traite aussi des nombres pairement pairs qui forment la série deux, quatre, huit, seize, etc. et des propriétés qui se présentent dans la formation des triangles numériques (nombres triangulaires) ainsi que (dans la formation) des carrés, des pentagones, des hexagones, lorsqu'ils sont disposés en lignes (selon leur caractère particulier) et qu'ils se suivent dans un ordre régulier [1]. On additionne (d'abord les nombres naturels) depuis l'unité jusqu'au dernier [2], et l'on obtient ainsi un triangle, puis une suite d'autres triangles (qu'on range) sur la même ligne et qu'on place (chacun) sous son côté. On ajoute ensuite à chaque triangle le triangle correspondant au côté précédent et l'on obtient un carré. En ajoutant de même à chaque carré le triangle du côté précédent [3], on obtient un pentagone, et ainsi de suite. Ces polygones, ordonnés

1 Pour les questions dont il s'agit ici, voyez l'*Algèbre* d'Euler, édition de Paris, 107, t. I, p. 201 et suiv. Les Arabes les ont prises dans le second livre de l'arithmétique de Nicomaque.

2 « Il faut sous-entendre qu'on prendra pour dernier numéro, successivement, chacun des nombres de la suite des nombres naturels. » (Wœpcke.)

3 A la place de مربع مثلث الذى , il faut lire مربع مثلث الضلع الذى . Cette leçon nous est donnée par l'édition de Boulac.

suivant leurs côtés, forment une table qui s'étend en longueur et en largeur. Suivant sa largeur, elle présente (d'abord la suite des nombres (naturels), puis la suite des nombres triangulaires, puis celle des carrés, puis celle des pentagones, etc. Suivant sa longueur on y trouve chaque nombre et les polygones qui y correspondent, à une étendue quelconque. En additionnant ces nombres et en les divisant les uns par les autres, dans le sens de la longueur et de la largeur (de la table), on découvre des propriétés remarquables dont on a reconnu une partie en les examinant les unes après les autres [1] ; on a même consigné dans des recueils les problèmes qui s'y rapportent. Cela a eu lieu également pour les nombres pairs, impairs, pairement pairs, pairement impairs, et pairement pairs-impairs [2] ; chacune de ces différentes espèces de nombres possède des propriétés qui la caractérisent et qui sont traitées exclusivement dans cette branche de science qui (du reste) forme la première et la plus évidente des parties des mathématiques et s'emploie pour démontrer les règles du calcul.

Quelques savants (parmi les musulmans) des temps anciens et modernes ont composé des ouvrages sur ce sujet, bien que la plupart des docteurs, l'ayant regardé comme une partie intégrante de la science mathématique, aient cru qu'il ne devait pas être l'objet d'un traité spécial. Ainsi firent Ibn Sîna (Avicenne) dans l'ouvrage intitulé Es-Chefa oua'n-Nedjat (la guérison et le salut [3]) et d'autres parmi les anciens (musulmans). Les modernes ont négligé cette branche de science parce qu'elle n'est pas d'un usage commun et qu'elle sert uniquement pour démontrer les procédés du calcul. Ils la mirent de côté après en avoir pris ce qui était essentiel [4] pour la démonstration des procédés du calcul. C'est ce que firent Ibn el-

---

1 Voy. pour la signification du terme technique استقراء l'*Anthologie grammaticale* de M. de Sacy, p. 42.

2 Ces trois dernières classes de nombres sont : 1° les nombres qui s'expriment par les puissances de 2 ; 2° les nombres qui sont les doubles d'un nombre impair ; 3° les nombres qui sont les produits d'un nombre impair multiplié par un nombre pairement pair.

3 Le *Chefa* et le *Nedja* forment deux ouvrages distincts, dont le second est l'abrégé de l'autre. — Dans le texte arabe il faut lire النجاة à la place de النجاء . Le *Nedjat* se trouve à la suite de l'édition du texte arabe du *Canoun* imprimé à Rome.

4 Littéral « la crème ».

Benna [1], dans son ouvrage intitulé Refâ 'l-Hidjab (le soulèvement du rideau), et d'autres. Dieu, qu'il soit glorifié et exalté ! connaît parfaitement (la vérité).

L'art du calcul (l'arithmétique pratique).

C'est un art pratique ayant pour objet les calculs au moyen desquels on opère la composition et la décomposition des nombres. La composition se fait avec des nombres pris séparément et s'appelle l'addition, ou par redoublement, c'est-à-dire, en répétant un nombre autant de fois qu'il y a des unités dans un autre nombre, et cela s'appelle multiplication. La décomposition des nombres s'opère avec des nombres pris séparément comme, par exemple, quand on retranche un nombre d'un autre nombre afin d'en connaître le reste, ce qui est la soustraction, ou quand on divise un nombre dans un nombre déterminé de parties égales, ce qui est la division. Cette composition et cette décomposition ont lieu également pour les nombres entiers et pour les fractions. Le terme fraction s'emploie pour désigner le rapport d'un nombre à un autre. La composition et la décomposition ont lieu également pour les racines. On se sert du mot racine pour désigner un nombre qui, multiplié par lui-même, produit le nombre carré. [Le nombre [2] qui peut s'énoncer (c'est-à-dire le nombre entier) s'appelle rationnel et son carré pareillement, et (pour l'exprimer) on n'est pas obligé d'exécuter (de longs) calculs ; le nombre qui ne peut pas s'énoncer (avec une exactitude absolue) s'appelle sourd. Le carré de celui-ci est, soit rationnel, comme cela a lieu pour la racine de 3, dont le carré est 3, soit sourd comme cela a lieu pour la racine de la racine [3] de 3, dont le carré est la racine de 3. Cette racine est un nombre sourd, et, pour la trouver, on est obligé de faire de (longs) calculs.] Donc toutes ces racines sont susceptibles de composition et de décomposition.

1 Abou 'l-Abbas Ahmed Ibn Mohammed el-Azdi, surnommé *Ibn el-Benna,* était originaire de la ville de Grenade. Selon M. Woepcke, il publia un de ses traités de mathématiques à Maroc, l'an 1222 de J. C.

2 Ce passage manque dans les manuscrits C et D et dans l'édition de Boulac. Le traducteur turc en a reproduit le commencement et a supprimé le reste.

3 Il faut certainement lire مثل جدر جدر ثلاثة , et remplacer le mot ثلثه , qui est au commencement de la ligne suivante, par ثلاثة .

L'art du calcul.

Le calcul, art d'une origine (comparativement) moderne, est d'une nécessité réelle dans les transactions (commerciales ou autres) et forme le sujet d'un grand nombre d'ouvrages.

On l'a vulgarisé dans les grandes villes par l'enseignement premier [1] et on le regarde même comme le meilleur point de départ de cet enseignement, parce qu'il fournit des connaissances parfaitement évidentes, qu'il offre un système régulier de démonstrations et qu'il a presque toujours pour résultat de rendre l'esprit clairvoyant et de l'habituer à raisonner juste. Voilà pourquoi on a dit des personnes qui entreprennent de l'apprendre [2] : « La première chose qui leur arrivera sera qu'elles se laisseront dominer par la vérité. » En effet, le calcul, offrant un système bien établi [3] et donnant à l'esprit une exactitude qui lui devient une seconde nature, l'habitue à la vérité et le porte à s'y attacher méthodiquement.

Parmi les ouvrages qui traitent de cet art d'une manière étendue et qui s'emploient dans le Maghreb, un des meilleurs est celui qui a pour titre El-Hisar es-Saghîr [4]. Ibn el-Benna le Marocain en a fait un abrégé [5], qui renferme les règles des opérations, œuvre utile ; puis il a commenté le même traité dans son ouvrage intitulé Refâ 'l-Hidjab. Ce livre est très difficile pour les commençants à cause de la rigueur et de l'enchaînement des démonstrations qu'il renferme. C'est un ouvrage très estimé ; j'ai vu nos professeurs en faire beaucoup de cas, et en effet il en est digne. L'auteur y a exposé simultanément le contenu de deux traités dont l'un, composé par Ibn Monaëm [6], s'appelle Fikh el-Hisab (les lois du calcul) et dont l'autre, intitulé El-Kamel (le complet) a pour auteur El-Ahdeb. Il résuma les démonstrations de ces deux ouvrages, et changea les lettres (ou signes) conventionnelles qui s'employaient dans ces

---

1 Littéral. « en l'enseignant aux enfants ».

2 Je lis بالتعلم. Au reste, notre auteur emploie quelquefois le mot تعليم dans le sens d'*apprendre*.

3 Littéral. « à cause de ce qui est dans le calcul en fait de sûreté des constructions. »

4 Ce titre signifie, soit *la petite selle,* soit *le petit château.* Peut-être faut-il le prononcer *Hassâr* « calculateur. » Le nom de l'auteur est inconnu.

5 M. A. Marre vient de publier à Rome une traduction de cet abrégé (*talkhîs*).

6 El-Kifti a donné un court article sur Mohammed Ibn Eîça Ibn el-Monaëm dans son dictionnaire biographique, mais il n'y indique pas l'époque où il vivait.

(démonstrations), en y substituant des indications significatives et claires ; exposant ainsi le secret et l'essence du procédé par lequel on désigne (les théorèmes du calcul) au moyen des signes [1]. Toute cette matière est fort obscure, mais la difficulté ne provient que des démonstrations, particularité propre aux sciences mathématiques ; car, bien que leurs problèmes et leurs opérations soient faciles à comprendre, il en est autrement quand il s'agit de les expliquer, c'est-à-dire de donner les raisons de ces opérations ; c'est là que l'entendement rencontre des difficultés qu'il ne trouve pas dans la résolution des problèmes. Ce que nous venons de dire mérite l'attention du lecteur. Dieu guide par sa lumière celui qu'il vent.

L'algèbre [2].

L'algèbre est un art au moyen duquel on tire le nombre inconnu de celui qui est connu et donné, lorsqu'il existe entre l'un et l'autre un rapport qui permet d'obtenir ce résultat. Dans le langage technique de cet art on assigne aux quantités inconnues différents degrés (puissances) suivant leur répétition par multiplication. Le premier de ces degrés est le nombre, parce que c'est au moyen du nombre donné que l'on détermine l'inconnue cherchée, en la déduisant du rapport qui existe entre elle et le nombre. Le second de ces degrés est la chose, parce que toute inconnue, en tant qu'elle est cachée,

1 M. Wœpcke nous apprend (*Journal asiatique* d'oct.-nov. 1854, p. 365, note 1) que le terme حروف s'emploie par les algébristes arabes pour signifier *signes de notation.* Dans sa traduction du passage d'Ibn Khaldoun (*ibid.* p. 372), il a suivi le texte des deux manuscrits de Leyde, texte qui diffère en deux points de celui des manuscrits de Paris et des deux édifions imprimées. Ainsi, les manuscrits de Leyde portent وغيرها من , à la place de وغيرها عن , et وهى سر , à la place de هى سر . Cette dernière variante est peu importante, mais la première change complètement le sens de la phrase, sans toutefois le rendre plus clair. J'ai traduit comme si Ibn Khaldoun avait écrit وغيّرها عن , et je crois avoir exprimé la pensée de l'auteur. En ce cas, il faut admettre qu'Ibn Monaëm et el-Ahdeb avaient employé des signes de notation algébrique dans leurs ouvrages, et qu'Ibn el-Benna remplaça ces signes par les termes et expressions qu'ils servaient à représenter, et rendit ainsi son ouvrage plus intelligible. M. Flügel a lu et entendu ce passage comme moi. (Voy. son édition du *Dictionnaire bibliographique de Haddji Khalifa,* t. V, p. 74.)

2 En arabe, *El-Djebr oua'l-mocabela* (restauration et opposition). On trouvera l'explication de ces termes au commencement de la page suivante.

est une chose ; on l'appelle aussi racine parce qu'on obtient, en multipliant ce degré par lui-même, un résultat qui forme le second (lisez le troisième) degré. Le troisième de ces degrés est le capital (mâl), qui est le carré de l'inconnue [1]. Les degrés suivants sont déterminés d'après l'exposant (âss) des deux degrés qu'on multiplie ensemble. Ensuite se fait l'opération qui est exigée par le problème et qui conduit à une équation entre deux termes [2] différents ou entre plusieurs termes : on oppose les uns aux autres, on restaure ce qui s'y trouve en fait de terme fractionnaire, de manière à le rendre entier, et l'on abaisse, s'il est possible, les degrés (de l'inconnue), de manière à les réduire aux exposants les plus petits, afin qu'ils soient ramenés à ces trois (termes) qui constituent, selon les algébristes, le domaine de leur art, à savoir : le nombre, la chose (la racine) et le capital (le carré), Lorsque l'équation a lieu entre deux termes seulement, (la solution) est déterminée ; lorsque le capital (le carré) où la racine est égal à un nombre, ils cessent d'être inconnus et leur valeur est déterminée ; et lorsque le capital est égal à sa racine prise un certain nombre de fois, il est déterminé par le nombre (ou coefficient) de la racine [3]. Lorsque l'équation a lieu entre un terme et deux termes, la valeur (de l'inconnue) est déterminée par le procédé géométrique qui consiste à retrancher

1 Je suis ici le texte imprimé des éditions de Paris et de Boulac ; celui des manuscrits C et D et d'un des manuscrits de Leyde y correspond exactement. Le passage offre cependant un double contre-sens 1° que le nombre donné est le premier degré ou puissance de l'inconnue ; 2° que la multiplication du terme du second degré par lui-même donne un terme du second degré. On voit que l'auteur n'entendait pas bien son sujet. Ce passage en remplace un autre que je vais citer et qui ne laisse rien à désirer, si ce n'est l'indication du nombre donné. Le voici, d'après un manuscrit de Leyde et la traduction turque :

اولها الشىء لان كل مجهول فهو من حيث
ابهامه شىء وهو ايضا جذر لما يلزم من
تضعيفه فى المرتبة الثانية وثانيها المال وهو
مربع مبهم وثالثها الكعب

Le premier de ces degrés est la *chose,* parce que, toute inconnue, en tant qu'elle est cachée, est une chose ; on l'appelle aussi *racine,* à cause du résultat donné par la multiplication de ce degré en lui-même et qui forme le second degré. Le second de ces degrés est le *capital* (mâl), qui est le carré d'une inconnue, et le troisième degré est le *cube* (kaab). »

2 Littéral. « espèces ».

3 Voici les trois équations dont l'auteur parle ici : $x^2 = a$, $x = a$ et $x^2 = ax$. Ce sont celles que les algébristes arabes appelaient les *équations simples*. Leurs *équations composées* étaient $x^2 + ax = b$, $x^2 + b = ax$ et $x^2 = ax + b$. (Woepcke.)

le produit par deux ; ce qui était inconnu se trouve déterminé par cette soustraction du produit [1]. L'équation entre deux termes et deux termes est impossible à résoudre [2]. On ne parvient pas, selon les algébristes, à plus de six problèmes au moyen d'équations (résolubles) ; car l'équation entre le nombre et la racine et le capital (le carré) pouvant être ou simple ou composée, il en résulte six espèces.

Le premier qui écrivit sur cette branche (de science) fut Abou Abd Allah el-Kharezmi [3], après lequel vint Abou Kamel Chodjaâ Ibn Aslem. On a généralement suivi la méthode (d'El-Kharezmi) et son traité sur les six problèmes de l'algèbre est un des meilleurs ouvrages composés sur la matière. Plusieurs auteurs, parmi les musulmans espagnols, ont écrit sur ce traité d'excellents commentaires, dont un des meilleurs est celui d'El-Corechi [4].

Nous avons appris qu'un des premiers mathématiciens de l'Orient a étendu le nombre des équations au delà de ces six espèces, qu'il l'a porté à plus de vingt et qu'il a découvert pour toutes ces espèces des procédés (de résolution) sûrs, fondés sur des démonstrations géométriques [5]. Dieu ajoute à ce qui est créé tout ce qu'il veut.

1 M. Woepcke offre une explication conjecturale de ce passage, qu'il regarde comme fort obscur.

2 C'est-à dire une équation renfermant trois degrés différents de l'inconnue et un terme constant. (Woepcke.)

3 Abou Abd Allah Mohammed Ibn Mouça el-Kharezmi fut attaché à la bibliothèque des sciences fondée à Baghdad par El-Mamoun, et jouissait d'une haute faveur auprès de ce khalife, qui régna depuis 813 de J. C. jusqu'à 833. On le regardait comme un astronome habile et comme un bon observateur. Les tables astronomiques qu'il publia sous le titre de *Hindmend,* et qui reproduisent les données du célèbre ouvrage indien le *Siddanta,* firent autorité chez les Arabes. Il composa aussi un traité sur l'astrolabe et un autre sur la chronologie. Son Abrégé d'algèbre a été traduit en anglais et publié à Londres en 1831, par les soins de M. Rosen. Il ne faut pas confondre ce Mohammed Ibn Mouça avec un autre astronome qui mourut en 259 (873 de J. C.), et qui s'appelait *Abou Djafer Mohammed Ibn Mouça Ibn Chaker.* (Voyez le *Dictionnaire biographique* d'Ibn Khallikan, vol. III.)

4 *El-Corechi* signifie *le Coraïchite*. Le célèbre mathématicien El-Calasadi a porté ce titre, mais il était à peine venu au monde quand Ibn Khaldoun écrivait.

5 « Nous connaissons maintenant l'ouvrage arabe qui contient cette extension de l'algèbre à laquelle Ibn Khaldoun fait ici allusion. C'est l'algèbre d'Omar Alkhayyâmi (El-Kheïyami), qui ajoute aux six problèmes de Mohammed Ben Mouça, c'est-à-dire aux équations du premier et du deuxième degré, les équations du troisième degré, dont il construit les racines géométriquement par

Les transactions (commerciales et autres).

Cette branche de science consiste dans l'application du calcul aux transactions qui ont lieu dans la vie sédentaire [1], telles que ventes et achats, mesurages de terrains, impôts et toutes les autres opérations dans lesquelles il se présente des nombres. On y emploie les deux branches du calcul, celle qui traite des inconnues et des connues (l'algèbre), et celle qui a pour objet les fractions, les nombres entiers, les racines, etc. (l'arithmétique). Si l'on a posé un très grand nombre de problèmes relatifs à cette matière, cela a été dans le but de créer chez l'élève l'habitude de ces opérations et de le familiariser avec elles à force de les répéter, de sorte qu'il parvienne à posséder d'une manière sûre la faculté de calculer.

Les (musulmans) espagnols qui se sont appliqués à l'art du calcul ont composé sur les transactions (commerciales) de nombreux traités. Parmi les plus célèbres nous pouvons citer les Moamelat (transactions) d'Ez-Zehraouï [2], celles d'Ibn es-Semh [3], celles d'Abou Moslem Ibn Khaldoun, disciple de Maslema el-Madjrîti, et d'autres encore.

Le partage des successions (feraïd [4]).

Le partage des successions fait partie de l'art du calcul et s'occupe de la détermination exacte des parts qui reviennent aux héritiers dans une succession. Ainsi, par exemple, s'il y a plusieurs parts et qu'un des héritiers meure (avant le partage), de sorte que sa part

---

les intersections de deux coniques. » (Wœpcke.) (Comparez l' *Algèbre d'Omar Alkhayyâmî, traduit et accompagné d'extraits de manuscrits inédits,* par F. Wœpcke, Paris, 1851.)

1 Littéral. « les transactions des villes ».

2 Le célèbre médecin Albucasis ou Bou Cacis, c'est-à-dire Abou 'l-Cacem, portait le surnom de Zehraouï. Il exerça son art à Cordoue et mourut l'an 500 (1106 de J. C.). Peut-être s'était-il occupé des sciences mathématiques, à l'instar de plusieurs de ses confrères et compatriotes.

3 Abou 'l-Cacem Asbagh Ibn es-Semh, natif de Grenade, se distingua comme médecin et comme mathématicien. Il mourut l'an 426 (1034-1035 de J. C.).

4 L'auteur a déjà (de ce volume) traité cette matière sous le point de vue des prescriptions imposées par la loi divine. Il l'examine ici comme formant un branche de la science mathématique.

doive être répartie entre ses propres héritiers, ou s'il arrive que la somme des parts (déterminées par la loi) dépasse la masse de la succession, ou si un des héritiers affirme (l'existence d'un héritier jusqu'alors inconnu) et que ses cohéritiers (la) nient, dans tous ces cas on a besoin d'un procédé qui serve à déterminer d'une manière exacte le montant des parts telles qu'elles sont fixées par la loi et celui des parts qui doivent revenir aux héritiers appartenant aux divers membres de la famille ; on peut alors faire en sorte que les parts revenant aux héritiers soient à la masse entière de la succession, comme les parts aliquotes représentant leurs droits à la succession sont à la somme de toutes ces parts.

Dans ces déterminations on emploie une partie considérable de l'art du calcul, notamment le calcul des nombres entiers et fractionnaires, ainsi que celui des racines, des connues et des inconnues.

On a rangé [1] les notions dont se compose cette science dans le même ordre que celui des chapitres de la législation relative aux héritages et des questions auxquelles cette législation donne lieu. Il résulte de là qu'elle comprend premièrement une partie de la jurisprudence, à savoir, les maximes qui règlent les héritages en ce qui concerne les portions dues, l'aoul (réduction proportionnelle des parts héréditaires fixes [2]), l'affirmation et négation (au sujet d'un héritier sur lequel on ne comptait pas), les dispositions testamentaires, l'affranchissement testamentaire et autres questions de cette nature. Elle comprend, en second lieu, une partie du calcul, à savoir la détermination exacte des parts, en ayant égard aux prescriptions de la loi. C'est donc une science très noble, et les personnes qui la cultivent citent plusieurs paroles du Prophète dans lesquelles elle croient voir un témoignage en faveur de l'excellence de leur art. Telles sont les traditions suivantes : Les feraïd sont un tiers de la science entière, et Les feraïd sont la première entre les sciences qui seront exaltées. Je crois cependant que toutes ces sentences se

1 Pour يترتب, lisez ترتب.

2 « Lorsque, par exemple, un légitimaire a droit aux deux tiers et un autre à la moitié de la succession, on doit faire le partage au prorata de ce qui revient à chacun, de la même manière que pour les dettes et les legs. » (Voyez le tome VI, p. 371, du *Précis de jurisprudence musulmane* traduit du texte de Sidi Khalîl par le docteur Perron.) Dans le cas indiqué ici, le montant des parts serait égal à 2/3 + 1/2 = 4/6 + 3/6 = au montant de la succession et à un sixième de plus. Il faut donc diminuer proportionnellement le montant de chaque part, afin de donner au premier quatre septièmes de la succession et au second trois septièmes.

rapportent aux feraïd (ou obligations) imposées par la loi sur tout individu, comme j'en ai déjà fait la remarque, et non pas aux feraïd des héritages seulement ; en effet, celles-ci sont trop peu étendues pour former le tiers de la science entière, tandis que les feraïd proprement dites sont très nombreuses.

On a écrit, dans les temps anciens et dans les temps modernes sur cette branche (des mathématiques) et on l'a traitée à fond.

Parmi les ouvrages qui exposent cette science sous le point de vue de l'école malékite les meilleurs sont celui d'Ibn Thabet, l'abrégé du cadi Abou 'l-Cacem el-Haoufi et les traités d'Ibn el-Monemmer, d'El-Djâdi et d'Es-Soudi [1]. El-Haoufi mérite toutefois le premier rang, et son traité est préférable [2] à tous les autres. Un de mes professeurs, le cheïkh Abou Abd Allah Mohammed Ibn Soleïman es-Sitti, qui était chef du corps des docteurs de la ville de Fez, a commenté d'une manière claire et complète l'ouvrage d'El-Haoufi. L'imam El-Haremeïna composé, sur le partage des successions, plusieurs ouvrages dans lesquels il envisage son sujet sous le point de vue de la jurisprudence chaféite ; ces traités offrent un témoignage frappant des vastes connaissances possédées par l'auteur et de la profondeur de son érudition. Les Hanefites et les Hanbelites ont aussi composé des ouvrages sur cette matière. Les hommes occupent dans les sciences des stations diverses, et Dieu dirige celui qu'il veut.

Les sciences géométriques.

La géométrie a pour objet les quantités, soit continues, telles que la ligne, la surface et le solide, soit discrètes, telles que les nombres. Elle considère les propriétés essentielles de ces quantités ; par exemple, que les angles de chaque triangle sont égaux à deux angles droits ; que deux droites parallèles ne peuvent se rencontrer, quand même elles seraient prolongées jusqu'à l'infini ; que lorsque deux lignes (droites) se coupent, les angles opposés sont égaux ; que, lorsqu'on a quatre quantités proportionnelles, le produit de la première par la troisième est égal au produit de la seconde par la

1 Variantes : *Es-Souri, Es-Sordi.*

2 Lisez مقدم .

quatrième [1].

Le traité grec sur cette science qui a été traduit (en arabe), à savoir, le traité d'Euclide, intitulé le Livre des éléments et des fondements [2], est l'ouvrage le plus étendu qui ait été écrit sur cette matière à l'usage des élèves, et en même temps le premier livre grec qui ait été traduit chez les musulmans. Cela eut lieu sous le règne d'Abou Djafer el-Mansour.

Il existe plusieurs éditions de ce traité, provenant chacune d'un traducteur différent. On en a une traduction par Honeïn Ibn Ishac [3], une autre par Thabet Ibn Corra [4] et encore une par Youçof Ibn el-Haddjadj [5]. L'ouvrage d'Euclide se compose de quinze livres, dont quatre sur les figures planes, un sur les quantités proportionnelles, un autre sur la proportionnalité des figures planes, trois sur les (propriétés des) nombres, le dixième sur les quantités rationnelles et sur les quantités qui peuvent [6] les quantités rationnelles, c'est-à-dire, leurs racines, enfin cinq livres sur les solides. On a fait beaucoup d'abrégés de ce traité : Ibn Sîna (Avicenne) en a inséré un dans la partie de son ouvrage, le Chefa, qui est consacré aux mathématiques. Ibn es-Salt [7] en a donné un résumé dans son livre intitulé Kitab el-Ictisar (l'abrégé). Beaucoup d'autres savants ont fait des commentaires sur le traité d'Euclide. Il

1 Cette étrange bévue se retrouve dans nos manuscrits et dans les deux éditions imprimées. Le traducteur turc lui-même ne l'a pas relevée. L'auteur a voulu dire que le produit du premier terme multiplié par le quatrième est égal à celui du deuxième terme multiplié par le troisième.

2 [css : cf. la traduction française sur Gallica]

3 Honeïn Ibn Ishac, médecin chrétien à la cour de Baghdad, traduisit en arabe les ouvrages d'Aristote, d'Euclide, d'Hippocrate, de Dioscoride et de Ptolémée. Il mourut l'an 260 (873 de J. C.).

4 Thabet Ibn Corra, médecin et mathématicien, traduisit en arabe les ouvrages de plusieurs médecins et mathématiciens grecs. Il mourut en 288 (901 de J. C.).

5 Il faut lire *El-Haddjadj Ibn Youçof.* Il traduisit les *Eléments* d'Euclide et l'*Almageste* de Plolémée, et vécut sous le règne de Haroun er-Rechîd et d'El-Mamoun.

6 Les expressions : une droite qui *peut* une rationnelle, une droite qui *peut* deux médiales, une droite qui *peut* une surface, etc. H ρητον δυναμένη, η δύο μέσα δυναμένη, η χωρίον δυναμένη, κ. τ. λ., s'emploient fréquemment dans le dixième livre des *Eléments.* (Voyez l'édition et la traduction des œuvres d'Euclide par Peyrard, t. II, p. 223, 225, 250, 254, etc. Le mot *fournir* est sous entendu.)

7 Il y avait un mathématicien et traducteur appelé *Ibrahîm Ibn es-Salt,* qui vivait sous le règne d'El -Mamoun.

forme la base indispensable des sciences géométriques.

L'utilité de la géométrie consiste à éclairer l'intelligence de celui qui cultive cette science et à lui donner l'habitude de penser avec justesse. En effet, toutes les démonstrations de la géométrie se distinguent par la clarté de leur arrangement et par l'évidence de leur ordre systématique. Cet ordre et cet arrangement empêchent toute erreur de se glisser dans les raisonnements ; aussi l'esprit des personnes qui s'occupent de cette science est-il peu exposé à se tromper, et leur intelligence se développe en suivant cette voie. On prétend même que les paroles suivantes se trouvaient écrites sur la porte de Platon : « Que nul n'entre dans notre demeure s'il n'est géomètre ». De même, nos professeurs disaient : « L'étude de la géométrie est pour l'esprit ce que l'emploi du savon est pour les vêtements ; elle en enlève les souillures et fait disparaître les taches ». Cela tient à l'arrangement et à l'ordre systématique de cette science, ainsi que nous venons de le faire observer.

La géométrie spéciale des figures sphériques et des figures coniques.

Deux ouvrages grecs, l'un composé par Théodose et l'autre par Ménélaus [1], traitent des surfaces et des intersections des figures sphériques. Dans l'enseignement, on fait précéder l'ouvrage de Ménélaus de celui de Théodose parce qu'un grand nombre des démonstrations du premier sont fondées sur le second. Ces deux livres sont indispensables à quiconque veut faire une étude approfondie de l'astronomie, parce que les démonstrations de cette science reposent sur celles de la géométrie des figures sphériques. En effet, la théorie de l'astronomie tout entière n'est autre chose que la théorie des sphères célestes et de ce qui y arrive en fait d'intersections et de cercles qui résultent des mouvements (des corps célestes), ainsi que nous l'exposerons ci-après ; elle est donc fondée sur la connaissance des propriétés des figures sphériques, en ce qui regarde leurs surfaces et leurs intersections.

La théorie des sections coniques forme également une partie

1 Les manuscrits et les éditions imprimées portent ميلاوش Milaouch. Il faut lire منلاوس *Menelaous.*

de la géométrie : c'est une science qui examine les figures et les sections produites dans les solides coniques et détermine leurs propriétés par des démonstrations géométriques, fondées sur les éléments des mathématiques (exposés dans le livre d'Euclide). Son utilité se montre dans les arts pratiques qui ont pour objet des corps, tels que la charpenterie et l'architecture ; elle se montre aussi lorsqu'il s'agit de fabriquer des statues qui excitent l'étonnement et des temples merveilleux [1], de traîner des corps pesants au moyen d'artifices mécaniques, et de transporter des masses volumineuses à l'aide d'engins et de machines, et autres choses semblables.

Un certain auteur a traité cette branche des mathématiques à part dans un ouvrage sur la mécanique pratique, contenant tout ce qu'il y a de merveilleux en fait de procédés curieux et d'artifices ingénieux. Ce traité est très répandu, bien qu'il ne soit pas facile à comprendre, à cause des démonstrations géométriques qu'il renferme. On l'attribue aux Beni Chaker [2].

La géométrie pratique (mesaha).

On a besoin de cette science pour mesurer le sol. Son nom signifie déterminer la quantité d'un terrain donné. Cette quantité est exprimée en empans ou coudées ou en autres (unités de mesure, ou bien par le rapport qui existe entre deux terrains, lorsqu'on les compare l'un avec l'autre. (Ces déterminations) sont nécessaires quand il s'agit de répartir les impôts sur les champs ensemencés, sur les terres labourables et sur les plantations, ou de partager des enclos et des terres entre des associés ou des héritiers, ou d'arriver à quelque autre résultat de ce genre. On a écrit sur cette science de

1 M. Wœpcke a entendu ce passage d'une autre manière et l'a rendu ainsi : « Fabriquer des figures merveilleuses et des temples extraordinaires. » Il ajoute en note : « L'auteur veut parler ici de la construction d'automates et d'artifices semblables, dans le genre des Pneumatiques d'Héron et des horloges du moyen âge. J'ai examiné un traité arabe sur cette matière, contenu dans le manuscrit n° 168 de la bibliothèque de Leyde. » — Je crois qu'il s'agit ici des statues colossales et des temples énormes qui se voient encore en Égypte.

2 Mouça, fils de Chaker, eut trois fils qui se distinguèrent comme mathématiciens, astronomes et ingénieurs. L'un nommé Abou Djafer Mohammed Ibn Mouça, mourut l'an 259 (873 de J. C.). Les autres se nommaient, l'un Ahmed et l'autre El-Hacen.

bons et nombreux ouvrages.

L’optique.

Cette science explique les causes des illusions optiques en faisant connaître la manière dont elles ont lieu. L’explication qu’elle donne est fondée sur ce principe que la vision se fait au moyen d’un cône de rayons ayant pour sommet la pupille de l’œil de l’observateur et pour base l’objet vu [1]. Une grande partie des illusions optiques consiste en ce que les objets rapprochés paraissent grands et les objets éloignés petits, que des objets petits vus sous l’eau ou derrière des corps transparents paraissent grands, qu’une goutte de pluie qui tombe fait l’effet d’une ligne droite, et un tison (tourné avec une certaine vitesse) celui d’un cercle, et autres choses semblables. Or on explique dans cette science les causes et la nature de ces phénomènes par des démonstrations géométriques. Elle rend raison des différentes phases de la lune par ses changements de longitude [2], changements qui servent de bases (aux calculs) qui font connaître (d’avance) l’apparition des nouvelles lunes, l’arrivée des éclipses et autres phénomènes semblables.

Beaucoup de Grecs ont traité de cette branche des mathématiques. Le plus célèbre parmi les musulmans qui aient écrit sur cette science est Ibn el-Heïthem, mais il y a aussi d’autres auteurs qui ont composé des traités d’optique. L’optique fait partie des mathématiques, dont elle est une ramification.

L’astronomie.

Cette science considère les mouvements (apparents) des étoiles fixes et des planètes, et déduit de la nature de ces mouvements, par des méthodes géométriques, les configurations et les positions des sphères, dont les mouvements observés doivent être la conséquence nécessaire. Elle démontre ainsi, par l’existence du mouvement en avant et en arrière (relativement au mouvement moyen), que le

1 Pour المرىٔ, lisez المرءى. Les mots dérivés des verbes *hamzés* sont, en général, mal orthographiés dans l’édition de Paris.

2 L’auteur a écrit العروض « latitudes » à la place de الاطوال « longitudes ».

centre de la terre ne coïncide pas avec le centre de la sphère du soleil ; elle prouve, par les mouvements directs et rétrogrades des planètes, l'existence de petites sphères déférentes qui se meuvent dans l'intérieur de la grande sphère de la planète ; elle démontre pareillement l'existence de la huitième sphère par le mouvement des étoiles fixes ; elle déduit enfin le nombre des sphères, pour chaque planète séparément, du nombre de ses déflexions (inégalités), et autres choses semblables. C'est au moyen de l'observation qu'on est parvenu à connaître les mouvements existants, leur nature et leurs espèces ; c'est ainsi que nous connaissons les mouvements d'en avant et d'en arrière [1], l'arrangement des sphères suivant leur ordre, les mouvements rétrogrades et directs, et autres choses de ce genre.

Les Grecs s'appliquèrent à l'observation avec beaucoup de zèle, et construisirent, dans ce but, des instruments devant servir à observer le mouvement d'un astre quelconque et appelés chez eux instruments aux cercles (sphères armillaires, dhat el-halac). L'art de les construire et les démonstrations relatives à la correspondance de leurs mouvements avec ceux de la sphère étaient bien connus chez eux. Les musulmans ne montrèrent pas beaucoup de zèle pour les observations astronomiques [2]. On s'en occupait quelque peu dans le temps d'El-Mamoun, alors qu'on construisit l'instrument connu sous le nom de sphère armillaire (dhat el-halac) ; mais ce commencement n'eut aucune suite. Après

1 Le terme اقبال وادبار , que je rends ici par *mouvement en avant et en arrière,* a une autre signification plus précise : il était employé par les astronomes arabes pour désigner ce que nous appelons le *mouvement de la trépidation,* et, en ce cas, il doit se rendre par les mots : mouvement *d'accès et de recès.* Quelques astronomes, cités par Théon, ont pensé que le zodiaque avait un mouvement par lequel il s'avançait d'abord de dix degrés et rétrogradait ensuite de la même quantité, à raison d'un degré en quatre-vingts ans. « Ce système, introduit dans l'astronomie arabe par Thabet Ibn Corra, infecta les tables astronomiques jusqu'à Tycho, qui le premier sut les en débarrasser. » — (Delambre, *Hist. de l'astronomie du moyen âge*, p. 73, 81 et 82. Voy. aussi une lettre de Thabet, rapportée par Ibn Younos)

2 Cela est vrai jusqu'à un certain point ; les musulmans orthodoxes règlent le commencement du jeûne d'après l'apparition de la lune du mois de Ramadan ; aussi n'ont-ils pas besoin de calculs astronomiques pour fixer le moment précis de la nouvelle lune ; mais, chez les Fatemides, qui se servaient du calcul pour déterminer le commencement de ce mois, l'astronomie théorique et pratique était très cultivée.

la mort d'El-Mamoun, la pratique de l'observation cessa, sans laisser de traces de son existence ; on la négligea pour se fier aux observations anciennes. Mais celles-ci furent insuffisantes, parce que les mouvements célestes se modifient dans le cours des années. Au reste, la correspondance du mouvement de l'instrument, pendant l'observation, avec le mouvement des sphères et des astres, n'est qu'approximative et n'offre pas une exactitude parfaite. Or, lorsque l'intervalle de temps écoulé est considérable, l'erreur de cette approximation devient sensible et manifeste.

Bien que l'astronomie soit un noble art, elle ne fait pas connaître, comme on le croit ordinairement, la forme des cieux ni l'ordre des sphères tels qu'ils sont en réalité ; elle montre seulement que ces formes et ces configurations des sphères peuvent résulter de ces mouvements. Nous savons tous qu'une seule et même chose peut être le résultat nécessaire, soit d'une (cause), soit d'une autre tout à fait différente, et, lorsque nous disons que les mouvements (observés) sont une conséquence nécessaire (des configurations et des positions des sphères), nous concluons de l'effet l'existence de la cause [1], manière de raisonner qui ne saurait, en aucune façon, fournir une conséquence exacte et vraie. L'astronomie est cependant une science très importante et forme une des principales branches des mathématiques.

Un des meilleurs ouvrages qui aient été composés sur cette

1 Littéral. « Nous concluons du (résultat) nécessaire à (la cause) nécessitante. » Le terme لازم indique le *résultat nécessaire*, et le terme ملزوم signifie la *cause nécessitante*, ou *ce à quoi un résultat est nécessairement dû*. El-Djordjani dit dans son Tarîfat : Le terme *conjonction nécessaire et absolue* الملازمة المطلقة se dit de deux choses quand l'existence de l'une implique nécessairement l'existence de l'autre. La première de ces choses s'appelle *la nécessitante* ملزوم et la seconde la nécessitée لازم . Ainsi l'existence du jour est *conjointe nécessairement* au lever du soleil ; car le lever du soleil implique nécessairement l'existence du jour. Le lever du soleil est la nécessitante (la cause) et l'existence du jour la nécessitée (l'effet). » Nous lisons dans le *Dictionary of technical terms* : « اللزوم et الملازمة et التلازم et الاستلزام signifient qu'un certain jugement (ou proposition) entraîne nécessairement un autre jugement ; c'est-à-dire, qu'au moment où *l'exigeant* مقتضى a lieu, *l'exigé* مقتضى doit avoir lieu aussi. Tels sont, par exemple, *le soleil est levé* et *il fait jour*. En effet, l'énoncé du premier jugement implique nécessairement le second. La première proposition, qui est *l'exigeante*, s'appelle الملزوم (*nécessitante*) ; et la seconde, ou *exigée*, se nomme لازم (*nécessitée*). Dans certains cas, chacune des deux propositions peut être en même temps *nécessitante* et *nécessitée*. »

science est l'Almageste (El-Medjisti), que l'on attribue à Ptolémée. Cet auteur n'est pas un des rois grecs du même nom ; cela a été établi par les commentateurs de son ouvrage. Les savants les plus distingués de l'islamisme en ont fait des abrégés. C'est ainsi qu'Ibn Sîna (Avicenne) en inséra un dans la partie mathématique de son Chefa. Ibn Rochd (Averroès), un des grands savants de l'Espagne, en a donné un résumé, et pareillement Ibn es-Semh. Ibn es-Salt en a fait un compendium qu'il a intitulé El-Ictisar (l'abrégé). Ibn el-Ferghani [1] est l'auteur d'un résumé d'astronomie dans lequel il a rendu la science facile et accessible, en supprimant les démonstrations géométriques. Dieu enseigna aux hommes ce qu'ils ne savaient pas. (Coran, sour. XCVI, vers. 5.)

Les tables astronomiques.

L'art de construire des tables astronomiques forme une branche du calcul et se base sur des règles numériques. (Au moyen de ces tables) on détermine, pour chaque astre en particulier, la route dans laquelle il se meut, ainsi que ses accélérations, retardations, mouvements directs et rétrogrades, etc. tels qu'ils résultent, pour le lieu que l'astre occupe, des démonstrations de l'astronomie. Ces indications font connaître les positions des astres dans leurs sphères, pour un temps quelconque donné ; elles s'obtiennent par le calcul des mouvements des astres d'après les règles susdites, règles tirées des traités astronomiques. Cet art possède, en guise de préliminaires et d'éléments, des règles sur la connaissance des mois, des jours et des époques passées ; il possède, en outre, des éléments sûrs pour déterminer le périgée, l'apogée, les inégalités, les espèces des mouvements et les manières de les déduire les uns des autres. On dispose toutes ces quantités en colonnes arrangées de façon à en rendre l'usage facile aux élèves et appelées tables astronomiques (azïadj, pluriel de zîdj). Quant à la détermination même des positions des astres, pour un temps donné, au moyen de cet art, on l'appelle équation (tâdil) et rectification (tacouîm).

1 Ahmed Ibn Kethîr el-Ferghani, natif de Ferghana, ville de la Sogdiane, et auteur d'un abrégé d'astronomie dont le texte et la traduction ont été publiés par Golius en 1669, vivait sous le règne d'El-Mamoun. Il mourut l'an 215 (830). Dans une ancienne traduction du même traité, le nom de l'auteur est écrit *Alfragani.*

Les anciens, ainsi que les modernes, ont beaucoup écrit sur cet art, par exemple, El-Bettani [1], Ibn el-Kemmad [2] et autres. Les modernes, dans l'Occident, s'en rapportent, jusqu'à ce jour, aux tables attribuées à Ibn Ishac [3]. On prétend que celui-ci se fonda, pour la composition de ses tables, sur l'observation, et qu'il y avait en Sicile un juif très versé dans l'astronomie et les mathématiques qui s'occupait à faire des observations et qui communiquait à Ibn Ishac les résultats exacts qu'il obtenait, relativement aux mouvements des astres et à tout ce qui les concernait. Les savants de l'Occident ont fait beaucoup de cas de ces tables, à cause de la solidité des bases sur lesquelles elles sont fondées ; à ce qu'on prétend, Ibn el-Benna en fit un résumé dans un livre qu'il appela El-Minhadj (le grand chemin). Cet ouvrage fut très recherché à cause de la facilité qu'il donna aux opérations.

On a besoin des positions des astres pour fonder sur ces positions les prédictions de l'astrologie judiciaire. Cette science consiste dans la connaissance des influences que les astres, suivant leurs positions, exercent sur ce qui arrive dans le monde des hommes relativement aux religions et aux dynasties, sur les nativités humaines et sur les événements qui s'y produisent, ainsi que nous

1 Mohammed Ibn Djaber Ibn Sinan el-Bettani (natif de Bettan, lieu dans le voisinage de Harran, en Mésopotamie) et auteur d'un traité d'astronomie, mourut en 317 (929 de J. C.). Une traduction latine de ce traité parut en 1537. Les écrivains européens du moyen âge appelaient cet astronome *Albategnius.*

2 Variantes fournies par le Dictionnaire bibliographique de Haddji Khalifa et par le Dictionnaire biographique de Djemal ed-Dîn el-Kifti : *El-Hammad, El-Djerwad.* — Ce personnage, que l'on désignait aussi par le titre d'*observateur* ou *astronome tunisien,* se nommait *Abou 'l-Abbas Ahmed Ibn Ali et-Temîmi* et appartenait à la classe des jurisconsultes. Il dressa un corps de tables astronomiques d'après les observations d'Abou Ishac Ibn ez-Zercala (*Arzachel*). Dans cet ouvrage il cite, parmi d'autres dates, celle de 679 de l'hégire (1280-1281 de J. C.) ; d'où il faut conclure qu'il mourut postérieurement à cette époque.

3 « Il paraît qu'Ibn Khaldoun veut parler du célèbre astronome Arzachel. » (W.). Selon Haddji Khalifa, Arzachel se nommait *Abou Ishac Ibrahîm Ibn Yahya ibn ez-Zercala* الزرقالة *en-Naccach.* Il observait à Tolède, l'an 453 (1061 de J. C.) — (*Traité des instruments astronomiques des Arabes* par Abou 'l-Hacen Ali de Maroc, traduit par J. J. Sedillot père ; vol. I, p. 127, et le manuscrit arabe de la Bibliothèque impériale, ancien fonds, n° 1147, fol. 232.) Dans le Dictionnaire biographique d'El-Kifti, le nom de cet astronome est écrit الزرقيال (*Ez-Zerkîal*). Telle est aussi la leçon que donne l'exemplaire de ce dictionnaire biographique dont Casiri s'était servi. (Voy. *Bibliotheca arabico-hispana,* t. I, p. 393.) Abou 'l-Hacen l'écrit الزرقالة , ainsi que l'a fait Haddji Khalifa.

l'expliquerons dans la suite, en faisant connaître la nature des indications d'après lesquelles les astrologues se guident.

La logique.

La logique est un système de règles au moyen desquelles on discerne ce qui est bon d'avec ce qui est défectueux, tant dans les définitions employées pour faire connaître [1] ce que sont les choses [2], que dans les arguments qui conduisent à des propositions affirmatives (ou jugements). Expliquons cela : la faculté perceptive a pour objet les perceptions obtenues par les cinq sens ; elle est commune à tous les animaux tant irrationnels que doués de raison, et, ce qui fait la différence entre les hommes et les autres animaux, c'est la faculté d'apercevoir les universaux, idées qui s'obtiennent par le dépouillement (ou abstraction) de celles qui proviennent des sens. Voici (comment cela se fait) : l'imagination tire, des individus d'une même classe [3], une forme (ou idée) qui s'applique également à eux tous, c'est-à-dire un universel ; ensuite l'entendement compare cette catégorie d'individus avec une autre qui lui ressemble en quelques points et qui est composée aussi d'individus d'une même classe, et aperçoit ainsi une forme qui s'adapte à ces deux catégories, en ce qu'elles ont de commun. Il continue cette opération de dépouillement jusqu'à ce qu'il remonte à l'universel, qui ne s'accorde avec aucun autre universel, et qui est, par conséquent, unique.

Ainsi, par exemple, si l'on dépouille l'espèce humaine de la forme qui l'embrasse en entier, afin de pouvoir envisager l'homme comme un animal ; puis, si on enlève à ces deux classes d'êtres leur forme commune afin de pouvoir les [4] comparer avec les plantes [5], et que l'on poursuive ce dépouillement, on arrivera au genre le plus élevé (de la série), c'est-à-dire à la matière qui n'a rien de conforme avec

1 Pour المعروفة, lisez المعرفة avec les manuscrits C et D, l'édition de Boulac et la traduction turque.

2 Littéral. « pour faire connaître les *quiddités* ».

3 Littéral. « conformes ».

4 Je lis بينهما avec l'édition de Boulac.

5 Pour النبا, lisez النبات avec les manuscrits, l'édition de Boulac et la traduction turque.

aucun autre universel. L'intelligence, ayant poussé jusqu'à ce point, suspend l'opération de dépouillement.

Disons ensuite que Dieu a créé la réflexion dans l'homme afin que celui-ci ait la faculté d'acquérir des connaissances et d'apprendre les arts. Or les connaissances consistent, soit en concepts (ou simples idées), soit en affirmations (ou propositions). Le concept, c'est la perception des formes des choses (littéralement : des formes des quiddités), perception simple qui n'est accompagnée d'aucun jugement. L'affirmation, c'est, l'acte par lequel on affirme une chose d'une autre. Aussi, quand la réflexion essaye d'obtenir les connaissances qu'elle recherche, ses efforts se bornent à joindre un universel à un autre par la voie de la combinaison, afin d'en tirer une forme universelle qui soit commune à tous les individus qui sont du dehors, forme recueillie par l'entendement et faisant connaître la quiddité (ou nature) de ces individus, ou bien elle (la réflexion) juge d'une chose en la comparant avec une autre. Cette dernière opération s'appelle affirmation et revient en réalité à la première ; car, lorsqu'elle a lieu, elle procure la connaissance de la nature réelle des choses, ainsi que cela est exigé par la science qui s'occupe des jugements. Ce travail de l'entendement peut être bien ou mal dirigé ; aussi a-t-on besoin d'un moyen qui fasse distinguer la bonne voie de la mauvaise, de sorte que la réflexion prenne la bonne quand elle cherche à obtenir [1] des connaissances. Ce moyen se trouve dans le système de (règles qui se nomme) la logique.

Les anciens traitèrent d'abord ce sujet par pièces [2] et par morceaux, sans chercher à en régulariser les procédés et sans essayer de réunir ni les questions qu'il traite ni les parties dont il se compose. Ce travail ne se fit qu'à l'époque où Aristote parut chez les Grecs. Ce philosophe l'accomplit et plaça la logique en tête des sciences philosophiques, afin qu'elle leur servît d'introduction. Elle s'appela, pour cette raison, la science première. L'ouvrage qu'Aristote lui consacra s'intitule Kitab el-Fass (le joyau) [3] ; il se compose de huit

1 Les manuscrits C et D, l'édition de Boulac et la traduction turque nous autorisent à remplacer تصحيح par تحصيل .

2 Je suis de l'avis du traducteur turc ; il a rendu les mots جملا جملا par پارچة پارچة « pièce par pièce ».

3 Ce titre n'est pas indiqué dans le Dictionnaire bibliographique de Haddji Khalifa. On verra plus loin qu'il servait à désigner une collection de traités d'Aristote dans laquelle on avait fait entrer tout l'*Organon* et l'*Isagoge* de Porphyre.

livres, dont quatre ont pour sujet la forme (ou théorie) et cinq [1] la matière (ou application) du syllogisme.

Pour comprendre cela, il faut savoir que les jugements qu'on cherche à se former sont de plusieurs espèces [2] : les uns sont certains, par leur nature, et les autres sont des opinions plus ou moins probables. On peut donc envisager le syllogisme (sous deux points de vue : d'abord) dans ses rapports avec le problème dont il doit donner la solution, et alors on examine quelles sont les prémisses qu'il doit avoir dans ce cas, et voir si la réponse qu'on cherche appartient à la catégorie de la science ou à celle de la spéculation ; ou bien on le considère, non pas dans les rapports qu'il peut avoir avec [3] un certain problème, mais dans le mode de formation qui lui est particulier. Dans le premier cas, on dit du syllogisme qu'il s'envisage sous le point de vue de la matière, c'est-à-dire de la matière qui donne naissance au résultat qu'on cherche, résultat qui peut être, soit une certitude, soit une opinion. Dans le second cas, on dit que le syllogisme s'envisage sous le point de vue de la forme et sous celui de la manière de sa construction en général.

Voilà pourquoi les livres de la logique (l'Organon) sont huit en nombre. Le premier traite des genres supérieurs, genres au-dessus desquels il n'y en a point d'autre, et que l'on parvient à connaître en écartant les (formes des) choses sensibles qui se trouvent dans l'entendement. Ce livre a pour titre Kitab el-Macoulat (le livre des prédicaments ou catégories). Le second a pour sujet les jugements affirmés et leurs espèces. Il se nomme Kitab el-Eïbara (livre de l'expression, hermeneia). Le troisième traite du syllogisme (kïas) en général et du mode de sa formation. Il s'appelle Kitab el-Kïas (livre de l'analogie ou premiers analytiques). Il est le dernier de ceux dans lesquels la logique s'envisage quant à sa forme. Le quatrième est le Kitab el-Borhan (livre de la démonstration, les derniers analytiques). Il traite du syllogisme qui produit la certitude,

1 L'auteur aurait dû écrire *quatre,* mais il a tenu compte de l'*Isagoge.* C'est probablement par mégarde qu'il a compté huit livres seulement dans le *kitab el-Fass ;* d'après ses propres indications, il y en avait neuf.

2 Il me semble que l'auteur aurait dû écrire *de deux espèces.*

3 Il faut insérer, entre les mots الاعتبار et مطلوب, le passage suivant :

ومن اى
جنس يكون من العلم او من الظن وقد
ينظر ى القياس لا باعتبار

montre pourquoi les prémisses du syllogisme doivent être des vérités certaines, et fait connaître d'une manière spéciale les autres conditions dont l'observance est de rigueur quand on veut arriver à la certitude. Ces conditions y sont nettement indiquées : ainsi, par exemple, les prémisses doivent être (des vérités) essentielles et premières. Dans ce même livre, il est question des connaissances et des définitions. Selon les anciens (philosophes), ces matières y ont été traitées spécialement parce qu'elles (les prémisses) s'emploient pour obtenir la certitude, et cela dépend de la conformité de la définition avec la chose définie, conformité qu'aucune autre condition ne saurait remplacer. Le cinquième livre s'intitule Kitab el-Djedl (livre de la controverse, les topiques). Il indique le genre de raisonnement qui sert à détruire les propositions captieuses, à réduire au silence l'adversaire et à faire connaître les arguments probables dont on peut faire usage. Pour mener à ce but, le même livre spécifie quelques autres conditions indispensables. Il indique aussi les lieux d'où celui qui s'engage dans une discussion doit tirer ses arguments, en désignant le lien qui réunit les deux extrêmes du problème qu'il s'agit de résoudre, lien qui s'appelle le terme moyen. On trouve dans ce même traité ce qui regarde la conversion des propositions. Le sixième livre est intitulé Kitab es-Sofista (livre du sophisme, réfutation des sophistes). Le sophisme est l'argument dont on se sert pour démontrer ce qui est contraire à la vérité et pour tromper son adversaire ; il est mauvais quant à son but et à son objet, et, si on l'a pris pour le sujet d'un traité, cela a été uniquement pour faire voir ce que c'est que le raisonnement sophistique et pour empêcher l'auditeur de donner dans ce piège. Le septième livre est le Kitab el-Khatâba (livre de l'allocution, la rhétorique). Il indique le (genre de) raisonnement que l'on doit employer dans le but de passionner son auditoire et de l'entraîner à faire ce qu'on veut obtenir de lui. Il fait aussi connaître les formes du discours qu'il faut lui tenir pour cet objet. Le huitième livre est le Kitab es-Chïar (livre de la poésie, la poétique). Il montre le procédé analogique qui fait trouver des comparaisons et des similitudes servant, d'une manière spéciale, à porter les hommes vers une chose ou à les en éloigner ; il indique aussi les raisonnements qui s'y emploient et qui se tirent de l'imagination. Voilà les huit livres de logique reconnus par les anciens.

Plus tard, quand on eut ramené cet art à un système régulier et bien ordonné, les philosophes [1] d'entre les Grecs sentirent la nécessité d'un ouvrage traitant des universaux, au moyen desquels on acquiert la connaissance des formes qui correspondent aux choses (littéral. « aux quiddités ») du dehors, ou bien aux parties de ces choses, ou bien à leurs accidents. Il y a cinq universaux : le genre, l'espèce, la différence [2], la propriété et l'accident général. Pour réparer cette omission, ils composèrent (c'est-à-dire Porphyre composa) un traité spécial qui devait servir d'introduction à cette branche de science. Ce fut ainsi que le nombre des livres (qui forment l'Organon) se trouva porté à neuf. On les traduisit (en arabe) quand l'islamisme était déjà établi, et les philosophes musulmans entreprirent d'en faire des commentaires et des abrégés. C'est ce que firent El-Farâbi, Ibn Sîna (Avicenne) et, plus tard, Ibn Rochd (Averroès), philosophe espagnol. Le Kitab es-Chefa d'Ibn Sîna renferme l'exposition complète des sept sciences philosophiques [3].

Les savants d'une époque plus moderne changèrent le système conventionnel de la logique, en ajoutant à la partie qui renferme l'exposition des cinq universaux les fruits qui en dérivent, c'est-à-dire le traité sur les définitions et les descriptions [4], traité qu'ils détachèrent du Livre de la Démonstration. Ils supprimèrent le Livre des Prédicaments pour la raison que ce traité n'est pas spécialement consacré aux problèmes de la logique et qu'il ne les aborde que par hasard. Ils insérèrent dans le Livre de l'Expression le traité de la conversion des propositions, bien que, chez les anciens, il fît partie du Livre de la Controverse. Cela eut lieu pour la raison que ce traité est, à quelques égards, une suite du livre qui a pour sujet les jugements. Ensuite ils envisagèrent le syllogisme sous un point de vue général, comme moyen (pratique) d'obtenir la

---

1 Pour الحكماء , lisez حكماء .

2 Je lis والنوع و الفصل avec le manuscrit C et la traduction turque et tous les traités de logique.

3 Notre auteur a déjà indiqué quelles étaient les sept sciences philosophiques.

4 Selon les logiciens arabes, on désigne une chose par le genre et la différence les plus proches, ou par la différence la plus proche, soit seule, soit jointe au genre le plus éloigné, ou par le genre le plus proche joint à une propriété, ou par une propriété, soit seule, soit jointe à un genre éloigné. La définition تعريف de la première classe s'appelle *définition parfaite* الحد التام ; celle de la deuxième classe, *définition imparfaite* الحد الناقص ; celle de la troisième classe, *description parfaite* الرسم التام , et celle de la quatrième classe, الرسم الناقص *description imparfaite.*

solution des problèmes, et abandonnèrent l'usage de le considérer quant à sa matière (c'est-à-dire comme une simple théorie). Aussi laissèrent-ils de côté cinq livres : ceux de la Démonstration, de la Controverse, de l'Allocution, de la Poétique et du Sophisme. Quelques-uns d'entre eux ont pris connaissance de ces livres, mais d'une manière très superficielle ; (et nous pouvons dire qu'en général) ils les ont négligés au point qu'ils semblent en avoir ignoré l'existence. Ces traités forment cependant une partie importante et fondamentale de la logique.

Plus tard, (les docteurs) commencèrent à discourir très longuement sur les ouvrages de cette classe, et, dans leurs dissertations prolixes et diffuses, ils envisagèrent cet art, non pas comme l'instrument au moyen duquel on obtient des connaissances, mais comme une science sui generis. Le premier qui entra dans cette voie fut Fakhr ed-Dîn Ibn el-Khatîb ; le docteur Afdal ed-Dîn el-Khouendji [1] suivit son exemple dans plusieurs écrits qui font aujourd'hui autorité chez les Orientaux. Son Kechf el-Asrar (secrets dévoilés) est un ouvrage très étendu, et son abrégé du Moudjez (ou compendium de la logique d'Avicenne) est bon comme livre d'enseignement. Son abrégé du Djomel [2], remplissant quatre feuillets et embrassant le système entier de la logique et les principes de cet art, continue jusqu'à nos jours à servir de manuel aux étudiants et à leur être d'un grand secours. L'étude des livres des anciens et de leurs méthodes fut alors abandonnée ; ce fut comme si ces ouvrages n'avaient jamais existé, et cependant ils renfermaient tous les fruits et toutes les connaissances utiles que la logique peut fournir. C'est là une remarque que nous avons faite plus haut. Au reste, Dieu dirige vers la vérité.

Les anciens musulmans [3] et les premiers docteurs scolastiques

1 Abou Abd Allah Mohammed Ibn Namaouar el-Khouendji, docteur chaféite et grand cadi d'Égypte, remplit les fonctions de professeur au collège Salehiya, et composa plusieurs ouvrages sur la logique. Il mourut en 642 (1245 de J. C.) ou en 649, selon Haddji Khalifa.

2 Je suis porté, à croire qu'il faut lire dans le texte arabe مختصره à la place de مختصر et traduire : « Son abrégé, le *Djomel.* » (Voy. le Dictionnaire bibliographique de Haddji Khalifa, tome II, p. 623 et tome VI, p. 399).

3 Ce paragraphe et les paragraphes suivants portent en tête le mot فصل *section,* tant dans le manuscrit A que dans la traduction turque, et sont précédés par le mot فايدة *renseignement utile,* dans le manuscrit C. Ils ne sont pas dans l'édition de Boulac.

désapprouvèrent hautement l'étude de la logique et la condamnèrent avec une sévérité extrême ; ils la prohibèrent comme dangereuse et défendirent à qui que ce fût d'apprendre cet art ou de l'enseigner. Mais leurs successeurs, à partir d'El-Ghazzali et de l'imam Ibn el-Khatîb, se relâchèrent un peu de cette rigueur, et dès lors on s'y appliqua avec ardeur. Un petit nombre de docteurs continue toutefois à pencher vers l'opinion des anciens, à montrer de la répugnance pour la logique et à la repousser de la manière la plus formelle. Nous allons exposer les motifs qui portaient les uns à favoriser cette étude, et les autres à la désapprouver, et nous ferons ainsi connaître les résultats auxquels ont abouti les doctrines professées par les savants (des deux classes).

Les théologiens qui inventèrent la scolastique, ayant eu pour but de défendre les dogmes de la foi par l'emploi de preuves intellectuelles, adoptèrent pour bases de leur méthode un certain nombre d'arguments d'un caractère tout particulier, et les consignèrent dans leurs livres. Ainsi, pour démontrer la nouveauté (ou non-éternité, a parte ante) du monde, ils alarmèrent l'existence des accidents et leur nouveauté ; ils déclarèrent qu'aucun corps n'en était dépourvu, et en tirèrent cette conséquence, savoir, que ce qui n'est pas dépourvu de nouveautés (ou d'accidents non-éternels) est lui-même nouveau (non-éternel). Ils mirent en avant l'argument de l'empêchement mutuel pour démontrer l'unité de Dieu ; ils se servirent des quatre liens qui attachent l'absent au présent [1] pour démontrer l'éternité des attributs.

Leurs livres renferment plusieurs autres arguments de cette na-

---

1 Les Acharites enseignaient que Dieu était savant au moyen d'un savoir, puissant au moyen d'une puissance et voulant au moyen d'une volonté qui lui étaient propres. Les anciens docteurs de cette école employaient, pour démontrer ce principe, plusieurs arguments dont l'un était de juger de ce qui était *absent* ou invisible, par ce qui était *présent,* ou visible. Ils disaient, selon l'auteur du *Mewakef,* édition de Leipsick, p. ٣١, que la cause, la définition et la condition du *présent* s'appliquent sans différence aucune à l'*absent ;* car il est certain que la cause qui rend savant un être *présent,* c'est le savoir, et qu'il en est de même pour l'être *absent ;* que la définition qui constate qu'un être est savant s'applique également à l'être *présent* et à l'être *absent,* et que la condition qui assure la certitude de l'origine d'un homme *présent,* c'est la certitude de la racine d'où il sort, et cela est également vrai pour l'homme qui est absent. — Nous avons ici, il me semble, trois des *liens* dont parle Ibn Khaldoun ; quant au quatrième, je ne l'ai pas trouvé.

ture. Voulant ensuite appuyer leurs raisonnements sur une base solide, ils dressèrent un système de principes qui devait leur servir de fondement et d'introduction. Ils affirmèrent, par exemple, la réalité de la substance simple (des atomes), l'instantanéité du temps (c'est-à-dire que les temps se composent d'une série d'instants), et l'existence du vide [1]. Ils rejetèrent (l'opinion que) la nature (formait une loi immuable) et (celle de) la liaison intelligible des quiddités entre elles (niant ainsi la causalité). Ils déclarèrent que l'accident ne dure pas deux instants de temps (mais qu'il est créé de nouveau à chaque instant par la puissance toujours active de Dieu), et enseignaient que l'état, envisagé comme une qualité propre à tout ce qui existe, n'est ni existant ni non existant [2]. C'était sur ces principes et sur quelques autres qu'ils fondaient les arguments spéciaux dont ils se servaient.

Cette doctrine était déjà établie quand le cheïkh Abou 'l-Hacen (el-Achari) et le cadi Abou Bekr (el-Bakillani) et l'ostad (ou maître) Abou Ishac (el-Isferaïni) enseignèrent que les arguments servant à prouver les dogmes étaient inverses (rétroactifs), c'est-à-dire que, si on les déclarait nuls, on admettait la nullité de ce qu'ils devaient démontrer. Aussi le cadi Abou Bekr regarda-t-il ces arguments comme tout aussi sacrés que les dogmes mêmes, et déclara-t-il qu'en les attaquant on attaquait les dogmes dont ils formaient la

---

1 Voyez le *Guide des Égarés* de Maïmonide, édition de M. Munk, vol. I, p. 376 et suiv.

2 Le terme *états* s'employait par certains Motazelites et par quelques docteurs de l'école acharite pour désigner les universaux. « Ces docteurs admettaient, sinon comme êtres réels, du moins comme êtres *possibles* ou *en puissance,* certains types universels des choses créées. Ces types offrent quelque analogie avec les idées de Platon ; mais les docteurs musulmans, ne pouvant admettre l'existence d'êtres réels entre le Créateur et les individus créés, leur attribuent une condition intermédiaire entre la réalité et la non-réalité. Cet état *possible,* mais qu'il faut bien se garder de confondre avec la *hylé* d'Aristote, est désigné par le mot *hal,* qui signifie *condition, état* ou *circonstance.* Ils appliquaient aussi leur théorie aux attributs divins en général, en disant que ces attributs ne sont ni l'essence de Dieu, ni quelque chose en dehors de son essence : ce sont des *conditions* ou des *états* qu'on ne reconnaît qu'avec l'essence qu'ils servent à qualifier, mais qui, considérés en eux-mêmes, ne sont ni existants ni non existants et dont on ne peut dire qu'on les connaît ni qu'on les ignore. » — (*Mélanges de philosophie juive et arabe* par M. Munk, p. 327. Voy. aussi le *Guide des Égarés*, vol. I, p. 375 et suiv.) La définition qu'ils donnent des universaux et qu'Ibn Khaldoun reproduit ici est longuement expliquée dans le *Dictionary of technical terms*, p. ٩٥٣.

base.

Si nous examinons, toutefois, la logique, nous voyons que cet art roule entièrement sur le principe de la liaison intelligible (c'est-à-dire que l'intelligence aperçoit d'une manière évidente qu'il y a liaison réelle entre la cause et l'effet) et sur celui de la réalité de l'universel naturel du dehors (les universaux objectifs), auquel doit correspondre l'universel (subjectif) qui est dans l'entendement et qui se partage en cinq parties bien connues, savoir : le genre, l'espèce, la différence, la propriété et l'accident général. Mais les théologiens scolastiques regardaient cela comme faux et enseignaient que l'universel et l'essentiel étaient de simples concepts [1], n'ayant rien qui leur correspondît en dehors de l'entendement ; ou bien, disaient-ils, ce sont des états. La dernière opinion était, celle des scolastiques qui admettaient la doctrine des états. De cette manière se trouvaient anéantis les cinq universaux, les définitions dont ils sont les bases, les dix catégories et l'accident essentiel. Cela entraînait la nullité des propositions nécessaires et essentielles (les axiomes ou premiers principes), celles dont les caractères sont spécifiés, selon les logiciens, dans le Livre de la Démonstration (les derniers analytiques). La cause intelligible [2] disparaissait aussi, ce qui ôtait toute valeur au Livre de la Démonstration et amenait la disparition des lieux qui forment le sujet principal du Livre de la Controverse (les topiques), et dans lesquels on cherche le moyen qui sert à réunir les deux extrêmes du syllogisme. Ainsi rien ne restait (de la logique), excepté le syllogisme formel (l'enthymème). D'entre les définitions (disparut) celle qui est également vraie pour tous les individus de la (catégorie) définie ; définition qui, n'étant ni trop générale ni trop restreinte, n'admet pas des individus étrangers à cette catégorie et n'en exclut aucune qui y appartienne. C'est la définition que les grammairiens appellent réunion et empêchement, et que les scolastiques désignent par le terme généralisation et conversion [3]. De cette façon on renversait toutes

1 Littéral. « des considérations de l'entendement ».

2 La cause intelligible est celle dont une chose a besoin pour exister.

3 Notre auteur n'a pas rapporté exactement ces termes techniques qui, du reste, sont employés également par les logiciens et par les grammairiens. Le terme *généralisation et empêchement* indique que ce qui est affirmé par la définition doit être identique avec ce que la chose définie donne à entendre, et le terme *réunion* et *conversion* signifie que ce qui est vrai de la chose définie doit être également vrai de la définition de cette chose. Dans le premier cas, c'est l'accord

les colonnes de la logique.

Si (au contraire) nous admettons ces principes avec les logiciens, nous anéantissons une grande partie des principes que les scolastiques adoptèrent pour servir d'introduction à leurs doctrines, et cela amènerait nécessairement la ruine des preuves [1] au moyen desquelles ils cherchèrent à démontrer la vérité des dogmes, ainsi que nous l'avons déjà dit. Aussi, les anciens scolastiques condamnèrent-ils absolument l'étude de la logique et déclarèrent que l'emploi de cet art était, soit une hérésie, soit un acte d'infidélité, selon le genre de preuve que l'on détruisait par son moyen.

Les scolastiques plus modernes, à partir d'El-Ghazzali, (changèrent d'opinion) ; ayant consenti à reconnaître que les preuves des dogmes n'étaient pas inverses, et que la nullité de la preuve n'entraînait pas celle de la chose prouvée, s'étant aussi convaincus que les logiciens avaient raison en ce qui regarde la liaison intelligible, l'existence des catégories [2] naturelles et l'existence des universaux en dehors de l'entendement, ils déclarèrent que la logique n'était pas contraire aux dogmes de l'islamisme, bien qu'elle n'admît pas certaines preuves qui avaient servi à démontrer ces dogmes. Ils allèrent même plus loin, et trouvèrent des arguments pour détruire un grand nombre des principes, qui formaient la base de la scolastique (ancienne). Aussi finirent-ils par nier l'existence de la substance simple (les atomes) et du vide, et par admettre la durée de l'accident, etc. Pour remplacer les principes qu'on avait employés (jusqu'alors) dans le but de prouver la vérité des dogmes, ils en adoptèrent d'autres dont ils avaient reconnu l'exactitude par la spéculation et par le raisonnement. Ils déclarèrent même qu'en faisant ainsi ils ne portaient aucune atteinte aux dogmes orthodoxes. El-Ghazzali professait la nouvelle doctrine, et ses disciples, jusqu'à nos jours, ne l'ont pas abandonnée.

Quand le lecteur aura considéré ce que nous venons d'exposer, il pourra distinguer à quelles sources les hommes savants (dans cette

---

de la définition avec la chose définie, et dans le second, c'est l'accord de la chose définie avec sa définition. — En attribuant au verbe طرد le sens de *généraliser*, je suis l'autorité du commentateur des *Séances de Hariri*, p. ٥٤٣ l. 8 et 10 de l'édition de M. de Sacy. Ibn Khaldoun l'emploie aussi dans ce sens ; voy. *Prolégomènes*, texte arabe, t. I, p. 354, l. 3.

1 Pour ادلتم , lisez ادلتهم .

2 Littéral. « des quiddités ».

partie) ont puisé leurs doctrines et de quels lieux ils les ont tirées. Dieu est le guide dont le concours mène à la vérité.

La physique.

La physique est une science qui a pour objet le corps en tant qu'il éprouve du mouvement et du repos. Elle examine les corps célestes, les corps élémentaires et leurs produits, tels que l'homme, l'animal (irrationnel), le végétal, le minéral, ce qui se produit dans le sol en fait de sources et de tremblements de terre, ce qui a lieu dans le ciel en fait de nuages, de vapeurs, de tonnerre, d'éclairs et d'ouragans, etc. Elle s'emploie aussi pour faire reconnaître l'agent qui donne le mouvement aux corps, agent identique avec l'âme dans ses diverses espèces, savoir : l'âme humaine, l'âme animale et l'âme végétale.

Les livres composés sur cette matière par Aristote se trouvent entre les mains du public, ayant été traduits (en arabe) sous le règne d'El-Mamoun et à la même époque que les autres traités sur les sciences philosophiques (des Grecs). (Les musulmans) composèrent ensuite des livres sur le même plan, [à l'aide d'éclaircissements et d'explications (qu'ils avaient recueillis)] [1], et celui d'entre eux qui traita ce sujet de la manière la plus complète fut Ibn Sîna (Avicenne). Nous avons dit qu'il avait réuni, dans son Kitab es-Chefa, les sept sciences philosophiques. Il dressa ensuite (deux) sommaires du même ouvrage, l'un intitulé Kitab en-Nedja, et l'autre Kitab el-Icharat (livre des indications). Il paraît y avoir eu pour but de combattre la plupart des doctrines émises par Aristote et de faire valoir ses propres opinions. Ibn Rochd (Averroès, suivit une autre marche ; il) abrégea les traités d'Aristote et les commenta sans se mettre en opposition avec lui. On composa ensuite beaucoup d'ouvrages sur ce sujet ; mais ceux dont nous venons de parler sont jusqu'à présent les mieux connus et les plus estimés. En Orient, on étudie surtout le Kitab el-Icharat d'Ibn Sîna, traité sur lequel l'imam Ibn el-Khatîb a composé un bon commentaire. Nous avons d'autres commentaires sur le même ouvrage, dont l'un a pour auteur El-Amedi, et l'autre Nasîr ed-Dîn

1 Ce passage manque dans les manuscrits C et D et dans l'édition de Boulac.

et-Tousi surnommé El-Khodja et natif d'Irac. Cet auteur eut des discussions avec l'imam sur plusieurs questions qui se présentaient (dans l'Icharat) et l'emporta sur son adversaire par l'ampleur de ses vues et la profondeur de ses investigations.

La médecine.

Cette science a pour objet le corps humain, sous le point de vue de la maladie et de la santé. Ceux qui la cultivent ont pour but de préserver la santé et de guérir les maladies au moyen de remèdes et d'aliments ; mais ils doivent connaître auparavant les maladies particulières à chaque membre du corps, les causes de ces maladies et les remèdes qu'il convient d'employer pour chacune d'elles. Pour juger d'un remède, il faut en connaître le tempérament et les vertus ; pour connaître une maladie, il faut en juger d'après les indices offerts par la couleur de la peau, par la surabondance des humeurs et par le battement du pouls, symptômes qui font reconnaître que la maladie est arrivée à sa maturité et qu'elle est susceptible ou non susceptible d'un traitement thérapeutique. Dans le traitement qu'on emploie alors [1], on tâche de seconder les forces de la nature ; car la nature préside aux deux états, celui de la santé et celui de la maladie ; aussi le médecin doit-il l'imiter et la seconder autant qu'il le faut [2], en ayant égard à la nature de la maladie qu'il doit traiter, à la saison (de l'année) et à l'âge (du malade).

La science qui embrasse tout cela s'appelle la médecine. On a cependant composé des traités concernant les (maladies spéciales à certains) organes du corps, et fait ainsi, pour chaque organe, une science à part. Cela est arrivé pour l'œil, pour ses maladies et pour les collyres. On a ajouté à cette science la connaissance des fonctions des membres, c'est-à-dire du but pour lequel chaque membre du corps a été formé [3]. Bien que ces connaissances soient en dehors de l'objet de la médecine, on les a regardées comme formant un complément et une suite de cette science.

[Galien a composé sur cette matière un ouvrage très important

1 Pour بذلك , lisez لذلك avec les manuscrits C et D et l'édition de Boulac.

2 Littéral. « à un certain degré ».

3 Les manuscrits C et D et l'édition de Boulac portent التى لاجله خلق ; cette leçon me paraît plus correcte, mais elle ne change rien au sens de la phrase

et très instructif [1]] ; ce grand maître de l'art laissa des livres sur la médecine qui ont été traduits (en arabe). Il fut contemporain, dit-on, de Jésus, sur lequel soit le salut [2] ! et mourut en Sicile, pendant qu'il parcourait le monde, après avoir quitté volontairement son pays natal. Ses écrits sur la médecine ont servi de manuel à tous les médecins venus après lui. Il y eut, parmi les musulmans, des médecins d'un talent hors ligne, tels qu'Er-Razi [3], El-Madjouci [4], Ibn Sîna (Avicenne) et autres. L'Espagne a produit un grand nombre de médecins, dont le plus illustre fut Ibn Zohr [5]. De nos jours, la médecine a beaucoup décliné dans les villes musulmanes, ce qui paraît avoir eu pour cause le déclin de la civilisation ; car c'est un art produit par les exigences du luxe et de la vie sédentaire.

Section. Les peuples nomades pratiquent une espèce de médecine fondée ordinairement sur une expérience très limitée et sur (l'observation d') un petit nombre de cas particuliers. Ces connaissances, qui leur sont venues comme un héritage de la part des anciens de la tribu et des vieilles femmes, peuvent être vraies jusqu'à un certain point, mais elles ne forment pas un système (régulier et) naturel, puisqu'elles ne dérivent pas de principes conformes au tempérament de l'homme. Les anciens Arabes possédaient beaucoup de ces notions médicales et avaient parmi eux plusieurs médecins célèbres, tels qu'El-Hareth Ibn Kileda [6] et autres.

Les prescriptions médicales qui se rencontrent dans les recueils de traditions relatives au Prophète rentrent dans cette catégorie (incomplète) et ne font nullement partie de la révélation divine ; elles appartiennent à cette classe de connaissances ordinaires qui ont toujours eu cours chez les Arabes. On trouve dans les traditions plusieurs traits concernant le Prophète et qui correspondent à ses habitudes et à sa constitution naturelle ; mais on ne nous les offre pas comme des règles auxquelles nous soyons tenus de nous

1 Ce passage est omis dans l'édition de Boulac et les manuscrits C et D.

2 On sait que Galien naquit vers l'an 131 de l'ère chrétienne.

3 Fakhr ed-Dîn er-Razi est le *Rasis* ou *Rhases* des anciens traducteurs européens.

4 Ce nom m'est inconnu.

5 Abou Merouan Abd el-Melek Ibn Zohr (Aven-Zohar mourut à Séville) en 557 (1161-1162 de J. C.). Il y avait six autres médecins de la même famille et portant tous le surnom d'*Ibn Zohr*.

6 Ibn Kileda, de la tribu de Thakîf, étudia la médecine en Perse et mourut à Médine, A. H. 13 (634 de J. C.).

conformer. Le Prophète eut pour mission de nous faire connaître les prescriptions de la loi divine et non pas de nous enseigner la médecine et les pratiques de la vie usuelle. On sait ce qui lui arriva quand il s'agissait de féconder des dattiers [1], et qu'il dit (à cette occasion) : « Vous savez mieux que moi ce qui se rattache à vos intérêts mondains. » On n'est donc pas obligé de croire que les prescriptions médicales rapportées dans les traditions authentiques nous aient été transmises comme des règles qu'il fallait observer ; rien dans ces traditions n'indique que cela soit ainsi. Il est vrai que si l'on veut employer ces remèdes dans le but de mériter la bénédiction divine, et qu'on les prenne avec une foi sincère [2], on pourra en retirer un grand bénéfice ; mais ils ne font pas partie de la médecine proprement dite [3] ; ils sont tout au plus des indications qui attestent la vérité de la parole (du Prophète). Considérez, par exemple, l'emploi du miel pour guérir le mal de ventre [4]. Dieu dirige vers la vérité.

L'agriculture.

L'agriculture, branche de la physique, est un art qui a pour objet les plantes, en tant qu'on peut employer des moyens pour les faire pousser et croître ; moyens qui consistent en arrosages, en soins assidus, en améliorations des terrains, [dans le choix des saisons convenables [5]] et dans l'application régulière des moyens qui les

---

1 Mohammed, ayant vu des Arabes poser des fleurs du dattier mâle sur les fleurs du dattier femelle afin de les féconder, défendit cette pratique et ordonna de laisser faire à Dieu. Cette année-là les arbres ne produisirent point de fruits, et Mohammed révoqua son ordre.

2 Je lis وبصدق avec le manuscrit D.

3 Littéral. « tempéramentale », c'est-à-dire fondée sur les tempéraments du corps.

4 Un Arabe vint dire à Mohammed que son frère souffrait d'un violent mal de ventre. « Qu'il avale du miel », lui répondit le Prophète. Quelques jours après le même Arabe vint lui annoncer que son frère allait plus mal. « Qu'il avale du miel », fut encore la réponse. L'Arabe revint le trouver une troisième fois, en déclarant que le ventre du malade était toujours dérangé et que le miel n'y faisait rien. « Son ventre en a menti, répliqua Mohammed, Dieu lui-même a dit (*Coran*, sour. XVI, vers. 71) : *Il y a dans lui* (le miel) *un remède pour les hommes.* Le miel fut encore administré, et le malade finit par guérir.

5 Littéral. « dans la bonté de la saison ». Ces mots sont omis dans les manuscrits C et D et dans l'édition de Boulac.

fassent prospérer et arriver à la perfection.

Les anciens s'appliquaient beaucoup à l'agriculture et étudiaient les plantes sous le point de vue le plus général ; ils s'occupaient de leur mise en terre, de leur multiplication, de leurs vertus, de leurs esprits (c'est-à-dire des esprits qui présidaient à leur croissance) et de la correspondance de ces (esprits) avec ceux des astres et de certains temples ; connaissances qui s'employaient dans l'art de la magie. Ce fut pour ce motif que les anciens attachaient une si grande importance à l'agriculture.

Le livre dont on attribue la composition aux savants du peuple nabatéen, celui qui a pour titre l'Agriculture nabatéenne et qui fut un des ouvrages des Grecs que l'on traduisit (en arabe), renferme une foule de renseignements (touchant ces matières) ; mais les musulmans en ayant pris connaissance, et sachant que la porte de la magie était fermée pour eux et que l'étude de cet art leur était défendue, se bornèrent à en accepter la partie qui traitait des plantes sous le point de vue de leur mise en terre, des soins qu'on doit leur donner et de ce qui se présente dans de pareils cas ; aussi rejetèrent-ils les passages qui traitaient de l'autre art (la magie). Ibn el-Aouwam [1] fit un abrégé de ce livre, en se conformant au plan (que les musulmans avaient adopté), et dès lors l'autre branche de cet art [2], (c'est-à-dire la magie) tomba dans l'oubli. Maslema en a cependant reproduit, dans ses écrits, les principaux problèmes, ainsi que nous l'indiquerons dans le chapitre où nous parlerons de la magie.

Les modernes ont composé beaucoup d'ouvrages sur l'agriculture, mais ils se sont bornés à parler de la mise en terre, du traitement des plantes, des moyens qu'il faut employer pour les garantir contre les maladies et les accidents qui nuisent à leur croissance, etc.

On trouve de ces livres partout.

La métaphysique (El-ilahiya).

1 Ibn el-Aouwam vivait dans le VIe siècle de l'hégire. Son traité d'agriculture (texte arabe et traduction espagnole), formant deux volumes in-folio, parut à Madrid, en 1802, par les soins de J. A. Banquieri. M. Clément Mullet vient de publier le premier volume d'une traduction française de cet ouvrage.

2 Le mot في est de trop.

Les personnes qui cultivent cette science disent qu'elle a pour objet l'existence (ou l'être) absolue. Elle traite d'abord de ce qui est commun aux êtres tant corporels que spirituels, c'est-à-dire des quiddités, de l'unité, de la pluralité, de la nécessité, de la possibilité, etc. puis elle examine les principes d'où dérivent les êtres, principes qui sont spirituels ; ensuite elle cherche comment les êtres émanent de ces principes et dans quel ordre ils se présentent. Après cela, elle s'occupe des circonstances dans lesquelles l'âme se trouve lorsqu'elle a quitté le corps et est retournée à son origine. A les entendre, c'est une noble science qui procure la connaissance de l'être tel qu'il est, ce qui, selon leur opinion, est la source de la félicité suprême. Plus loin, nous réfuterons ces opinions.

La métaphysique tient, dans l'ordre que ces personnes ont assigné aux sciences, une place qui suit immédiatement celle de la physique, et c'est pour cette raison qu'elles l'ont nommée (la science) qui vient après la physique. Les traités composés sur ce sujet par le premier instituteur (Aristote) se trouvent entre les mains du public. Ibn Sîna (Avicenne) en a donné un précis dans son ouvrage intitulé Kitab es-Chefa oua'n-Nedja [1] et Ibn Rochd (Averroès), un des grands philosophes espagnols, en a fait aussi un résumé [2].

Quelques auteurs plus modernes avaient composé des traités sur les sciences enseignées par ces (philosophes) quand El-Ghazzali réfuta leurs opinions, en même temps qu'il attaqua d'autres doctrines philosophiques.

Les scolastiques des derniers siècles mêlèrent les problèmes de la théologie scolastique avec ceux de la philosophie, parce que les mêmes questions se présentaient dans les deux sciences, que l'objet de la scolastique leur paraissait identique avec celui de la philosophie et que les problèmes de l'une ressemblaient à ceux de l'autre [3]. De cette manière, les deux sciences en formèrent pour ainsi dire une seule. Après avoir changé l'ordre adopté par les philosophes pour la disposition des problèmes de la physique et de la métaphysique, ils les mêlèrent ensemble de manière à en former un système unique. Ils y ajoutèrent une introduction traitant, en

1 J'ai déjà fait remarquer que notre auteur regarde le *Chefa* d'Avicenne et le *Nedjâ* comme un seul ouvrage. Je soupçonne qu'il ne les avait jamais vus ni l'un ni l'autre.

2 Bien plus, il a développé et commenté l'*Organon* d'Aristote.

3 Pour مسايله , lisez ومسايله , avec le manuscrit C et l'édition de Boulac.

premier lieu, des choses générales (des universaux), puis des êtres corporels et des choses qui en dérivent ; puis, des êtres spirituels et de ce qui s'y rattache, et continuèrent ainsi jusqu'à ce qu'ils eussent épuisé la matière. C'est ainsi que firent l'imam Ibn el-Khatîb dans ses Mebaheth el-Mochrikiya (investigations illuminatives [1]), et tous les grands docteurs de la scolastique venus après lui. Il en est résulté que les problèmes de la scolastique se trouvent confondus avec ceux de la philosophie et que les livres scolastiques sont tellement remplis de questions philosophiques qu'on serait porté à regarder les deux sciences comme identiques dans leurs objets et dans leurs problèmes.

Cette ressemblance n'est toutefois qu'apparente ; mais elle suffit pour tromper le public. En effet, les questions agitées par la scolastique consistent en dogmes puisés dans la loi révélée et (parvenus jusqu'à nous) tels que les anciens musulmans les avaient transmis. Les premiers croyants ne s'adressèrent pas à la raison pour acquérir la certitude de ces dogmes ; ils ne pensèrent pas que l'emploi du raisonnement fût nécessaire pour en prouver la vérité et qu'ils

1 Le mot rendu ici par *illuminative* est مشرقية . Je le regarde comme le participe actir du verbe اشرق (*illuminer*), dont le nom d'action اشراق (*ichrac*) a donné naissance au terme *ichrakiyoun,* lequel s'emploie pour désigner une certaine classe de philosophes. Le traducteur turc de ces *Prolégomènes* a une note sur ce sujet, dans laquelle il dit qu'il y a deux voies pour arriver à la connaissance du monde spirituel et de Dieu ; dans la première, on se sert de la spéculation et du raisonnement, et, dans la seconde, on a recours aux exercices spirituels et à la contemplation. « Il y a, dit-il, deux sectes qui suivent la seconde voie, celle des personnes qui tiennent compte de la loi révélée, c'est-à-dire, les Soufis, et celle des personnes qui ne s'attachent à aucune loi révélée, se bornant à suivre leurs propres inspirations dans le but d'obtenir les révélations et l'illumination, qui sont les fruits des exercices spirituels. On appelle ceux-ci *philosophes illuminés* et Platon en faisait partie. » Haddji Khalifa (t. III, p. 87 de son Dictionnaire bibliographique) parle aussi des deux voies qui mènent à la connaissance de la vérité et dit : « Ceux qui suivent la première voie sont sectateurs d'une loi révélée ou ne le sont pas ; les premiers sont ses scolastiques, et les seconds, les philosophes péripatéticiens. Ceux qui suivent la seconde voie se livrent à des exercices spirituels, fondés, soit sur les prescriptions de la loi divine, soit sur aucune loi. Les premiers sont les Soufis et les seconds les *illuminés.* » Nous lisons dans le *Dictionary of terms,* à l'article حكمة , que les illuminés (*ichrakiyoun*) reçurent ce nom parce que la pureté de leur intérieur fut *illuminée* par l'effet de leurs exercices spirituels. Feu le docteur Cureton a examiné cette question dans les notes et corrections du Catalogue des manuscrits de la Bibliothèque Bodleyenne (t. II, p. 532) et il conclut que l'expression الحكمة المشرقية signifie la *philosophie des illuminés* et ne doit pas se rendre par *philosophie orientale.*

devaient s'y fier comme à un appui indispensable. A leur avis, la raison n'avait rien à faire des dogmes ni des prévisions de la loi.

L'établissement des preuves (fondées sur la raison) fut adopté par les (premiers) scolastiques pour le sujet de leurs traités, mais il ne fut pas, comme chez les philosophes, une tentative pour arriver à la découverte de la vérité et pour obtenir, au moyen de la démonstration, la connaissance de ce qui était ignoré jusqu'alors. Les scolastiques recherchaient des preuves intellectuelles dans le but de confirmer la vérité des dogmes, de justifier les opinions des premiers musulmans et de repousser les doctrines trompeuses, que les novateurs avaient émises. Ceux-ci prétendaient[1] que, pour constater la vérité des dogmes, on n'avait besoin que de preuves fournies par la raison, et cela après avoir reconnu que la vérité de ces dogmes était déjà établie par des preuves tirées de la foi, preuves qui avaient porté les anciens musulmans à les accueillir et à y croire.

Il y a donc une grande différence entre les deux systèmes. En effet, les perceptions recueillies par le législateur inspiré appartiennent à une sphère si vaste qu'elles l'emportent de beaucoup sur celles que les spéculations de la raison peuvent nous fournir ; elles leur sont bien supérieures et les embrassent toutes, parce qu'elles se puisent dans les lumières de la divinité. Donc elles ne se laissent pas soumettre à une règle aussi étroite que celle de la spéculation, ni classer parmi les perceptions que tous les hommes peuvent obtenir. Aussi, quand le législateur nous a dirigés vers une perception (ou croyance), nous devons la préférer aux perceptions que nous avons recueillies nous-mêmes, et nous y fier à leur exclusion ; nous ne devons pas chercher à en démontrer la vérité au moyen de la raison ni (à la concilier avec la raison) quand celle-ci la repousse. Au contraire, nous devons croire avec une foi sincère à ce que le législateur nous a prescrit, admettre ses doctrines comme des connaissances certaines, nous abstenir de parler au sujet de dogmes que nous ne comprenons pas, nous en rapporter (pour leur vérité) au sentiment du législateur et mettre la raison de côté.

Ce qui porta les scolastiques à faire autrement, ce furent les nouveautés spéculatives, émises par des gens impies dans les discours qu'ils dirigeaient contre les croyances que nous tenons des premiers musulmans. Cela décida les scolastiques à les réfuter par des argu-

1 Pour يزعمون , lisez زعموا avec les manuscrits C et D et l'édition de Boulac.

ments de la même espèce que ceux qu'ils avaient employés ; aussi se trouvèrent-ils obligés de se servir de raisonnements tirés de la spéculation pour appuyer les croyances que les anciens nous ont transmises. Mais la scolastique n'a pas pour objet de rechercher la vérité ou la fausseté des problèmes qui appartiennent à la physique ou à la métaphysique ; de telles recherches ne sont pas de sa compétence. Quand on est bien convaincu de cela, on reconnaît clairement la différence qui existe entre la scolastique et la philosophie, bien que les modernes les aient confondues en une seule science, tant dans la théorie que dans leurs écrits. La vérité est que chacune d'elles diffère de l'autre par son objet et par les problèmes dont elle s'occupe. La confusion que nous venons de signaler provient de ce que (dans les deux sciences) les problèmes capables de démonstration sont les mêmes. L'esprit d'argumentation fut porté chez les scolastiques à un tel point qu'il semblait être un stimulant qui les poussait à chercher dans la raison les preuves de nos croyances. Mais ce n'est pas là le but de la scolastique ; elle ne doit servir qu'à réfuter les impies, car les doctrines dont elle s'occupe nous sont imposées par la loi comme vraies, et nous devons les reconnaître comme telles.

Il y avait dans les derniers siècles quelques Soufis à l'esprit exalté qui ne parlaient que de leurs extases et qui mêlaient les problèmes de la philosophie et de la scolastique à leurs propres doctrines de manière à en faire un seul système [1]. Voyez, par exemple, leurs discours sur le prophétisme, sur l'unification (de l'homme avec Dieu), sur l'établissement (de la divinité dans le corps de l'homme), sur l'identité (du monde avec Dieu), etc. Mais le fait est que chacune de ces sciences a son domaine spécial et distinct, Les notions fournies par le soufisme se prêtent encore plus difficilement que les autres à une classification scientifique. Cela tient à ce que les Soufis prétendent résoudre tous les problèmes au moyen de perceptions obtenues par eux dans le monde spirituel, et qu'ils évitent l'emploi de la démonstration. Mais on sait combien les inspirations de ce genre diffèrent des notions fournies par les sciences ; elles ne s'accordent avec celles-ci ni dans leurs tendances ni dans leurs résultats. Nous avons déjà exposé ce fait et nous y reviendrons plus loin. Dieu dirige vers la vérité.

1 Littéral. « un seul discours ».

La magie et la science des talismans.

Ces sciences consistent en la connaissance de la manière dont on fait certains préparatifs au moyen desquels l'âme humaine acquiert le pouvoir d'exercer des influences sur le monde des éléments, soit directement, soit à l'aide de choses célestes. Cela s'appelle, dans le premier cas, magie ; et dans le second, science talismanique. Comme ces genres de connaissances ont été condamnés par les lois des divers peuples à cause du mal qu'ils produisent et de la condition imposée à ceux qui les cultivent de diriger leur esprit vers un astre ou quelque autre objet plutôt que vers Dieu, les ouvrages qui en traitent sont extrêmement rares. Ce qui reste de ces sciences ne se trouve que dans les livres composés par les Nabatéens, les Chaldéens et autres peuples qui existaient avant la mission du prophète Moïse ; car les prophètes qui parurent avant lui ne promulguèrent pas de lois et n'apportèrent pas aux hommes des maximes de droit ; ils se bornèrent, dans leurs écrits, à faire des exhortations, à enseigner l'unité de Dieu et à parler du paradis et de l'enfer.

La magie et la talismanique existèrent chez les Assyriens et les Chaldéens qui habitèrent Babel, et chez les Coptes de l'Égypte. Ces peuples et d'autres encore possédaient des ouvrages qui en traitaient et laissèrent des monuments (qui s'y rapportent), mais un très petit nombre seulement de leurs écrits a été traduit (en arabe). Nous n'en possédons que le livre de l'Agriculture nabatéenne, rédigé par Ibn Ouahchiya d'après des traités composés par les gens de Babel. Ce fut à cette source qu'on puisa la connaissance de ces arts, et ce fut là qu'on les suivit dans leurs diverses ramifications. Plus tard on composa des ouvrages, sur cette matière, tels que les Volumes des sept astres, les livres de Tomtom l'Indien sur les Figures des degrés et des astres, etc. Ensuite parut en Orient Djaber Ibn Haïyan, le plus savant musulman qui ait étudié la magie. Il feuilleta les écrits composés par les gens du métier, obtint la connaissance de leur art, et, l'ayant bien approfondi, en tira la partie essentielle. On a de lui plusieurs ouvrages, dans lesquels il s'étend longuement sur la magie et même sur l'alchimie, parce que cet art est une branche de la magie. En effet, les corps dont se composent les espèces ne se laissent transmuer d'une forme en une autre que par des puissances psychiques ; l'art pratique n'y sert de rien. L'alchimie est donc une branche de la magie, ainsi que nous le ferons voir encore dans un chapitre spécial.

Après Djaber Ibn Haïyan parut Maslema Ibn Ahmed el-Madjrîti (de Madrid), le plus grand maître, en fait de mathématiques et d'opérations magiques, qui ait existé chez les musulmans espagnols. Il résuma le contenu de tous ces livres, en rédigea les principes dans un ordre systématique et réunit ensemble les divers procédés qu'ils renferment. De cette manière il forma le volume qu'il intitula Ghaïat el-Hakîm [1]. Personne après lui n'a écrit sur ces matières.

1 Ibn Khaldoun attribue encore à Maslema Ibn Ahmed le traité d'alchimie qui a pour titre *Retbat el-Hakîm.* J'avais cru cependant reconnaître d'une manière positive que l'auteur du *Retba* n'était pas celui du *Ghaïa,* et, dans la première partie de cette traduction, page 217, note 4, je les avais signalés comme deux personnages différents. En rédigeant la note que je viens d'indiquer, je m'étais appuyé sur un renseignement fourni par le texte même du *Retba,* manuscrit arabe de la Bibliothèque impériale, supplément n° 1078. Dans la préface de ce traité, fol. 7 v°, j'avais lu ces paroles :

وبدانا باول جمعه من اول
عام تسع وثلاثين واربعماية لتاريخ العرب

« et je m'étais mis à rassembler les matériaux de cet ouvrage au commencement de l'année *quatre cent* trente-neuf de l'ère des Arabes. » Ces nombres y sont écrits en toutes lettres. Or, comme Djemal ed-Dîn el-Kifti, l'auteur du *Tabekat el-Hokema,* appelle l'auteur du *Ghaïa* Maslema, fils de *Mohammed,* et place sa mort en l'an 398, et comme Haddji Khalifa nous dit qu'il mourut en 395, il m'avait semblé impossible de reconnaître l'auteur du *Ghaïa* et celui du *Retba* pour le même individu. J'avais donc admis l'existence de deux personnes portant le même nom, originaires toutes les deux de Madrid, natives de Cordoue, et s'occupant des mêmes études. Je me trouvais obligé à regarder comme vraie une circonstance aussi peu probable, parce que, d'après les sources que j'avais consultées, l'un de ces savants mourut vers la fin du IVe siècle de l'hégire, et que l'autre florissait vers le milieu du siècle suivant. La déclaration si nette d'Ibn Khaldoun m'ayant ensuite amené à examiner cette question de nouveau, je trouvai, dans la *Bibliotheca ar. hist.* de Casiri, que l'exemplaire du *Retba* conservé dans la bibliothèque de l'Escurial offrait la date 339. Un second manuscrit du *Retba,* appartenant à la Bibliothèque impériale, ancien fonds arabe n° 973, confirme cette leçon : le passage déjà cité se trouve au fol. 4 v° de ce volume ; la date y est écrite en toutes lettres, mais, à la place du mot اربعماية quatre cents, on lit ثلثماية trois cents. Ce chiffre fait disparaître toutes les difficultés que j'ai signalées ; il est évidemment la bonne leçon, et montre qu'Ibn Khaldoun ne s'est pas trompé en déclarant que l'auteur du *Retba* est le même que celui du *Ghaïa.* Maslema fut un savant d'un grand mérite, si nous devons en croire les renseignements fournis par Ibn Abi Osaïbiya, l'auteur de l'*Histoire des*

Je dois maintenant soumettre au lecteur quelques observations préliminaires, afin qu'il comprenne la véritable nature de la magie. Les âmes humaines, bien qu'elles forment une unité quant à l'espèce, se distinguent les unes des autres par leurs qualités individuelles. On peut donc les classer par catégories ayant chacune son caractère spécial et devant à une organisation naturelle et primitive les qualités qui la distinguent. Dans la classe des prophètes, les âmes ont la faculté de pouvoir [se dégager de la spiritualité humaine [1], afin d'entrer dans la spiritualité angélique et de devenir ange pendant l'instant passager que dure cet état de dégagement. Voilà en quoi consiste la révélation, ainsi que nous l'avons indiqué en son lieu. L'âme qui se trouve dans cet état possède la faculté

---

médecins. Nous lisons dans cet ouvrage :

« Abou 'l-Cacem Maslema, fils d'Ahmed, surnommé *El-Madjrîti* (originaire de Madrid) et natif de Cordoue, vivait sous le règne d'El-Hakem (el-Mostancer, neuvième souverain omeïade d'Espagne, mort l'an 366 (976 de J. C.) Le cadi Saêd (صاعد , mort l'an 417 de l'hégire, 1026-7 de J. C.) parle de lui dans son ouvrage intitulé : كتاب التعريف فى طبقات الامم (*Notices des divers peuples*). « A cette époque, dit-il, Maslema fut le premier mathématicien de l'Espagne. Il surpassa tous ses prédécesseurs en la connaissance des sphères célestes et des mouvements des astres. Il s'occupa avec soin à observer les étoiles et mit beaucoup de zèle à expliquer le livre de Ptolémée intitulé *El-Medjesti* (l'Almageste). Il a laissé un bon ouvrage sur cette partie de l'arithmétique que l'on désigne chez nous par le terme معاملات (*moâmelat,* c'est-à dire *transactions commerciales et autres*). On lui doit aussi un abrégé du traité intitulé تعديل الكواكب (*rectification des étoiles*) et faisant partie du *Zidj* (collection de tables astronomiques) composé par El-Bettani (*Albategnius*). Il s'occupa aussi du Zîdj de Mohammed Ibn Mouça el-Kharizmi, et réduisit à l'ère des Arabes les dates de l'ère persane, employée dans cet ouvrage. Il (y) indiqua les positions moyennes des astres, à partir du commencement de l'ère de l'hégire, et y ajouta de bonnes tables ; mais il adopta les erreurs de cet astronome et ne songea pas à les signaler. C'est là une tâche que j'ai remplie dans mon traité intitulé اصلاح حركات الكواكب (*Correction des mouvements des étoiles*) en faisant connaître les erreurs qui ont été commises par les observateurs. » Maslema mourut l'an 398 (1007-8 de J. C.), avant le commencement des troubles (qui amenèrent la chute des Omeïades espagnols.). Il forma un grand nombre d'élèves ; jusqu'alors l'Espagne n'avait pas produit de savants aussi distingués. Parmi les plus marquants, nous pouvons indiquer Ibn es-Semh (mort à Grenade l'an 420, 1029 de J. C.), Ibn es-Saffar, Ez-Zehraouï (Abou 'l-Hakem), El-Kermani et Ibn Khaldoun Abou Moslem Omar. » (Ms. arabe de la Bibliothèque impériale, suppl. n° 673, fol. 183 v°.) El-Kifti n'a fait que copier Ibn Abi Osaïbiâ, et, chose remarquable, ni l'un ni l'autre ne parle des ouvrages composés par Maslema sur la magie et sur l'alchimie.

1 Le passage mis entre parenthèses manque dans l'édition de Boulac et dans les manuscrits C et D.

de] participer aux connaissances propres à Dieu [1], de converser avec les anges, et d'obtenir, par une conséquence nécessaire, le pouvoir d'exercer une certaine influence sur les êtres créés. Chez les magiciens, l'âme a pour caractère distinctif la faculté d'influer sur ces êtres et d'attirer en bas la spiritualité des astres afin de s'en servir pour l'accomplissement de ses desseins. Cette influence s'exerce soit par une puissance appartenant à l'âme [2], soit par une puissance satanique : tandis que, chez les prophètes, elle dérive du Seigneur et se distingue par son caractère divin. Quant aux gens qui pratiquent la divination, leurs âmes ont, de même, un caractère spécial, celui de connaître les choses du monde invisible au moyen d'une puissance satanique. Ainsi chacune de ces classes a sa marque distinctive.

Les âmes de ceux qui pratiquent la magie peuvent se ranger en trois classes : la première comprend celles qui exercent une influence par la seule application de la pensée, sans avoir recours à aucun instrument ni à aucun secours (extérieur). C'est là ce que les philosophes désignent par le terme magie. Les âmes de la seconde classe agissent au moyen des secours qu'elles tirent du tempérament des sphères célestes et des éléments, ou bien au moyen des propriétés des nombres ; cela s'appelle l'art talismanique ; il occupe un degré inférieur à celui de la magie. Les âmes de la troisième classe exercent une influence sur les facultés de l'imagination : l'homme qui possède ce talent s'adresse à l'imagination du spectateur, et, agissant sur elle jusqu'à un certain point, lui fournit des idées fantastiques, des images et des formes ayant toutes quelque rapport avec le projet qu'il a en vue. Ensuite il fait descendre ces notions de l'imagination aux organes des sens, et cela au moyen de l'influence que son âme exerce sur ces (organes). Le résultat en est que les spectateurs voient ces formes paraître en dehors d'eux, bien qu'elles n'y soient pas. On raconte qu'un magicien faisait paraître des jardins, des ruisseaux et des kiosques dans un endroit où il n'en existait pas. Les philosophes désignent cette branche de l'art par les noms de prestige et de fantasmagorie.

Les qualités distinctives que nous venons d'énumérer existent vir-

---

1 Littéral. « aux connaissances seigneuriales (*rabbâniya*) » ; ce qui paraît signifier : aux connaissances du degré le plus élevé.

2 Littéral. « psychique ».

tuellement chez les magiciens, de même que toute faculté humaine existe virtuellement dans chaque homme ; mais, pour les mettre en activité, il faut avoir recours à des exercices préparatoires. Dans la magie, ces exercices[1] se bornent à diriger la pensée vers les sphères, les astres, les mondes supérieurs et les démons, en leur donnant diverses marques de vénération, d'adoration, de soumission et d'humiliation. Cette direction de l'esprit vers un objet qui n'est pas Dieu, ces marques d'adoration qu'on donne à cet objet, sont des actes d'infidélité. Pratiquer la magie est donc un acte d'infidélité, car l'infidélité est une des matières, un des moyens que cet art met en œuvre.

D'après ce que nous venons d'exposer on comprendra une question que les casuistes ont souvent agitée : « La peine de mort infligée à un magicien est-elle la conséquence de l'infidélité qui précède l'acte de magie, ou bien de la conduite perverse qu'il a tenue et du mal qui en est résulté pour les êtres ? » Car le magicien commet également ces deux crimes. Une autre question a suscité une diversité d'opinions chez les casuistes, savoir, la réalité de la magie. On sait que cet art, tel que les personnes des deux premières classes l'exercent, a une existence réelle et extrinsèque, tandis que celle de la troisième classe est sans réalité. Or quelques docteurs, ayant regardé aux deux premières classes seulement, ont admis la réalité de la magie ; d'autres, n'ayant observé que la troisième classe, ont été d'avis que cet art n'était qu'une illusion. Dans le fond, ils avaient tous raison, puisque la différence de leurs opinions provenait d'un[2] malentendu ; ils n'avaient pas bien reconnu les caractères distinctifs de chaque classe.

Nous assurons le lecteur que les hommes les plus intelligents n'ont jamais eu le moindre doute relativement à l'existence de la magie. Ils ont remarqué les effets qu'elle produit et que nous avons indiqués. D'ailleurs, il en est question dans le Coran (sour. II, vers. 96), où Dieu parle en ces termes : Mais les démons furent infidèles : ils enseignèrent aux hommes la magie et ce qui avait été révélé aux deux anges de Babel, Harout et Marout. Ceux-ci n'instruisent personne sans dire : « Certes, nous sommes ici pour te tenter ; ne sois donc pas infidèle. » On apprend d'eux les moyens de mettre la

1 Pour ورياضته , lisez ورياضة avec les manuscrits C et D et l'édition de Boulac.
2 Je lis من قِبَل avec les manuscrits C et D et l'édition de Boulac.

désunion entre la femme et son mari, mais ils sont incapables de nuire à personne sans la permission de Dieu. Nous lisons aussi dans le Sahîh que le Prophète avait été ensorcelé au point de s'imaginer qu'il faisait ce qu'en réalité il ne faisait pas. Pour le fasciner ainsi on avait mis un charme dans un peigne, dans un flocon de laine et dans une spathe de dattier, et on l'avait caché dans le puits de Derouan (à Médine). Dieu envoya alors au Prophète les deux sourates préservatrices (la CXIII^e et la CXIV^e), avec le verset : Et contre la méchanceté des (sorcières) qui soufflent sur des nœuds. — « Il prononça cette formule, dit Aïcha, sur chacun des nœuds qui avaient servi à l'ensorceler, et chaque nœud se défit aussitôt de lui-même. »

La pratique de la magie était très répandue chez les Chaldéens de la race nabatéenne et chez les Assyriens, peuples qui formaient la population de Babel. Le Coran en parle souvent, ainsi que l'histoire. Lors de la mission de Moïse, la magie jouissait d'un grand crédit à Babel et en Égypte ; aussi les miracles opérés par ce prophète étaient-ils du même genre que ceux dont les magiciens s'attribuaient la faculté et dont ils s'occupaient à l'envi. Les Berbi (anciens temples) de la haute Égypte offrent encore des traces de cet art et fournissent de nombreux témoignages de son existence. Nous avons vu, de nos propres yeux, un de ces individus fabriquer l'image d'une personne qu'il voulait ensorceler. (Ces images se composent) de choses dont les qualités ont un certain rapport avec les intentions et les projets de l'opérateur et qui représentent symboliquement, et dans le but d'unir et de désunir, les noms et les qualités de celui qui doit être sa victime. Le magicien prononce ensuite quelques paroles sur l'image qu'il vient de poser (devant lui), et qui offre la représentation réelle ou symbolique de la personne qu'il veut ensorceler ; puis il souffle et lance hors de sa bouche une portion de salive qui s'y était ramassée et fait vibrer en même temps les organes qui servent à énoncer les lettres de cette formule malfaisante ; alors il tend au-dessus de cette image symbolique [1] une corde qu'il a apprêtée pour cet objet, et y met un nœud, pour signifier [2] (qu'il agit avec) résolution et persistance, qu'il fait un pacte avec le démon qui était son associé dans

1 Les manuscrits C et D et l'édition de Boulac portent المعنى , à la place de المعين . Cette dernière leçon me paraît inadmissible.

2 Littéral. « présageant ».

l'opération, au moment où il crachait, et pour montrer qu'il agit avec l'intention bien arrêtée de consolider le charme. A ces procédés [1] et à ces paroles malfaisantes est attaché un mauvais esprit qui, enveloppé de salive, sort de la bouche de l'opérateur. Plusieurs mauvais esprits en descendent alors, et le résultat en est que le magicien fait tomber sur sa victime le mal qu'il lui souhaite [2].

Nous avons vu une personne qui pratiquait la magie, et qui n'avait qu'à diriger son doigt vers un habit ou une peau et marmotter quelques paroles, pour que cet objet se déchirât en morceaux. S'il faisait le même signe à des moutons dans un champ, leurs ventres crevaient à l'instant et les intestins tombaient par terre. On m'a raconté qu'il y a maintenant dans l'Inde des gens qui n'ont qu'à désigner un homme avec le doigt pour lui enlever le cœur ; cet homme tombe mort, on ouvre le corps pour y chercher le cœur ; mais il a disparu. Ils font le même geste en regardant une grenade ; on ouvre ensuite le fruit et l'on n'y trouve pas un seul grain. Nous avons entendu dire aussi que, dans le pays des Noirs et dans celui des Turcs, il y a des enchanteurs qui obligent les nuages à verser leurs pluies sur tel endroit qu'on veut.

Disons encore que la pratique de l'art talismanique nous a fait reconnaître les vertus merveilleuses des nombres amiables [3] (ou sympathiques). Ces nombres sont رك et رفد , dont le premier est deux cent vingt et le second deux cent quatre-vingt-quatre [4]. On les nomme amiables parce que les parties aliquotes de l'un, c'est-à-dire la moitié, le quart, le sixième, le cinquième, etc. étant additionnées, donnent une somme égale à l'autre nombre [5]. Les

1 Littéral. « à cet édifice ». Peut-être devons-nous lire النية « l'intention ».

2 La description que notre auteur donne de ce procédé magique est faite d'une manière très confuse et paraît renfermer plusieurs termes techniques, propres à l'art. J'ai tâché de la rendre aussi littéralement que possible.

3 Littéral. « qui s'entr'aiment ».

4 On sait que les Arabes représentent quelquefois les nombres par des lettres de l'alphabet. Dans un de leurs systèmes, celui qu'on a suivi ici, la lettre ر vaut 200, ك vaut 20, ف 80 et د 4.

5 Les parties aliquotes de 220 sont 110, 55, 44, 22, 20, 11, 10, 5, 4, 2 et 1. La somme de ces nombres est 284. Les parties aliquotes de 284 sont : 142, 71, 4, 2 et 1. Ces nombres additionnés donnent 220. Thabet Ibn Corra fut le premier qui signala cette propriété de certains nombres ; Descartes en a parlé et Euler y a consacré un traité spécial dans son recueil intitulé *Opuscula varii argamenti*, t. II. M. Wœpcke a abordé le même sujet dans le *Journal asiatique* d'octobre-novembre 1852.

personnes qui s'occupent des talismans assurent que ces nombres ont une influence (particulière, celle) d'établir une union et une amitié étroite entre deux individus. Pour cela, on dresse un thème pour chaque individu, l'un sous l'ascendant de Vénus, pendant que cette planète est dans sa maison [1] ou dans son exaltation [2] et qu'elle présente à la lune un aspect d'amour et de bienveillance. Dans le second thème, l'ascendant doit être dans le septième (de l'ascendant) du premier individu [3]. Sur chacun de ces thèmes on inscrit un des nombres déjà indiqués, mais en attribuant le nombre le plus fort [4] à la personne dont on cherche à gagner l'amitié, c'est-à-dire à l'objet aimé. Je ne sais si, par le nombre le plus fort on veut désigner celui qui énonce la plus grande quantité ou celui qui renferme le plus de parties (aliquotes). Il en résultera une liaison si étroite entre les deux personnes qu'on ne saurait les détacher l'une de l'autre. L'auteur du Ghaïa et autres grands maîtres en cet art déclarent que cela [5] s'est vu confirmer par l'expérience.

Le sceau du lion, autrement appelé le sceau du caillou, produit le même effet. Pour le fabriquer, on dessine sur un moule (ou coin fait avec) du hind asbâ [6] la figure d'un lion qui dresse la queue et qui mord sur un caillou de manière à le casser en deux morceaux ; un serpent glisse d'entre ses jambes de devant et se retourne, la gueule béante, vers la bouche du lion ; sur le dos du quadrupède on met la figure d'un scorpion qui rampe. Pour fabriquer ce talisman, on attend que le soleil soit entré dans la première ou dans la troisième face [7] du (signe du) Lion, et que les deux grands

---

1 Vénus a deux maisons, l'une située dans le signe du Taureau, et l'autre dans celui de la Balance.

2 Vénus est dans son exaltation et jouit de toute son influence quand elle est dans le vingt-septième degré du Poisson.

3 *L'ascendant* est le premier signe à partir de l'horizon oriental ; son *septième* est le signe qui est alors à l'horizon occidental, son *dixième* est celui qui est au zénith et son *quatrième* celui qui est au nadir.

4 Il faut remplacer باكثر par بالاكثر . Cette correction est justifiée par la concordance grammaticale, par les manuscrits C et D, et par l'édition de Boulac.

5 Pour قال , lisez قاله .

6 Le mot *hind* s'emploie dans le dialecte arabe marocain pour désigner l'*acier*. Le mot *asbâ* signifie *doigt*. Je ne sais à quelle substance les alchimistes ont donné le nom de *hind asbâ*. Il désigne peut-être l'espèce d'acier indien qui, dans le commerce, s'appelle *wootz*.

7 Les astrologues partagent chaque signe du zodiaque en trois *faces*, de dix degrés chacune. Les trente-six faces sont assignées, chacune, à une des planètes,

luminaires se trouvent en bonne disposition et soient dépourvus de toute influence sinistre. Quand le moment favorable se présente, on frappe (avec ce coin) un (flan d')or gros comme un mithcal [1] ou même d'une moindre dimension ; on plonge (ensuite cette pièce) dans de l'eau de rose saturée avec du safran, (puis) on (la) retire (après l'avoir enveloppée) dans un chiffon de soie jaune. Selon les gens du métier, celui qui tient [2] ce talisman (dans la main) acquiert sur l'esprit du prince qu'il sert une influence sans bornes, s'empare de son affection et l'assujettit à sa volonté ; les princes acquièrent, par le même moyen, une influence énorme sur leurs sujets. Il est fait mention de ce talisman dans le Ghaïa et dans d'autres ouvrages qui traitent de ces matières. L'exactitude du fait est, du reste, constatée par l'expérience.

Il en est de même de l'amulette [3] sextuple qui se rapporte spécialement au soleil. Voici ce qu'en disent les maîtres de l'art talismanique : « On le dresse au moment où le soleil, arrivé dans son exaltation [4], est dépourvu de toute influence nuisible, et que la lune, dépourvue aussi de toute mauvaise influence, est dans un ascendant royal, où l'on remarque que le seigneur du dixième regarde le seigneur de l'ascendant avec un aspect d'amour et de bienveillance. (C'est le moment) où les nobles indications, celles qui concernent les nativités royales, sont exactes. Qu'il (l'amulette) soit plongé dans de l'eau parfumée et enlevé dans un chiffon de soie jaune. » — « Cet amulette, disent-ils, influe sur les courtisans d'un souverain, sur ses serviteurs et sur ceux qui ont des rapports avec lui. »

Il y a beaucoup d'autres charmes de ce genre. Le Kitab el-Ghaïa de Maslema Ibn Ahmed el-Madjrîti en offre le recueil le plus complet :

---

ou au soleil, ou à la lune.

1 Le mithcal d'or peut valoir de huit à douze francs.

2 Je lis الممسكه à la place de المسكة . Les manuscrits C et D et l'édition de Boulac donnent la bonne leçon.

3 Le mot وفق « ouifk », que je rends ici par *amulette*, désigne plus particulièrement ces tableaux numériques qui s'appellent *carrés magiques*. Chacune des sept planètes avait son *ouifk* particulier. Le *Chems el-Maaref* d'El-Bouni fournit un grand nombre d'indications sur cette matière et sur les procédés de la magie.

4 Le soleil est dans son *exaltation* quand il entre dans le dix-neuvième degré du Bélier. Les équivalents français des termes astrologiques employés dans ce chapitre m'ont été fournis par l'ouvrage intitulé l'*Usage des Ephémérides* par Villon, 2 vol. petit in-8°, Paris, 1624.

il indique les amulettes de toutes les espèces et discute les divers problèmes qui s'y rattachent. Nous avons entendu dire que l'imam Fakhr ed-Dîn Ibn el-Khatîb composa, sur ce sujet, un ouvrage qu'il intitula Es-Sirr el-Mektoum (le secret caché). Ce volume, que nous n'avons jamais pu rencontrer, est, dit-on, d'un emploi général en Orient, chez les gens qui s'occupent de talismans. On croit que l'imam n'était pas très habile dans cet art, mais il est possible qu'on se trompe.

On trouve dans le Maghreb une classe de gens qui se livrent aux pratiques de la magie et que l'on désigne par le nom de baadjîn (creveurs). Nous avons déjà mentionné que, pour déchirer un habit ou une peau, ils n'ont qu'à les désigner avec le doigt. Ils crèvent de la même manière le ventre des moutons. Il y a, de nos jours, un de ces hommes ; on l'appelle El-Baadj, parce qu'il emploie ordinairement la magie dans le but de tuer le bétail. Il cherche ainsi à se faire craindre, afin d'obtenir des propriétaires une part du produit de leurs troupeaux. Ceux qui lui font des cadeaux se gardent bien d'en parler pour ne pas encourir la sévérité du magistrat. J'ai rencontré plusieurs de ces sorciers ; j'ai été témoin de leurs méfaits et je tiens d'eux-mêmes qu'ils donnent à leur pensée une direction particulière et se livrent à des exercices d'un genre spécial [1], tels que des invocations impies et des tentatives pour associera leur œuvre la spiritualité des génies et des astres. Ils étudient un livre qui traite de leur métier et qui porte le titre d'El-Khanzeriya (porcinarium) [2]. Au moyen de ces exercices et de la direction qu'ils donnent à leur pensée, ils parviennent à faire les actes dont nous venons de parler. Leur pouvoir ne s'étend pas sur l'homme libre, mais il atteint les effets mobiliers, les bestiaux et les esclaves. Ils désignent ces objets par l'expression les choses pour lesquelles l'argent a cours, c'est-à-dire les diverses espèces de propriétés qui peuvent se vendre et s'acheter. Je tiens ces renseignements de quelques-uns de ceux que j'ai interrogés. Leurs actes sont manifestes et réels ; en ayant vu un grand nombre, je ne conserve pas le moindre doute à cet égard.

---

1 La leçon رياضية ne vaut rien ; il faut lire ورياضة avec les manuscrits C et D, l'édition de Boulac et la traduction turque.

2 Je ne relève pas les nombreuses variantes offertes par ce titre dans les divers manuscrits ; et je me borne à suivre la leçon de l'édition de Paris, et de la traduction turque. Haddji Khalifa n'a pas indiqué ce traité dans son dictionnaire bibliographique.

Voilà pour ce qui regarde la magie, les talismans et leur influence sur les choses de ce monde.

Les philosophes distinguent la magie de l'art talismanique, tout en affirmant que (les effets de l'un et de l'autre) sont également des impressions produites par l'âme humaine. Pour démontrer que la faculté de faire ces impressions existe dans les âmes, ils font observer que l'âme agit d'une manière surnaturelle, et sans l'emploi d'aucun moyen matériel, sur le corps qui la renferme. « Et de plus, disent-ils, la nature de ces impressions dépend de l'état de l'âme ; tantôt, c'est la chaleur qui se produit dans le corps par suite d'un accès de joie et de gaieté ; tantôt, c'est la formation de certaines pensées dans l'esprit, ainsi que cela arrive par l'opération de la faculté qui forme des opinions. Ainsi l'homme qui se promène sur le haut d'un mur ou d'une montagne escarpée tombera bien certainement si l'opinion que ce malheur va lui arriver prend chez lui une certaine force. Aussi voyons-nous beaucoup de gens se livrer à des exercices périlleux, afin de s'habituer au danger et de se garantir contre l'influence de l'imagination. On les voit marcher sur le haut d'un mur ou sur le bord d'un précipice sans crainte de tomber. Il y a donc là une impression faite par l'âme qui, en subissant l'influence de la faculté qui forme les opinions, s'est figuré l'idée de tomber. Or, puisque l'âme peut agir de cette manière sur le corps auquel elle est jointe, et cela sans employer des moyens matériels et naturels, il est permis de croire qu'elle exerce une influence semblable sur d'autres corps que le sien. En effet, le rapport de l'âme à tous les corps, en ce qui regarde ce genre d'impression, est un et le même [1], car elle n'est pas fixée et scellée dans son propre corps (de manière à ne pas s'en détacher). Donc elle peut agir sur les autres corps. »

Voici, selon les philosophes, comment la magie se distingue de l'art talismanique : le magicien n'a pas besoin, dans ses opérations, d'un secours (extérieur), tandis que le talismaniste est obligé de se faire aider par les spiritualités des astres, les vertus occultes des nombres, les qualités essentielles des êtres et les positions de la sphère céleste, qui, selon les astrologues, exercent des influences sur le monde des éléments. « Dans la magie, disent-ils encore, c'est un esprit qui s'unit à un autre, et dans l'art talismanique, c'est un

1 Pour واحده , lisez واحدة .

esprit qui s'unit à un corps. » Par ces mots, ils donnent à entendre que les natures supérieures et célestes se lient avec les natures inférieures. Les natures supérieures, ce sont les spiritualités des astres ; aussi, les personnes qui composent des talismans ont-elles ordinairement recours aux pratiques de l'astrologie.

Les mêmes philosophes enseignent que l'art de la magie ne s'acquiert pas ; au contraire, disent-ils, le magicien est créé avec une disposition spéciale pour l'exercice de ce genre d'influence. « Voici, ajoutent-ils, comment un miracle opéré par un prophète peut se distinguer d'un effet de magie : chez le prophète, la puissance divine excite dans l'âme la faculté de faire (sur les êtres) une impression miraculeuse ; il est donc aidé, dans cette opération, par l'esprit de Dieu. Le magicien, au contraire, agit de lui-même, par la puissance de sa propre âme, et, dans certains cas, avec le secours des démons. Il y a donc entre ces deux (classes d'hommes) une différence intelligible, réelle et essentielle.

De notre côté, nous indiquerons comment on peut distinguer entre un prophète et un magicien au moyen de signes extérieurs. Un miracle ne peut s'opérer que par un homme de bien et dans une bonne intention ; il ne peut procéder que d'une âme prédisposée à la vertu et doit être annoncé d'avance par le prophète comme preuve de sa mission. Quant à la magie, elle ne s'exerce que, par des hommes méchants, des âmes portées naturellement vers le mal [1], et elle produit ordinairement des effets nuisibles, comme, par exemple, la désunion mise entre deux époux ou le préjudice porté à ceux dont on est l'ennemi. Voilà, selon les philosophes théologiens, comment le miracle se distingue de l'acte de magie [2].

On trouve quelquefois chez les Soufis qui opèrent des prodiges par la faveur de Dieu, la faculté d'exercer une influence sur les choses de ce monde, influence qu'il ne faut pas confondre avec la magie. Elle se manifeste avec le concours de la divinité, vu que la profession et la voie (ou pratique) du soufisme est un reste et une suite du prophétisme. Dieu accorde aux Soufis un abondant secours ; il les aide selon la hauteur qu'ils ont atteinte dans la vie mystique, selon l'intensité de leur foi et leur attachement à la parole

1 Les mots que je traduis ici se trouvent à la fin de la phrase arabe.

2 On voit par ce paragraphe qu'Ibn Khaldoun se comptait lui-même au nombre des philosophes théologiens.

divine [1]. Si quelqu'un d'entre eux avait le pouvoir de mal faire, il ne l'exercerait pas : soit qu'il agisse, soit qu'il s'abstienne, il est lié par l'ordre de Dieu. Le Soufi ne fait jamais rien sans en avoir reçu l'autorisation ; s'il agissait autrement, il s'écarterait du sentier de la vérité et, décherrait très probablement du degré de spiritualisme auquel il était parvenu.

Puisque tout miracle s'opère avec le secours de l'esprit de Dieu et au moyen des influences divines, aucun effet de magie ne peut lui résister. Voyez, par exemple, ce qui arriva aux magiciens de Pharaon dans leur lutte avec Moïse : Son bâton avala ce qu'ils avaient contrefait. (Coran, sour. VII, vers. 114). Leur magie disparut, anéantie comme si elle n'avait jamais existé. Pensez aussi au [2] verset que le Prophète reçut de Dieu avec les deux sourates préservatrices: Et (délivre-nous) de la méchanceté des (sorcières) qui soufflent sur des nœuds. — « Il récita cette formule, dit Aïcha, sur chacun des nœuds qui avaient servi à l'ensorceler, et chaque nœud se défit de lui-même. » La magie ne tient pas devant le nom de Dieu, pourvu qu'on l'invoque avec une foi sincère.

Les historiens racontent que, sur le Direfch Kavian [3], ou oriflamme de Chosroès (roi de Perse), on voyait l'amulette centuple formé de nombres [4]. On y avait brodé ce symbole sous certains ascendants de la sphère céleste, ascendants dont on avait attendu l'apparition avant de commencer le travail. Lors de la déroute totale de l'armée persane à Cadéciya et la mort de Rostem sur le champ de bataille, on trouva l'étendard, qui était tombé par terre. Selon les personnes qui s'occupent de talismans et d'amulettes, cette figure avait pour but d'assurer la victoire à l'étendard qui la porterait ou qui serait auprès d'elle ; jamais cet étendard ne devait reculer. Cette

1 Pour التوحيد , lisez الله avec l'édition de Boulac et les manuscrits C et D.

2 Pour لمّا , lisez لِمّا

3 Ces mots sont persans et signifient l'*étendard de Gavé,* forgeron qui délivra la Perse de la tyrannie de Zohâk. (Voy. les mots *Dirfech* et *Gao* dans la Bibliothèque orientale de d'Herbelot.)

4 La leçon مئينى se trouve dans le manuscrit D, dans l'édition de Boulac et dans la traduction turque. Je suppose que c'est un adjectif relatif formé de مئين ou de مئون pluriel deماية (cent). Cet amulette, ou carré magique (*ouifk*), se composait probablement des mille premiers nombres. Je dois faire observer, pour justifier la signification assignée au mot مئينى , que le carré magique à base de trois s'appelle, dans le *Chems el-Maaref*, الوفق المثلث العددى « le ouifk ternaire numérique », et celui qui est de quatre الوفق المربع العددى « le ouifk quaternaire numérique », etc.

fois-ci, il rencontra un obstacle dans la puissance divine, dans la foi qui animait les anciens Compagnons du Prophète et dans leur attachement à la parole de Dieu. Par cette parole, chaque nœud de la magie fut brisé et ce qu'on avait opéré demeura anéanti. (Coran, sour. VII, vers. 115.)

La loi divine ne fait aucune distinction entre la magie, l'art talismanique et celui des prestiges ; elle les range tous dans la catégorie des choses défendues. Le législateur autorise tout ce qui dirige nos pensées vers la religion, parce qu'elle nous assure le bonheur dans l'autre vie ; il permet les actes qui, en nous procurant la nourriture, assurent notre bien-être en ce monde. Quant aux actes qui ne nous regardent pas sous ces deux rapports, ils peuvent se classer ainsi ceux qui sont plus ou moins nuisibles, la magie, par exemple, qui produit réellement le mal ; l'art des talismans, dont les effets sont identiques avec ceux de la magie ; et l'astrologie, art dangereux par son caractère parce qu'il enseigne à croire aux influences (des astres) et porte atteinte aux dogmes de la foi en attribuant les événements (de ce monde) à un autre que Dieu. Toutes ces pratiques sont condamnées par la loi à cause de leur affinité avec le mal. Quant aux actes qui ne nous intéressent pas et qui ne renferment rien de mal, l'homme qui s'en abstient ne s'éloigne pas de la faveur divine : le meilleur témoignage qu'on puisse donner de sa soumission à la volonté de Dieu, c'est de s'abstenir des actes qu'on n'a aucun intérêt à accomplir. La loi a donc rangé la magie, les talismans et les prestiges dans une seule catégorie, à cause du mal qui leur est inhérent ; elle les a spécialement défendus et condamnés.

A la manière dont les philosophes prétendent distinguer entre un miracle et un effet de magie, on peut opposer celle des théologiens scolastiques : « Voyez, disent-ils, s'il y a un tahaddi », c'est-à-dire une déclaration préalable de l'arrivée d'un miracle conforme à ce qu'on annonce. Ils enseignent aussi l'impossibilité d'un miracle qui viendrait confirmer un mensonge : « La simple raison, disent-ils, nous indique que la qualité essentielle d'un miracle, c'est de confirmer une vérité ; si un miracle avait lieu pour appuyer un mensonge, le (prophète) véridique serait changé en menteur ; ce qui est absurde. Il faut donc admettre, comme un principe absolu, qu'un miracle ne peut jamais s'opérer pour accréditer un mensonge. »

SIXIÈME SECTION (suite)

Nous avons déjà mentionné que les philosophes (musulmans) mettent entre les miracles et les effets de la magie la même distance qui sépare les deux extrêmes du bien et du mal. Le magicien est donc incapable de produire le bien ou d'employer son art dans une bonne intention ; celui, au contraire, qui fait des miracles n'a pas le pouvoir d'opérer le mal, ni de faire usage des moyens qui puissent le causer. Donc les prophètes et les magiciens se trouvent placés, par leur caractère inné, à deux extrémités opposées, dont l'une est le bien et l'autre le mal.

(Section.) Les effets produits par le mauvais œil se rangent parmi les impressions qui résultent de l'influence de l'âme. Ils procèdent de l'âme de l'individu doué de la faculté du mauvais œil et ont lieu quand il voit une qualité ou un objet dont l'aspect lui fait plaisir. Son admiration devient si forte qu'elle fait naître chez lui un sentiment d'envie joint au désir d'enlever cette qualité ou cet objet à celui qui le possède. Alors paraissent les effets pernicieux de cette faculté, c'est-à-dire du mauvais œil, faculté innée, qui tient à l'organisation de l'individu. Ces effets diffèrent de tous les autres qui se produisent par l'influence de l'âme : ils dérivent d'une faculté innée qui ne reste pas inerte, qui n'obéit pas à la volonté de celui qui la possède, et qui ne s'acquiert pas. Les autres impressions produites par l'âme dépendent de la volonté de celui qui les opère, bien qu'elles procèdent d'une faculté non acquise (c'est-à-dire innée). La disposition innée (de l'individu) est (donc) capable de produire certaines impressions, mais elle n'est pas (toujours) la puissance qui les effectue. Voilà pourquoi l'homme dont le mauvais œil a causé la mort de quelqu'un n'encourt pas la peine capitale, tandis que celui qui ôte la vie à son semblable par l'emploi de la magie ou des talismans [1] est condamné au dernier supplice. En effet, un malheur causé par le mauvais œil ne provient pas de l'intention de l'individu, ni de sa volonté, ni même de sa négligence ; cet homme est formé par la nature [2] de manière que ces impressions procèdent de lui (sans le concours de sa volonté). Au reste, Dieu le Très Haut en sait plus que nous.

Les propriétés occultes des lettres de l'alphabet.

1 Je lis بالتلسمات avec le manuscrit D.

2 La bonne leçon est مجبول .

Cette science s'appelle de nos jours sîmîa [1], terme qui, employé d'abord dans l'art talismanique, fut détourné de son acception primitive pour être introduit dans la technologie employée par cette classe de Soufis qu'on appelle les gens qui ont le pouvoir (d'agir sur les êtres créés). On l'a employé de cette manière, ainsi qu'on emploie l'universel pour désigner le particulier. Cette science prit son origine, après la promulgation de l'islamisme, quand les Soufs exaltés commencèrent à paraître dans le monde et à montrer leur inclination pour les pratiques qui servent à dégager l'âme des voiles des sens. Ils firent alors des choses surnaturelles et exercèrent un pouvoir discrétionnaire sur le monde des éléments ; ils composèrent des livres, inventèrent une technologie et prétendirent reconnaître comment et dans quel ordre les êtres qui existent procédèrent de (l'Être) unique. Ils enseignèrent que la perfection (de la vertu) des noms provient du concours des esprits qui président aux sphères et aux astres, que la nature des lettres et leurs propriétés secrètes se communiquent aux noms (qui en sont formés) ; que les noms font sentir de la même manière leurs vertus (secrètes) aux êtres créés, et que ceux-ci parcourent, depuis leur création, les diverses phases de l'existence [2] et peuvent en indiquer les mystères. De là est sortie une science, celle qui traite des vertus secrètes des lettres et qui forme une subdivision de la magie naturelle (sîmîa). Il est impossible de désigner exactement son objet ou d'énumérer tous les problèmes dont elle s'occupe.

Nous devons à El-Bouni [3], à Ibn el-Arebi et à d'autres écrivains qui ont marché sur leurs traces, un grand nombre d'ouvrages traitant de cette science, et, d'après ce qu'ils y exposent, nous voyons qu'elle a pour fin et pour résultat de donner, aux âmes parfaites

---

1 Le mot *sîmîa* s'emploie ordinairement pour désigner la magie naturelle et la fantasmagorie. L'auteur a déjà parlé de cet art, qu'il regarde comme une branche de la magie proprement dite.

2 Littéral. « ses diverses phases ». Le pronom paraît se rapporter à ابداع (création).

3 Abou 'l-Abbas Ahmed Ibn el-Bouni composa un grand nombre d'ouvrages sur la magie, les talismans et les sciences occultes. Son ouvrage, intitulé *El-Anmat* et cité plusieurs fois par Ibn Khaldoun, ne nous est pas parvenu, mais tout ce que ce livre renfermait d'important se trouve dans un autre livre du même auteur, le *Chems el-Maaref* (soleil des connaissances), dont la Bibliothèque impériale possède plusieurs exemplaires. Cet auteur mourut, selon Haddji Khalifa, l'an 622 (1225-1226 de J. C.). A en juger par son surnom, il était natif de Bône, ville de l'Afrique septentrionale.

en science et en religion [1], le pouvoir d'agir sur le monde [2] de la nature, et qu'elles y parviennent à l'aide des noms excellents (ceux de Dieu) et de certains mots à vertus divines, (mots) qui se composent de lettres renfermant des qualités occultes lesquelles se communiquent aux êtres (créés).

Ils (les Soufis) ne s'accordent pas entre eux quand il s'agit d'expliquer comment il se fait que les vertus secrètes des lettres puissent donner à l'âme le pouvoir d'agir (sur les êtres). Les uns, supposant que cette qualité dépend du tempérament même des lettres, les rangent en quatre classes, correspondant aux (quatre) éléments. A chacun des tempéraments naturels, ils assignent une partie de ces lettres, lesquelles donnent (à l'âme) la faculté de s'immiscer, soit comme agent, soit comme patient, dans la nature de l'élément qui leur correspond. D'après ce système artificiel, qu'ils nomment teksîr (fractionnement) et qui correspond aux (quatre) espèces d'éléments, ils divisent les lettres en quatre classes [3] : les ignées, les aériennes, les aqueuses et les terrestres. Ainsi ils attribuent l'élif (ا) au feu, le ba (ب) à l'air, le djîm (ج) à l'eau, et le dal (د) à la terre. Prenant alors les autres lettres, ils continuent l'opération jusqu'à la fin de l'alphabet. De cette manière, l'élément du feu obtient sept lettres : l'élif (ا), le hé (ه), le tha (ط), le mêm (م), le fa (ف), le sin (س) et le dhal (ذ). L'air en reçoit autant ; ce sont : le ba (ب), le ouaou (و), le ya (ى), le noun (ن), le dhad (ض), le ta (ت) et le dha (ظ). L'élément de l'eau en obtient sept : le djîm (ج), le za (ز), le kaf (ك), le sad (ص), le caf (ق), le tha (ث) et le ghaïn (غ). A la terre en appartiennent sept : le dal (د), le ha (ح), le lam (ل), l'aïn (ع), le ra (ر), le kha (خ) et le chîn (ش) [4].

Les lettres ignées éloignent les maladies froides et doublent, au

1 Le texte porte ربانية .

2 Il faut lire عالم, au lieu de علم.

3 Pour قتنوعت , lisez فتنوعت .

4 Dans l'édition de Paris, la classification de ces lettres offre un grand nombre de fautes et quelques omissions. J'ai corrigé toutes ces erreurs dans la traduction, en me conformant aux leçons des manuscrits C et D, et à celles de l'édition de Boulac. Les résultats auxquels je suis arrivé s'accordent parfaitement avec les indications de la traduction turque. D'ailleurs, en suivant l'ordre de l'alphabet arabe, tel qu'il est admis dans les États barbaresques, on trouve sur-le-champ les vraies leçons. (Voy. là-dessus la page 84 du *Cours de langue arabe* de M. Bresnier, I vol. in-8 Alger, 1855 ; ouvrage très instructif et d'un grand mérite sous tous les rapports.)

besoin, la force de la chaleur, soit effectivement [1], soit virtuellement ; de même qu'elles donnent à (l'influence de la planète) Mars une double force pour guerroyer, pour tuer et pour attaquer. Les lettres aqueuses chassent les maladies chaudes, telles que fièvres, etc. et doublent, au besoin, soit effectivement, soit virtuellement, les forces froides, comme celles de la lune.

Selon d'autres, la puissance mystérieuse au moyen de laquelle les lettres font agir l'âme (sur les êtres créés) dérive d'un rapport numérique : les lettres de l'alphabet désignent certains nombres qui leur correspondent et dont la valeur a été déterminée conventionnellement, ou par leur propre nature [2]. Or, puisque les nombres ont un rapport les uns avec les autres, les lettres doivent en avoir aussi entre elles. Il y a un rapport entre le ba, le kaf et le ra, vu qu'ils indiquent les deuxièmes des trois premiers ordres ; car ba exprime deux dans l'ordre des unités ; kaf indique deux dans celui des dizaines, et ra représente le deux de l'ordre des centaines. Ces lettres ont encore un rapport avec le dal, le min et le ta, puisque celles-ci désignent les quatrièmes (des trois premiers ordres), et entre les deuxièmes et les quatrièmes il y a un rapport du double.

Les noms ainsi que les nombres ont servi à former des amulettes ; chaque classe de lettres en fournit un qui lui correspond en ce qui regarde le nombre, soit des chiffres [3], soit des lettres. Le rapport qui existe entre les vertus secrètes des lettres et celles des nombres donne à la faculté d'agir sur les êtres un tempérament particulier. On saisit difficilement les rapports cachés qui existent entre les lettres et les tempéraments des êtres, ou entre les lettres et les nombres ; de tels problèmes ne sont pas du domaine des sciences (positives) et ne se laissent pas résoudre au moyen de raisonnements syllogistiques. Selon les Soufis, il faut s'en rapporter au goût et au sentiment éprouvé par l'âme quand elle se dégage du voile des sens (pour avoir la solution de ces questions). « Il ne faut pas s'imaginer, dit El-Bouni, qu'on puisse connaître les vertus des lettres en se servant du raisonnement ; on n'y arrive que par la contemplation et par la faveur divine. »

1 Littéral. « sensiblement ».

2 Cela veut probablement dire, par leur ordre alphabétique.

3 En arabe *chekl.* Ce terme doit désigner ici les chiffres qui servent à exprimer les nombres.

Les mots, ainsi que les lettres dont ils se composent [1], procurent à l'âme la faculté d'agir sur le monde de la nature et, par conséquent, de faire des impressions sur les êtres créés. C'est là une influence qu'on ne saurait nier, puisque son existence est constatée par des récits authentiques qui nous sont parvenus relativement à (des prodiges opérés par) beaucoup de Soufis. On s'est imaginé, mais à tort, que l'action exercée (sur les êtres de ce monde) par l'âme est identiquement la même chez les Soufis et chez les gens qui opèrent avec des talismans. S'il faut s'en rapporter aux vérifications que ceux-ci ont faites, l'influence des talismans dépend en réalité de certaines puissances spirituelles (provenant) de la substance de la force [2]. Elle fait sentir sa domination et sa puissance à tout ce qui consiste en une combinaison d'éléments [3], et cela au moyen des vertus occultes qui se trouvent dans les sphères célestes, des rapports qui existent entre les nombres et des fumigations qui attirent (en bas) la spiritualité à laquelle le talisman est consacré. On lie (cette spiritualité) au talisman par la puissance de la pensée, et l'on attache ainsi les natures du monde supérieur à celles du monde inférieur. « Le talisman, disent-ils, est comme un levain composé des (mêmes) éléments terrestres, aériens, aqueux et ignés qui se trouvent dans la totalité des (êtres composés, levain) capable de changer toutes (les substances) dans lesquelles il entre, et d'agir sur elles de manière à les convertir en sa propre essence et leur donner sa propre forme. On peut l'assimiler à la pierre philosophale [4], levain qui transmue en sa propre essence les corps minéraux dans lesquels on le fait entrer [5]. »

Partant de ce principe, ils enseignent que l'objet de l'alchimie est (de faire agir) un corps sur un autre, puisque toutes les parties élé-

---

1 Je lis منها à le place de فيها .

2 Je traduis ici mot à mot, ne comprenant ni la théorie ni les termes techniques des talismanistes. Le traducteur turc a conservé les termes arabes, sans essayer de les expliquer.

3 Littéral. « elle fait, sur ce qui a une combinaison, l'effet de la domination et de la force ».

4 En arabe *el-iksîr*, c'est-à-dire l'*élixir*.

5 Les phrases dont se composent ce paragraphe et le suivant offrent plusieurs fautes de construction, ce qui en rend le sens très obscur. Je ne réponds pas de l'exactitude de ma traduction, mais je crois avoir reproduit les idées de l'auteur. Le traducteur turc a passé par-dessus toutes les difficultés et n'en a tenu aucun compte.

mentaires de l'élixir sont corporelles, et que l'objet de l'art talismanique est (de faire agir) un esprit sur un corps, puisque, par cet art, on lie les natures du monde supérieur à celles du monde inférieur ; or les premières sont spirituelles et les dernières corporelles.

Il y a, entre les gens qui pratiquent l'art talismanique et ceux qui mettent en œuvre les vertus secrètes des noms, une différence réelle en ce qui regarde la manière de faire agir l'âme (sur les êtres). Pour l'apprécier, il faut d'abord se rappeler, que la faculté d'agir dans toute l'étendue du monde de la nature appartient à l'âme humaine et à la pensée de l'homme. Cette âme tient de son essence le pouvoir d'embrasser la nature et de la dominer, mais son action, chez ceux qui opèrent au moyen des talismans, se borne à tirer d'en haut la spiritualité des sphères et de la lier à certaines figures ou à certains rapports numériques. De là résulte une espèce de mélange qui, par sa nature, change et transmue (ce qu'il touche), ainsi qu'opère le levain sur les matières dans lesquelles on l'introduit. (Nous disons ensuite qu') il en est autrement de ceux qui, pour donner à leur âme cette faculté d'agir, se servent des propriétés secrètes des noms ; ils n'y parviennent qu'à la suite d'une grande contention d'esprit ; ils doivent être éclairés par la lumière céleste et soutenus par le secours divin. La nature (externe) se laisse alors dominer, sans offrir de la résistance et sans qu'on ait recours aux influences des sphères ou à d'autres moyens, vu que le secours divin est plus puissant qu'une influence quelconque. Ceux qui opèrent avec des talismans n'ont besoin que d'un très léger exercice préparatoire quand ils veulent procurer à leur âme le pouvoir de faire descendre la spiritualité des sphères. Combien il leur est facile de donner à leur esprit la direction convenable ! Combien leurs exercices sont peu fatigants, si on les compare avec les exercices transcendants des hommes (les Soufis) qui emploient les vertus mystérieuses des noms ! (Les talismanistes) ne cherchent pas à agir sur les êtres au moyen de leur âme, parce qu'un voile s'y interpose (celui des impressions des sens) ; et, si cette faculté leur arrive, ce n'est que par accident et comme une marque de la faveur divine. S'ils (les Soufis) ignorent les secrets de Dieu et les vérités du royaume céleste, — ce qui ne s'apprend que par la contemplation et après l'écartement (des voiles des sens) ; — s'ils se bornent à étudier les rapports qui existent entre les noms, les qualités [1] des lettres et celles des mots ; si, dans le but qu'ils se proposent, ils emploient (uniquement) ces rapports, c'est-à-dire s'ils font comme les personnes que l'on désigne ordinairement par le nom de gens de la sîmîa (ou de la magie naturelle), — alors, rien ne les distinguera de ceux qui opèrent au moyen de talismans ; et, en ce cas, nous devrions accorder plus de confiance à ceux-ci, parce qu'ils s'appuient sur des principes justifiés par la nature (des choses) et par la science, et qu'ils suivent un système de doctrine bien ordonné.

Quant à ceux qui opèrent au moyen des vertus secrètes des noms, s'ils n'ont pas pour les seconder la faculté d'écarter (les voiles des sens), afin d'obtenir la connaissance des vertus réelles qui existent dans les mots et des effets résultant des rapports (qui existent entre les noms, etc.), — ce qui leur arrive quand ils n'y donnent pas toute leur attention [2], — s'ils n'ont pas étudié les sciences d'après un système de règles qui soit digne de confiance, — ces hommes occuperont toujours une place très inférieure.

Celui qui opère au moyen de noms mêle quelquefois les influences des mots et des noms à celles des astres ; il assigne aux noms excellents (ceux de Dieu), ou aux amulettes qu'il a dressés avec ces noms, ou même à tous les noms (indistinctement), des heures [3] (favorables à leur emploi, heures qui participent aux) qualités bienfaisantes de l'astre qui est en rapport avec le nom (dont il s'occupe). El-Bouni a suivi cette pratique dans son ouvrage intitulé El-Anmat [4]. Selon (les Soufis), ces rapports émanent de la présence amaïenne, laquelle est la même que celle du berzekh de la perfection nominale [5], et ces (vertus) ne descendent (des sphères) que pour être distribuées

1 Littéral. « les natures ».

2 Littéral. « quand il y a absence de la sincérité dans la direction ».

3 El-Bouni n'a pas manqué d'indiquer ces heures dans cet énorme recueil de folies qu'il a intitulé le *Chems al-Maaref.*

4 Cet ouvrage n'est pas mentionné dans le dictionnaire bibliographique de Haddji Khalifa, mais son contenu se trouve résumé dans le *Chems al-Maaref.*

5 Cette expression paraît désigner le lieu (*berzekh*) qui est situé entre le monde matériel et le monde spirituel, et dans lequel se trouve en puissance la vertu complète et parfaite de chaque nom. C'est encore là un résultat des rêveries auxquelles les Soufis se livrent en poursuivant des chimères. L'auteur a déjà indiqué, page 79 de cette partie, ce que les théologiens entendent par le mot *berzekh.*

aux êtres [1], selon les rapports qu'elles peuvent avoir avec eux. Ils disent aussi que, pour apprécier (les vertus des mots), on doit avoir recours à la contemplation ; donc toute tentative faite dans ce but par une personne qui, étant dépourvue de la faculté contemplative, accepterait les opinions d'autrui à l'égard de ces rapports, doit se mettre sur la même ligne que les opérations d'un talismaniste. On peut même dire que celles-ci méritent plus de confiance, ainsi que nous l'avons déjà fait observer.

Les personnes qui dressent des talismans combinent quelquefois dans leurs procédés les vertus des astres avec celles des invocations, composées de paroles qui ont avec les astres un rapport spécial. Mais, à leur avis, les rapports de ces paroles (aux astres) ne sont pas du même genre que ceux dont les individus qui étudient les (vertus secrètes des) noms prennent connaissance lorsqu'ils sont absorbés dans la contemplation. « Ils dépendent (disent-ils) des principes fondamentaux du système des procédés magiques que nous employons dans le but de déterminer la manière dont les (influences des) astres se répartissent parmi les diverses catégories des êtres créés, c'est-à-dire les substances, les accidents, les essences et les minéraux [2] ; à ces catégories il faut ajouter les lettres et les mots. A chaque astre appartient spécialement une partie de ces êtres.

On a fondé sur cette base un édifice aussi singulier que répréhensible : les chapitres et les versets du Coran s'y trouvent distribués (et placés) comme tout le reste (sous l'influence des astres). C'est ainsi qu'a fait Maslema el-Madjrîti dans son Ghaïa. El-Bouni a évidemment suivi le même système dans son Anmat ; parcourez ce livre, examinez les invocations qu'il renferme ; observez que l'auteur les a distribuées entre les heures des sept astres [3] ; prenez ensuite le Ghaïa et voyez-y les kîama des astres, c'est-à-dire les invocations qui leur sont particulières, et qui sont nommées ainsi parce qu'on les prononce en se tenant debout [4] : quand vous aurez examiné ces ouvrages, vous serez convaincu que le fait est ainsi. (Cet accord entre les deux ouvrages) a dû résulter, soit de l'identité

1 Littéral. « aux vérités ».

2 Je lis معادن, avec le manuscrit D et la traduction turque.

3 Nous venons de dire que, dans le *Chems el-Maaref* du même auteur, se trouve un chapitre qui renferme l'indication des heures auxquelles président les planètes.

4 Le mot *kîama* désigne l'acte de se lever et de se tenir debout.

des matières dont ils traitaient, soit du rapport qui existait entre la formation primitive et le berzekh de la connaissance [5].

Il ne faut pas s'imaginer que toute science [6] réprouvée par la loi doive être regardée comme non existante ; la magie est défendue, mais sa réalité n'en est pas moins certaine. Quoi qu'il en soit, les connaissances que Dieu nous a enseignées suffisent à tout, et vous n'avez reçu, en fait de science, qu'une bien faible portion. (Coran, sour. XVII, vers. 87.)

Établissement d'une vérité et discussion d'un point subtil [7]. — La sîmîa (ou magie naturelle) est réellement une branche de la magie, ainsi que nous l'avons montré, et la faculté de s'en servir s'acquiert par l'emploi d'exercices que la loi ne condamne pas. Nous avons déjà fait observer que, chez deux classes d'hommes, l'âme peut agir sur le monde des êtres créés. Les prophètes, qui formaient une de ces classes, y agissaient au moyen d'une faculté divine que Dieu avait implantée dans leur nature ; les magiciens (qui composent l'autre classe) opèrent au moyen d'une faculté psychique qui leur est innée. Les hommes saints peuvent acquérir cette faculté par la vertu de la profession [8] de foi ; c'est, chez eux, un des résultats amenés par le dépouillement (des sentiments mondains qui préoccupent l'âme) ; elle leur naît sans qu'ils aient cherché à l'obtenir et leur arrive comme un don inattendu. Ceux qui sont bien affermis (dans les habitudes de la vie ascétique) tâchent d'éviter cette faveur quand elle se présente à eux ; ils prient Dieu de les délivrer d'une faculté qu'ils regardent comme une tentation. On raconte qu'Abou Yezîd el-Bestami [9], étant dans un état très misérable, arriva un soir au bord du Tigre. (Ayant voulu traverser le fleuve,) il vit les deux rivages se rapprocher jusqu'à se toucher devant lui. (Au lieu de profiter de

5 Le traducteur turc n'a pas tenu compte de ces termes. Ils paraissent désigner l'analogie qui existe entre les principes fondamentaux des deux systèmes, et procèdent évidemment de l'école du soufisme le plus exalté.

6 Pour كاما , lisez كل ما .

7 Ce chapitre additionnel ne se trouve ni dans le manuscrit C, ni dans l'édition de Boulac. Le manuscrit D nous le donne en le tronquant, mais le copiste l'a placé à la suite du chapitre qui précède, celui qui traite de la magie et des talismans. Le traducteur turc l'insère ici.

8 Il faut lire بالكلمة à la place de بالكلية , sur l'autorité du manuscrit D et de la traduction turque.

9 Ce célèbre thaumaturge mourut en l'an 261 (874-875 de J. C.). (Voyez le *Biographical Dictionary* of Ibn Khallikân, vol. I, p. 662.)

cette faveur,) il pria Dieu de le délivrer de la tentation : « Non ! s'écria-t-il, je ne veux pas abuser de mon crédit auprès du Seigneur dans le but d'économiser un liard. » S'étant alors embarqué dans le bateau de passage, il traversa le Tigre avec les bateliers.

La faculté innée d'exercer la magie ne passe jamais de la puissance à l'acte, tant qu'on ne l'excite pas au moyen d'exercices préparatoires. Celle qui n'est pas innée, mais acquise, est inférieure à l'autre, et l'emploi d'exercices préparatoires est encore nécessaire pour l'activer. La nature des exercices magiques est bien connue ; Maslema el-Madjrîti en a indiqué, dans son Ghaïa, les diverses espèces et la manière de les (accomplir). Djaber Ibn Haïyan les a mentionnés aussi dans ses traités, et quelques autres écrivains ont laissé des ouvrages sur le même sujet. L'étude de ces livres occupe une foule de gens qui espèrent acquérir une connaissance de la magie en apprenant les règles et les conditions [1] (qui doivent s'observer dans la pratique) de cet art. Nous ferons observer qu'autrefois les exercices magiques étaient un tissu d'impiétés : on tournait son esprit vers les astres et on leur adressait des prières appelées Hama, avec l'intention d'attirer en bas les spiritualités des corps célestes. On croyait à des impressions provenant d'un autre que Dieu et servant à établir une liaison entre l'acte (de la magie) et les ascendants stellaires ; on observait les positions des planètes dans les signes du zodiaque, afin d'obtenir l'influence dont on avait besoin.

Bien des personnes, ayant voulu procurer à leur âme la faculté d'agir sur le monde des êtres créés, entreprirent d'acquérir cet art en suivant une voie qui devait les éloigner des pratiques entachées d'impiété ; et, dans ce but, elles donnèrent à leurs exercices un caractère légal, en y remplaçant (tout ce qui blessait la religion) par des litanies et des cantiques à la louange de Dieu, et par des invocations tirées du Coran et des traditions sacrées. Ces individus, voulant connaître les prières qui convenaient à leur but, se guidaient d'après une considération que nous avons déjà indiquée, savoir, que le monde, avec tout ce qu'il renferme d'essences (êtres), de qualités et d'actes, est partagé entre les sept planètes et soumis à leurs influences. Avec cela, ils recherchaient

1 Pour قوانينها وشروطها , lisez قوانينه وشروطه , avec le manuscrit D et la traduction turque.

scrupuleusement les jours et les heures qui correspondaient aux influences ainsi réparties, et, par l'emploi d'exercices autorisés par la loi, ils s'abritaient contre les imputations auxquelles les pratiques de la magie ordinaire les auraient exposés, pratiques qui, si elles ne sont pas des actes d'infidélité, doivent nécessairement y porter. Ils s'attachaient à suivre la voie légale, parce qu'elle était assez large et n'offrait rien de répréhensible. C'est ainsi que fit El-Bouni dans plusieurs de ses ouvrages, tels que l'Anmat, et d'autres écrivains adoptèrent le même plan. Évitant avec un soin extrême de donner le nom de magie à l'art qu'ils cultivent, ces gens l'appellent sîmîa (magie naturelle) ; mais, bien qu'ils le pratiquent en suivant la voie légale, ils ne peuvent s'empêcher de tomber dans l'emploi de la magie véritable. Malgré la direction licite qu'ils donnent à leurs pensées, ils ne s'éloignent pas tout à fait de la croyance en certaines influences qui ne procèdent pas de Dieu ; ils cherchent aussi à se procurer la faculté d'agir sur le monde des êtres, ce qui est défendu par le législateur divin.

Quant à l'influence qu'il arrivait aux prophètes d'exercer et qui se manifestait dans leurs miracles, ils ne la faisaient valoir que par l'ordre de Dieu et par suite de sa décision. Chez les saints, cette influence s'emploie aussi avec la permission de Dieu, et leur vient, soit par inspiration et par l'opération de Dieu, qui crée (alors) en eux la science qui leur est nécessaire, soit de quelque autre manière. Au reste, ils ne s'en servent jamais sans y être autorisés.

Il ne faut pas se laisser tromper par le terme sîmîa que les magiciens emploient pour dérouter le public. La sîmîa (chez eux) est réellement une branche, une conséquence nécessaire de la magie, ainsi que nous l'avons déjà déclaré. Dieu, dans sa bonté, (nous) dirige vers la vérité [1].

Section. Selon les gens du métier, il y a une branche de la sîmîa qui consiste à poser des questions, puis à en tirer des réponses au moyen de liaisons qui existent entre des mots composés de lettres [2]. Ils veulent (nous) faire accroire que c'est là une des bases fondamentales (de l'art qui procure) la connaissance des événements futurs ; mais leur procédé ne ressemble qu'à une suite de casse-têtes et d'énigmes. Ils ont beaucoup discouru sur cette matière, et ce qu'ils

1 Fin des paragraphes fournis par le manuscrit D et par la traduction turque.
2 C'est-à-dire des mots écrits.

ont avancé de plus détaillé et de plus curieux se rapporte à la zaïrdja (ou tableau circulaire) de l'univers, qui a pour inventeur Es-Sibti, et dont nous avons déjà parlé. Nous allons exposer ici ce qu'ils ont dit sur la manière d'opérer avec la zaïrdja, et nous reproduirons en entier la cacîda (ou poème) qui se rapporte à ce sujet, et dont l'auteur, à ce qu'ils prétendent, fut Es-Sibti lui-même [1]. Nous donnerons ensuite la description de la zaïrdja, avec ses cercles, son tableau et tout ce qui s'y trouve inscrit [2] ; nous indiquerons ensuite le caractère de cette opération [3], laquelle n'a aucun rapport réel avec le monde invisible et consiste uniquement à trouver une réponse qui soit d'accord avec une question, et qui, étant prononcée, offre un sens raisonnable. C'est un procédé très curieux : la réponse se tire de la question au moyen d'une opération qui se pratique comme un art et qu'on appelle tekcîr (décomposition) ; nous avons déjà donné des indications au sujet de tout cela. Quant à la cacîda (qui accompagne la zaïrdja), nous n'en possédons pas une copie dont l'authenticité nous semble bien assurée ; le texte que nous en donnons ici est celui que nous avons choisi entre plusieurs autres, parce que, d'après toutes les apparences, il est le plus correct.

OBSERVATIONS DU TRADUCTEUR.

Avant d'exposer les motifs qui m'empêchent de donner une traduction de ce poème, je dois présenter au lecteur quelques observations touchant quarante-trois pages de texte qui forment la suite de ce chapitre. L'auteur y traite surtout du procédé au moyen duquel on obtient une réponse à une question quelconque, en se servant d'un système de tables (zaïrdja) dont on attribue l'invention à un personnage nommé Es-Sibti [4]. Dans la première

1 Quelques auteurs ont attribué cette *cacîda* au célèbre philosophe El-Ghazzali.

2 Le texte porte à la lettre : la *zaïrdja* avec son cercle, et son tableau écrit autour d'elle. On chercherait inutilement dans la suite de ce chapitre la description promise par l'auteur.

3 L'auteur n'en parle pas dans ce chapitre, mais il a déjà énoncé son opinion sur cette matière, 1e partie. Ce chapitre sur la *zaïrdja* a été évidemment ajouté après coup.

4 Je dois faire observer que dans dernière moitié de la 1e partie, à commencer par les mots : « Il naquit à Ceuta », ne se rapporte nullement à Ibn Woheïb, mais à Es-Sibti.

partie de cet ouvrage, p. 245 et suivantes de la traduction, Ibn Khaldoun a donné une description de ces tables et nous a fait connaître la manière de s'en servir. Dans ce chapitre-ci, il nous offre d'abord un poème qui renferme, à ce qu'on prétend, tout ce qu'il est nécessaire de savoir, relativement à l'emploi de la zaïrdja. Cette pièce se compose de cent huit vers, entrecoupés de passages en prose, de formules mystérieuses et de plusieurs suites de sigles, de lettres et de chiffres. Après ce poème vient une section de chapitre que l'auteur a intitulée Manière d'opérer sur la zaïrdja quand on veut en tirer des réponses à des questions. Nous y lisons d'abord qu'à chaque question il peut y avoir trois cent soixante réponses, puis une note touchant la valeur des lettres, chiffres et sigles qui se voient inscrits dans les tables, et ensuite une longue description du procédé par lequel on obtient une de ces réponses.

Pour montrer la manière de procéder, l'auteur se propose une question dont il entreprend de trouver la réponse. Cette question est celle-ci :

الزايرجة هل هى علم حدث ام قديم

c'est-à-dire : « La zaïrdja est-elle une connaissance (ou découverte) moderne ou ancienne ? » D'après la théorie, chaque question peut recevoir trois cent soixante réponses ; car un des éléments qu'on fait entrer dans ce calcul est le degré de l'écliptique qui s'élève sur l'horizon au moment de l'opération, et que les astrologues nomment l'ascendant. L'auteur prend pour ascendant le premier degré du Sagittaire. Voici maintenant de quelle manière il procède ; je traduis à la lettre :

« Nous avons posé (ou mis par écrit) les lettres de la corde (c'est-à-dire du rayon qui part) de la tête (c'est-à-dire du commencement) du Sagittaire, (celles du rayon) opposé (lequel part) de la tête (commencement) des Jumeaux ; et (celles) de son tiers, qui est la corde de la tête du Verseau [1]. (On prend ces lettres en allant de la circonférence) jusqu'à la limite qui est le centre (de tous les cercles de la zaïrdja). Nous y avons joint les lettres de la question et nous en avons examiné le nombre (total), qui ne doit pas être moins de 88 ni plus de 96, (chiffre qui) est la somme

1 Pour comprendre ce passage, il, faut lire ce que notre auteur a déjà dit de cette opération.

d'un dour sain [1]. Il y avait dans notre question quatre-vingt-treize (lettres, en tenant compte des lettres prises dans la zaïrdja). On raccourcit la question si (le nombre des lettres) dépasse 96, et, de même, on y supprime tous les dours duodécimains, pour ne garder que ce qui en résulte et qui reste. Dans notre question, il y avait sept dours, et le restant était 9. Posez-le (c'est-à-dire ce chiffre) parmi les lettres, si l'ascendant n'atteint pas douze degrés ; s'il les atteint, ne posez pour lui (?) ni nombre ni dour [2]. Ensuite posez (prenez note de) leurs nombres, dans le cas où l'ascendant, ayant dépassé vingt-quatre degrés, (se trouvera) dans la troisième face (ou dernier tiers du signe). Posez ensuite l'ascendant, qui est 1, le sultan de l'ascendant, qui est 4, et le grand dour, qui est 1. Ajoutez l'ascendant au dour ; vous obtiendrez 2, dans la question qui nous occupe. Multipliez ce qui sort d'eux (leur somme) par le sultan du signe, vous obtiendrez 8 ; ajoutez le sultan à l'ascendant, et vous aurez 5. Voilà sept bases. Si le produit de l'ascendant et du grand dour, multiplié par le sultan du Sagittaire, n'atteint pas 12, on entre dans le côté de huit, (à compter) du bas du tableau en montant ; et s'il dépasse douze, on en rejette (un ou) plusieurs dours. Vous entrez avec le restant dans le côté de huit et marquez le point où le numéro s'arrête. Avec le 5, tiré du sultan et de l'ascendant, vous entrez dans le côté de la surface plane, en haut du tableau. Vous compterez successivement cinq dours, que vous retiendrez jusqu'à ce que le numéro s'arrête vis-à-vis des cases du tableau qui portent des nombres. S'il s'arrête vis-à-vis d'une des cases vides du tableau, sur l'une des deux (a), n'en tenez pas compte, mais continuez (à opérer) avec vos dours sur l'une des quatre lettres, savoir, ا (a), ب (b), ج (dj) et ز (z). Nous avons trouvé que le nombre est tombé sur la lettre ا, et que trois dours sont restés. Nous avons multiplié 3 par 3, ce qui donnait 9, le nombre du premier dour. Posez-le et prenez la somme des deux côtés, du perpendiculaire et du plan, pour que cela entre dans la case de huit. »

L'opération continue encore très longuement et donne enfin une lettre qui se met à part ; elle recommence ensuite pour chacune des autres lettres qui forment la question, et finit par produire une suite de lettres isolées, qui, étant combinée avec celle dont se

1 L'auteur a probablement voulu dire : Chiffre qui est la somme juste d'un certain nombre de *dours*.

2 Je traduis ici à la lettre.

compose un vers technique très usité chez une certaine classe de devins, fournit une autre suite de lettres isolées.

On réunit celles-ci de manière à en former des mots arabes, mais en ayant soin de n'apporter aucun changement à l'ordre dans lequel elles se sont présentées. Ces mots forment la réponse, et, comme on a employé dans l'opération toutes les lettres du vers technique, sans en omettre celle qui forme la rime, la réponse se termine par cette même rime. Voici la réponse qu'Ibn Khaldoun prétend avoir obtenue à la question qu'il s'était proposée ; il en donne les lettres seulement, ayant négligé de les combiner ensemble afin d'en former des mots. J'ai formé ces mots et je les place ici, suivant en cela l'exemple du traducteur turc :

تروحنّ روح القدس ابرز سرّها   لادريس فاسترقا بها مرتقا العلا

Ce que je traduis ainsi : « Va donc ! l'Esprit de la sainteté en a manifesté le mystère à Idrîs ; de sorte que, par elle, il est monté au faîte de la gloire. » Nous apprenons ainsi que la zaïrdja est d'une origine très ancienne et qu'elle eut pour inventeur Idrîs, saint personnage que plusieurs docteurs musulmans ont identifié avec Énoch.

Le reste du chapitre est consacré à d'autres opérations divinatoires qui peuvent se faire avec la zaïrdja, ou avec des lettres de l'alphabet, et se termine par un paragraphe dans lequel l'auteur nous enseigne la manière de découvrir les rapports mystérieux qui existent entre les lettres et les quatre éléments.

Bien que tout ce chapitre, à commencer par le poème d'Es-Sibti, soit rempli de termes techniques, d'expressions énigmatiques, de procédés très compliqués et de spéculations tout à fait chimériques, j'avais cru à la possibilité de le traduire. Je désirais surtout vérifier la marche de la longue opération par laquelle notre auteur était parvenu à obtenir cette réponse, et, dans ce but, je commençai par collationner le texte de l'édition de Paris avec les manuscrits C et D et avec l'édition de Boulac. Je reconnus alors que nous ne possédions pas une copie correcte du poème, ce dont M. Quatremère s'était déjà aperçu, puisqu'il nous en a donné un si grand nombre de variantes. Les manuscrits de la Bibliothèque impériale et l'édition de Boulac m'en fournirent encore beaucoup, et le texte du même poème, reproduit d'après les manuscrits de Constantinople par le traducteur turc, m'offrit encore de nouvelles leçons et, de plus, une foule de variantes recueillies par ce savant. Les manuscrits 1166 et 1188 de la Bibliothèque impériale renferment plusieurs petits traités sur la zaïrdja et fournissent encore une copie du poème ; mais j'y remarquai des vers interpolés, des suppressions et beaucoup de nouvelles leçons [1]. Muni de cette masse de variantes, j'essayai de rétablir ce texte, altéré de tant de manières par l'incurie et par l'ignorance des copistes ; mais je m'aperçus que, même avec ces secours, je ne pouvais arriver à un résultat satisfaisant : les tournures insolites et les termes obscurs dont l'auteur, Es-Sibti, s'était servi dans le but d'éblouir les profanes et de leur cacher le sens de son poème, ont été si incorrectement reproduits, qu'il est impossible de les rectifier, quelles que soient les leçons qu'on adopte. Il me fallut donc renoncer à en entreprendre la traduction. Je pensai alors qu'en étudiant la description qu'Ibn Khaldoun donne du procédé, et en opérant d'après ses indications, je parviendrais à comprendre la marche de ce jeu cabalistique ; mais, avant de m'y engager, je sentis qu'il me fallait avoir une copie de la zaïrdja sous les yeux, et, chose bien extraordinaire, aucun de nos manuscrits, aucune de nos éditions ne la donne. Un manuscrit de la bibliothèque d'Alger renferme, il est vrai, plusieurs petits tableaux circulaires portant l'inscription de zaïrdja d'Es-Sibti, mais ils ne répondent pas à la description qu'Ibn Khaldoun nous en a fournie. Ayant eu plus tard entre les mains la traduction turque des Prolégomènes par Djevdet Efendi, j'y trouvai une grande feuille sur laquelle étaient lithographiés deux tableaux, l'un circulaire et l'autre, carré, avec l'inscription zaïrdjat el-Aalem (tableau circulaire de l'univers). Le premier tableau, composé de cercles concentriques, traversés par des rayons, est placé entre quatre cercles plus petits. On voit sur les circonférences et les rayons

1 J'ai remarqué que, dans tous ces traités, la question dont on cherche la réponse est toujours celle qu'Ibn Khaldoun prend pour exemple, et je suppose que les tables sont arrangées de façon à donner cette seule réponse quand on suit exactement les procédés indiqués. Quant aux réponses que les jongleurs prétendaient eu tirer, je pense qu'ils les obtenaient par un usage frauduleux de ces longues opérations, dans lesquelles il était à peu près impossible de les suivre et de les contrôler, et qu'ils composaient arbitrairement la série de lettres qu'ils prétendaient avoir tirée des tables et qui devait former la réponse.

des cercles concentriques et dans l'intérieur des cercles extérieurs un grand nombre de chiffres numériques, de lettres et de sigles, appartenant, les uns à l'alphabet secret appelé رشم الزمام (rechm ez-zemam, c'est-à-dire écriture d'enregistrement), et les autres à l'alphabet nommé رشم الغبار (rechm el-ghobar). Le second tableau a la forme d'un parallélogramme partagé en plusieurs milliers de cases, dont environ la moitié contient des chiffres, des lettres ou des sigles.

Croyant enfin posséder l'instrument que j'avais souhaité, je repris le texte d'Ibn Khaldoun et je commençai à l'étudier et à faire l'opération qu'il décrit. Je reconnus bientôt que ces tableaux ne fournissaient pas les résultats indiqués par notre auteur. Ayant alors conçu des doutes sur l'exactitude de la zaïrdja el-Aalem, et ayant confronté le parallélogramme avec la description déjà insérée dans ces Prolégomènes, je m'aperçus qu'au lieu de contenir 55 x 131 = 7205 cases, il n'en renfermait que 55 x 128 = 7040 ; trois colonnes, de cinquante-cinq cases chacune, y manquaient.

Cette découverte m'ôta l'espoir de pouvoir accomplir ma tâche, car, évidemment, je n'avais pas le même tableau auquel Ibn Khaldoun avait appliqué son procédé ; d'ailleurs, les manuscrits et les éditions imprimées ne s'accordent pas toujours dans la reproduction des nombreux chiffres et sigles cabalistiques qui se rencontrent dans ce traité. Toutes les incorrections que je viens de signaler, la complication des procédés, l'obscurité. répandue à dessein sur les passages les plus importants du texte, et surtout l'absence d'un bon exemplaire des tables, me décidèrent enfin à discontinuer un travail qui ne pouvait offrir un résultat satisfaisant. Je le fis avec d'autant moins de regret que le sujet lui-même n'a aucune importance réelle ou scientifique, et qu'Es-Sibti, en imaginant son procédé, n'a probablement eu pour but que d'abuser de la crédulité de ses lecteurs.

L'alchimie.

Cette science a pour objet la substance qui s'emploie dans un procédé artificiel pour amener à la perfection l'or et l'argent [1]. Elle

1 Selon les alchimistes, la matière dont se forment l'or et l'argent, étant laissée

expose aussi l'opération qui conduit à ce résultat. (Les alchimistes) font des expériences sur toute espèce de choses, après en avoir constaté les tempéraments et les vertus ; et cela dans l'espoir que le hasard leur fera rencontrer la substance douée de la propriété qu'ils recherchent. Ne se bornant pas uniquement aux minéraux, ils examinent jusqu'aux matières provenant des corps animés, et travaillent sur les os, les plumes, les poils, les œufs et les excréments. La même science indique les procédés qui ont pour but de faire passer cette substance de la puissance à l'acte ; comme, par exemple, la résolution des corps en leurs parties constituantes [1] par l'emploi de la sublimation, de la distillation, de la solidification des liquides en les saturant avec de la chaux (calcination), de la lévigation des corps durs faite par le moyen du pilon et de la molette, etc.

Ils prétendent retirer de toutes ces opérations un corps naturel auquel ils donnent le nom d'élixir (el-ikcîr), et qui, étant projeté sur un corps minéral, le plomb, par exemple, ou l'étain, ou le cuivre, le convertit en or pur, quand on aura disposé ce corps ou ce métal par une opération, assez facile, du reste, à recevoir la forme de l'or ou de l'argent, après l'avoir chauffé dans le feu. Dans la terminologie obscure et énigmatique de cet art, l'élixir s'appelle l'âme, et la masse inorganique [2] sur laquelle on le projette est désignée par le mot corps. Cette science a aussi pour but d'expliquer [3] ces termes techniques et le procédé par lequel on donne la forme de l'or ou de l'argent à des corps préparés d'avance pour subir cette transmutation.

Depuis les temps anciens jusqu'à nos jours, on n'a cessé d'écrire sur l'alchimie, et quelquefois même on en a publié des ouvrages sous les noms de personnes qui ne s'étaient jamais occupées de cette partie. De tous ces auteurs, celui que les alchimistes regardent comme le grand maître de l'art est Djaber Ibn Haïyan ; ils vont

à la seule opération de la nature, n'arrive à sa perfection qu'au bout de mille soixante ans ; on peut abréger cette période par l'emploi d'une substance qui s'appelle *el-kimya*, c'est-à-dire la pierre philosophale.

1 Littéral. « naturelles ».

2 Littéral. « le corps (*djesm*) ». Ce mot s'emploie ordinairement pour désigner une masse qui a de la longueur, de la largeur et de l'épaisseur, qu'elle soit organisée ou non. Pour désigner un corps animé par une âme, on se sert du terme *djeced.* Comme l'auteur emploie ces deux mots dans la même phrase, j'ai cru devoir rendre le premier par masse inorganique afin d'éviter l'équivoque.

3 Pour فنشرح , lisez فشرح .

même jusqu'à nommer l'alchimie la science de Djaber. Cet auteur écrivit sur l'alchimie et laissa soixante et dix épîtres qui ressemblent toutes à des recueils d'énigmes. Il prétendait même que, pour avoir la clef du sens de ces traités, on devait connaître d'avance toute la science qu'ils renfermaient. Toghraï [1], philosophe qui parut en Orient dans un des derniers siècles, nous a laissé plusieurs recueils renfermant des traités d'alchimie et le récit de ses discussions avec les gens du métier et autres philosophes. Maslema el-Madjrîti, philosophe espagnol, a écrit sur l'alchimie un livre intitulé Retba tel-Hakim et devant servir de pendant à un autre ouvrage qu'il avait composé sur la magie et les talismans, et auquel il avait donné le titre de Ghaïat el-Hakîm. Ces deux volumes, selon lui, sont le produit de la philosophie et le fruit de toute la science. « Celui, disait-il, qui ne les comprend pas est étranger également à la philosophie et à la science. » Le Retba et tous les autres traités composés par les alchimistes sont remplis d'expressions énigmatiques qu'on aurait bien de la peine à comprendre, à moins d'avoir étudié la terminologie de l'art. Nous indiquerons (ci-après) le motif qui porta les alchimistes à employer ces termes obscurs et énigmatiques.

Ibn el-Mogheïrebi [2], un des grands maîtres dans cet art, a mis en vers plusieurs maximes qui s'y rapportent. Ces morceaux sont rangés par ordre alphabétique, selon les lettres qui les terminent, et forment un poème d'un caractère très original [3]. Le style en est tellement énigmatique, tellement obscur, qu'à peine peut-on y comprendre la moindre chose. Quelques traités sur l'alchimie portent le nom d'El-Ghazzali, mais on les lui attribue à tort ; la haute intelligence de cet homme [4] aurait été incapable d'adopter les doctrines erronées des alchimistes, et encore moins de les professer. On attribue aussi certains procédés de l'art et certains dictons qui s'y rapportent à Khaled Ibn Yezîd Ibn Moaouîa, beau-fils de Merouan Ibn el-Hakem [5] ; mais, comme nous savons

1 El-Hoceïn Ibn Ali et-Toghraï, l'auteur du poème intitulé *Lamiya tel-Adjem* et vizir du sultan seldjoukide Masoud Ibn Malek-chah, se distinguait également comme alchimiste et comme poète. Il mourut l'an 516 (1122 de J. C.).

2 Je ne trouve aucun renseignement sur cet auteur.

3 Je suis la leçon du manuscrit C et de l'édition de Boulac, qui portent يجى à la place de نحى .

4 Pour ان , lisez لان , avec le manuscrit C et l'édition de Boulac.

5 Khaled Ibn Yezîd, l'Omeïade, mourut l'an 90 (708-709 de J. C.). Sa mère

parfaitement bien que Khaled était de la race arabe-bédouine et que la civilisation (imparfaite) de la vie nomade lui était bien plus sympathique (que celle de la vie sédentaire), il a dû ignorer complètement les sciences et les arts. Comment donc admettre qu'il se serait occupé d'un art aussi singulier dans ses procédés que l'alchimie, d'un art basé sur la connaissance des caractères naturels offerts par les divers (corps) composés et des tempéraments [1] qui les distinguent ? Ajoutons qu'on n'avait pas encore publié ni même traduit les écrits laissés par les savants qui s'étaient adonnés à la culture des sciences, telles que la physique et la médecine. On peut supposer, à la rigueur, que, parmi les amateurs des études scientifiques, il y avait un autre Khaled Ibn Yezîd, et qu'on a confondu celui-ci avec son homonyme.

Je vais reproduire ici une épître traitant de l'alchimie, qu'Abou Bekr Ibn Bechroun [2], un des élèves de Maslema, avait adressée à son condisciple Ibn es-Semh. Le lecteur qui aura examiné cette pièce avec l'attention qu'elle mérite y reconnaîtra la tendance de la doctrine professée par l'auteur. Après une introduction qui n'a aucun rapport avec le sujet, on lit ce qui suit [3] :

> « Toutes les (notions) préliminaires sur lesquelles ce noble art est fondé, savoir, la connaissance de la formation des minéraux, des pierres et des pierreries, et de la nature des pays et des lieux, ayant été exposées par les anciens et rapportées par les philosophes, nous sont maintenant tellement familières qu'il est inutile d'en parler. Mais, en revanche, je vais vous expliquer ce que vous avez besoin de savoir au sujet de cet art. Je commencerai par dire en quoi il consiste. « Celui, disent les adeptes, qui veut apprendre notre art, doit savoir d'abord trois choses : 1° s'il est possible de la [4] faire ; 2° de quoi elle se

épousa le khalife Merouan Ibn el Hakem l'an 64 (63-684 de J. C.).

1 Selon les alchimistes, le tempérament du corps dépend de l'élément qui y prédomine.

2 Haddji Khalifa fait mention d'une anthologie arabe compilée par un Sicilien, nommé *Ibn Bechroun.* Si c'est le même auteur dont Ibn Khaldoun parle ici, il a dû vivre vers la fin du IVe siècle de l'hégire et avoir fait ses études en Espagne.

3 Plus loin, notre auteur dit de cette lettre qu'elle est remplie d'énigmes et de logogryphes qu'il serait presque impossible d'expliquer ou de comprendre.

4 Dans le texte arabe, le pronom du verbe تكون , qui est répété trois fois et que je lis تَكُوّن , est au féminin et n'a point d'antécédent. Il ne peut se rapporter ni à حجر (*pierre*), ni à عمل (*grand œuvre*), qui sont tous les deux du genre masculin, et

fait ; 3° comment elle se fait. Quand on les sait d'une manière parfaite, on possède tout ce qu'on peut désirer relativement à cette science, et l'on est parvenu au but qu'il fallait atteindre. » Ayant voulu vous épargner la peine d'examiner si elle [1] existe et de chercher à constater l'existence de la chose au moyen de laquelle on puisse la faire, je vous avais déjà envoyé une portion d'élixir [2]. Passons à la seconde question : De quoi se fait-elle ? Par ces mots, les alchimistes désignent la recherche de la pierre dont on peut tirer l'œuvre [3], et (ils nous donnent à entendre) que l'œuvre réside virtuellement dans toutes les choses, vu que, depuis le commencement, elles consistent en des combinaisons des quatre natures [4] et qu'elles s'y résolvent à la fin. Parmi les choses, il y en a dans lesquelles l'œuvre existe [5] en puissance, mais non pas en acte, car il faut savoir que les unes peuvent se décomposer et les autres ne le peuvent pas. Les choses capables d'être décomposées se laissent traiter et manipuler, et passent de la puissance à l'acte ; les choses indécomposables ne peuvent subir ni traitement ni manipulation, parce qu'il (l'œuvre) n'y existe qu'en puissance. Il est impossible de les décomposer, parce que leurs éléments constituants sont intimement mêlés ensemble [6], et que l'élément (littéral. la nature) qui y prédomine

---

cependant il est évident qu'il s'agit soit de l'un, soit de l'autre. Plus loin, on verra encore des exemples de ces permutations de genres. L'auteur de l'épître à très probablement fait ce changement exprès, afin de dérouter les profanes.

1 Ici, le pronom se rapporte évidemment à la pierre philosophale.

2 Ibn Khaldoun a déjà fait observer que le terme *el-ikcîr* servait à désigner la pierre philosophale.

3 Le mot عمل (*âml*) signifie *faire, opérer* ; mais, dans le jargon des alchimistes, il désigne le *grand œuvre,* c'est-à-dire la pierre philosophale. Dans le passage suivant, l'auteur abuse de l'ambiguïté du terme pour faire un raisonnement vicieux.

4 Dans les traités d'alchimie composés par les Arabes, le mot طبايع natures, désigne tantôt les quatre éléments, et tantôt les quatre humeurs. Dans cette épître, l'auteur lui attribue les deux sens. On verra même plus loin qu'en alchimie l'eau, l'air, la terre et le feu représentent l'âme, l'esprit, le corps et la *teinture.*

5 Je suis le traducteur turc, qui rend ce passage ainsi :

وتفصيلى ممكن اولميانلرده
بوكيفيت يالكز بالقوة اولديغندن

c'est-à-dire « et dans les choses indécomposables, cette quiddité (l'*œuvre*) n'existe qu'en puissance ». Le pronom de لانها se rapporte donc au *grand œuvre* et celui de فيها *aux choses.*

6 Littéral. « leurs natures sont noyées les unes dans les autres ».

l'emporte sur ceux qui s'y trouvent en moindre quantité [1]. Ce qu'il vous faut donc absolument, puisse Dieu vous favoriser ! c'est de savoir reconnaître la pierre la plus convenable d'entre celles qui se laissent décomposer et desquelles l'œuvre puisse s'obtenir. Vous aurez à en connaître l'espèce, la vertu et l'effet ; vous devez aussi connaître les manipulations (diverses), telles que la résolution ; l'amalgamation, la purification, la calcination, la macération et la transmutation. Celui qui ignore [2] ces principes, lesquels sont en réalité le fondement de notre art, n'y réussira jamais et n'arrivera à rien qui vaille. Vous aurez aussi à savoir s'il est possible d'employer cette (pierre) seule, ou s'il faut en aider l'action au moyen d'une autre (substance). Il faut aussi savoir si elle est homogène dès son origine, ou si, étant associée à une autre (substance), elle devient homogène pendant qu'elle subit ce traitement, en sorte qu'on la désigne alors par le nom de pierre. Vous aurez aussi à connaître le mode de son action, le poids (de la quantité qu'on doit employer), les heures (où il convient de s'en servir), la manière dont l'esprit est combiné avec elle et comment l'âme s'y laisse introduire. Vous devrez savoir de plus si le feu a le pouvoir d'en détacher (l'esprit) qui se trouve déjà combiné avec la (pierre), et, s'il y est impuissant, d'en reconnaître la raison et la cause efficiente. Voilà le desideratum.

« Comprenez donc bien et sachez que tous les philosophes ont fait l'éloge de l'âme et déclaré qu'elle est la directrice du corps, qu'elle le soutient, le protège [3] et agit conjointement avec lui. Cette opinion est fondée sur le fait que le corps, lorsque l'âme l'a quitté, reste mort, froid, incapable de se remuer ou de se défendre ; et cela parce qu'il ne renferme ni la vie ni la lumière. Je cite l'exemple du corps et de l'âme, parce que (le produit de) notre art ressemble au corps humain, dont l'organisation se maintient au moyen des repas pris le matin [4] et le soir ; et

1 Pour الكبير على , lisez الكبير منها على avec les manuscrits C et D et l'édition de Boulac.

2 Pour فان , lisez فان من . Les manuscrits C et D et l'édition de Boulac donnent la bonne leçon.

3 Pour منه , lisez عنه , avec les manuscrits C et D et l'édition de Boulac.

4 Je lis الغداء « repas du matin » à la place de الغذاء « nourriture ». L'édition de Boulac et les manuscrits C et D donnent la bonne leçon.

alors la persistance et la perfection dépendent de l'âme vivante et lumineuse, au moyen de laquelle et de la force vitale qu'elle renferme il fait des choses prodigieuses et contraires les unes aux autres, (effets) dont l'âme seule est capable. L'homme est passif [1] à cause du désaccord des natures (ou éléments) dont il est composé ; si ces natures avaient été en unisson, à l'abri d'accidents et de contrariétés, l'âme n'aurait pas eu le pouvoir de quitter le corps et y serait restée éternellement. Gloire au modérateur de toutes les choses, à l'Être suprême ! Sachez que les éléments d'où procède l'œuvre forment une quiddité répulsive, fournie originairement par une émanation et devant, de toute nécessité, avoir une fin ; et, de même que, nous l'avons dit à l'égard de l'homme, il (l'œuvre) ne peut pas se résoudre en ses éléments constituants tant qu'il est dans un corps. En effet, les natures (ou éléments) dont cette substance est composée ont été tellement attachées les unes aux autres, qu'elles forment une chose homogène, ayant de la ressemblance avec l'âme par sa force et par son action, de même qu'elle ressemble au corps en ce qu'elle est composée et palpable ; ce qui a eu lieu après qu'elle (cette chose) eut été (dans l'état) de simples natures (éléments) séparées les unes des autres. Admirons les opérations extraordinaires des natures ! (Voyez) comment la force est (donnée) au faible, (de sorte) qu'il peut décomposer les choses, les combiner et les perfectionner. Voilà pourquoi j'ai employé les termes fort et faible (pour désigner l'âme et le corps) [2].

« Le changement et le dépérissement subis par la première combinaison proviennent. du désaccord (des éléments constituants) ; l'immutabilité et la persistance appartiennent à la seconde (combinaison), par suite de l'accord (des éléments). Un des anciens a dit : « La séparation (décomposition) et la désunion sont, pour cet œuvre, la vie et la durée, de même que la combinaison (est pour lui) la mort et le dépérissement. » Cette parole renferme une pensée très profonde ; en effet, le philosophe voulait indiquer, par les mots vie et durée, que l'(œuvre) est sorti [3] du néant pour entrer dans l'existence, vu

1 Cela signifie probablement : *doit subir la mort, est mortel.*

2 Cette glose est du traducteur turc.

3 A la place de نجروجه , je lis خروجه , avec l'édition de Boulac et la traduction

que, dans sa première composition, il ne pouvait pas durer et devait nécessairement dépérir, tandis que, dans la seconde, il n'était pas exposé à périr ; mais cette (dernière) combinaison ne peut avoir lieu qu'après la séparation et la désunion. Il faut donc regarder l'acte de séparer et de désunir comme spécial à l'œuvre [1]. Aussi, quand le corps qu'il s'agit de dissoudre se rencontre avec (l'œuvre), il s'y délaye, parce qu'il y a absence de forme. En effet, il est alors [2] à l'égard de ce corps comme une âme privée de forme. Cela résulte du fait qu'étant entré dans le corps, il est tout à fait sans pesanteur, ainsi que je vous le montrerai, s'il plaît à Dieu. Vous devez savoir aussi qu'il est plus facile de mêler le délié avec le délié que l'épais avec l'épais. Je désire vous indiquer par ces mots l'accord qui existe entre les esprits et les corps ; car les choses s'unissent à raison de leur accord mutuel. Je vous [3] dis cela pour vous apprendre que (l'emploi de) l'œuvre à l'égard des natures déliées et spirituelles est plus convenable et plus facile que son emploi à l'égard des (choses) grossières et corporelles. Notre intelligence conçoit très bien que les pierres offrent plus de résistance au feu que les esprits. Vous n'avez qu'à observer l'or, le fer et le cuivre ; ils résistent mieux au feu que le soufre, le mercure et les autres esprits. Je dis maintenant que les corps ont commencé par être des esprits, et qu'ils ne furent convertis en corps doués de cohérence et de densité qu'après avoir éprouvé la chaleur de la nature plastique (kiân). Le feu ne peut pas alors les consumer, à cause de leur extrême densité et de leur cohésion. Quand le feu est très intense, il les convertit en esprits, ainsi qu'ils l'avaient été lors de leur première formation ; mais les esprits déliés, étant exposés au feu, ne peuvent pas y résister et se volatilisent. Il vous faut maintenant connaître ce que font les corps et ce que font les esprits dans leurs états respectifs [4] ; c'est là la chose

---

turque.

1 Il faut lire, avec l'édition de Boulac et les manuscrits C et D :

والتركيب لا يكون
الا بعد التفصيل والتقطيع فاذا التفصيل
والتقطيع فى هذا العمل خاصة

2 Je lis لانه قد صار , avec l'édition de Boulac et les manuscrits C et D.

3 Je lis ذكرت لك ذلك , avec l'édition de Boulac et les manuscrits C et D.

4 Je lis فى هذا الحال فهو , avec les manuscrits C et D et l'édition de Boulac.

la plus importante que vous puissiez apprendre. Aussi je vous dirai que les esprits se volatilisent et se consument à cause de leur inflammabilité et de leur ténuité. Ils s'enflamment à cause de leur grande humidité et parce que le feu s'attache à l'humidité aussitôt qu'il la sent, et cela pour la raison qu'elle lui ressemble par sa nature aérienne. Le feu continue à s'en nourrir jusqu'à qu'il n'en laisse plus rien. Cela a lieu aussi pour les corps lorsqu'ils sont assez peu compactes pour se volatiliser par l'application du feu. Ils ne s'enflamment pas, par la raison qu'ils sont composés de terre et d'eau, (matières) qui résistent au feu parce que leur portion déliée [1] s'est unie à la portion épaisse par l'effet d'une coction lente et prolongée, celle qui opère le mélange des choses [2]. Expliquons cela. Toute chose qui peut se réduire à rien éprouve ce sort quand on y applique le feu, parce que le délié qu'elle renferme se sépare alors de l'épais, et que les diverses parties de cette chose étaient enchevêtrées les unes dans les autres sans qu'il y eût ni dissolution ni affinité. Cette espèce de jonction, cette intromission des parties les unes dans les autres, n'est pas un mélange, mais une simple agrégation. Il est donc facile de séparer les diverses parties (d'une chose), ainsi que cela peut se faire pour l'eau et l'huile et pour d'autres mélanges. Je vous présente cette théorie [3] afin qu'elle vous mène à la connaissance de la manière dont les natures se combinent et de leur correspondance mutuelle. Quand vous aurez appris cela d'une manière satisfaisante, vous aurez obtenu votre portion (de la connaissance) de cet (art). Sachez aussi que les humeurs [4], lesquelles sont les natures dont il est question dans cet art, ont de l'affinité les unes avec les autres et sont chacune une partie séparée d'une même substance. Elles s'y trouvent réunies toutes dans un ordre uniforme et d'après une règle unique. Rien d'étranger n'entre ni dans la totalité (de cette substance), ni dans aucune de ses parties, comme l'a très bien dit un philosophe. Si vous savez employer ces natures et les faire concorder, sans que

1 Pour بلطيفه , lisez فلطيفه . La bonne leçon se trouve dans le manuscrit D, dans l'édition de Boulac et dans la traduction turque.

2 Pour الاشياء , lisez للاشياء , avec l'édition de Boulac.

3 Littéral. « Je décris cela ».

4 Les humeurs sont le chaud, le froid, l'humide et le sec.

rien d'étranger y entre, le résultat est à l'abri de toute erreur [1]. Sachez que, si un corps ayant de la parenté avec cette nature se dissout [2] dans elle d'une manière convenable, et surtout s'il lui ressemble par la ténuité et la subtilité, elle s'étend dans ce corps et l'accompagne partout ; car les corps, tant qu'ils conservent leur densité et leur grossièreté, ne s'étendent pas (dans autre chose) et ne s'y allient pas. La dissolution des corps ne peut se faire sans (le concours d') âmes. Comprenez bien ces paroles et que Dieu vous dirige ! Sachez aussi que cette dissolution (ayant eu lieu) dans le corps de l'animal [3] est (comme) la vérité, qui ne se laisse pas anéantir ni affaiblir. C'est elle qui transmue les natures, qui les fixe et qui leur fait montrer des couleurs et des fleurs (reflets) admirables. La dissolution de toute chose qui se ferait contrairement à ce (procédé) n'est pas une véritable dissolution, parce qu'elle est contraire à la vie. Pour dissoudre (réellement) une chose, il faut employer ce qui a de l'affinité avec elle et ce qui peut en écarter l'ardeur brûlante du feu ; alors cette chose perd sa qualité grossière, et (ses) natures échangent leur état actuel contre celui de la subtilité et de la grossièreté [4] qu'il leur est permis de prendre. Lorsque les corps sont parvenus au terme de leur dissolution et de leur atténuation, il se manifeste en eux la faculté de se fixer, de se changer, de se convertir et de se pénétrer ; et chaque opération dont l'exactitude n'est pas certaine dès le commencement ne vaut rien. Sachez aussi que, d'entre ces natures, celle qui est froide sert à dessécher les choses et à en coaguler l'humidité, et que la nature chaude fait paraître l'humidité des choses et

---

1 Je lis وقوع à la place de ووقع . Le traducteur turc donne à ce passage l'interprétation suivante :

اما ایچلرینه غریبی
ادخال ایدن کیمسه خطاده واقع اولور

c'est-à-dire « la personne qui fait entrer dans elles une chose étrangère est tombée dans l'erreur ». Je ne pense pas que ce soit là le sens de la phrase arabe.

2 Le verbe حل , rendu ici par *dissoudre,* signifie aussi *descendre dans un lieu* et *se présenter.* Un peu plus loin l'auteur lui attribue évidemment la première signification.

3 Le mot animal doit avoir ici une signification dont les adeptes seuls possédaient la connaissance.

4 Il me semble que le mot والغلظ « et de la grossièreté » est de trop ; je lirais volontiers والتحليل « et de l'atténuation ».

en coagule les parties sèches. J'indique ici le chaud et le froid, parce qu'ils sont actifs, tandis que l'humidité et la sécheresse sont passives, et que la soumission de chaque élément à l'élément qui lui correspond produit les corps et leur donne l'existence. Si le chaud agit plus fortement que le froid, c'est parce que celui-ci n'a pas le pouvoir de déplacer les choses et de les remuer ; le chaud (seul) est la cause du mouvement. La cause de l'existence, c'est la chaleur ; si elle est trop faible, il n'en résulte jamais rien ; de même que, si elle agit trop fortement sur un objet et qu'il n'y ait pas là du froid, elle le brûle et le détruit. L'élément froid est donc absolument nécessaire dans ces opérations ; c'est lui qui donne à un des contraires la force de résister à l'autre et qui éloigne de lui la chaleur du feu. Il n'y a rien que les philosophes redoutassent tant que les feux trop ardents. Ils ordonnaient aussi de purifier les natures et les esprits, d'en expulser les ordures et l'humidité, d'en faire disparaître les causes de dépérissement et les impuretés.

« Telle est leur opinion bien arrêtée et leur pratique constante ; en effet, leurs opérations commencent et se terminent par le feu. Aussi disent-ils : « Gare aux feux très ardents. » Par cette recommandation, ils donnent à entendre que vous devriez écarter les causes de dépérissement qui pourraient accompagner (le sujet sur lequel on opère), car, autrement, vous auriez réuni deux choses préjudiciables au corps, et la destruction (de ce corps) n'en serait alors que plus rapide. Il en est ainsi de chaque chose ; rien ne se corrompt, rien ne se détériore que par l'opposition mutuelle de ses natures et par la diversité (de ses éléments constituants) ; qu'une chose soit placée entre deux (opposés), sans avoir rien pour la fortifier et pour l'aider, elle doit nécessairement succomber à son infirmité et périr. Sachez que les philosophes ont souvent parlé des esprits qui rentrent à plusieurs reprises dans les corps, afin de s'y attacher davantage et de leur donner plus de force pour combattre le feu, lorsqu'il [1] s'applique immédiatement à eux au moment de l'intimité. C'est du feu élémentaire que je veux parler ici. Passons maintenant [2] à la pierre dont il est possible

1 Pour اذ , lisez اذا , avec l'édition de Boulac et les manuscrits C et D.
2 Les manuscrits C et D et l'édition de Boulac portent ولنقل .

de tirer l'œuvre, et suivons ce que les philosophes en ont dit : Ils ont émis à ce sujet des avis contradictoires : les uns prétendent qu'elle existe dans le (règne) animal ; d'autres assurent qu'elle se trouve dans la plante [1], et d'autres qu'elle est dans le minéral. Enfin, selon d'autres, elle existe dans les trois (règnes).

« Je n'exposerai pas ici les détails de ces assertions [2] ni les controverses qui ont eu lieu à ce sujet parmi les adeptes, car cela me mènerait trop loin. J'ai dit plus haut que l'œuvre (existe) virtuellement dans toute chose, par la raison que les natures existent de cette manière (c'est-à-dire virtuellement) dans toute chose. Voulant maintenant vous faire savoir de quelle chose l'œuvre peut procéder, soit en puissance, soit, en acte, j'emprunterai la parole d'El-Harrani [3] : « Les teintures, dit-il, sont de deux espèces : l'une est celle du corps, comme, par exemple, le safran, (qui pénètre) dans un vêtement blanc au point de le parcourir en tous sens [4] ; cette teinture s'efface et se décompose ; l'autre, c'est la conversion d'une substance dans une autre, dont elle prend aussi la couleur. Voyez l'arbre : il convertit la terre en sa propre substance ; voyez aussi l'animal : il s'assimile la plante ; de cette manière la terre devient plante et la plante devient animal. Cette teinture ne peut exister qu'au moyen de l'âme vivante et de la nature agissante, à laquelle appartient d'enfanter les masses (corps organisés) et de changer les individualités. Cela étant ainsi, je dis que l'œuvre doit être soit dans l'animal, soit dans la plante ; et la preuve en est que ces deux (classes d'êtres) sont constituées par la nature pour recevoir de la nourriture, (chose) qui sert à les maintenir (dans l'existence) et à compléter leur (développement). La plante ne possède pas la nature subtile ni la force qui existent dans

---

1 Il faut lire avec les manuscrits C et D et l'édition de Boulac :
فمنهم من زعم انه فى
الحيوان ومنهم من زعم انه فى النبات الخ

2 Pour الدعوى , lisez الذعاوى , avec le manuscrit D et l'édition de Boulac.

3 Je crois que le *Harrani*, ou natif de Harran, dont il est fait mention ici, est le même personnage que le célèbre polygraphe El-Emir el-Mokhtar el-Mosabbihi, qui mourut au Caire l'an 420 de l'hégire (1029 de J. C.) et dont la vie se trouve dans le dictionnaire biographique d'Ibn Khallikan. (Voyez ma traduction anglaise de cet ouvrage, vol. III, p. 87.)

4 Je lis يجول à la place de يحول .

l'animal, et, pour cette raison, les sages [1] l'emploient très rarement. L'animal marque le troisième et dernier degré de la conversion : le minéral peut devenir plante, la plante peut se convertir en animal [2], mais l'animal ne peut se changer en rien qui soit plus subtil que lui. (S'il se change,) c'est pour s'en retourner à un état plus grossier. D'ailleurs, rien n'existe dans l'univers à quoi l'esprit vivant puisse s'attacher, à moins que ce ne soit l'être animé. Or l'esprit (l'âme) est ce qu'il y a de plus subtil dans l'univers, et ne s'attache à l'animal qu'à cause de sa conformité avec lui. L'âme des plantes est petite, renferme un certain degré de grossièreté et de densité ; elle reste enfermée et cachée dans la plante, ce qui tient à sa nature grossière et à celle du corps de la plante. La plante ne saurait se remuer à cause de sa propre grossièreté et de celle de son âme. L'âme qui se meut est beaucoup plus déliée que l'âme cachée (dans la plante) ; et cela parce que la faculté de se remuer est celle de prendre de la nourriture, de changer de place et de respirer. L'âme cachée ne possède que la faculté de se nourrir. Cette âme, comparée avec l'âme vivante, est comme la terre comparée avec l'eau ; il en est de même de la plante comparée avec l'animal. L'œuvre qui est dans l'animal est donc la plus élevée, la plus exaltée, la plus facile et la plus traitable de toutes. L'homme intelligent qui sait cela expérimente sur ce qui est facile à traiter, et laisse de côté ce qu'il soupçonne d'être réfractaire. » Sachez que les philosophes regardent le (règne) animal comme formant (deux) divisions, dont l'une renferme les mères, c'est-à-dire les natures, et dont l'autre se compose des enfants, c'est-à-dire les nouveautés (choses produites). Cela est, du reste, compréhensible, même à une faible intelligence. Ayant partagé de même les éléments et les enfants en (deux) divisions, dont l'une renferme les vivants et l'autre les morts, ils regardent comme actif et vivant tout ce qui peut se remuer, et comme passif et mort [3] tout ce qui ne se remue

1 Il est évident que, par ce terme, l'auteur veut désigner les alchimistes.

2 Je suis porté à croire qu'El-Harrani, l'auteur cité ici, avait écrit : « La terre peut devenir minéral, le minéral peut devenir plante, etc. » Sans cette correction, on ne comprendrait pas comment l'animal marquerait le troisième et dernier degré de la conversion.

3 Après مفعولا , insérez ميتا . Cette correction est autorisée par les manuscrits C et D et par l'édition de Boulac.

pas. Pour eux, cette division s'étend à toutes les choses : aux corps, aux individualités et aux substances minérales [1]. Ils ont appelé vivante toute chose qui se fond au feu, s'envole et s'enflamme ; aux choses qui ne possèdent pas ces propriétés, ils ont donné le nom de mortes : Pour ce qui regarde (le règne) animal et (le règne) végétal, ils ont nommé vivant ce qui peut se résoudre en quatre natures, et mort ce qui ne se résout pas. Ayant ensuite examiné toutes les divisions (des choses) vivantes, afin d'y découvrir ce qui conviendrait le mieux à cet art et qui se résoudrait en quatre éléments [2] visibles à l'œil, ils trouvèrent que c'était la pierre (philosophale) du (règne) animal. Ils essayèrent alors d'en déterminer l'espèce, et parvinrent à bien connaître cette pierre et à l'employer de manière à en tirer la chose qu'ils cherchaient. Quelquefois aussi ils tiraient cette chose des minéraux et des plantes, après avoir réuni et mêlé les substances pour en effectuer la résolution. Parmi les plantes, il y en a qui se résolvent en une partie seulement de ces produits [3], (et qui), par exemple, (ne fournissent que) la soude [4]. Quant aux minéraux, ils renferment des corps, des âmes et des esprits qui, étant mêlés et traités (convenablement), fournissent une (chose) qui a de l'influence. Nous avons opéré sur tout cela, et nous avons trouvé que le (règne) animal était le plus exalté, le plus élevé, le plus facile et le plus commode à manier. Vous avez encore à connaître quelle est la pierre qui existe dans l'animal et la manière dont elle existe. Nous avons déjà indiqué que, de tous les enfants, l'animal tient le rang le plus élevé, et que le composé (tiré) de l'animal est le plus délié de tous. Il en est de même de la plante comparée avec la terre ; elle est plus déliée, parce qu'elle est formée de la substance la plus pure de la terre et de sa partie [5] la plus subtile. Aussi doit-elle nécessairement posséder les

1 Le mot عقاقير, pluriel de عقّار , désigne toutes les parties des plantes qui servent à la médecine, à la teinture et aux arts. Joint à l'adjectif معدنية , il paraît signifier les substances minérales employées dans la médecine et dans les opérations chimiques.

2 Littéral. « sections ».

3 Littéral. « de ces sections ».

4 L'édition de Boulac et la traduction turque portent الاشنان à la place de الانسان . Cette dernière leçon n'offre ici aucun sens raisonnable.

5 Littéral. « son corps ».

qualités de subtilité et de ténuité. La pierre animale tient aussi, à l'égard de la plante, le rang que celle-ci occupe à l'égard de la terre. En somme, il n'y a rien (provenant) de l'animal, excepté la pierre, qui puisse se résoudre en quatre natures. Vous comprendrez bien ce que je viens de dire ; il n'y a que les hommes d'une ignorance manifeste qui n'y entendront rien. Je vous ai exposé en quoi cette pierre consiste, je vous en ai indiqué l'espèce, et maintenant je vous expliquerai les diverses manières de la traiter, afin de m'acquitter, s'il plaît à Dieu, de l'engagement que j'ai pris à cet égard. Voici comment cela se fait, avec la bénédiction de Dieu : Prends la noble pierre, mets-la dans la cornue et l'alambic [1] ; sépares-en les quatre natures, qui sont l'eau, l'air, la terre et le feu, c'est-à-dire le corps, l'âme, l'esprit et la teinture. Ayant séparé l'eau de la terre et l'air du feu, enlève à part chacun de ces (éléments) dans le vase qui le renferme, et prends le précipité (qui se trouve) au fond de la vase et qui est la salive. Lave cela dans un feu ardent jusqu'à ce qu'il perde sa noirceur, sa solidité et sa grossièreté ; donne-lui, en le blanchissant, une blancheur solide ; fais envoler hors de lui l'excès de l'humidité qui y est emprisonnée ; il deviendra alors une eau blanche, dans laquelle il n'y aura ni nuage, ni ordure, ni opposition mutuelle (des matières ayant des qualités contraires). Prends ensuite la première partie des natures qui s'est élevée ; purifie-la aussi en lui ôtant la noirceur et l'opposition mutuelle ; soumets-la à des lavages répétés et à des sublimations, jusqu'à ce qu'elle devienne subtile, déliée et pure. Quand tu auras fait cela, Dieu t'aura ouvert la porte, et alors tu commenceras par la combinaison, qui est le pivot de l'opération. La combinaison ne s'effectue que par mariage [2] et par trituration : marier, c'est mêler le délié avec le grossier ; triturer, c'est remuer et frotter. (Travaille) jusqu'à ce que les parties en soient bien mêlées et forment une chose unique, homogène [3] et incorruptible, qui soit analogue au mélange (fait avec) de l'eau. Le grossier aura alors la force de saisir le délié ; l'âme sera assez forte pour affronter le feu et pour y résister, et l'esprit pourra plonger dans le corps et le pénétrer partout.

1 Charger à la fois la cornue et l'alambic est un procédé des plus étranges.

2 Il faut lire لا يكون الا بالتزويج , leçon des manuscrits et de l'édition de Boulac.

3 Il faut corriger le texte et placer فيه immédiatement après اختلاط .

Cela n'a lieu qu'après la combinaison, car, une fois que le corps soluble a été marié avec l'âme, toutes ses parties se mêlent avec elle, et les unes pénétrant dans les autres à cause de leur conformité mutuelle forment une seule et même chose. Il résulte du fait de ce mélange que l'âme doit nécessairement éprouver les mêmes accidents que le corps, c'est-à-dire la santé, la corruption, la durée et la fixité. Il en est de même de l'esprit lorsqu'il se mêle aux deux : quand il les pénètre, par l'effet de la manipulation, ses parties [1] se mêlent avec celles des deux autres, c'est-à-dire de l'âme et du corps, et ferment avec elles une seule chose ; cette chose est unique, homogène et analogue à la partie générale [2] dont les natures sont parfaitement saines et dont les parties sont d'accord. Si l'on fait rencontrer ce composé avec le corps soluble, et qu'on le soumette à l'action du feu jusqu'à ce qu'on voie paraître sur sa surface l'humidité qu'il renferme, il (ce composé) se fondra dans le corps soluble. Or l'humidité est inflammable de sa nature et permet au feu de s'attacher à elle. En ce cas, le mélange d'eau empêche le feu de s'unir avec l'esprit. En effet, le feu ne s'unit avec l'huile qu'autant qu'elle est pure. L'eau a pareillement pour caractère de s'enfuir du feu ; mais, quand le feu s'y attache avec l'intention de la volatiliser, le corps sec qu'elle renferme dans son intérieur, et qui est mêlé avec elle, empêche la volatilisation. C'est donc le corps qui sert à fixer l'eau ; c'est l'eau qui donne de la persistance à l'huile, et l'huile qui rend solide la teinture ; celle-ci est la cause qui fait paraître la couleur et qui rend manifeste la qualité huileuse qui se trouve dans les choses obscures, dépourvues de lumière et ne renfermant point de vie. Tel est le corps dans son état parfait, et voilà l'œuvre. — Quant à la chose appelée œuf par les philosophes et au sujet de laquelle vous

---

1 Je lis اجزاوءها à la place de اجزاوءهما .

2 Le terme *partie générale ou universelle* ne se trouve pas dans les dictionnaires arabes qui traitent des mots scientifiques et techniques. Le grand dictionnaire imprimé à Calcutta offre toutefois une indication qui, peut-être, serait applicable ici. On y lit : « La *partie* جزء s'emploie encore pour désigner la *totalité* (d'une chose), par exemple l'âme, la tête, le visage, le cou, en parlant de l'homme. » On dit bien en français *trois têtes de bétail* pour indiquer trois animaux de cette espèce. En turc l'emploi de la partie pour désigner le tout est très commun. Il est donc possible que, chez les alchimistes, la *partie générale* soit la réunion des éléments formant le sujet sur lequel on opère.

m'interrogez, je réponds que, pour eux, ce terme ne désigne pas l'œuf de la poule. Sachez aussi qu'ils ne l'ont pas nommé ainsi sans motif, mais parce qu'ils lui ont trouvé de la ressemblance (avec l'œuf ordinaire). Me trouvant, un jour, seul avec Maslema, je lui adressai cette même question : « Digne philosophe ! lui dis-je, pourquoi les philosophes donnent-ils au composé (tiré) de l'animal le nom d'œuf ? Est-ce par fantaisie ou pour quelque bonne raison ? » Il me répondit : « Pour une raison très profonde. » Je lui dis alors : « Docte philosophe ! quelle indication utile pour notre art, quel avantage y ont-ils cru trouver pour les décider à comparer ce composé à un œuf et à lui en donner le nom ? Il me répondit : « A cause de la ressemblance qui existe entre ces deux choses et de leur parenté en composition. Réfléchissez là-dessus et vous en découvrirez la raison. » Je restai devant lui à chercher dans mon esprit la solution de la difficulté, mais je ne la trouvai pas. Voyant que j'étais absorbé dans mes pensées et que j'avais l'esprit tout préoccupé, il me tira doucement par le bras et dit : « Mon cher Abou Bekr ! c'est à cause de la relation qui existe entre ces deux choses, en ce qui regarde le degré de couleur [1] (qu'elles acquièrent) lorsque leurs natures constituantes se sont mêlées et combinées. » Ces paroles suffirent pour écarter les ténèbres de mon esprit, pour éclaircir mon cœur, et pour donner à mon intelligence la force de tout comprendre. M'étant levé de ma place en remerciant Dieu, je rentrai chez moi et dressai une figure géométrique qui devait servir à démontrer l'exactitude de ce que Maslema avait dit. Cette figure, je l'insère dans ma lettre et vous l'envoie [2]. Quand un composé de cette espèce est parfait et complet, le rapport de la nature aérienne qu'il renferme est à la nature aérienne de l'œuf comme celui de la nature ignée du même composé l'est à la nature ignée de l'œuf. Il en est de même de la nature terreuse et de la nature aqueuse. Donc je dis : deux choses qui ont ensemble de tels rapports doivent être semblables. Ainsi, par exemple, représentons la surface de l'œuf par les lettres h, r, o et h', et admettons, par supposition, que la nature [3] la plus faible du composé soit celle

1 Littéral. « la quantité des couleurs ».
2 Nous ne possédons pas cette figure géométrique.
3 Je lis طبايع .

de l'humidité ; ajoutez-y la même quantité de la nature de l'humidité, et traitez-les de telle sorte que la nature de la sécheresse fasse disparaître celle de l'humidité et s'empare de la force que celle-ci possédait. Ce que je dis ici peut vous sembler énigmatique, mais le sens ne saurait vous échapper. Ajoutez à [1] ces deux, pris ensemble, deux fois autant d'âme, c'est-à-dire d'eau, il y en aura alors six (portions) égales : Après avoir travaillé (convenablement) tout cela, ajoutez-y assez d'air, c'est-à-dire d'esprit, pour former trois portions, vous aurez alors en tout neuf (portions) égales, qui se composent d'humidité en puissance. Sous chacun des deux côtés de ce composé, dont la nature entoure la surface du composé [2], placez deux natures : vous poserez d'abord les deux côtés qui entourent cette surface, et qui sont la nature de l'eau et la nature de l'air [3] ; ces côtés sont a, h', j ; la surface est (marquée) a, b, j, d ; puis (vous ferez) de même pour les deux côtés qui entourent la surface de l'œuf et qui sont [4] l'eau et l'air, côtés (que nous désignerons par les lettres) h, z, o, h'. Alors je dis que (la surface) a, b, j, d est semblable à la surface h, z, o, h' (qui est le représentant) de la nature aérienne, laquelle est nommée esprit. La même (proportion existe) à l'égard du (côté) b, j de la surface du composé. Les philosophes ne donnent jamais à une chose le nom d'une autre chose, à moins qu'il n'y ait de la ressemblance entre elles. Quant aux termes (techniques) dont vous me demandez l'explication, la terre sainte (par exemple, je réponds que) c'est un coagulum des natures supérieures et inférieures. Le cuivre, c'est (la substance) de laquelle on a expulsé la noirceur et qui a été morcelée au point de former une poudre. Rougissez(-la) avec du vitriol, et elle deviendra cuivre. La maghnesiya (magnésie) est la pierre des adeptes dans laquelle les âmes se consolident et qui provient de la nature supérieure dans laquelle les âmes ont été emprisonnées afin de les soumettre au feu [5]. La forfora (porphyre ?) est une

1 Littéral. « portez sur ».

2 Je traduis à la lettre.

3 Entre المحيطين et طبيعة , il faut insérer بسطحه . La bonne leçon est indiquée par les manuscrits C et D et par la traduction turque.

4 Pour الدان , lisez اللذان .

5 Littéral. « afin que le feu s'oppose à elles ».

couleur rouge foncée [1], produite par (l'opération de) la nature plastique. Le plomb est une pierre douée de trois puissances (ou vertus) qui diffèrent quant à leur individualité, mais qui se ressemblent et sont de la même espèce. L'une est une puissance psychique, ignée et pure ; c'est (la puissance) active : la seconde est spirituelle, mobile et sensitive, mais (d'une nature) plus grossière que la première, et son centre est au-dessous du centre de celle-ci. La troisième puissance est terrestre, âpre et resserrée, et se laisse réfléchir vers le centre de la terre, à cause de sa pesanteur ; c'est la puissance qui saisit à la fois les puissances psychiques et spirituelles et qui les entoure. Quant au reste (de ces termes), on les a inventés et formés dans le but de dérouter les ignorants ; mais celui qui connaît les prolégomènes (de l'art) peut se passer d'autres (renseignements). Voici l'explication de tout ce que vous m'avez demandé, et j'espère qu'avec la grâce de Dieu vous verrez accomplir tous vos souhaits. Salut. »

Ici finit le discours d'Ibn Bechroun, un des élèves les plus distingués de Maslema el-Madjrîti, savant qui florissait dans le IIIe siècle et dans le siècle suivant[2]. Maslema était le maître par excellence dans les sciences de l'alchimie, de la sîmîa (magie naturelle) et de la magie (surnaturelle). Nos lecteurs viennent de voir jusqu'à quel point les adeptes détournent les mots de leur signification primitive quand ils parlent de leur art ; ils en font des logogryphes et des énigmes qu'il est presque impossible d'expliquer ou de comprendre. Cela suffit pour démontrer que l'alchimie n'est pas un de ces arts qui se pratiquent au moyen de procédés naturels [3]. Voici l'opinion que l'on doit adopter à son égard, opinion fondée sur la vérité et confirmée par les faits : c'est un de ces genres d'influence que les esprits psychiques exercent sur le monde naturel, soit par une espèce de faveur divine, si les esprits sont vertueux, soit par une espèce de magie, si les esprits sont pervers et méchants. Quant à la faveur divine, elle se reconnaît facilement ; quant à la magie, (nous avons dit,) à l'endroit où nous en avons démontré la réalité, que le magicien transforme les êtres matériels par le moyen d'une puissance magique dont il est le possesseur, et que, selon les

1 Je lis قان , avec l'édition de Boulac.

2 Ceci est une erreur : Maslema florissait dans le IVe siècle de l'hégire.

3 Littéral. « n'est pas un art naturel ».

adeptes, il ne saurait se passer d'un sujet [1] sur lequel son action magique doive s'exercer. Ainsi, par exemple, il peut créer certains animaux avec la matière de la terre, ou avec des cheveux, ou avec des plantes ; en un mot, il peut les créer d'une autre matière que celle dont Dieu s'était spécialement servi pour les former. C'est ce que firent les magiciens de Pharaon avec leurs cordes et leurs bâtons [2], et c'est ce que font encore, dit-on, les nègres et les Indiens, habitants des régions lointaines du Sud, ainsi que les Turcs qui demeurent au fond des terres septentrionales. On rapporte que ces gens font descendre la pluie du ciel par l'emploi de la magie, et opèrent encore d'autres prodiges. Or, puisque l'alchimie est l'art de créer de l'or avec une matière qui n'était pas spécialement destinée à la formation de ce métal, nous devons la regarder comme une espèce de magie. Les philosophes les plus distingués qui en ont traité, Djaber, par exemple, et Maslema, ainsi que leurs prédécesseurs parmi les savants d'autres nations, l'ont envisagée sous ce point de vue ; et voilà pourquoi ils s'expriment en énigmes. La vérité est qu'ils craignaient la réprobation dont les diverses religions ont frappé la magie dans toutes ses branches. Ce ne fut pas [3] dans le but de s'en réserver exclusivement la connaissance qu'ils adoptèrent cet usage, quoi qu'en disent certaines personnes qui ne se sont pas donné la peine d'approfondir la question. Voyez ce qu'a fait Maslema : il intitula son traité d'alchimie Retbat el-Hakîm (le gradin du sage), et donna à son ouvrage sur la magie et les talismans le titre de Ghaïat el-Hakîm (le terme du sage), indiquant ainsi que le Ghaïa était d'une portée plus générale, et que le Retba avait une portée plus restreinte. En effet, le mot ghaïâ (terme, extrême) indique une idée d'élévation que le terme retba (gradin, échelon) ne comporte pas. D'ailleurs, les problèmes discutés dans le Retba sont identiques, par leur sujet, avec une partie de ceux qui se trouvent dans le Ghaïa, ou bien ils ont une grande analogie avec eux. La manière dont l'auteur s'y exprime, en traitant ces deux branches de sciences, fournit encore une preuve évidente de ce que je viens de dire. J'exposerai plus loin l'erreur de ceux qui prétendent que les moyens dont on se sert dans l'alchimie

1 Littéral. « d'une matière ».
2 Qu'ils convertirent en serpents.
3 Pour لأن , lisez لا ان .

sont tout à fait naturels [1]. Dieu sait tout et est au courant de tout. (Coran, sour. LXXI, vers. 3.)

La philosophie est une science vaine en elle-même et nuisible dans son application.

Ce chapitre et ceux qui suivent méritent une sérieuse attention, parce que les sciences [2] (dont nous y traiterons) sont des accidents propres à la civilisation, et parce qu'elles fleurissent dans presque toutes les (grandes) villes, où elles nuisent beaucoup [3] à la religion. Cela nous oblige à dévoiler le vrai caractère de la philosophie et à indiquer ce que nous devons en penser.

(Nous remplissons ce devoir), parce que des hommes d'une haute intelligence ont prétendu que, au moyen de la spéculation et de l'emploi de déductions intellectuelles, on pourrait arriver à la perception tant de l'être sensible que de celui auquel les sens ne peuvent pas atteindre, et que l'on pourrait aussi connaître l'essence réelle de l'être, les circonstances qui s'y rattachent, et ses causes tant directes qu'indirectes. Ils ont enseigné aussi que les dogmes de la foi, étant du nombre des choses qui rentrent dans le domaine de l'intelligence, peuvent être établis au moyen de la raison, sans qu'on ait recours à la foi [4].

Tels sont les hommes que l'on désigne par le terme felasefa, pluriel de fîlasouf, mot qui appartient à la langue grecque et signifie aimant la sagesse. S'étant mis à examiner cette matière, ils y donnèrent toute leur attention, dans l'espoir d'arriver au but qu'une pareille étude semblait leur offrir, et inventèrent un système de règles qui devait servir à diriger l'intelligence dans ses spéculations, pendant qu'elle chercherait à distinguer le vrai du faux. A ce système ils donnèrent le nom de logique.

Leur doctrine aboutit à ceci. La spéculation, au moyen de laquelle on parvient à distinguer le vrai du faux, s'exerce par l'entendement,

1 Littéral. « que les perceptions ou les fruits (*medarik*) de cette chose (s'obtiennent) par un art naturel ».
2 Il faut lire لان هذه العلوم , avec le manuscrit C et l'édition de Boulac.
3 Pour كبير , lisez كثير , avec l'édition de Boulac et les manuscrits C et D.
4 Littéral. « à l'audition ».

pendant qu'il opère sur des idées, dérivées d'êtres individuels. Au moyen de l'abstraction, il tire d'abord de ces individus certaines formes qui s'adaptent à eux tous, ainsi qu'un cachet s'adapte à toutes les impressions qu'il aura laissées sur l'argile ou sur la cire. Ces formes détachées s'appellent les premiers intelligibles. On aborde ensuite ces (intelligibles, ou) idées universelles, et, si elles ont quelque chose de commun avec d'autres idées [1] (générales), dont elles diffèrent cependant au point que l'entendement puisse s'en apercevoir, on abstrait de ces deux classes les idées qui leur sont communes ; on opère ensuite sur celles-ci, dans le cas où elles ont quelque chose de commun avec un autre ordre d'idées, et l'on continue l'abstraction jusqu'à ce qu'on arrive à des idées simples et universelles, renfermant toutes les idées, tous les individus, et se refusant à une nouvelle abstraction. Ces dernières idées sont ce qu'on appelle les espèces supérieures. Toutes les idées abstraites, non perceptibles par les sens, se désignent par le terme seconds intelligibles, tant qu'elles se combinent les unes avec les autres, pour conduire à l'acquisition des connaissances. Quand la faculté réflexive envisage ces intelligibles abstraits et cherche à en retirer la forme (ou idée) vraie de l'être, l'entendement doit nécessairement combiner quelques-unes de ces idées avec d'autres, ou les en séparer. Il se sert alors d'un mode de démonstration fourni par la raison et certain dans ses résultats, et parvient ainsi à obtenir une forme de l'être qui sera parfaitement vraie et qui s'accordera (avec la réalité). Mais, pour y parvenir, il doit se guider d'après un bon système de règles, comme celui dont nous venons de parler.

Selon les philosophes, la formation des jugements ou propositions affirmatives, c'est-à-dire la combinaison (des idées), prévaut, à la fin, sur la formation des concepts, de même que celle-ci avait prévalu, au commencement, sur la formation des jugements, et avait donné plus de connaissances (à l'âme). « Car, disent-ils, l'acte de former des concepts d'une manière parfaite est le but unique auquel la perception doit viser ; mais, pour y atteindre, il est nécessaire d'employer la faculté qui forme des jugements ; et, si tu entends lire, dans les ouvrages des logiciens, que l'opération conceptive a lieu d'abord et que celle de juger en est une conséquence, cela indique seulement que le fait paraît être ainsi, et ne signifie pas que

1 Pour معانى , lisez معان .

ce soit un fait bien constaté. » Telle est la doctrine de leur grand maître, Aristote.

Ils prétendent aussi que le bonheur (suprême) consiste à obtenir la perception de tous les êtres, tant de ceux qui sont les objets des sens que de ceux auxquels les sens ne peuvent atteindre, et que l'on y parvient en employant la spéculation et les démonstrations dont il est déjà fait mention.

Je vais indiquer sommairement ce que leur procure la perception de l'être, à quoi la perception aboutit [1], et ce qui sert de base à toutes les diverses ramifications (de doctrine) qui sont sorties des conclusions fournies par leurs spéculations [2]. Un jugement fondé sur la vue même [3] (des corps matériels) et sur le témoignage des sens leur apprit l'existence des corps matériels [4] ; leur faculté perceptive monta ensuite un peu plus haut, et leur fit reconnaître que l'existence de l'âme est démontrée par deux facultés qui se trouvent chez les animaux, celle de se remuer et celle de percevoir au moyen des sens. La puissance de l'intelligence leur fit ensuite distinguer les facultés de l'âme, et, dès lors, leur perceptivité cessa d'agir. Ils formèrent ensuite, à l'égard du corps élevé et céleste (c'est-à-dire immatériel), le même jugement qu'ils avaient déjà conçu au sujet de l'essence de l'humanité (la nature humaine). A les en croire, la sphère (céleste), de même que l'homme, doit posséder une âme et une intelligence. Puis ils portèrent cela (c'est-à-dire le nombre des sphères) à dix, celui des unités premières, dont neuf, (selon eux) ayant chacune leur essence distincte, formaient chacune avec les autres une compagnie, et dont une seule, c'est-à-dire la dixième, était première et isolée. Selon eux, le bonheur que la perception de l'être fait éprouver résulte de cette direction donnée au jugement, de la correction de l'âme et de son anoblissement par l'acquisition de belles qualités. Cela, disaient-ils, est possible pour l'homme ; quand même il n'aurait pas reçu une loi révélée qui le mettrait en mesure de distinguer les bonnes actions des mauvaises, il y

1 Je lis وما الت , avec l'édition de Boulac.
2 Il faut lire قضايا انظارهم , avec le manuscrit C, l'édition de Boulac et la traduction turque. Le sujet de la proposition est حاصلة مداركهم ; l'attribut en est la phrase qui commence ainsi : انهم عثرو .
3 Pour الوجود , lisez الشهود , avec le manuscrit C, l'édition de Boulac et la traduction turque.
4 Littéral. « du corps inférieur ».

parviendrait par la force de son intelligence, par ses spéculations et par suite d'une disposition naturelle qui le porte [1] à faire des actes louables et à s'abstenir de ce qui mérite le blâme. L'âme, parvenue à cet état, éprouve une joie et un plaisir extrêmes ; ne pas connaître cette félicité est pour elle la misère éternelle : voilà en quoi consistent le bonheur et les peines de l'autre vie [2]. Nous omettons d'autres opinions absurdes qu'ils professent à ce sujet et que leurs discours ont fait assez connaître.

Leur grand maître dans ces doctrines, celui qui en exposa les divers problèmes, qui en réunit les principes dans un corps d'ouvrage et en mit par écrit les démonstrations, fut, à ce que nous avons appris, il y a bien des années, le Macédonien Aristote, disciple de Platon, précepteur d'Alexandre, et natif d'un pays grec appelé la Macédoine. On le nommait le premier précepteur par excellence, parce qu'il fut le premier qui enseigna la logique. Personne avant lui n'avait réduit cet art en système ; ce fut lui qui en disposa les règles dans un ordre convenable, qui en examina tous les problèmes et les traita d'une manière complète. Dans la rédaction de ce système de règles, il déploya un grand talent, s'il faut lui attribuer les doctrines enseignées par les philosophes relativement à la métaphysique [3].

Il y eut ensuite, parmi les musulmans, quelques hommes qui accueillirent ces doctrines et suivirent les opinions d'Aristote, sans penser à s'en écarter. Cela eut lieu, parce que les khalifes Abbacides avaient fait traduire du grec en arabe les livres de ces anciens philosophes, et que beaucoup de personnes appartenant à notre religion s'étaient mises à les parcourir. Parmi les amateurs des connaissances (nouvelles), il y en eut qui adoptèrent toutes ces opinions, parce que Dieu leur avait permis de tomber dans l'égarement. Ils commencèrent par défendre les nouveautés qu'ils avaient apprises, puis ils eurent entre eux-mêmes des discussions au sujet des corollaires auxquels ces doctrines donnaient naissance. Parmi les plus notables d'entre ces philosophes, on distingue Abou Nasr el-Farabi, qui florissait dans le IVe siècle [4], du temps de Seïf

1 Lisez وميله.
2 Je lis فى الاخرة, avec l'édition de Boulac et le manuscrit C.
3 La phrase arabe est très obscure, mais je pense en avoir rendu le sens.
4 On trouvera un bon article sur El-Farabi dans les *Mélanges de philosophie juive et arabe* de M. Munk, p. 341 et suiv.

ed-Doula [1], et Abou Ali Ibn Sîna (Avicenne), qui vivait dans le Ve siècle [2], à l'époque où les Bouïdes régnaient à Ispahan.

Sachez maintenant que les opinions énoncées par les philosophes sont fausses de toutes les manières : en attribuant (l'existence de) tous les êtres à la première intelligence, sans juger nécessaire de remonter jusqu'à l'Être nécessaire, ils sont restés courts (dans le champ de la spéculation) ; car au delà de cette intelligence se trouvent divers ordres d'êtres créés par Dieu. L'univers est trop étendu pour être embrassé par l'esprit humain, et Dieu crée ce que vous ne savez pas [3]. En se bornant à affirmer l'existence de la (première) intelligence, sans se soucier de ce qui se trouve au delà, ils firent comme ces physiciens qui, se contentant d'affirmer l'existence du corps sans se préoccuper de l'âme et de l'intelligence (de l'homme), croient qu'au delà du corps rien n'existe dans la classe des êtres.

Les démonstrations qu'ils emploient pour justifier leurs assertions au sujet des êtres, démonstrations qu'ils éprouvent [4] dans la balance de la logique et qu'ils soumettent aux règles de cet art, sont incomplètes, et ne suffisent pas au but pour lequel elles sont désignées. La partie de leur doctrine qui regarde les êtres corporels et qu'ils appellent la science naturelle (la physique) offre le même défaut, car il n'y a rien de certain dans la conformité qu'ils prétendent exister entre les résultats intellectuels auxquels leurs définitions et raisonnements les ont conduits et ce qui est dans l'externe (l'objectif). En effet, ces résultats sont tous des jugements universaux de l'entendement, tandis que les êtres externes sont particuliers par leur matière (leur nature) ; or il se peut que dans la matière se trouve quelque chose qui empêche la conformité de l'intelligible universel avec l'externe particulier. Exceptons toutefois les cas où cette conformité a pour elle le témoignage des sens, mais ici la preuve n'est pas fournie par le raisonnement, mais par l'observation. Où est donc la certitude qu'ils prétendent trouver dans le raisonnement ? Quelquefois aussi l'entendement se

1 Seïf ed-Doula, souverain d'Alep, du nord de la Syrie et des contrées voisines, mourut l'an 356 (967 de J. C.).

2 Avicenne mourut l'an 428 de l'hégire (1037 de J. C.), à l'âge de cinquante-sept ans. (Voyez *Mélanges, etc.* de M. Munk.)

3 Il faut lire تعلمون à la place de يعمون . (Voyez *Coran*, sour. XVI, vers. 8.)

4 Pour وا , lisez و .

sert de premiers intelligibles ayant avec les (êtres) particuliers une conformité imaginaire, et n'emploie pas les seconds intelligibles obtenus par l'abstraction du second degré [1]. En ce cas, le jugement (porté par l'entendement) est vrai et équivaut à une sensation, parce que les premiers intelligibles sont plus conformes à l'externe par suite de leur accord avec lui. On peut donc admettre ce que les philosophes disent sur ce point, mais nous ne devons pas nous occuper de telles matières, parce qu'elles entrent dans la catégorie des choses dont l'examen nous est défendu par cette maxime : Le vrai croyant doit s'abstenir de ce qui ne le regarde pas. En effet, les questions naturelles n'ont aucune importance pour nous, sous le point de vue de la religion ni sous celui de l'entretien de la vie. C'est donc pour nous un devoir de ne pas nous en occuper.

Passons à leurs jugements au sujet des êtres qui sont hors de la portée des sens, c'est-à-dire des êtres spirituels, ceux dont l'étude forme la science divine, ou la métaphysique. Je ferai observer que l'essence de ces êtres nous est absolument inconnue, que la compréhension ne saurait l'atteindre et que le raisonnement est incapable de nous la faire connaître. La preuve en est que l'abstraction appliquée aux êtres externes particuliers dans le but d'en obtenir des intelligibles (universaux) n'est possible qu'à l'égard des êtres dont la perception peut s'obtenir au moyen des sens, et, en ce cas, cette abstraction fournit des universaux ; mais, en ce qui concerne les essences spirituelles, nous sommes incapables d'en obtenir des perceptions qui nous fourniraient, par l'abstraction, d'autres quiddités ; car nos sens forment un voile qui s'interpose entre nous et ces essences. On ne peut donc pas employer le raisonnement à leur égard, et on ne possède aucun moyen qui nous permette d'en établir l'existence. J'en excepte seulement ce que nous trouvons en dedans de nous-mêmes [2] relativement à l'âme humaine et au caractère de ses perceptions, surtout dans les songes, qui ont lieu pour tous les hommes. Ce qui est au-dessus de cela, tel que la nature de l'âme et ses attributs, est une matière si profonde, qu'il

---

1 Le texte est ici altéré. Je lis :
بالصور الخيالية لا فى المعقولات الثوانى
تجويدها فى الرتبة الثانية

Telle est la leçon suivie par le traducteur turc et offerte par l'édition de Boulac.
2 Littéral. « entre nos deux côtés ».

n'y a aucun moyen d'en prendre connaissance.

Les philosophes les plus exacts ont bien reconnu cette vérité, puisqu'ils ont déclaré que l'immatériel ne saurait être l'objet du raisonnement, vu qu'il est de règle que les prémisses d'un raisonnement (ou syllogisme) doivent être essentiellement vraies [1]. Platon, le plus grand de tous, a dit qu'on ne peut rien apprendre de certain au sujet des choses divines (des êtres métaphysiques), et qu'on ne peut en parler que d'après des vraisemblances et des probabilités, c'est-à-dire d'après des suppositions. Or, puisque nous ne parvenons à former une supposition qu'à la suite d'un effort et d'un travail d'esprit, et que la supposition qui paraît la plus probable nous suffit, de quelle utilité peuvent être ces sciences (métaphysiques) et leur étude ? Et nous aussi, nous voudrions obtenir la certitude en ce qui regarde les êtres qui sont au delà des sens, (certitude) dont l'acquisition, selon les mêmes philosophes, doit être le but vers lequel se dirigera la réflexion.

Leur opinion que le bonheur suprême se trouve dans la perception de l'être tel qu'il est réellement, et que cette perception s'opère par l'emploi du raisonnement, est fausse et doit être rejetée. Expliquons cela. L'homme est composé de deux parties, dont l'une, la partie spirituelle, est mêlée avec l'autre, qui est la partie corporelle. Chacune de ces parties a des moyens de perception qui lui sont propres, mais il n'y a qu'une seule partie, la partie spirituelle, qui recueille ces deux classes de perceptions. Elle reçoit tantôt des perceptions spirituelles et tantôt des perceptions corporelles, obtenant les premières par sa propre essence et sans intermédiaire, et les secondes au moyen des instruments du corps, savoir le cerveau et les sens. Chaque être capable de perception éprouve du plaisir dans l'acte de percevoir. L'enfant, à qui les premières perceptions corporelles arrivent, éprouve du plaisir à voir la lumière et à entendre des sons. La jouissance que l'âme ressent en recueillant des perceptions au moyen de sa propre essence et sans intermédiaire est, sans aucun doute, la plus douce et la plus vive de toutes. Aussi, quand l'âme spirituelle reçoit une perception au moyen de cette faculté perceptive qui existe dans son essence et qui agit sans intermédiaire, elle éprouve une satisfaction et un plaisir indicibles ; mais ce genre de perception ne peut s'opérer ni au moyen de la spécu-

1 Littéral. « essentielles ».

lation ni au moyen de la science. Pour l'exercer, il faut que le voile des sens soit écarté et que les perceptions corporelles disparaissent tout à fait.

Les Soufis recherchent souvent ces impressions afin d'éprouver le plaisir qui les accompagne, et, pour y parvenir, ils exercent sur eux-mêmes des austérités dans la vue d'amortir les facultés [1] du corps et de faire disparaître les perceptions qui lui sont propres. Ils essayent même de supprimer dans le cerveau la faculté de la réflexion, afin que l'âme se trouve en état de recueillir, au moyen de son essence, les perceptions qui lui sont spéciales ; ce qui lui arrive quand elle se trouve débarrassée des perceptions corporelles qui viennent se mêler à elle et qui l'empêchent d'agir. Ils parviennent, de cette manière, à éprouver un sentiment de joie et de plaisir qu'on ne saurait exprimer. Quand même nous admettrions la vérité de ce qu'ils disent à ce sujet, nous ne devons pas moins déclarer que les (moyens dont ils font usage) sont insuffisants.

« Les preuves et démonstrations fournies par la raison suffisent, disent les philosophes, pour procurer à l'âme ce genre de perceptions et le plaisir qui en résulte. » Cela est complètement faux, ainsi qu'on vient de le voir : tout ce qui est démonstration et preuve fait partie des perceptions corporelles, puisque cela dérive des facultés du cerveau, telles que l'imagination, la réflexion et la mémoire ; or la première chose à faire, lorsqu'on veut obtenir la faculté de percevoir (les êtres du monde spirituel), c'est d'anéantir les puissances du cerveau, parce qu'elles s'opposent à l'exercice de cette faculté et lui portent atteinte.

Nous voyons les plus habiles parmi eux s'appliquer à l'étude de certains livres, tels que le Kitab es-Chefa, l'Icharat, le Nedjat [2] et les traités dans lesquels Ibn Rochd (Averroès) a résumé le Fass (ou Organon) d'Aristote. Ils s'occupent à les feuilleter et à bien se

---

1 Pour والقوى , lisez القوى .

2 Ces trois ouvrages sont d'Avicenne. M. Munk nous a fait connaître le contenu de la grande encyclopédie philosophique intitulée *Es-Chefa.* (*Voy. Mélanges de philosophie juive et arabe*, p. 355.) Le *Nedjat* est un abrégé de cet ouvrage ; il se trouve imprimé à la fin de l'édition du *Canoun. L'Icharat oua-t-Tenbîhat* (indications et avertissements) est un petit recueil de doctrines et maximes philosophiques. On a composé un grand nombre de commentaires sur ce dernier livre, qui, à ce que nous apprend le bibliographe Haddji Khalifa (t. I, p. 301), est très obscur et fort difficile à comprendre.

pénétrer des démonstrations qu'ils renferment, dans l'espoir d'y trouver cette portion de bonheur (suprême qu'on leur avait promis) ; mais ils ne se doutent pas qu'en procédant ainsi ils multiplient les obstacles qui s'opposent à leur progrès. Pour agir de cette manière, ils se sont fiés à une parole que l'on attribue à Aristote, ou à El-Farabi, ou à Ibn Sîna (Avicenne), et qui est ainsi conçue : « Celui qui réussit à percevoir l'intelligence active, et qui s'est mis en contact avec elle dans la vie de ce monde, a obtenu la portion de bonheur qui lui revient. » Ils entendent par le terme intelligence active la première classe des êtres spirituels, qui se laisse percevoir quand le voile des sens est écarté, et ils posent en principe que le contact avec cette intelligence s'opère au moyen d'une faculté perceptive qui s'acquiert par l'étude. Le lecteur a déjà reconnu la faiblesse de cette doctrine. Au reste, Aristote et ses disciples ont entendu, par les mots contact et perception, cette perception que l'âme exerce au moyen de sa propre essence et sans intermédiaire, mais qui n'a lieu qu'après l'entier écartement des voiles des sens.

Ils enseignent que la jouissance produite par ce genre de perception est réellement le bonheur (suprême) qui a été promis (aux hommes) ; mais c'est encore là une doctrine chimérique. Nous savons, d'après les principes établis par eux-mêmes, qu'il se trouve, au delà de l'action des sens, un autre genre de perception appartenant à l'âme et exercé par elle sans aucun intermédiaire ; nous savons même que cette perception procure à l'âme une joie extrêmement vive ; mais rien ne nous dit que ce soit là le bonheur qu'on doit éprouver dans l'autre monde. Je ne nie pas toutefois qu'une telle perception ne soit une des jouissances dont ce bonheur se composera.

« Le bonheur, disent-ils encore, consiste en la perception des êtres (spirituels) et à les voir tels qu'ils sont. C'est là une opinion tout à fait insoutenable. Nous avons déjà fait remarquer, en signalant les erreurs et méprises auxquelles la doctrine du tauhîd a donné lieu, combien est faux le principe que ce qui existe se borne, pour chaque être capable de perception, aux seules perceptions qu'il a pu recueillir. « Ce qui existe, avons-nous dit (ailleurs), est trop vaste pour être compris (par notre entendement) ; l'homme ne saurait saisir en totalité ni les êtres spirituels ni les êtres corporels. »

Il résulte de toutes les opinions rapportées ici comme provenant des philosophes que la partie spirituelle (de l'homme), aussitôt qu'elle se détache des facultés corporelles, exerce un genre de perception qui lui est propre et qui s'applique à une certaine classe de perceptibles, c'est-à-dire aux êtres dont l'homme peut prendre connaissance. Or cette partie est incapable de les connaître tous et d'en embrasser la totalité, car le nombre des êtres est sans limite [1]. Le sentiment de plaisir que cette perception peut procurer est analogue à celui que l'enfant, dans son premier âge, ressent aux perceptions qu'il recueille par la voie des sens. Comment donc osent-ils affirmer que la connaissance de la totalité des êtres nous sera acquise, et que le bonheur (éternel), celui que le législateur (inspiré) nous a promis, sera alors notre partage, quand bien même nous n'aurions pas travaillé pour mériter cette faveur ? Repoussons avec horreur de pareilles déclarations.

Ils disent encore que l'homme a le pouvoir de corriger son âme et de l'épurer en s'habituant à des actes louables et en évitant ce qui mérite le blâme. Cette proposition est fondée sur l'opinion que le plaisir éprouvé par l'âme, en obtenant des perceptions au moyen de sa propre essence, est, en réalité, le bonheur (suprême) qui a été promis aux hommes. « En effet, disent-ils, les (pensées et les actes) vils empêchent l'âme d'accomplir ce genre de perceptions, en la soumettant à l'influence des facultés que le corps lui a fournies et en lui communiquant la teinture qu'il a contractée. » A cet égard, nous avons déjà fait observer que la félicité et la misère (éternelles) sont des sujets placés hors de la portée des facultés perceptives tant du corps que de l'âme. Donc cette correction de l'âme, correction au moyen de laquelle ils prétendent arriver à la connaissance du (bonheur éternel), ne sert qu'à procurer la jouissance qui résulte de la perception opérée par l'âme, perception qui résulte de l'emploi des syllogismes et des lois du raisonnement ; mais quant à ce bonheur que le législateur (inspiré) nous a promis, sous la condition que nous obéirions à ses ordres en faisant de bonnes actions et en travaillant pour acquérir des qualités louables, c'est là un sujet auquel les facultés perceptives d'aucune créature douée de perception ne sauraient atteindre.

Leur grand oracle, Abou Ali Ibn Sîna (Avicenne), s'était aperçu de cette vérité, ayant inséré dans son Kitab el-mebda oua'l-maad

1 Pour ينحصر , lisez تنحصر .

(traité de l'origine de l'âme et de son retour à Dieu) [1] un passage dont voici le sens : « Le retour de l'âme et tout ce qui s'y rattache sont de ces choses qu'on parvient à connaître au moyen des preuves intellectuelles et du raisonnement, car elles sont en rapport direct avec ce qui est dans la nature, rapport parfaitement bien connu ; elles se présentent aussi de la même manière que les autres choses naturelles. Nous avons donc [2] assez de latitude pour les discuter à l'aide du raisonnement. Mais quant à la résurrection du corps et à ce qui s'y rattache, rien de tout cela ne se laisse démontrer par la simple raison, vu que ce sont des matières auxquelles il n'y a rien d'analogue. On les trouvera exposées dans la loi véridique mohammédienne, et c'est là où il faut en revenir si l'on veut obtenir des éclaircissements sur ce sujet. »

Le lecteur voit maintenant que cette science ne conduit pas au but que les philosophes se sont proposé et autour duquel ils tournent encore sans l'atteindre. Ajoutons qu'elle renferme des principes contraires à la loi divine et en opposition avec le sens évident des textes sacrés. La seule utilité qu'elle peut avoir, autant que nous le sachions, c'est d'aiguiser l'esprit en le rendant capable d'obtenir, au moyen de preuves et de démonstrations, la faculté de raisonner avec exactitude et justesse. Cela doit arriver, parce que l'art de la logique impose l'obligation d'observer scrupuleusement les lois qui règlent la forme et [3] la composition des syllogismes.

On fait un grand usage des syllogismes dans les sciences philosophiques, telles que la physique, les mathématiques et la métaphysique. L'étudiant qui cultive ces branches de connaissances parvient donc, à force d'employer fréquemment la démonstration et d'observer les lois du raisonnement, à acquérir la faculté d'exposer avec netteté et précision les arguments et les preuves dont il veut se servir. Ces arguments (fondés sur la raison) ne suffisent toutefois pas au but que les philosophes se sont proposé ; on peut tout au plus les regarder comme les règles les plus sûres à observer dans la discussion des questions spéculatives [4].

Voilà, en somme, l'utilité de cet art. Ajoutons qu'il nous fait con-

---

1 Le mot له est de trop.

2 Pour قانا , lisez فانا .

3 Pour او , lisez و .

4 Pour الاظهار , lisez الانظار , avec les manuscrits C et D et l'édition de Boulac.

naître les systèmes de doctrine professés chez les divers peuples de l'univers et les opinions de ces peuples. Quant au mal qui en résulte, le lecteur vient de l'apprendre. Aussi je recommande fortement à celui qui veut étudier ces sciences de se tenir toujours en garde contre les suites pernicieuses qui en résultent, et de ne pas s'y engager avant de s'être bien pénétré des doctrines renfermées dans la loi divine et de s'être mis au courant de ce que l'exégèse coranique et la jurisprudence offrent de certain. Personne ne doit s'y appliquer, qui ne s'est pas rendu maître [1] des sciences religieuses. Il y a malheureusement peu d'étudiants en philosophie qui parviennent à éviter les dangers que je viens de signaler. C'est Dieu qui, par sa grâce, conduit les hommes à la vérité ; c'est lui qui leur sert de guide, et, si Dieu ne nous avait pas dirigés, nous n'aurions jamais pu nous tenir dans la bonne voie. (Coran, sour. VII, vers. 41.)

La vanité de l'astrologie démontrée. — Cet art est fondé sur des principes dont la faiblesse est évidente. — Les conséquences en sont dangereuses.

Les professeurs de cet art prétendent que, par la connaissance des vertus [2] des astres et de leur influence sur les êtres simples et les êtres composés auxquels les éléments ont donné naissance, on peut savoir d'avance les événements futurs. D'après ce principe, les positions des sphères [3] et des astres indiqueraient les événements de toute espèce [4] qui doivent arriver, tant généraux que particuliers.

Les anciens astrologues pensaient que la connaissance des vertus des astres et de leurs influences s'obtenait par l'expérience, et que, pour y parvenir, il faudrait vivre pendant une époque bien plus longue que les âges réunis de tous les hommes. « En effet, (disaient-ils,) l'expérience est le fruit d'observations plusieurs fois répétées dans le but d'arriver à une connaissance (certaine) ou à une supposition (probable). Mais quelques astres prennent une période très longue pour faire une révolution, et, pour en faire

1 Je lis خلىّ à la place de خلو .
2 Littéral. « des forces ».
3 Pour الافارك , lisez الافلاك , avec l'édition de Boulac et les manuscrits C et D.
4 Pour انوع , lisez انواع .

plusieurs, il leur faudrait une suite de siècles bien plus étendue que les âges réunis de tous les hommes. »

D'autres astrologues moins intelligents déclarèrent que la connaissance des vertus des astres et de leurs influences s'était obtenue par une révélation divine. C'est là une opinion si mal fondée, que nous n'avons pas besoin de la réfuter. Une preuve évidente de sa fausseté nous est offerte par le fait que, de tous les hommes, les prophètes étaient les plus éloignés de la pratique des arts, et qu'ils n'entreprenaient jamais de prédire les événements futurs, excepté dans les cas où Dieu leur en donnait l'autorisation. Comment donc ces gens (les astrologues) osent-ils prétendre qu'ils connaissent l'avenir au moyen d'un certain art et enseigner une telle doctrine à leurs disciples ?

Ptolémée et les astrologues des derniers siècles pensaient que les indications fournies par les astres étaient dans l'ordre de la nature, puisqu'elles provenaient d'un mélange qui s'était fait entre les astres et les êtres matériels [1]. « L'action des deux grands luminaires, dit-il, et leur influence sur les êtres matériels sont si manifestes, que personne ne saurait les nier. Telle est, par exemple, l'action du soleil, qui amène la vicissitude des saisons, dont elle change même les températures, et qui opère la maturation des fruits et des grains ; telle est aussi l'action exercée par la lune sur les êtres de constitution humide et sur l'eau, sur la coction des matières sujettes à se corrompre et sur le concombre [2]. » Il dit plus loin : « Après les deux grands luminaires [3], viennent les astres ; et, à leur égard, nous avons deux manières d'opérer. Dans la première, on accepte franchement les doctrines transmises à leur sujet par les grands maîtres dans cet art ; mais c'est là une concession dont l'esprit n'est

1 Littéral. « les êtres élémentaires », c'est-à-dire formés des quatre éléments.

2 Cela veut dire sans doute que les cucurbitacés arrivent à leur maturité à l'époque de la pleine lune, et qu'à partir de ce moment leur chair se détériore.

3 L'auteur nous apprend plus loin que ces passages ont été pris dans les ouvrages de Ptolémée, et surtout dans le *Livre des quatre*, c'est-à-dire le traité d'astrologie, intitulé *Tefrabiblion* ou *Quadripartitum.* Je les ai cherchés dans le texte grec de cet ouvrage sans pouvoir les trouver. On a déjà vu (1e partie, p. 81) que les Arabes possédaient une prétendue traduction de la *Politique* d'Aristote et de ses *Économiques.* L'ouvrage qu'ils citent comme une traduction de l'histoire de Paul Orose, et dont Ibn Khaldoun a inséré plusieurs extraits dans son histoire ante-islamite, est une fabrication du même genre, et je suis très porté à croire que le *Livre des quatre* est encore une de ces prétendues traductions.

nullement satisfait. Dans la seconde, on a recours à des conjectures et à l'expérience : on compare chacun de ces astres avec un des grands luminaires dont la nature et l'influence sont évidentes et bien connues [1] ; on examine ensuite si la vertu et le tempérament de cet astre augmentent en force lorsqu'il est en conjonction (avec le soleil), et l'on s'aperçoit ainsi si l'astre, par sa nature, s'accorde (avec le soleil) ou s'il perd sa force ; dès lors, on a reconnu les (influences qui sont) contraires à celle (de l'astre). Ayant ainsi découvert. les vertus de chaque astre observé isolément, on sait quelles seront les vertus des astres réunis. Pour y parvenir, on les étudie quand ils sont en trine aspect, en quadrature, etc. Les connaissances qu'on acquiert ainsi dérivent (de celle) des natures des (douze) signes comparées avec celles du grand luminaire. C'est ainsi qu'on parvient à connaître les vertus de tous les astres. Qu'ils influent sur l'atmosphère, c'est une chose évidente, et le mélange de ces influences avec l'atmosphère réagit sur tout ce qui est au-dessous en fait d'êtres qui ont en une naissance. Les gouttes de sperme et les germes tirent de là leurs caractères particuliers et deviennent des états [2] pour les corps qui doivent s'en former, ainsi que pour les âmes qui se rattacheront à ces corps, qui y entreront par infusion et leur devront la plénitude de leur existence. Ces gouttes et germes sont aussi des états pour tout ce qui est accessoire aux âmes et aux corps, puisque leur caractère essentiel reparaît dans les êtres auxquels ils donnent naissance. » Il dit plus loin : « C'est là mon opinion personnelle, mais je ne la donne nullement pour certaine. (L'influence des astres) ne procède pas d'un décret divin, » — l'auteur veut dire de la prédestination (de Dieu) ; — « elle consiste uniquement en une réunion de ces influences naturelles qui sont les causes des événements. Le décret divin est antérieur à toute chose. » Telle est, en somme, la doctrine de Ptolémée et de ses disciples, doctrine qu'il a insérée dans son Livre des quatre et dans d'autres écrits.

On voit par là combien sont faibles les principes sur lesquels on a fondé cet art. En effet, la connaissance d'un événement futur ou la supposition qu'on peut former à ce sujet provient de la connaissance de tout ce qui peut influer sur cet événement, savoir : l'agent, le pa-

1 Il faut lire عرفنا, avec l'édition de Boulac et les manuscrits C et D.
2 le mot *état* (حال) paraît signifier ici *berceau, matrice*.

tient [1], la forme et le but, ainsi que nous l'expliquerons [2] en son lieu et place. Or les vertus des astres, s'il faut nous en tenir à la déclaration des astrologues, ne sont que des agents, et la partie composée des éléments est la patiente. De plus, toutes ces vertus ne sont pas actives d'elles-mêmes ; il y en a d'autres qui agissent avec elles sur le corps matériel. Telles sont la vertu génératrice qui appartient au père, et l'espèce qui existe déjà dans la goutte de sperme ; telles sont aussi les vertus particulières qui servent à opérer la distinction entre les diverses espèces qui appartiennent au même genre, et d'autres encore. Or admettons que les vertus stellaires aient acquis toute leur force, qu'elles ne forment (ensemble) qu'un seul agent d'entre toutes les causes qui agissent sur les événements, et que nous connaissions bien ces vertus et ces influences ; alors on nous impose encore l'obligation d'avoir recours à des conjectures et à des présomptions, de sorte que nous n'aboutissons qu'à former une (simple) supposition relativement à l'arrivée de l'événement. Mais le pouvoir de faire des conjectures et des présomptions n'appartient qu'à celui qui se livre à des spéculations, et ne se trouve que dans sa faculté réflexive ; donc la conjecture et la présomption ne peuvent être ni les causes immédiates ni les causes secondaires d'un événement quelconque. Nous sommes, dès lors, obligés de les laisser de côté et de reculer depuis la supposition jusqu'au doute. Voilà à quoi l'on arrive, même en connaissant d'une manière précise et inattaquable les vertus des astres.

Ajoutons que cette connaissance en implique une autre qui s'y rattache, celle des calculs au moyen desquels on détermine la marche des astres afin de pouvoir déterminer leurs diverses positions. Rien ne prouve que chaque astre ait une vertu particulière ; le procédé employé par Ptolémée dans le but de reconnaître les vertus des cinq astres, en jugeant de ces astres par analogie avec le soleil, est d'une grande faiblesse, vu que la force du soleil est tellement supérieure aux forces (ou vertus réunies de tous les astres, qu'elle les domine complètement. On n'aperçoit presque jamais que les vertus des astres reçoivent un accroissement ou subissent une diminution au moment des conjonctions. Ptolémée lui-même en fait l'aveu. Toutes ces considérations suffisent pour renverser l'opinion que

1 Littéral. « le récipient ».

2 Les manuscrits C et D et l'édition de Boulec portent تبين « a été expliqué ». — Je n'ai pas trouvé le passage auquel l'auteur nous renvoie.

l'astrologie peut nous faire connaître d'avance les événements qui doivent arriver dans le monde des éléments. Au reste, l'influence que les astres exercent sur les êtres situés au-dessous d'eux est tout à fait imaginaire, puisque, dans le chapitre sur le tauhîd, nous avons formellement démontré que Dieu est le seul agent. Les scolastiques (orthodoxes) tiennent d'autant plus à fonder leurs arguments sur le principe de l'agent unique, que le rapport des causes aux effets est une quiddité inconnue ; ce qui est tellement évident que tout éclaircissement serait inutile. D'ailleurs, la raison de l'homme est justement suspecte quand elle juge des influences qui se manifestent à ses yeux ; aussi le rapport (de l'effet à la cause) peut-il s'établir autrement que par l'opération des influences dont on est convenu de reconnaître l'existence. On peut même supposer que la puissance divine sert de lien entre les causes et les effets, de même qu'elle a lié ensemble tous les êtres, tant du monde supérieur que du monde inférieur.

Au reste, la loi révélée attribue tous les événements à la puissance de Dieu et repousse la doctrine contraire. Les déclarations faites par les prophètes renferment aussi la condamnation de l'astrologie et de la doctrine des influences planétaires ; un examen suivi des textes sacrés suffira pour attester ce fait. Le prophète a dit : Le soleil et la lune ne s'éclipsent ni pour la vie ni pour la mort de personne. Il a dit aussi : Parmi mes serviteurs, il y en a qui croient en moi et il y en a d'antres qui n'y croient pas ; celui qui dit, « La pluie que nous recevons vient de la bonté de Dieu et de sa miséricorde, » croit en moi et ne croit pas aux astres ; celui qui dit, « La pluie que nous recevons vient d'une telle étoile, » ne croit pas en moi et croit aux astres. Cette tradition est parfaitement authentique.

Le lecteur voit maintenant la vanité de l'astrologie, vanité démontrée par la révélation, par la faiblesse des principes d'où cet art dérive et par la raison. Ajoutons qu'il est nuisible à la société par les croyances dangereuses qu'il propage chez le vulgaire. Quand, par hasard, un jugement astrologique s'accomplit, on ne cherche pas à vérifier les principes qui l'ont motivé, et les ignorants, cédant à leur engouement, s'imaginent, mais bien à tort, que tous les jugements fournis par l'astrologie doivent recevoir leur accomplissement. Cela les mène à attribuer aux choses un autre créateur que Dieu. Parmi les mauvais effets de l'astrologie, j'en indiquerai encore un [1] qui se reproduit très souvent sous les diverses dynasties régnantes : elle porte les hommes à s’attendre à des événements qui viendront interrompre (la prospérité de l’État) ; et cette attente encourage les ennemis de l’empire [2] et les ambitieux à commettre des actes de violence et à se jeter dans la révolte. De ceci nous avons nous-mêmes vu de nombreux exemples.

L’astrologie est donc un art dont il faudrait défendre l’exercice chez tous les peuples, comme étant nuisible également à la religion et à l’État. Qu’on ne nous objecte pas que c’est un art qui prend naturellement son existence chez les hommes, par suite de leurs perceptions et de leurs connaissances acquises : le bien et le mal ont aussi une existence réelle et naturelle dans le monde, et ne s’en laissent pas expulser ; mais l’homme est obligé de donner une grande attention aux causes de l’un et de l’autre, puisqu’il est tenu de travailler pour amener ce qui peut causer le bien et pour repousser les causes du mal. C’est là une obligation imposée à tout homme qui connaît les dangers de cet art et le mal qu’il peut produire.

Ce que nous avons dit suffira pour montrer que personne au monde ne saurait apprendre à fond l’astrologie ni acquérir la faculté de l’exercer, même en admettant que cet art ait une existence réelle. Celui qui s’est occupé à l’étudier et qui croit le posséder à fond est encore très loin d’en avoir acquis la connaissance ; car, cette étude étant défendue par la loi, il en résulte que les hommes ne s’assemblent pas pour étudier les livres et écrits qui traitent de l’astrologie, et ne se donnent pas la peine [3] de l’apprendre. Aussi les individus, en très petit nombre ou, pour mieux dire, en nombre presque infime, qui s’en occupent sérieusement, ne peuvent [4] lire les ouvrages astrologiques que dans le recoin le plus secret de leurs maisons ; car ils sont obligés de se dérober aux regards du public et d’échapper à la surveillance de toute la communauté.

Ajoutons que l’astrologie se partage en un grand nombre de branches et ramifications qui sont toutes très difficiles à

1 Il faut insérer ما avant ينشا .
2 Lisez :
والمتربصين بالدولة

3 Je lis التحليق « s’élever, aspirer à », avec le manuscrit D, l’édition de Boulac et la traduction turque.
4 Pour وصا , lisez وصار .

comprendre. A quoi aboutirait donc une étude (entravée par tant d'obstacles) ? La jurisprudence est utile pour nos besoins spirituels et pour nos intérêts mondains ; les sources où l'on puise la connaissance de cette science sont d'un accès facile ; le Coran et les recueils de traditions se trouvent entre les mains de tout le monde. Eh bien, nous voyons une foule de personnes s'appliquer à l'étudier et à renseigner, et cependant, malgré tant d'efforts [1], tant d'empressement montré par les élèves à suivre les cours de droit, on ne voit, dans chaque siècle et chez chaque peuple, que de rares individus arriver à la connaissance parfaite de cette science ; et encore ne paraissent-ils que l'un après l'autre. Qu'en sera-t-il donc d'une science dont la pratique est défendue par la loi, dont les abords sont fermés par les prohibitions de la religion, dont la connaissance est cachée au public, dont les sources sont presque inabordables, et de laquelle résulte, pour l'étudiant qui en aura déjà appris les principes et les ramifications, une nouvelle obligation, celle d'avoir recours à des conjectures et des présomptions [2] ? Comment apprendre cet art et y devenir habile, quand son étude offre tant de difficultés à celui qui prétend y avoir réussi mérite qu'on le renvoie avec mépris ; car, d'abord, il ne pourra fournir aucune preuve en faveur de son assertion ; et, ensuite, cet art existe à peine chez nos coreligionnaires et n'est connu que de peu de personnes. Le lecteur qui aura pris ces remarques en considération admettra que notre opinion au sujet de l'astrologie est bien fondée. Dieu sait tout ce qui est caché et ne fait connaître à personne les secrets qu'il veut garder. (Coran, sour. LXXII, vers. 26.)

Un de nos contemporains, Abou 'l-Cacem er-Rahoui, poète tunisien de mes amis, a exprimé ces mêmes idées dans une pièce de vers qu'il composa à l'époque où les Arabes (nomades) défirent les troupes d'Abou 'l-Hacen et assiégèrent ce sultan dans la ville de Cairouan [3]. Comme une foule de rumeurs (et de prédictions) s'étaient répandues tant parmi les amis du prince que dans les

1 La bonne leçon me paraît être التحليق , qui est celle de l'édition de Boulac et du manuscrit D.
2 Le texte arabe ajoute ici : « qui servent, toutes les deux, à le cacher aux yeux de l'observateur. » Ces mots n'offrent aucun sens raisonnable ; le traducteur turc n'en a tenu aucun compte.
3 Voyez la 1e partie, *Introduction,* p. XXVIII, et l'*Histoire des Berbers,* t. IV, p. 264 et suiv.

rangs de ses ennemis, Er-Rahoui publia le morceau suivant [1] :

A tout moment, j'invoque la miséricorde de Dieu ; car le bien-être, le bonheur de la vie, nous ont été ravis.

Je reste à Tunis matin et soir, et le matin ainsi que le soir est entre les mains de Dieu.

La révolte et la pestilence entraînent sur nous la terreur, la famine et la mort.

Les hommes sont dans la consternation et dans les horreurs de la guerre : à quoi les conseils peuvent-ils servir ? p.248

Le partisan d'Ahmed voit le partisan d'Ali [2] exposé à la ruine et à la mort,

Et voilà un individu qui vient nous dire : Un zéphyr rafraîchissant vous amènera Ali.

Mais Dieu est bien au-dessus de ces vaines paroles [3] ; il règle le sort de ses serviteurs selon sa volonté.

O vous qui observez [4] les planètes, dites-nous ce que ces cieux ont produit.

Vous nous avez dit d'attendre, et vous prétendiez être des hommes probes et vertueux.

Jeudi est passé et encore jeudi ; le dimanche est venu et puis le mercredi.

La moitié du mois s'est écoulée et même la seconde dizaine ; la troisième renferme le dénoûment.

Et nous n'entendons (de vous) que des paroles trompeuses. Est-ce ignorance (de votre part) ou bien mépris (pour nous) ?

Nous appartenons à Dieu ; nous savons que rien ne saurait empêcher ce qu'il a décidé.

Celui que je veux adorer, c'est Dieu ; que la lune et le soleil vous suffisent pour divinités !

1 Ces vers sont du mètre nommé *bacît*, mais d'une espèce rarement employée. Les pieds dont chaque hémistiche se compose sont مستفعولن فاعلن فعولن.

2 Le prince hafside dont les Arabes nomades avaient embrassé le parti se nommait Ahmed Ibn Othman (voyez *Histoire des Berbers,* t. I, p. 149) ; le sultan désigné par le surnom d'Abou 'l-Hacen portait le nom d'Ali.

3 Littéral. « de ci et de ça ».

4 Je lis راصدى, avec le manuscrit D et la traduction turque, qui reproduit le texte arabe de ce morceau.

Ces étoiles errantes ne sont qu'une troupe vagabonde, ou bien des servantes (obéissant au Seigneur).

Il règle leur sort et elles ne règlent rien ; le sort des mortels est hors de leur juridiction.

Les philosophes, en regardant comme éternel ce qui était destiné à cesser d'exister [1] et à s'anéantir, se sont trompés ; *228

Ils ont dit que tout ce qui existe dans la nature est un produit de l'eau et du feu,

Et ils n'ont pas remarqué que le doux et son opposé, l'amer, tirent tous les deux leur subsistance de la terre et de l'eau.

Dieu est mon seigneur ; je ne comprends ni les atomes, ni le vide, ni la heïoula (ὑλη, la matière première), qui s'écrie : « Pourquoi suis-je privée de forme ? »

Je ne comprends ni l'entité, ni la non-entité, ni l'affirmation, ni la négation. p.249

J'ignore ce que c'est que le gain [2], à moins qu'il ne provienne de ventes et d'achats.

Mes croyances et ma religion sont celles du temps où les hommes vivaient dans la sainteté ;

(A l'époque) où il n'y avait ni chapitres, ni (premiers) principes, ni controverse, ni examen.

(La doctrine) des premiers musulmans est celle que je suis [3] ; et quelle excellente doctrine à suivre !

Vous les connaissez par leurs actes. Dans ce temps-là, la folie [4] (philosophique) n'existait pas.

Toi, le grand docteur acharite [5] de l'époque ! sache que les docteurs qui m'instruisent sont l'été et l'hiver (c'est-à-dire l'expérience des années).

1 Je lis الجزم , avec l'édition de Boulac.

2 Dans la théologie scolastique, le terme *kesb* (*gain, acquisition*) s'emploie pour désigner l'acte qui a pour résultat d'attirer à l'homme un avantage ou d'éloigner de lui un mal. Selon les scolastiques, on ne peut pas dire d'un acte de Dieu que c'est un *kesb,* puisque Dieu est bien au-dessus de la nécessité de s'attirer un avantage ou d'éloigner de lui-même un mal.

3 Je lis واقتفينا , avec l'édition de Boulac et la traduction turque, qui reproduit le texte arabe de ce morceau.

4 Pour الهراء , lisez الهذاء , avec l'édition de Boulac et la traduction turque.

5 Les acharites étaient les scolastiques de l'islamisme orthodoxe.

A ceux qui me font du mal, je le leur rends ; la rétribution du bien, c'est le bien.

Si j'obéis (au Seigneur), j'obtiendrai le bonheur ; si je lui désobéis, j'aurai de l'espoir (dans la miséricorde divine).

Je me soumets à l'autorité de ce créateur, à qui obéissent le ciel et la terre.

Ce ne sont pas vos pages écrites (qui décident les événements), mais la décision de Dieu et sa prédestination.

Si El-Achari apprenait ce que disent ceux qui prétendent suivre sa doctrine,

Il répondrait : « Allez dire à ces gens-là, que je repousse les opinions qu'ils énoncent. »

La permutation des métaux est impossible. — La pierre philosophale [1] ne saurait exister. — L'étude de l'alchimie est pernicieuse.

Parmi les hommes qui sont trop paresseux pour se livrer au travail dans le but de gagner leur vie, il y en a beaucoup qui se laissent entraîner par la cupidité vers l'étude de l'alchimie. Se figurant que c'est là un moyen comme un autre pour se procurer la subsistance, et que la pratique de cet art est non seulement facile, mais lucrative, ils ne craignent pas d'encourir des fatigues et des peines sans nombre, d'affronter de grandes difficultés, de s'exposer à la sévérité des magistrats, de dépenser de l'argent en pure perte, et, bien plus encore, de perdre l'honneur [2] et la vie, si l'on vient à découvrir le secret de leurs occupations [3] ; malgré cela, ils comptent sur la réussite de leurs opérations.

Ce qui les y engage, c'est de voir que, par des procédés artificiels, on peut changer (la nature) des substances minérales et les transformer les unes dans les autres, quand elles ont en commun la même matière. Ils s'empressent donc d'employer des opérations

1 Dans ce chapitre, l'auteur emploie le terme *alkîmîa* pour désigner tantôt le grand œuvre, la pierre philosophale, et tantôt l'art de l'alchimie.

2 Il faut lire عرضه , ou mieux encore عرضهم .

3 Pour خبية , lisez خبيّه , avec le manuscrit C et l'édition de Boulac. L'auteur aurait dû écrire خبيهم , en mettant au pluriel le pronom possessif.

chimiques [1] dans le but de convertir l'argent en or, et le cuivre et l'étain en argent. La transmutation des métaux est, à leur avis, une des possibilités qui s'offrent dans le monde naturel. Quand ils opèrent, ils emploient divers procédés, selon les théories et les doctrines différentes qui ont cours chez eux au sujet de la matière qui, selon eux, doit former l'objet de leurs opérations, et à laquelle ils donnent le nom de pierre très noble.

(Dans leurs dissertations au sujet de cette pierre, ils examinent) si c'est de l'excrément, ou du sang, ou des cheveux, ou bien un œuf, etc. Selon eux, toute l'opération se réduit à ceci : Quand on a bien reconnu la matière (de cette pierre), on l'écrase avec un pilon sur une pierre dure et lisse, et, pendant qu'on la broie, on l'arrose avec de l'eau, après y avoir ajouté les drogues et les simples qui conviennent au but qu'on se propose, et dont l'influence contribue à transmuer la pierre en tel métal qu'on désire. Après avoir arrosé (ce mélange), on le fait sécher au soleil, ou bien on le cuit au feu, ou bien on le soumet à la sublimation ou à la calcination, afin d'en expulser l'eau ou la terre qu'il peut renfermer. Quand toute l'opération s'est passée d'une manière satisfaisante et qu'on a achevé la manipulation selon les principes de l'art, on obtient une (substance) terreuse ou aqueuse à laquelle on donne le nom d'élixir (el-ikcîr). Ils prétendent qu'une portion de cet élixir, projetée sur de l'argent chauffé au feu, le convertit en or, et, projetée sur du cuivre chauffé de même manière, le convertit en argent ; ce qui, selon eux, dépend du but spécial qu'on avait en vue lorsqu'on s'était mis au travail.

Ceux d'entre les alchimistes qui se piquent d'exactitude disent que l'élixir est une matière composée des quatre éléments et qui, à la suite de la préparation et du traitement particulier dont il a été fait mention, se trouve douée d'un tempérament et de vertus naturelles qui lui permettent de convertir en sa propre forme toute (substance) ni dans laquelle elle entre, et de lui communiquer son propre tempérament. Cet élixir incorpore dans cette (substance) les qualités et les vertus qu'il possède lui-même, ainsi que le levain communique ses qualités à la pâte dont on fait le pain. Le levain convertit la pâte en sa propre substance et lui donne cette faculté de se gonfler et de s'amollir qui existe en lui-même, la rendant ainsi

1 Le terme arabe signifie *traitement, préparation.*

d'une digestion facile et la convertissant promptement en un bon aliment. Il en est de même de l'élixir d'or et d'argent : il change en sa propre substance tout métal dans lequel il entre et lui donne sa propre forme. Voilà, en somme, toute leur prétendue science.

Nous les voyons s'appliquer avec ardeur à ces opérations, dans l'espoir d'y trouver de quoi se nourrir et s'enrichir. Ils se transmettent les uns aux autres les maximes et principes de l'art, doctrines qu'ils ont puisées dans les livres composés par les grands maîtres, leurs prédécesseurs ; ils se communiquent mutuellement ces écrits, dont ils discutent les passages énigmatiques dans l'espoir d'en découvrir la signification. Car il faut savoir que la plupart [1] de ces ouvrages ressemblent à des recueils de logogryphes. Tels sont, par exemple, les soixante et dix traités de Djaber Ibn Haïyan, le Retba tel-Hakîm de Maslema el-Madjrîti, les écrits de Toghraï et les poèmes si bien versifiés d'(Ibn) el-Mogheïrebi. Après (s'être donné beaucoup de peine dans ces études, ils n'en retirent pas le moindre avantage. Je m'entretenais un jour, à ce sujet, avec mon professeur, le cheïkh Abou 'l-Berekat el-Belfîki, un des docteurs les plus éminents de l'Espagne, et je lui plaçai sous les yeux un de ces traités alchimiques. Il le parcourut assez longtemps, puis il me le rendit en disant : « Une chose dont je vous réponds ; c'est que le (lecteur d'un tel ouvrage) rentrera chez lui bien désappointé. »

Parmi les alchimistes il s'en trouve qui s'occupent uniquement à frauder le public, soit ouvertement, soit secrètement. Dans le premier cas, ils appliquent sur (des bijoux) d'argent une mince couche d'or, ou bien ils prennent des objets en cuivre et les recouvrent d'une couche d'argent, ou bien encore ils forment un alliage des deux métaux, en la proportion d'une partie (d'argent à une partie d'or), ou de deux parties ou même de trois. Dans le second cas, ils altèrent l'aspect de certains métaux par un procédé artificiel ; ainsi, par exemple, ils blanchissent le cuivre et l'amollissent au moyen du mercure sublimé, de sorte qu'il prend l'apparence d'un corps métallique semblable à l'argent. C'est là une fraude que personne n'est capable de reconnaître, excepté les essayeurs les plus habiles. Les gens qui se livrent à ce genre de tromperie trouvent dans leur art le moyen de fabriquer de la fausse monnaie pour la mettre en circulation. Ils la frappent au coin du sultan, afin de mieux

1 Pour اكثر, lisez الاكثر .

tromper le public et de lui faire accroire que ces pièces sont de bon aloi : C'est là le plus vil de tous les métiers et celui qui a les suites les plus fatales pour les personnes qui s'y engagent. En effet, c'est voler l'argent du public, car, celui qui le pratique donne du cuivre pour de l'argent et de l'argent pour de l'or dans le but d'en faire son profit. Un tel homme est un voleur ou pire qu'un voleur. Chez nous, dans le Maghreb, les gens de cette espèce sont presque tous des talebs (étudiants en théologie et en droit appartenant à la race berbère). Ils rôdent sur les frontières de nos provinces, se logent dans les villages habités par des populations ignorantes, se retirent dans les petites mosquées des peuplades nomades, et font croire aux niais qu'ils connaissent l'art de faire de l'or et de l'argent. Comme ces deux métaux ont de grands attraits pour la plupart des esprits et qu'on affronte volontiers la mort pour se les procurer, les fripons dont nous parlons y trouvent le moyen de gagner leur vie. Ils cherchent ensuite à tirer de leurs dupes encore davantage, tout en craignant (d'être découverts) et en se voyant étroitement surveillés ; puis, quand leur incapacité est devenue notoire et que l'ignominie de leur conduite s'est manifestée, ils prennent la fuite et passent dans un autre pays, où ils reprennent leurs fourberies et vantent leur prétendu talent, afin d'exciter la cupidité des gens mondains. Voilà les moyens par lesquels ils cherchent à vivre. Il est inutile de parler raison à des gens de cette espèce, leur impudence et leur perversité étant portées à un tel extrême qu'ils ont adopté le vol par métier.

Rien ne pourra déraciner ces abus excepté la sévérité du magistrat : il faudrait saisir les malfaiteurs partout où ils se trouvent et leur couper les mains, après avoir acquis la preuve de leur culpabilité. L'alchimie conduit à la falsification de la monnaie, dont l'emploi est partout indispensable[1], qui constitue les richesses des peuples, et dont la conservation et l'intégrité sont à la charge du souverain lui-même, ainsi que le châtiment des faux monnayeurs.

Quant à ceux qui ne pratiquent pas l'alchimie dans un but frauduleux, et qui, trop honnêtes pour altérer les monnaies des vrais croyants, cherchent uniquement à convertir l'argent en or, et le plomb, le cuivre et l'étain en argent, par l'emploi du procédé déjà mentionné et par l'application de l'élixir qui produit cet effet, je dirai

1 Chez Ibn Khaldoun, le mot بلوى est l'équivalent de حاجة .

qu'avec eux on peut parler, en discutant les moyens par lesquels ils prétendent arriver à leur but. Je dois faire observer qu'on ne connaît personne qui ait réussi dans cette tentative ou qui soit arrivé au résultat qui devait combler ses souhaits. Ces hommes passent leur vie à opérer, à manier la molette et le pilon, à sublimer, à calciner, à s'exposer volontairement aux dangers en cherchant et en cueillant des simples. Ils se communiquent des anecdotes au sujet d'autres alchimistes qui seraient arrivés au but ou qui auraient été sur le point d'y réussir. Il leur suffit d'avoir entendu une de ces histoires pour qu'ils y ajoutent foi et en fassent le sujet de leurs entretiens ; ils n'ont pas même l'idée d'en soupçonner l'authenticité, et font comme les hommes qui, étant préoccupés d'une affaire, se laissent volontiers égarer par les récits les moins exacts qui s'y rapportent. Qu'on leur demande s'ils ont vérifié le fait de leurs propres yeux, ils répondent que non : « Nous l'avons entendu raconter, disent-ils, mais nous n'en avons pas été témoins. » Voilà les alchimistes de tous les siècles et de toutes les nations.

Sachez maintenant que la pratique de cet art date des temps les plus reculés, et que les anciens en ont traité ainsi que les modernes. Nous allons exposer leurs doctrines, et nous donnerons ensuite notre opinion touchant la réalité du grand œuvre. Dieu, par sa grâce, dirige vers la vérité. Donc nous dirons que les doctrines émises par les philosophes à ce sujet dérivent de l'une ou de l'autre des deux théories qu'ils se sont faites au sujet de la nature des sept métaux les plus communs, savoir : l'or, l'argent, le plomb, l'étain, le cuivre, le fer et le zinc. Y a-t-il entre ces métaux des différences spécifiques, de sorte que chacun d'eux forme une espèce à part ? ou bien diffèrent-ils par leurs qualités particulières de manière à n'être que des variétés d'une même espèce ? [Les différences des métaux quant à leurs qualités [1] proviendraient (alors) de leur humidité, de leur sécheresse, de leur mollesse, de leur dureté et de leurs couleurs, telles que le jaune, le blanc et le noir, et les métaux seraient de simples variétés d'une même espèce : [2]] Selon Ibn Sîna (Avicenne) et les philosophes de l'Orient ses disciples, les métaux se distinguent par des différences spécifiques, et chacun d'eux forme une espèce séparée et indépendante des autres espèces qui

1 Littéral. « par leurs quiddités ».

2 Ce paragraphe manque dans l'édition de Boulac et dans les manuscrits C et D.

se laisse constater par des caractères réels. Cette espèce, comme toutes les autres, a sa différence et son genre particuliers. Abou Nasr el-Farabi, ayant admis comme principe que les métaux appartiennent tous à une même espèce, inféra de là la possibilité de convertir un métal dans un autre, puisqu'il est possible d'en changer les accidents et de le traiter par des opérations (chimiques). A son point de vue, l'alchimie serait un art réel et facile à exercer. Ibn Sîna, ayant adopté pour système que les métaux diffèrent en espèce, déclara que l'existence de l'alchimie comme un art réel et véritable était impossible. « Car, disait-il, il n'y a pas moyen de soumettre les différences spécifiques aux opérations (de la chimie) ; les différences ont été créées par Dieu, créateur et ordonnateur de toutes choses ; leur véritable nature nous est inconnue et nous ne pouvons pas nous en former même une idée. Comment alors peut-on chercher à changer ces différences par des manipulations ? » Toghraï, un des grands maîtres de cet art [1], traite la doctrine d'Ibn Sîna comme erronée, et la réfute par la considération que l'emploi des opérations chimiques n'a pas pour but de créer une différence spécifique ou d'en former une, mais seulement de disposer la matière à recevoir cette différence. Quand la matière a été disposée convenablement, la différence lui survient de la part de son créateur et formateur ; c'est ainsi qu'il communique de l'éclat aux corps quand on les frotte et les polit : Aussi, dans nos opérations, nous n'avons besoin ni de nous former une idée de la différence ni de la connaître. » Il dit aussi : « Nous avons plusieurs fois vu comment on peut créer des animaux sans en connaître les différences spécifiques ; avec de la terre et de la paille on peut faire traître des scorpions, et avec des crins on peut former des serpents. Citons encore l'exemple (de production artificielle) mentionné par les auteurs qui ont traité de l'agriculture : quand les abeilles viennent à manquer, on peut en extraire un essaim du cadavre d'un veau. Mentionnons aussi la manière de produire des roseaux (en plantant) des cornes d'animaux ongulés, et comment on obtient des cannes à sucre en remplissant ces cornes avec du miel avant de les planter. Qu'est-ce qui empêcherait alors des transformations analogues dans la classe des métaux, puisque nous venons d'indiquer diverses formations effectuées par des moyens artificiels ? L'art (de l'alchimie) a pour objet la matière ;

1 Il faut insérer le mot اهل après اكابر .

en manipulant et en traitant la matière, on la dispose uniquement à recevoir (une de) ces différences spécifiques ; et voilà ce que nous faisons, nous autres alchimistes, dans le but de produire de l'or et de l'argent. Nous prenons une (certaine) matière et nous lui faisons subir une manipulation après avoir reconnu qu'elle a une disposition primitive pour recevoir [1] la forme de l'or ou celle de l'argent. Nous la soumettons ensuite à un traitement afin de perfectionner cette disposition et de la rendre capable de recevoir la différence spécifique qui lui convient. » Voilà en somme, le sens du discours de Toghraï.

Ce qu'il dit pour réfuter Ibn Sîna est parfaitement juste, mais moi, j'adopterai une autre thèse ; je réfuterai les prétentions de tous les alchimistes, et je démontrerai que la transmutation des métaux par l'emploi de l'art est impossible, et que les opinions non seulement de Toghraï et d'Ibn Sîna, mais de tous leurs confrères, n'ont pas le moindre fondement. Leurs procédés se réduisent, en somme, à prendre une matière possédant une certaine disposition primitive ; on fait de cette matière l'objet (de son travail), on la traite et on la manipule en imitant l'opération que la nature exerce sur les corps (métalliques) qui sont encore dans la mine, opération qui continue jusqu'à ce que ces corps soient convertis en or ou en argent. Dans ce dessein, les alchimistes augmentent la quantité des forces actives et passives qu'ils mettent en œuvre, et cela dans le but de hâter l'achèvement de la permutation. On a fait observer ailleurs qu'en augmentant la force de l'agent on raccourcit le temps dont cet agent a besoin pour produire son effet. On a mentionné aussi que l'or, en se formant dans la mine, n'arrive à son état parfait qu'après l'expiration de mille et quatre-vingts ans, espace de temps égal à la durée d'une grande révolution solaire [2]. Si les forces et les influences [3] qui agissent ainsi sur l'or venaient à se doubler, le temps exigé pour compléter la formation de ce métal serait nécessairement plus court qu'auparavant, ainsi que nous venons de le dire. (Voilà ce que font les alchimistes), ou bien ils s'appliquent à obtenir, au

1 Pour القبول , lisez لقبول .
2 C'est probablement de la grande conjonction que ces alchimistes voulaient parler. Ils paraissent lui avoir assigné une période de mille quatre-vingts ans, bien que les astrologues aient placé un intervalle de neuf cent soixante ans seulement entre deux grandes conjonctions consécutives. (Voyez la 2e partie, p. 217.)
3 Littéral. « les quiddités ».

moyen de leurs manipulations, un tempérament qui pourra servir de forme à une certaine matière [1] et en faire une espèce de levain, et cela afin que la (matière ainsi modifiée) produise, sur le corps qu'ils veulent traiter, les effets requis pour la transmutation de ce corps. A cette matière les alchimistes donnent le nom d'élixir.

Sachez maintenant que, dans tous les êtres produits par la combinaison des quatre éléments, ces éléments doivent se trouver réunis en quantités inégales ; car, s'ils s'y trouvaient en quantités égales, ils ne formeraient pas un tempérament. (Pour qu'un tempérament existe,) il faut qu'un des quatre éléments prédomine sur tous les autres. Chaque chose née de la combinaison des (éléments) doit, de toute nécessité, posséder une chaleur naturelle qui soit une force active au moyen de laquelle cette chose puisse se trouver en état de conserver sa propre forme. Chaque chose exige un certain temps pour sa création ; pendant ce temps, elle parcourt diverses phases, jusqu'à ce qu'elle ait atteint son point d'achèvement. Voyez comment se développe l'organisation de l'homme : dans sa première phase il était une goutte de sperme, dans la seconde un grumeau de sang, dans la troisième un lambeau de chair, dans la suivante il reçoit sa forme, ensuite il devient un fœtus, puis survient la naissance, puis l'allaitement, et ainsi de suite jusqu'au dernier terme de la série. Dans chaque phase, les parties (élémentaires) dont il se composait différaient en quantité et en qualité [2], car autrement la première phase serait aussi la dernière. Il en est de même de la chaleur naturelle ; elle varie dans chaque phase. Considérez encore l'or dans la mine ; combien a-t-il dû traverser de phases, par combien de changements a-t-il dû passer dans l'espace de mille et quatre-vingts ans !

Voyez maintenant l'alchimiste : il doit imiter dans ses procédés l'action de la nature sur le minéral ; il doit avoir soin de la suivre pas à pas, depuis le moment où il commence ses manipulations jusqu'à ce qu'il les ait achevées. Or une des conditions nécessaires pour l'exercice d'un art quelconque, c'est d'avoir une idée nette de la chose qu'on veut produire au moyen de cet art. Parmi les dictons qui ont cours à ce sujet chez les philosophes, il y en a un dont la teneur est celle-ci : Le commencement de l'acte est la fin de la réflexion, et

1 Littéral. « une forme *tempéramentale* pour cette matière ».

2 Littéral. « en quiddité ».

la fin de la réflexion est le commencement de l'acte [1]. L'alchimiste est donc obligé, de se faire une idée nette de tous les nombreux états par lesquels l'or doit passer (pendant sa formation) ; il doit connaître la diversité des proportions (offertes par les éléments) dans chacun de ces états, les différences qui se présentent dans la chaleur naturelle à chaque changement de phase, et l'espace de temps que chaque phase doit durer. Il doit savoir, de plus, jusqu'à quel degré il doit multiplier les forces qu'il emploie pour suppléer à l'action du temps ; sans cela il ne saurait imiter la marche suivie par la nature dans la formation des minéraux. (S'il travaille d'après l'autre théorie), il doit préparer une forme tempéramentale pour la portion de matière (qu'il va préparer), forme analogue à celle que le levain communique au pain et qui doit agir sur la matière (soumise au traitement alchimique) en raison de ses forces et de sa masse.

Mais, pour embrasser toutes ces connaissances, il faudrait posséder la faculté par laquelle Dieu sait tout, car l'entendement de l'homme est trop imparfait pour y parvenir. Celui qui prétend faire de l'or au moyen de l'alchimie ressemble à l'homme qui se dirait capable de créer un être humain avec de la liqueur séminale. Quand même nous reconnaîtrions à celui-ci la connaissance des éléments dont le corps se compose, celle de leurs proportions relatives, celle des phases par lesquelles passe la formation du corps, celle de la manière dont le fœtus est créé dans le sein de la mère, — admettons qu'il sache tout cela jusqu'aux moindres détails, sans en laisser passer un seul ; et sommons-le de créer un être humain : il ne saurait comment s'y prendre.

Pour faire mieux saisir notre raisonnement, nous allons le reproduire encore sous une forme plus sommaire. L'art des alchimistes, et ce qu'ils ont la prétention de faire au moyen de leurs opérations, consiste à imiter, par des procédés artificiels, l'action de la nature sur les minéraux, et de suivre la nature pas à pas, jusqu'à ce que le corps minéral (sur lequel on opère) soit parvenu à sa perfection ; ou bien (d'après l'autre théorie, cet art) consiste en la création d'une matière possédant certaines vertus, produisant certains effets et

1 L'auteur aurait dû écrire : *et le commencement de la réflexion est la fin de l'acte*. Voyez la 2e partie, où il explique, d'une manière très claire, la signification de cette maxime.

douée d'une forme tempéramentale, laquelle matière exercerait sur un corps une action naturelle et s'assimilerait ce corps en lui donnant sa propre forme. Or, avant de commencer le procédé artificiel, il faut se faire une idée nette de toutes les circonstances qui sont particulières au mode d'opération par lequel la nature exerce son action sur les minéraux, opération qu'il s'agit de suivre pas à pas ; ou bien (dans l'autre cas) il faut savoir d'une manière précise et détaillée toute la série d'effets que la matière douée des vertus (transformantes) doit produire (sur le minéral qu'on veut traiter). Mais ce sont là des circonstances à l'infini, et la science humaine serait incapable de les embrasser toutes. L'alchimiste ressemble donc à l'homme qui entreprend de créer un être humain, ou un animal, ou une plante.

L'argument dont je donne ici le résumé est le meilleur que je connaisse. On voit que, pour démontrer l'impossibilité (de la transmutation), nous n'employons pas des raisonnements fondés sur les différences spécifiques (des métaux et sur leur nature ; notre preuve se fonde uniquement sur la difficulté de la chose et sur l'impuissance de l'esprit humain de tout comprendre. La doctrine émise par Ibn Sîna est à l'abri de nos objections ; il a même démontré l'impossibilité (de la transmutation) d'une autre manière, en indiquant ce qui en serait le résultat. La sagesse divine, disait-il, a voulu que les deux pierres (l'or et l'argent) fussent très rares, parce qu'elles devaient s'employer pour représenter la valeur de ce que l'homme gagne par son travail et de tout ce qui fait ses richesses. Or, si on pouvait fabriquer ces deux métaux par un procédé artificiel, ils deviendraient si abondants que personne n'aurait de l'intérêt à les rechercher, et le dessein de la Providence serait frustré. » Une autre de ses preuves est celle-ci : « La nature, dans ses opérations, n'abandonne jamais la voie la plus courte pour prendre la plus longue et la plus difficile. Or, si le procédé artificiel était satisfaisant, comme les alchimistes le prétendent, s'il était plus facile et plus prompt que celui dont la nature fait usage en opérant sur les minéraux, elle n'y aurait pas renoncé pour adopter celui dont elle se sert pour créer et former l'or et l'argent. »

Passons à l'assimilation faite par Toghraï. Selon lui, les rares résultats obtenus par les opérations de l'alchimie trouvent des analogues dans le monde naturel, analogues dont la manière de créer des scorpions, des abeilles et des serpents offre un exemple. Quant à ce mode de création, que le hasard seul a fait connaître, ce qu'il en dit est vrai ; mais il en est autrement quant à la découverte du grand œuvre et de sa préparation ; jamais on n'a entendu dire que quelqu'un y ait réussi. Les hommes qui se sont appliqués à cette recherche ont toujours continué leurs tentatives et n'ont cessé de broncher à tout instant jusqu'à ce jour. Ils n'ont rien appris, excepté des anecdotes mensongères ; et certes, si quelqu'un d'entre eux fût parvenu à un bon résultat, il aurait communiqué sa recette à ses parents ou à ses élèves : cette recette aurait circulé parmi les adeptes, et, comme l'expérience en aurait démontré l'exactitude, le procédé se serait répandu dans le monde, de sorte qu'il serait parvenu jusqu'à nous ou à d'autres.

Ils disent que l'élixir peut être assimilé au levain, parce que c'est une matière composée (des quatre éléments) et ayant la faculté de convertir en sa propre substance les substances dans lesquelles on l'introduit. A cela je réponds que le levain [1] ne sert qu'à convertir la pâte en un aliment facile à digérer ; son effet est donc de la corruption [2]. Or la corruption d'une matière s'effectue très facilement, puisque le moindre acte, le moindre élément (étranger) y suffit ; tandis que l'élixir est recherché dans le but de convertir un minéral en un autre appartenant à une classe plus noble et à un rang plus élevé. Donc son opération consiste en la formation (d'un être) et en son amélioration (ce qui est le contraire de la corruption). Mais, comme il est plus difficile de former que de corrompre, on ne saurait assimiler l'élixir au levain.

La vérité est que, si le grand œuvre existe réellement, ainsi que le prétendent les philosophes qui en ont traité, tels que Djaber Ibn Haïyan, Maslema Ibn Ahmed [3] el-Madjrîti et autres, on ne doit pas le regarder comme le produit d'un art naturel, ni supposer qu'on peut en accomplir la formation au moyen d'un procédé artificiel. Au reste, leurs traités à ce sujet ne sont pas dans le genre des écrits consacrés à la physique ; ils ont tout à fait la marche et la tournure

1 Pour الخمير , lisez الخميرة .

2 L'auteur s'appuie ici sur la doctrine énoncée par Aristote, dans son traité de la génération et de la corruption. Selon lui, tout ce qui est produit doit se détériorer et subir la corruption.

3 Il faut insérer ici, dans le texte arabe, les mots بن احمد et les supprimer, ainsi que le mot المجريطى , dans l'avant-dernière ligne de la page.

des discours que ces deux auteurs tiennent au sujet de la magie et des manifestations surnaturelles comme celles dont El-Halladj et d'autres avaient eu communication. Maslema a fait une déclaration semblable dans son Kitab el-Ghaïa, et ce qu'il en dit dans son Retba tel-Hakim, ainsi que Djaber dans ses épîtres [1], a tout à fait le caractère que nous venons de signaler. Le style des écrits que ces deux auteurs ont laissés sur cette matière est si bien connu, que nous n'avons pas besoin d'en parler davantage.

En somme, les alchimistes regardent le grand œuvre comme appartenant à une des catégories universelles qui renferment les êtres dont la création est en dehors du domaine de l'art. Autant il est impossible d'opérer sur le germe d'un arbre ou d'un animal, en s'écartant de la voie ordinaire dont se forment les choses, et de le traiter dans le but d'en obtenir un arbre ou un animal dans l'espace d'un jour ou d'un mois, autant est vaine l'opération par laquelle on voudrait convertir en or, dans l'espace d'un jour ou d'un mois, la matière dont ce métal se forme. Pour changer la marche ordinaire de la nature en ce cas, il faudrait avoir un secours provenant du monde surnaturel, et ce secours, l'art ne saurait le fournir. Celui qui essaye de produire le grand œuvre en employant des moyens artificiels perd également sa peine et son argent.

On a désigné le procédé des alchimistes par le nom d'infructueux, pour la raison que, même dans le cas où il donnerait un bon résultat, ce résultat n'en proviendrait pas moins d'un monde tout à fait en dehors du domaine de la nature et de l'art. Réussir à se procurer ainsi le grand œuvre serait un fait tout aussi extraordinaire que de marcher sur l'eau, de se faire porter par l'air et de passer à travers des corps solides [2], prodiges en dehors des voies ordinaires de la nature et se manifestant en faveur de quelques saints. On peut encore l'assimiler à la création d'un oiseau ou à tout autre miracle opéré par un prophète : Souviens-toi, dit Dieu (à Jésus), quand tu formas d'argile la figure d'un oiseau, avec ma permission, et quand tu soufflas sur elle, de sorte qu'elle devint un oiseau par la permission de Dieu. (Coran, sour. V, vers. 110.) La faculté d'exécuter des choses si extraordinaires varie selon le caractère des individus à qui cette faveur est accordée : c'est tantôt un homme saint qui l'obtient et

---

1 Pour كلامه , lisez كلامهمه .

2 Pour كتايف , lisez كثايف .

tantôt un pécheur (c'est-à-dire un magicien) ; mais celui-ci voit cette faveur tourner à sa honte. Un homme pervers peut recevoir cette faculté, mais il ne peut pas se la donner ni la communiquer à autrui. La fabrication du grand œuvre, envisagée sous ce point de vue, est donc un procédé magique, et nous avons déjà dit que les effets de la magie se produisaient sous l'influence de l'âme (humaine). Les manifestations qui viennent interrompre le cours ordinaire de la nature sont, ou des miracles, ou des prodiges opérés par de saints personnages, ou bien des effets de la magie. Voilà pourquoi les philosophes qui traitent du grand œuvre parlent par énigmes que personne ne saurait comprendre, excepté les hommes qui se sont plongés dans l'abîme des sciences magiques et qui ont remarqué les diverses actions que l'âme (humaine) exerce sur le monde naturel. Les effets provenant de causes surnaturelles sont si nombreux que personne ne saurait les connaître tous, et Dieu embrasse par sa science tout ce qu'ils font. (Coran, sour. III, vers. 116.)

Le motif le plus ordinaire de l'empressement que l'on met à prendre connaissance de cet art et à le cultiver est celui que nous avons déjà indiqué, savoir, le peu d'inclination qu'on éprouve à chercher sa vie en suivant la voie la plus simple que la nature nous offre, et le désir d'arriver à la fortune de quelque autre manière. Les moyens naturels de gagner sa vie sont l'agriculture, le commerce et la pratique des arts ; mais les gens paresseux, trouvent qu'il serait trop fatigant de s'engager dans des occupations de ce genre afin de se procurer la subsistance, désirent s'enrichir tout d'un coup par l'alchimie ou par tout autre moyen surnaturel. Ce sont ordinairement des hommes pauvres qui s'en occupent ; mais les philosophes aussi ont discuté sur la réalité du grand œuvre et sur sa non-existence. Ibn Sîna, qui tenait un haut rang comme vizir, et qui niait la réalité (de cette matière merveilleuse), possédait de grandes richesses ; mais El-Farabi, qui y croyait, citait un de ces malheureux qui n'avaient pas toujours de quoi manger. Les spéculations des gens qui ont cultivé cet art avec passion et qui en ont étudié les procédés font justement soupçonner (qu'ils étaient dans la pauvreté). Dieu seul est le dispensateur de la nourriture ; sa puissance est inébranlable. (Coran, sour. LI, vers. 58.)

Indication des sujets qu'il convient de traiter dans des ouvrages, et de ceux qu'il faut laisser de côté [1].

L'âme de l'homme sert de dépôt aux connaissances humaines, en même temps qu'elle renferme un don précieux, celui de la faculté perceptive. C'est la réflexion qui lui procure les connaissances ; elle les obtient d'abord en se formant des idées exactes des choses, puis en constatant, soit directement, soit indirectement, la réalité ou la non-existence des accidents qui affectent les essences de ces choses. Par cette opération, la réflexion donne naissance à des questions [2] qu'elle s'occupe (ensuite) de résoudre affirmativement ou négativement. Quand la forme (ou idée) de la connaissance ainsi acquise s'est établie dans l'entendement, il faut, de toute nécessité, la manifester à d'autres (personnes), soit par la voie de l'enseignement, soit par celle de la conversation ; et cela dans le but d'aiguiser [3] la réflexion (et de l'aider) à constater la vérité. On manifeste (ses pensées) par l'exposition.

Le terme exposition sert à désigner un discours composé de paroles articulées et créées par Dieu dans l'organe de la langue. Ces paroles se composent de lettres ; les lettres sont des sons isolés produits de diverses manières par le muscle de la luette et par la langue, dans le but de permettre aux hommes de se communiquer réciproquement leurs pensées. Voilà l'exposition du premier degré, qui fait connaître ce qui est dans l'esprit, et surtout ce qui s'y trouve de plus abondant et de plus noble, savoir, les connaissances. L'exposition du premier degré s'applique, d'une manière générale, à tout ce qu'on roule dans l'esprit, c'est-à-dire à ce qui est khaber et à ce qui est inchâ [4].

Par l'exposition du second degré, nous communiquons ce que

1 Ce chapitre manque dans l'édition de Boulac et dans les manuscrits C et D. Il se trouve dans la traduction turque.

2 Le texte de ce passage est évidemment corrompu ; pour le rétablir, il faut remplacer les mots مطالبة التى يعنى par مطالبات يعنى . Le traducteur turc a suivi un manuscrit offrant la leçon que je viens d'adopter.

3 Je lis لصقل .

4 Tout ce qu'on énonce par la parole est, soit la déclaration d'un fait, soit l'expression d'un commandement ou d'un souhait. On désigne l'énoncé d'un fait par le terme *khaber* (renseignement) ; l'expression d'une volonté ou d'un désir s'appelle *inchâ* (production).

nous avons dans l'esprit à un individu qui se cache, ou qui est absent, ou qui est loin de nous, et à des personnes que nous n'avons jamais rencontrées, ou qui ne sont pas encore nées. Ce genre d'exposition consiste uniquement dans (l'emploi de) l'écriture. L'écriture se compose de signes tracés avec la main, et dont les formes et les figures représentent, par convention, des paroles articulées, les reproduisant lettre par lettre, mot par mot. Énoncer, au moyen de l'écriture, ce qui est dans l'esprit, est un procédé indirect, puisqu'il ne reproduit que la parole [1] ; et, pour cette raison, il est mis au second rang.

C'est au moyen de l'exposition que l'homme découvre [2] aux autres ce que son esprit renferme de plus noble, savoir, les connaissances scientifiques et les renseignements utiles. Parmi les personnes qui s'occupaient des sciences, il y en avait qui se plaisaient à confier au papier, par l'emploi de l'écriture, les notions qu'elles possédaient au sujet de ce qui faisait l'objet de leurs études, afin que ces renseignements fussent utiles aux absents et à la postérité. Ce furent là les auteurs. Leurs ouvrages se trouvent, en grand nombre, chez divers peuples et nations, et se transmettent d'une génération à une autre pendant des siècles. Ils diffèrent les uns des autres, par suite de la diversité des religions, des lois et des notions historiques touchant les nations et les empires. Cette différence n'existe pas pour les sciences philosophiques, parce que celles-ci se développent toujours de la même manière ; ce qui, du reste, est exigé par la nature même de la faculté réfléchissante. En effet, c'est par la réflexion que l'on obtient des idées exactes au sujet des êtres tant corporels que spirituels, tant de ceux qui appartiennent à la sphère céleste, (le monde spirituel) que de ceux qui sont composés des quatre éléments, tant des êtres abstraits que de la matière des êtres. Les connaissances de ce genre n'offrent jamais la moindre discordance. Il en est autrement des sciences religieuses, ce qui tient à la diversité (des religions et) des sectes. Les connaissances

1 Littéral. « se fait par l'intermédiaire du discours parlé ».

2 Je ne rends pas les mots واحد قسمى, qui sont évidemment altérés, et le traducteur turc n'en a pas tenu compte. J'avais d'abord cru qu'il fallait lire : هذا البيان يدل واحد قسمى, c'est-à-dire « et l'une des deux parties de l'exposition découvre, etc. » mais cela aurait fait dire à l'auteur une contre-vérité. Au reste, le texte de ce chapitre renferme beaucoup de fautes de copiste, et, comme il ne se trouve que dans un seul de nos manuscrits, nous n'avons pas le moyen d'en faire disparaître les erreurs.

historiques aussi se contredisent, vu que, si l'on s'arrête à la superficie des renseignements, ou les trouve rarement d'accord.

Il y a aussi une grande diversité entre les écritures, chaque peuple s'étant accordé à donner aux lettres (de son alphabet) des formes particulières. On désigne les divers genres d'écriture par les termes calam (roseau à écrire) et khatt (ligne, caractère). Le caractère himyérite, appelé aussi mosnad [1], est celui qui fut employé par les Himyérites et les anciens habitants du Yémen. Il diffère de celui dont se servent les Arabes, descendus de Moder, et vivant dans les temps postérieurs ; les langues de ces deux peuples diffèrent aussi entre elles. Ce sont cependant, toutes les deux, des dialectes arabes ; mais les Modérites s'étaient acquis une faculté de parler et de s'exprimer en arabe qui ne ressemblait pas à celle des Himyérites. Chacun de ces dialectes a ses règles générales, fondées sur la manière dont ceux qui le parlaient exprimaient leurs idées, et les règles de l'un ne sont pas les mêmes que celles de l'autre. On s'est quelquefois trompé à cet égard, parce qu'on ne sait pas apprécier toutes les ressources de la faculté au moyen de laquelle on exprime ses pensées. L'écriture syrienne fut celle des Nabatéens et des Chaldéens. Des gens ignorants prétendent quelquefois que c'est l'écriture la plus conforme à la nature, puisqu'elle est la plus ancienne, et que le peuple qui s'en servait était le plus ancien de tous. Cette opinion erronée est digne tout au plus du vulgaire, car les actes volontaires de l'homme ne sont pas de ces choses que la nature exige. Comme la haute antiquité et le long emploi de l'écriture syrienne avaient enraciné chez les hommes l'habitude de s'en servir, des esprits superficiels se figurent qu'elle a pris son origine dans la nature même. Beaucoup de gens à l'esprit obtus soutiennent une opinion semblable à l'égard de la langue arabe : « Les Arabes, disent-ils, ont toujours arabisé par un effet de la nature, et ont toujours énoncé par un effet de la nature. » C'est encore là une erreur.

L'écriture hébraïque fut employée par les enfants d'Israël, descendants de Héber, fils de Salé, et par d'autres peuples. L'écriture latine fut en usage chez les Latins, fraction de la race qu'on nomme les Roum, et possédant un langage qui lui fut propre. Tous les autres

1 Le mot mosnad signifie *appuye,* mais ce n'est certainement pas dans ce sens qu'on l'a employé en parlant du caractère himyérite, qui est parfaitement droit.

peuples, les Turcs, par exemple, et les Francs et les Indiens, ont chacun une écriture particulière qu'il est convenu d'employer, et qui porte son nom.

Les trois premières de ces écritures ont joui d'une grande considération : on a cultivé celle des Syriens, à cause de son ancienneté ; celle des Arabes, parce que le Coran leur fut donné en langue arabe, et celle des Hébreux, parce que le Pentateuque leur fut révélé en hébreu. Comme ces deux dernières étaient faciles à lire [1], on attacha tout d'abord une haute importance aux textes écrits [2] en ces caractères ; ensuite se développèrent les règles qui constataient d'une manière absolue les modes d'expression qui étaient particuliers au génie de chaque langue [3] ; car il s'agissait de reconnaître, dans ces écrits sacrés, les devoirs que la religion imposait aux fidèles.

Les Roum, peuple qui parlait latin, ayant adopté la religion chrétienne, laquelle est tirée en entier du Pentateuque, ainsi que nous l'avons mentionné dans la première partie de notre ouvrage [4], les Roum traduisirent en leur langue le Pentateuque et les livres des Prophètes israélites, afin d'y trouver plus facilement les décisions (de Dieu). Aussi surpassèrent-ils tous les autres peuples [5] par le soin qu'ils donnèrent à (la culture de) leur langue et de leur écriture. Les autres genres d'écriture, et chaque peuple en avait une de son invention, restèrent négligés.

Plus tard on fixa au nombre de sept les divers buts auxquels il était permis de viser en composant des ouvrages, et on déclara qu'il ne fallait pas en adopter d'autres. Voici l'indication des buts légitimes :

1° Établir une nouvelle science, en indiquer l'objet, les divisions, les subdivisions et l'enchaînement des problèmes qu'elle sert à résoudre ; ou bien indiquer les questions et les problèmes que l'on rencontre en faisant des recherches consciencieuses, et faire jouir les autres des fruits de ses travaux. On met ces notions par écrit et on les réunit dans un volume, avec l'espoir que la postérité en

1 Littéral. « représentait clairement ce qu'il fallait lire ».

2 Littéral. « alignés ».

3 Je lis للعبارة à la place de العبارة . La phrase entière, à commencer par وكان هذان , est, du reste, très obscure.

4 C'est-à-dire dans l'histoire ante-islamite, partie encore inédite.

5 Je lis سواهم à la place de سواها .

reconnaîtra l'utilité. C'est là ce qui est arrivé pour les traités fondamentaux de la jurisprudence. Chafeï fut le premier qui traita des preuves qu'on pouvait tirer des paroles de la loi divine et qui en fit un résumé ; après lui vinrent les Hanefites, qui, en faisant, connaître, d'une manière détaillée, toutes les questions qui se laissent résoudre par analogie, rendirent un grand service aux générations qui se sont suivies jusqu'à nos jours.

2° Quand la langue et les écrits d'un ancien auteur ne sont pas intelligibles (pour tout le monde), et qu'on parvient, avec l'aide de Dieu, à les comprendre, on désire communiquer aux autres l'explication des difficultés qui pourraient les arrêter, et rendre un service à ceux qui en sont dignes. En expliquant les ouvrages consacrés aux sciences intellectuelles et aux sciences traditionnelles (fondées sur la foi), on s'est proposé ce but, qui, en réalité, est très noble.

3° [1] Des erreurs et des fautes se trouvent dans les écrits d'un ancien dont le haut mérite est généralement reconnu, et dont la réputation, comme auteur instructif, est très répandue. On constate ces fautes par des preuves claires et incontestables, et on désire faire parvenir ces rectifications à la postérité ; car on sait combien il est difficile d'extirper les fausses opinions qu'un ouvrage important aura répandues dans le monde depuis plusieurs siècles, et qui proviennent d'un auteur renommé dont l'érudition est regardée comme infaillible. On compose, sur cette matière un livre qui fournit aux lecteurs l'indication de ces erreurs.

4° Une science est incomplète parce qu'on y a négligé certains problèmes ou omis une des sections dont le nombre se trouve déterminé par l'objet même de cette science. Un lecteur, s'apercevant de la lacune, entreprend de la faire disparaître en y insérant ce qui manquait. Il complète ainsi cette science dans toutes ses parties, en expose tous les problèmes et n'y laisse rien d'imparfait.

5° Si les questions dont une science s'occupe sont présentées sans ordre et sans être classées par chapitres, un lecteur pourra entreprendre de les ranger convenablement et de mettre chaque problème à la place qu'il doit occuper. Le texte du Modaouena [2], tel

1 Pour وثالتها, lisez وثالثها .

2 Voyez la 1e partie, introduction.

qu'Ibn [1] el-Cacem l'avait transmis à Sahnoun, et celui de l'Otbiya, tel qu'El-Otbi l'avait enseigné après l'avoir appris des disciples de Malek, présentent ce genre de défaut. Comme on avait remarqué dans ces livres que beaucoup de questions de droit se trouvaient sous des titres qui ne leur convenaient pas, Ibn Abi Zeïd entreprit de mettre en ordre le texte du Modaouena. Celui de l'Otbiya est resté dans son désordre primitif, et offre sous chaque titre des questions qui devaient se trouver sous un autre. Aussi les jurisconsultes s'accommodent-ils du Modaouena tel qu'il se présente dans la rédaction d'Ibn Abi Zeïd et dans celle d'El-Béradaï, docteur qui vint plus tard.

6° Une foule de problèmes peuvent se trouver déplacés, étant insérés dans des chapitres consacrés à d'autres sciences. Un homme de talent, connaissant bien son sujet et tous les problèmes qui s'y rattachent, veut remédier à ce désordre, et produit une nouvelle science qui mérite de prendre rang parmi celles qui intéressent l'esprit humain. Abd el-Caher el-Djordjani [2] et Abou Yacoub es-Sekkaki [3] trouvèrent, éparpillées [4] dans des traités de grammaire, beaucoup de questions appartenant à la science de l'exposition [5]. El-Djahed [6] en avait déjà réuni plusieurs dans son Kitab el-Beïyan oua-'t-Tebyan (exposition et explication). On s'est alors aperçu [7] que ces questions formaient l'objet, d'une science sui generis, celle de l'exposition, et cette découverte donna lieu à la composition de plusieurs ouvrages très célèbres. La science de l'exposition, à laquelle ces questions servent de base, occupa l'attention des savants postérieurs, et ceux-ci ont traité le sujet de manière à surpasser tous leurs devanciers.

---

1 Pour بن , lisez ابن .

2 Abd el-Caher el-Djordjani, savant grammairien et philologue, mourut en 471 (1078 de J. C.) ou 474.

3 Il faut lire ابو يعقوب à la place de ابو يوسف. — Abou Yacoub Youçof es-Sekkaki, l'auteur du célèbre ouvrage encyclopédique intitulé *Miftah el-oloum* (la clef des connaissances), mourut l'an 626 (1228-1229 de J. C.).

4 Pour مستقرية , lisez متفرقة , avec le traducteur turc.

5 J'emploie le mot *exposition* pour rendre le terme بيان (*beïyan*) qui, chez les docteurs musulmans, signifie *exposer* ou *énoncer ses pensées d'une manière claire et précise*. Il désigne, à peu près, l'art que nous nommons la *rhétorique*.

6 Amr Ibn Bahr el-Djabed, célèbre philologue, mourut à Basra l'an 255 (868-869 de J. C.). Il avait dépassé sa quatre-vingt-dixième année.

7 Je lis فتنبّه .

7° Dans chaque branche de science il y a des livres fondamentaux, et, comme ces traités peuvent offrir des longueurs et des redondances, il est permis de rédiger un nouvel ouvrage dans lequel on abrège le texte originel, le resserrant de manière à en former un résumé. Par cette opération, on fait disparaître les redites, tout en évitant de supprimer l'essentiel, car, autrement, on s'écarterait du but que l'auteur s'était proposé.

Voilà les objets auxquels il est permis de viser et qu'on ne doit pas perdre de vue quand on a l'intention de composer un ouvrage. L'écrivain qui en adopte un autre fait là une chose à laquelle rien ne l'oblige, et s'écarte de la voie que, selon l'opinion de tous les hommes intelligents, on est tenu de suivre. Ainsi, par exemple, un individu veut s'attribuer à lui-même la composition d'un ouvrage dont il n'est pas l'auteur ; il déguise le texte original en substituant certaines expressions à d'autres, en changeant l'ordre des matières, en supprimant des passages essentiels, en insérant des choses inutiles et en remplaçant le vrai par le faux. Pour commettre un tel acte, il faut être très ignorant et très présomptueux. Aussi voyons-nous qu'Aristote termine par les paroles suivantes l'énumération des objets qu'on doit se proposer dans la composition d'un ouvrage : « Ce qui est en dehors de cela n'est que du superflu et de la convoitise », c'est-à-dire de l'ignorance et de la présomption. Que Dieu nous préserve d'agir autrement qu'il ne convient à un homme raisonnable ! Dieu dirige vers (la voie) la plus droite. (Coran, sour. XVII, vers. 9.)

Trop d'ouvrages sur un même sujet nuisent à l'acquisition de la science dont ils traitent.

Parmi les causes qui nuisent à l'acquisition des connaissances scientifiques et qui empêchent de les approfondir, il faut ranger le trop grand nombre d'ouvrages composés (sur le même sujet), et les divers systèmes de termes techniques qui s'emploient dans l'enseignement. Le professeur, étant tenu de se rappeler (tous les détails de la science qu'il enseigne) et sachant que ses élèves ne sauraient atteindre au degré d'instruction (qui leur est imposé) à moins de connaître (ces détails), est obligé de savoir par cœur la totalité ou la majeure partie de ces termes et de bien faire attention à leur emploi. Or les ouvrages qui traitent d'une même science sont tellement nombreux, que le professeur le plus zélé ne saurait en prendre une connaissance parfaite, quand même il y consacrerait toute sa vie ; aussi se voit-il forcément obligé de s'arrêter avant d'avoir atteint le degré d'érudition auquel il visait.

La science du droit malékite, telle qu'on la trouve exposée dans le Modaouena et dans les commentaires qui développent la jurisprudence de cet ouvrage, le livre d'Ibn Younos, par exemple, celui d'El-Lakhmi, celui d'Ibn Bechîr [1], les traités qui servent d'introduction à cette étude, et les recueils d'indications qui lui sont nécessaires, offre un exemple (du fait dont nous nous plaignons). Il en est de même (de la jurisprudence malékite telle qu'on la trouve dans) le traité d'Ibn el-Hadjeb et dans les (nombreux) écrits auxquels il a donné lieu. (Celui qui a bien étudié le droit malékite) doit être en mesure de reconnaître les doctrines de l'école de Cairouan et ne pas les confondre avec celles de Cordoue, de Baghdad, du Caire et des autres écoles postérieures. Il doit savoir tout cela, s'il veut obtenir l'autorisation de prononcer sur des questions de droit. Toutes ces doctrines n'offrent cependant que la répétition des mêmes idées, mais celui qui a étudié le droit est tenu d'avoir ces notions présentes à l'esprit et de bien distinguer entre les opinions des diverses écoles. Or, pour étudier à fond la doctrine d'une seule école, il faudrait y passer sa vie.

Il en serait bien autrement si les professeurs se bornaient à expliquer aux élèves les problèmes (ou doctrines) de l'école ; leur tâche serait beaucoup plus facile et les étudiants apprendraient avec moins de difficulté. Mais le mal est tellement enraciné, par suite de l'habitude prise, qu'il est devenu comme une chose naturelle qu'on ne saurait changer ni faire disparaître.

Citons encore comme exemple la science de la grammaire arabe, telle qu'elle est exposée dans le Kitab de Sibaouaïh [2], dans les nombreux ouvrages auxquels ce livre a donné naissance, dans les systèmes inventés par les grammairiens de Basra, de Coufa [3],

1 Pour بشر, lisez بشير. Ibn Khaldoun a déjà mentionné les noms de ces docteurs. Je ne trouve aucun renseignement à leur sujet.

2 Amr Ibn Othman, surnommé *Sibaouaïh* et auteur d'un célèbre traité de grammaire appelé ordinairement le *Kitab* (ou *livre* par excellence), mourut dans la dernière moitié du deuxième siècle de l'hégire (768-815 de J. C.).

3 Il faut lire البصريين والكوفيين .

de Baghdad et d'Espagne, dans les autres systèmes imaginés par leurs successeurs, dans ceux des anciens auteurs et ceux des modernes, tels qu'Ibn el-Hadjeb et Ibn Malek, à quoi il faut ajouter tous les autres livres composés sur ce sujet. Comment peut-on exiger d'un professeur qu'il les comprenne tous, quand même il aurait passé toute sa vie à les étudier ? Personne ne peut espérer d'arriver à ce degré (d'érudition), car on n'y réussit que dans des cas extrêmement rares. Un de ces cas exceptionnels est venu cependant à ma connaissance dans ces derniers temps : j'étais encore dans le Maghreb, quand je reçus un ouvrage composé par un grammairien natif de l'Égypte et nommé Ibn Hicham [1]. On reconnaît, à la manière dont l'auteur s'y exprime, que, chez lui, la connaissance de la grammaire est portée au plus haut degré et à un point que personne avant lui, si nous exceptons Sibaouaïh, Ibn Djinni [2] et leurs disciples, n'avait jamais atteint. (Il doit cet avantage) à son érudition, à sa connaissance exacte des principes fondamentaux et des ramifications de cette science, et à l'extrême habileté qu'il déploie (dans la solution des questions grammaticales). Ce fait démontre que le mérite n'appartient pas uniquement aux anciens. Et cependant Ibn Hicham avait à franchir tous les obstacles que je viens de signaler, toutes les difficultés provenant du grand nombre de systèmes [3] et de méthodes, (difficultés) augmentées encore par la quantité énorme d'ouvrages qu'on a composés sur la matière. Mais cela est une faveur que Dieu accorde à qui il veut.

Des cas de cette nature sont singulièrement rares dans le monde, et nous répéterons encore qu'un professeur, quand même il passerait sa vie à étudier une masse de livres scientifiques, ne parviendrait jamais à posséder complètement la science dont ils traitent. Il ne saurait même approfondir la grammaire arabe, bien qu'elle soit l'instrument et le moyen (pour arriver à la connaissance des autres sciences). Qu'en sera-t-il donc à l'égard des fruits auxquels on ne peut atteindre que par ce moyen ? Mais Dieu dirige qui il veut.

1 Djemal ed-Dîn Abou Mohammed Abd Allah Ibn Youçof, surnommé *Ibn Hicham,* est l'auteur du célèbre traité de grammaire intitulé *Moghni 'l-Lebîb.* Il mourut en 761 (1360-1361 de J. C.).

2 Abou 'l-Feth Othman Ibn Djinni, grammairien célèbre et auteur de plusieurs ouvrages, naquit à Mosul et mourut l'an 392 (1001-1002 de J. C.).

3 Pour المذهب , lisez المذاهب .

Le trop grand nombre d'abrégés scientifiques nuit au progrès de l'instruction.

Plusieurs savants des derniers siècles, ayant entrepris d'abréger les méthodes et les procédés qui s'emploient dans l'enseignement des sciences, s'appliquèrent avec ardeur à la tâche de classifier les notions scientifiques, afin de les résumer dans des traités qui puissent servir dorénavant de modèles uniques. Dans ces ouvrages ils exposèrent en peu de paroles, et avec le moins de remplissage possible, les questions dont on traite dans chaque science et les preuves qu'on y emploie, fournissant ainsi (à l'étudiant) la plupart des notions dont chaque branche de connaissances se compose. Ce procédé fut très nuisible à la juste expression de la pensée et rendit très difficile l'intelligence des textes qui en résultaient. Quelquefois aussi ils prenaient les traités détaillés qui servaient de bases à l'étude de chaque science, l'exégèse coranique, par exemple, et la rhétorique, et en faisaient des abrégés qu'on prit facilement apprendre par cœur. C'est ce que firent Ibn [1] el-Hadjeb pour la jurisprudence et pour les principes fondamentaux de cette science, Ibn Malek pour la grammaire arabe et el-Khouendji pour la logique.

De pareils abrégés nuisent au progrès de l'instruction et à l'acquisition des connaissances. En effet, ils jettent le commençant dans un grand embarras, en lui offrant les notions les plus élevées de la science avant qu'il se trouve en état de les comprendre. C'est là une mauvaise méthode d'enseignement, ainsi que nous le montrerons plus tard. Ajoutez à cela la grande préoccupation d'esprit que ces ouvrages imposent à l'étudiant lorsqu'il cherche à comprendre les passages obscurs dont ils sont remplis. Cette obscurité provient de l'entassement des idées et de la difficulté [2] d'y découvrir la solution des questions dont on s'occupe. Nous savons tous quelle peine il faut se donner quand il s'agit de tirer des renseignements de ces abrégés, tant ils sont remplis d'expressions obscures et embarrassantes, et combien on perd de temps en cherchant à les comprendre. A cela je dois ajouter que les connaissances acquises au moyen de sommaires, quand même elles seraient parfaitement exactes et nullement exposées à subir des altérations, sont bien

1 Pour بن , lisez ابن .

2 Je lis وصعوبة استخراج , avec l'édition de Boulac.

inférieures à celles qui s'obtiennent par l'étude de grands ouvrages bien détaillés, dont la prolixité même et les redites contribuent à donner au lecteur une connaissance parfaite du sujet. Moins l'auteur se répète, moins le lecteur apprend, et il en est ainsi de tous les abrégés. Pour aider à la mémoire de l'étudiant, on le lance dans une foule de difficultés, et on l'empêche ainsi d'acquérir des connaissances vraiment utiles et de les garder. Personne ne peut égarer celui qui est dirigé [1] par Dieu ; celui que Dieu a égaré ne trouvera personne pour le diriger.

De la direction qu'il faut imprimer à l'enseignement afin de le rendre vraiment utile.

On ne peut enseigner une science d'une manière profitable pour l'élève, à moins de passer graduellement et pas à pas (des notions élémentaires à celles qui sont plus élevées). Il faut commencer par lui soumettre quelques problèmes appartenant à chaque division de la science qu'on va traiter et lui servant de base. Pour faciliter la compréhension de ces questions, on les expose d'une manière sommaire, en se réglant d'après l'intelligence de l'élève et sa capacité, plus ou moins grande, à recevoir les notions qu'on veut lui communiquer. L'élève, ayant parcouru ainsi toute la science, en possède une connaissance approximative, bien qu'elle soit encore faible ; mais son travail a eu pour résultat de le disposer à bien comprendre le sujet et à connaître les questions qui s'y rattachent. On lui fait aborder ensuite le même sujet pour la seconde fois, en le conduisant, par la voie de l'enseignement oral, à un degré de connaissance plus élevé que celui auquel il était parvenu. On lui donne alors toutes les explications nécessaires et tous les éclaircissements ; car, il s'agit de le faire sortir des notions générales, afin de le mettre au courant des questions controversées auxquelles cette science avait donné lieu et de le lancer dans la voie qui le mènera à la connaître en entier. On fortifie ainsi, chez l'étudiant, la faculté d'apprendre.

Le professeur, voyant que l'élève a fait maintenant de grands progrès, recommence avec lui l'examen de la science et lui explique

1 Pour يهدى , lisez يهد .

tout ce qui s'y trouve de difficile, d'obscur et d'abstrait, sans rien omettre. L'élève a de cette façon acquis une idée nette de cette science et possède le moyen de s'en rendre complètement maître. Ce mode d'enseignement, qui est le vrai, oblige, comme on le voit, à repasser le sujet trois fois. Quelques étudiants apprennent une science sans l'avoir revue si souvent, mais cela tient à leur talent inné et à une disposition qui leur rend cette tâche facile.

Dans le siècle où nous vivons, on rencontre beaucoup de professeurs à qui cette méthode d'enseignement est inconnue et qui en ignorent les avantages. Ils présentent à l'étudiant, dès la première leçon, les problèmes les plus abstraits de la science, et lui imposent la tâche de les résoudre par la force de son intelligence, s'imaginant que cela est le meilleur mode d'enseignement et la meilleure manière de former l'élève. Ils l'obligent à apprendre par cœur toutes ces notions, et, pour ajouter encore à la confusion de son esprit, ils lui exposent les doctrines les plus élevées de la science en même temps que les premiers éléments. Cela se fait avant que l'étudiant soit préparé à comprendre de pareilles choses.

Acquérir la connaissance d'une science et se rendre apte à la comprendre est une faculté qui se développe graduellement. Ceux qui commencent l'étude d'une branche de connaissances sont presque tous incapables de la comprendre en entier ; il n'y a qu'un très petit nombre d'individus qui, en s'aidant de représentations sensibles, parviennent à s'en faire une idée générale et approximative. L'aptitude à apprendre ne peut augmenter que peu à peu ; pour l'accroître, il faut repasser la science plusieurs fois et monter graduellement du facile au difficile. Après la faculté de l'aptitude vient celle de l'acquisition, et, dès lors, l'élève parvient à embrasser tous les problèmes dont se compose la science.

Celui à qui on expose les doctrines les plus élevées d'une science dès la première leçon, et pendant qu'il est encore incapable de les comprendre, est loin d'y acquérir l'aptitude nécessaire et a bientôt l'esprit fatigué. Croyant que cela tient à l'extrême difficulté du sujet, il s'y applique avec moins d'ardeur, perd l'envie de l'apprendre et finit par y renoncer tout à fait ; mais cela est la faute [1], non pas de la science, mais de la manière dont on l'enseigne.

Le professeur ne doit pas exiger des élèves, soit qu'ils commen-

1 Il faut lire اتى ذلك à la place des mots اتى فى ذلك .

cent, soit qu'ils achèvent l'étude d'une science, qu'ils sachent plus que le contenu du livre sur lequel ils travaillent. Il doit toujours tenir compte de leurs forces [1] et de leur aptitude à apprendre. En expliquant un ouvrage, il ne doit pas leur citer des doctrines extraites d'un autre ouvrage, mais attendre qu'ils sachent par cœur [2] le premier, depuis le commencement jusqu'à la fin, qu'ils en comprennent toute la portée et qu'ils en aient tiré assez de connaissances pour qu'ils puissent aborder un second traité.

L'étudiant qui s'est rendu maître d'une science quelconque a bien disposé son esprit pour en acquérir d'autres ; il sent naître chez lui une ardeur qui le pousse à apprendre davantage, à s'élever jusqu'aux sciences les plus hautes et à posséder enfin toutes les connaissances humaines. Mais, s'il a l'esprit confus (par suite d'un enseignement mal entendu), il n'a plus la force de comprendre ; il cède à la lassitude, perd la faculté de réfléchir, et, ne conservant plus le moindre espoir d'apprendre [3], il renonce à la science et abandonne le professeur qui l'enseigne. Dieu dirige qui il veut.

Quand on explique un livre ou une branche de science, on ne doit pas y mettre trop de temps, ce qui arriverait si on multipliait les séances et si on les tenait à des intervalles trop grands ; cela suffirait à faire oublier (aux élèves ce qu'ils auraient déjà appris) et à briser la liaison mutuelle des problèmes qui se rattachent au sujet. En interrompant la suite naturelle des problèmes, on rend très difficile l'acquisition de la science.

Quand les doctrines les plus élevées d'une science se présentent à l'esprit aussi promptement que les premiers principes, et si elles sont restées à l'abri de l'oubli, la faculté de recueillir des connaissances se développe très promptement, s'établit dans l'esprit d'une manière très solide, et reçoit la teinture (qu'on veut lui communiquer [4]). En effet, chaque faculté acquise naît de la fréquente répétition d'un même acte, et, si l'on suspend l'acte, on suspend l'acquisition de la faculté qui en dérive. Et Dieu vous enseigna ce que vous ignoriez. (Coran, sour. II, vers. 240.)

1 Les manuscrits C et D et l'édition de Boulac portent بحسب طاقته , leçon que je préfère.

2 يعى est l'aoriste du verbe وعى .

3 Pour يئس , lisez و يئس .

4 Le mot للملكات est de trop ; les manuscrits C et D et l'édition de Boulac ne l'offrent pas.

C'est encore une bonne règle à suivre, une voie dont on ne devrait jamais s'écarter, que de ne pas enseigner simultanément deux sciences à un élève ; car, dans ce cas, il ne pourrait guère en apprendre même une seule, puisque son attention se partagerait entre elles et se détournerait des problèmes de l'une pour s'occuper de ceux de l'autre ; trouvant alors toutes les deux également difficiles et inabordables, et trompé dans ses espérances, il renoncerait à l'étude. Si on laissait l'esprit de l'élève assez libre pour qu'il pût s'occuper de ce qui est à sa portée et s'y borner uniquement, on lui fournirait, en général, une excellente occasion de s'instruire. C'est Dieu qui, par sa grâce, nous conduit à la vérité.

Section. — Je vais maintenant donner à celui qui veut s'instruire des conseils qui lui seront vraiment utiles, s'il veut les accepter et les garder précieusement ; mais, avant de commencer, je lui soumettrai quelques observations qui l'aideront à bien comprendre [1] ce dont il s'agit. La faculté réfléchissante arrive naturellement à l'homme et à lui seul ; de même que toutes les autres choses, elle a été créée par Dieu. C'est un acte et un mouvement opérés dans l'âme au moyen d'une force qui réside dans le ventricule central du cerveau. Elle sert tantôt à manifester les actions de l'homme en les dirigeant avec ordre et avec méthode ; tantôt elle procure (à l'esprit) la connaissance d'une chose qu'il ignorait. En ce dernier cas, elle se tourne vers la notion qu'on recherche, établit les deux termes [2] afin de pouvoir en porter un jugement, soit négatif, soit affirmatif ; le (terme) moyen, celui qui réunit les deux autres, se manifeste à elle en moins d'un clin d'œil, dans le cas où il est unique ; s'il y en a plus d'un, la réflexion se sert du premier afin de découvrir le second, et de parvenir ensuite à la connaissance de ce qu'elle cherchait [3]. Telle est l'occupation de cette faculté réfléchissante, qui est naturelle à l'homme et qui le distingue de tous les autres animaux.

Faisons maintenant observer que l'art de la logique sert à représenter la manière d'agir de cette faculté réfléchissante et spéculative [4] ; il la décrit exactement, afin qu'on puisse reconnaître si cet acte est bien ou mal dirigé. Car il faut savoir que la faculté réfléchissante,

1 Pour على فهمها , lisez فلى فهمها .

2 Il s'agit du grand terme et de la conclusion du syllogisme.

3 Voyez, sur la recherche du moyen, les derniers chapitres des Premiers Analytiques d'Aristote.

4 Pour اليظرية , lisez النظرية .

bien que (de sa nature) elle soit essentiellement exacte, se trompe quelquefois, soit en concevant les deux termes sous des formes qui ne leur conviennent pas, soit en se laissant tromper par la ressemblance des figures (syllogistiques) sous lesquelles on range les jugements (ou propositions), afin d'en tirer des conclusions. La logique, qui a pour but d'empêcher la réflexion de tomber dans cette erreur, est une production artificielle représentant la marche de cette faculté, et renfermant en elle-même l'image du mode de procéder que la même faculté doit observer. Or, puisque la logique est une chose artificielle, on peut ordinairement s'en passer ; aussi voyons-nous que la plupart des hommes les plus éminents dans les sciences spéculatives parviennent à découvrir les vérités qu'ils cherchent sans avoir recours à l'art de la logique [1]. (Ils y réussissent) surtout quand ils travaillent avec des intentions droites et qu'ils se remettent à la grâce de Dieu, laquelle est toujours le secours le plus efficace : laissant leur faculté réfléchissante marcher directement en avant, ils se trouvent amenés tout naturellement à la découverte du terme moyen et de la vérité qu'ils cherchent. Ce fut, en effet, pour cet objet que Dieu créa la réflexion.

Après avoir parlé de cette chose artificielle qui s'appelle la logique, il nous reste à signaler encore une matière à étudier [2] comme préliminaire à l'acquisition de la science. Je veux parler de la connaissance des mots et des idées qu'ils servent à exprimer. Les mots s'expriment par des signes tracés au moyen de l'écriture, et par l'organe de la langue [3], quand on adresse la parole à quelqu'un. L'étudiant doit, de toute nécessité, franchir ces obstacles avant de pouvoir réfléchir sur la question dont il cherche la solution. Il doit d'abord reconnaître, à la vue des indications fournies par l'écriture, les mots articulés par la langue, et certes l'écriture les indique de la manière la plus durable ; il doit ensuite comprendre les idées qu'on représente au moyen des mots articulés, et puis connaître les règles qui s'observent quand il s'agit de démontrer un principe, en coordonnant ses idées selon les formules consacrées par l'art

1 Il faut supprimer le mot علم , qui précède immédiatement le mot المنطق .

2 Il faut lire التعلم à la place de التعليم . L'édition de Boulac et les manuscrits C et D offrent la bonne leçon.

3 Littéral. « par la langue parlante ». Comme le mot *lisan,* de même que le mot *langue* en français, signifie également l'organe de la parole et le langage, l'auteur ajoute ici l'adjectif *natic,* « parlant », afin d'éviter l'équivoque.

de la logique. Enfin il doit bien comprendre les idées abstraites que fournit l'entendement et qu'il combine ensemble, tout en se résignant à la miséricorde et à la bonté de Dieu, dans le but d'obtenir, au moyen de la faculté réfléchissante, la solution du problème dont il s'occupe.

Il n'est pas donné à tout le monde de franchir rapidement tous ces degrés, ni de traverser facilement les obstacles qui s'opposent à l'acquisition des connaissances scientifiques [1]. C'est tantôt l'intelligence qui s'arrête devant un voile épais, pendant qu'elle s'efforce de scruter le sens des mots ; tantôt elle se heurte contre des arguments remplis de termes ambigus et d'expressions empruntées à la dialectique, et alors elle renonce à l'espoir d'y trouver ce qu'elle cherche. Il n'y a qu'un très petit nombre d'hommes qui parviennent, sous la direction de Dieu, à éviter cet abîme. Donc, lorsque vous subissez une pareille épreuve, que vous commencez à douter de la force de votre intelligence ou que vous sentez votre esprit se troubler au milieu d'incertitudes [2], laissez de côté tout ce (travail), ne pensez plus ni à l'obscurité des termes ni aux doutes qui viennent arrêter votre progrès ; rejetez tout à fait [3] l'emploi de cette chose artificielle (qui s'appelle la logique) ; lancez-vous dans la vaste plaine de la réflexion, faculté qui vous est innée ; promenez-y vos regards ; débarrassez votre esprit de ses préoccupations, afin qu'il plonge à la recherche de ce que vous désirez ; (marchez) en posant les pieds sur les mêmes endroits où les profonds investigateurs d'autrefois avaient posé les leurs, et partez avec l'espoir de recevoir de Dieu une inspiration pareille à celle que sa bonté avait accordée à vos devanciers ; car il leur enseigna ce qu'ils ne savaient pas. Si vous le faites, les lumières d'une révélation divine brilleront devant vous : vous obtiendrez ce que vous cherchiez ; vous découvrirez par inspiration ce terme moyen [4] que Dieu avait désigné et créé [5], ainsi que nous l'avons dit, comme une des choses qui doivent émaner de la réflexion. Prenez alors les matrices et moules dans lesquels on façonne les arguments, introduisez-y ce (terme moyen),

1 Pour التعليم , lisez التعلم .

2 Pour بالشهبات , lisez بالشبهات .

3 Le mot على est de trop et ne se trouve ni dans les manuscrits C et D ni dans l'édition de Boulac.

4 Littéral. « et s'obtiendra l'inspiration moyenne ».

5 Pour عليك , lisez عليه , avec les manuscrits C et D et l'édition de Boulac.

laissez-lui tous les droits que le règlement artificiel (la logique) lui accorde ; l'ayant ensuite revêtu d'une forme composée de paroles, produisez-le dans le monde de l'allocution et du discours : (il s'y présentera) bien constitué [1] et solidement conformé.

Il se peut que dans votre examen des termes et des expressions obscures qu'offre un raisonnement constitué selon les formules de l'art, et dans vos efforts de dégager le vrai du faux, vous rencontriez des difficultés qui vous arrêtent [2] ; car de pareils raisonnements sont artificiels et conventionnels, et offrent de nombreux côtés qui se ressemblent et sont tellement obscurs, à cause des termes techniques qu'ils renferment, qu'on ne distingue pas le bon côté du mauvais. Le bon ne se reconnaît que par une disposition naturelle de l'esprit. Les doutes et les incertitudes qu'on éprouve alors se prolongent, parce qu'un voile épais dérobe aux regards de l'investigateur le sens qu'il cherche et l'oblige à y renoncer. C'est ce qui est arrivé à la plupart des hommes spéculatifs qui vivaient dans ces derniers temps, et surtout aux savants d'origine étrangère, chez qui la connaissance imparfaite de la langue arabe entravait l'activité de l'esprit.

Il en est encore ainsi des hommes qui, se laissant éprendre d'une vive passion pour le système des règles qui forment la logique, s'en déclarent les partisans dévoués, puisqu'ils s'imaginent que par l'emploi de cet art on arrive tout naturellement à la vérité. Ceux-là tombent aussi dans une grande perplexité quand ils ont devant eux des raisonnements obscurs et louches ; il est même bien rare qu'ils parviennent à s'en tirer. Le meilleur instrument pour atteindre la vérité nous est fourni par la nature ; c'est la faculté réfléchissante, ainsi que nous l'avons déjà déclaré ; mais elle doit être dégagée de toutes ses opinions erronées. Celui qui veut l'employer dans les hautes spéculations doit d'abord se remettre à la miséricorde de Dieu. L'art de la logique ne fait que décrire l'action de cette faculté réfléchissante, et, pour cette raison, il suit ordinairement la même marche qu'elle. Fiez-vous à mes paroles, et, quand des questions difficiles mettent votre intelligence en défaut, priez Dieu de répandre sur vous sa miséricorde : il fera briller ses lumières

1 Littéral. « avec les ganses solidement attachées ».

2 Le texte dit, *Si vous êtes arrêté*, mais ne fournit pas la réponse de cette proposition conditionnelle. J'ai dû adopter une autre tournure dans la traduction.

devant vous et vous mènera par son inspiration vers la vérité. Dieu nous dirige par sa miséricorde. Toute science vient de lui.

En traitant des sciences qui servent uniquement à l'acquisition d'autres, il ne faut pas pousser trop loin ses spéculations, ni suivre les questions de ces sciences auxiliaires[1], jusque dans leurs dernières ramifications.

Les sciences reconnues pour telles dans le monde civilisé se partagent en deux classes. Dans la première on range les sciences qu'on étudie pour elles-mêmes ; savoir, celles qui se rattachent à la loi divine, l'exégèse coranique ; la science des traditions, la jurisprudence et la scolastique, et celles qui, comme la physique et la métaphysique, font partie de la philosophie. La seconde classe renferme les sciences qui servent d'instruments et d'intermédiaires à l'acquisition des premières. Telles sont la grammaire et la philologie arabes, ainsi que le calcul, qui aident à l'acquisition des sciences qui se rattachent à la loi ; telle est aussi la logique, qui sert d'introduction à la philosophie, et qui, dans le système adopté par les savants des derniers siècles, s'emploie comme un moyen d'aborder la scolastique et les principes fondamentaux de la jurisprudence.

Quant aux sciences qu'on cultive pour elles-mêmes, rien n'empêche de les développer longuement, d'en poursuivre les problèmes dans toutes leurs ramifications, et de rendre bien intelligibles les preuves qui s'y emploient et les spéculations auxquelles elles donnent lieu. Cela sert à raffermir davantage les connaissances que l'étudiant a déjà acquises, et à jeter plus de lumière sur les idées qui forment l'objet de la science.

Il en est autrement à l'égard de la grammaire et de la philologie arabes et de la logique, sciences qui s'emploient pour l'acquisition d'autres. Il faut les envisager uniquement comme des instruments dont on doit se servir quand on veut arriver à comprendre les autres sciences. En les traitant, il ne faut pas s'étendre trop longuement, ni les suivre dans toutes leurs ramifications, car cela les détournerait de leur destination, celle de servir d'instruments. Si elles outre-

1 Littéral. « instrumentales ».

passent ces conditions, elles ne remplissent plus leur objet, et deviennent inutiles [1] à l'étudiant. Une science de cette espèce, traitée avec étendue et exposée dans toutes ses ramifications, serait d'une acquisition très difficile. Il est même arrivé que la trop grande étendue de ces sciences auxiliaires a empêché les étudiants d'arriver à la connaissance de celles qu'on cultive pour elles-mêmes, et qui sont, d'ailleurs, les plus importantes. Pour apprendre la totalité d'une science exposée de cette manière, la vie de l'homme ne suffirait pas. S'occuper des sciences auxiliaires (quand on les a traitées avec prolixité), c'est perdre son temps et se livrer à un travail inutile [2].

Voilà cependant ce que les savants des derniers siècles ont fait pour l'art de la grammaire et pour celui de la logique [et bien plus encore pour les principes fondamentaux de la jurisprudence] [3]. Ils se sont étendus outre mesure sur les opinions que la tradition attribue aux anciens docteurs ; ils ont multiplié les preuves, les digressions et les problèmes. Aussi les sciences qui devaient servir uniquement d'instruments sont devenues, entre leurs mains, comme les sciences que l'on cultive pour elles-mêmes. Souvent aussi les ouvrages qui traitent des sciences auxiliaires renferment des spéculations et des problèmes tout à fait inutiles pour celui qui veut étudier les sciences de la première classe.

Tout cela rend ces traités inutiles et même absolument nuisibles à l'acquisition de la science. On se soucie bien plus d'apprendre les sciences qui ont une importance intrinsèque que les sciences auxiliaires et intermédiaires. Or, si l'étudiant passe sa vie à prendre connaissance de celles-ci, comment parviendra-t-il à son but (celui d'apprendre les sciences supérieures) ?

C'est donc le devoir d'un professeur qui enseigne une de ces sciences auxiliaires de ne pas la traiter à fond ; il ne doit pas en citer un trop grand nombre de problèmes ; il doit même prévenir ses élèves, les avertir du but réel de cette science, et ne pas leur permettre de le dépasser. Si ensuite quelque étudiant a le désir de l'approfondir, et se croit assez fort, assez habile, pour accomplir cette tâche, laissez-le suivre sa fantaisie ; celui qui a été créé pour

1 Avant لغوا insérez بها .

2 Je lis يعنى .

3 J'ai mis ce passage entre des parenthèses, parce qu'il me semble être une interpolation mal entendue. Le traducteur turc ne l'a pas rendu.

une tâche l'accomplit facilement.

Sur l'instruction primaire et sur les différences qui existent entre les systèmes d'enseignement suivis dans les divers pays musulmans.

Une des marques distinctives de la civilisation musulmane [1] est l'habitude d'enseigner le Coran aux enfants. Les vrais croyants l'ont adoptée et s'y sont conformés dans toutes leurs grandes villes, parce que certains versets de ce livre et le texte de certaines traditions, étant appris de bonne heure, établissent solidement dans le cœur de l'enfant la croyance aux dogmes de la foi. Donc le Coran forme la base de l'enseignement et sert de fondation à toutes les connaissances qui s'acquièrent plus tard. Cela doit être ainsi ; car ce qu'on enseigne aux enfants s'enracine solidement dans leur esprit et sert de base à toutes les doctrines qu'on leur enseignera dans la suite. En effet, les premières choses qu'on apprend par cœur servent de fondations, pour ainsi dire, aux connaissances acquises subséquemment, et c'est d'après les fondations et leur disposition que se règle la construction de l'édifice. Les différences qui existent entre les modes dont on enseigne le Coran aux enfants proviennent des vues particulières de chaque peuple au sujet des fruits qui doivent résulter de cet enseignement.

Les habitants du Maghreb ont pour système de tenir leurs enfants à l'étude du Coran seulement, et de leur indiquer, pendant qu'ils y travaillent, l'orthographe du texte, les questions (auxquelles certaines variantes ont donné lieu), et les opinions diverses que les anciens docteurs, sachant ce livre par cœur, avaient émises sur cette matière. Dans aucun de leurs cours d'enseignement (primaire) ils ne mêlent d'autres notions à celles que nous venons de mentionner ; ils n'y parlent ni des traditions, ni de la jurisprudence, ni de la poésie, ni de la langue des (anciens) Arabes, et ils continuent à observer cette règle jusqu'à ce que l'élève soit arrivé à la parfaite connaissance du (texte coranique), ou qu'il s'arrête avant d'y être parvenu. S'il renonce ainsi à cette branche d'études, il renonce ordinairement à toutes les autres. Voilà le système suivi par les

1 Littéral. « de la religion ».

habitants des grandes villes maghrébines et emprunté d'eux par les lecteurs appartenant à la race berbère qui habite le Maghreb. Dans ce pays, on continue à enseigner le Coran aux jeunes gens jusqu'à ce qu'ils soient parvenus à l'âge de la puberté, et on l'enseigne de même aux adultes [1] qui, après avoir laissé s'écouler une partie de leur vie, veulent reprendre leurs études. Cela fait que dans le Maghreb on orthographie le Coran plus correctement et on le sait mieux par cœur que dans aucun autre pays.

Dans le système suivi en Espagne, la lecture et l'écriture sont les premières choses qu'on enseigne. On n'y perd jamais ce principe de vue ; mais, comme le Coran est le livre fondamental de toute instruction, la source d'où dérivent la religion et les sciences, on le prend pour base de l'enseignement, mais on ne s'y restreint pas uniquement. Aussi les précepteurs espagnols introduisent-ils ordinairement dans leurs leçons des morceaux de poésie et des spécimens de composition épistolaire ; ils obligent les écoliers à apprendre par cœur les règles de la grammaire arabe, à soigner leur écriture et à bien tracer les lettres. C'est principalement à l'enseignement de l'écriture qu'ils consacrent leurs soins. L'élève, entré dans l'adolescence, a déjà acquis une certaine connaissance de la grammaire et de la poésie ; il commence à y voir clair ; mais il se distingue surtout par la beauté de son écriture. Il serait même capable d'embrasser toutes les branches de la science [2], si l'on avait conservé dans son pays les bonnes traditions d'enseignement ; mais l'Espagne est privée de cet avantage, parce que le fil de cette tradition a été brisé. Aussi l'Espagnol ne possède d'autres connaissances que celles que l'enseignement primaire lui avait fournies. Mais cela suffit pour l'homme que Dieu veut bien diriger ; c'est pour lui une bonne préparation dans le cas on un précepteur habile viendrait à se présenter.

Les habitants de l'Ifrîkiya (la Tunisie) enseignent le Coran aux enfants ; mais presque partout ils leur font apprendre en même temps les traditions, les principes et quelques problèmes des autres sciences. Mais ils tiennent surtout à familiariser les élèves avec le texte du Coran et avec les diverses variantes et leçons de ce livre. Cette partie de l'enseignement est plus soignée en Ifrîkiya

1 Pour الكثير , lisez الكبير .

2 Le texte dit : « de s'accrocher aux pans de robe de le science ».

que partout ailleurs. Après la connaissance du Coran, ce qui leur paraît le plus important, c'est une bonne écriture. En somme, leur système se rapproche beaucoup de celui qu'on suit en Espagne, et la cause en est que chez eux les bonnes traditions d'enseignement remontent jusqu'aux docteurs espagnols, qui, lors des victoires des chrétiens, avaient abandonné l'Andalousie orientale, pour aller se fixer à Tunis, où ils transmirent leurs connaissances à leurs enfants.

En Orient, l'enseignement est, comme le précédent, d'un caractère mêlé ; on me l'a dit au moins, mais je ne sais à quelle branche d'études on donne la préférence. D'après les renseignements que nous avons reçus (depuis), les jeunes gens étudient le Coran, les règles de quelques sciences et les ouvrages qui s'y rapportent. On ne joint pas à cet enseignement celui de l'écriture, parce que, dans ce pays, l'écriture a ses règles particulières qu'on est obligé d'apprendre sous un maître spécial, ainsi que cela se pratique pour les autres arts. On ne l'enseigne pas régulièrement dans les écoles primaires : aussi les modèles d'écriture qu'on trace sur les tablettes des enfants sont loin d'être parfaits. Si l'élève veut ensuite apprendre à bien écrire, il doit s'adresser à un maître de l'art, et son progrès dépendra de son application.

Dans l'Ifrîkiya et dans le Maghreb, l'importance qu'on attache à l'enseignement du Coran a pour résultat que les habitants de ce pays sont loin de posséder complètement la langue arabe. En effet, l'étude du texte coranique ne procure que rarement la faculté de bien parler ; car les hommes, sachant l'impossibilité de rien produire de comparable au Coran, s'abstiennent non seulement d'en faire l'essai, mais de prendre pour modèles les phrases et les tournures de ce livre. Aussi, chez ces deux peuples, on n'acquiert à l'école que la simple connaissance de cette phraséologie. Il en résulte que les élèves n'obtiennent jamais une parfaite connaissance de la langue arabe. Tout ce qu'ils retirent (de ce genre d'instruction) est la difficulté d'exprimer nettement leurs idées, et une grande incapacité pour le maniement de la parole. Les habitants de l'Ifrîkiya sont peut-être plus avancés sous le rapport de l'instruction que ceux du Maghreb, parce qu'ils joignent à l'étude du Coran celui des termes techniques employés dans les sciences. Aussi possèdent-ils un certain degré d'habileté dans le maniement de la langue arabe et dans l'imitation des modèles (dont ils ont fait l'étude). Mais, chez eux, cette faculté acquise est loin d'être parfaite, car, bien qu'ils aient appris un grand nombre de termes scientifiques, ces termes ne suffisent pas à l'exacte expression de la pensée. Nous reviendrons là-dessus dans un autre chapitre.

Les (musulmans) espagnols ont pour système d'enseigner plusieurs choses à la fois : (pendant que les enfants apprennent le Coran,) on les oblige, dès leur première jeunesse, à réciter des pièces de vers et des épîtres, et à étudier la grammaire et la philologie arabes. Ce genre d'enseignement les dispose à acquérir plus tard une connaissance approfondie de cette langue. Mais ils ne font jamais un grand progrès dans les autres sciences, parce qu'ils n'ont pas suffisamment étudié le Coran et la loi traditionnelle, seules bases de toutes nos connaissances scientifiques. Aussi ne deviennent-ils que calligraphes et philologues plus ou moins habiles, selon le degré d'instruction auquel ils arrivent après avoir passé, par l'enseignement primaire.

Le cadi Abou Bekr Ibn el-Arebi propose, dans le récit de son voyage [1], un plan d'enseignement très original, sur lequel il revient à plusieurs reprises, en y ajoutant de nouvelles observations. Selon lui, il faudrait suivre le système des Espagnols et enseigner l'arabe et la poésie [2] avant les autres sciences. Voici ce qu'il dit : « Comme les poèmes étaient, pour les anciens Arabes, des registres (dans lesquels ils inséraient tout ce qui leur semblait important), il faudrait commencer par l'étude de leur poésie et de leur langue ; la corruption (graduelle) du langage (qui se parle) [3] l'exige impérieusement. L'élève passerait ensuite au calcul et s'y appliquerait. jusqu'à ce qu'il en eût compris. les règles. Ensuite il se mettrait à lire le Coran, dont il trouverait l'étude très facile, grâce à ces travaux préliminaires. » Il dit plus loin : « O la conduite irréfléchie de nos compatriotes ! ils obligent des enfants à commencer leurs études par le livre de Dieu, et à lire ce qu'ils ne [4] comprennent pas ; ils dirigent leur attention vers ce but pendant qu'il s'en trouve un autre bien plus important.

---

1 Le cadi Ibn el-Arebi (voyez la 1e partie) composa un ouvrage intitulé *Canoun et-Taouîl*, dans lequel il raconta sa visite à la Mecque et son retour en Espagne. Dans ce voyage, il fit naufrage, sur les côtes de la Tunisie, où il fut bien accueilli par le chef de la tribu arabe des Kâb Ibn Soleïm.

2 Il faut insérer le mot الشعر avant على.

3 Pour فسادا للغة , lisez فساد اللغة .

4 Pour لم , lisez لا .

Il ajoute : « L'élève, après avoir fait ses études préliminaires, peut alors s'occuper des principes fondamentaux de la religion, passer ensuite à ceux de la jurisprudence, puis s'appliquer à la dialectique, et finir par les traditions et par les sciences qui s'y rattachent. » Au reste, il défend d'enseigner à la fois deux sciences différentes, à moins que l'intelligence de l'élève et l'activité de son esprit ne le rendent capable d'en profiter. J'avoue que le système proposé par le cadi Abou Bekr [1] est très bon, mais les usages s'opposent à son emploi, et les usages nous gouvernent despotiquement dans les affaires de cette vie.

Ce qui a établi d'une manière toute spéciale l'usage de commencer l'enseignement par le Coran fut le désir de mériter la bénédiction divine et la récompense (d'une si bonne action), et d'empêcher que l'élève, une fois lancé dans les égarements de la jeunesse, ne rencontrât des obstacles qui nuiraient à ses bonnes intentions ou qui arrêteraient ses études, de sorte qu'il laisserait échapper à tout jamais l'occasion d'apprendre ce livre. Tant que dure sa minorité, il reste soumis à l'autorité d'autrui, mais, lorsqu'il est entré dans l'adolescence et qu'il se voit débarrassé du joug qui lui pesait, il peut se laisser entraîner par les passions orageuses de la jeunesse et faire naufrage sur les côtes de la folie. Aussi s'empresse-t-on de profiter de sa minorité et de l'état de soumission dans lequel il est tenu pour lui enseigner le Coran, de crainte que plus tard il n'ait aucune connaissance de ce livre. Si l'on avait la certitude de le voir continuer ses études et écouter volontiers les leçons qu'on lui donnerait, on pourrait l'instruire d'après le système du cadi, système qui, en ce cas, serait pour les habitants de l'Orient et pour ceux de l'Occident le meilleur à adopter. Dieu décide ce qu'il veut et personne ne peut contrôler ses décisions.

Trop de sévérité dans l'enseignement des élèves leur est nuisible.

Employer trop de sévérité dans l'enseignement des enfants leur est très nuisible, surtout quand ils sont encore en bas âge, parce que cela donne à leur esprit une mauvaise disposition. Les enfants qu'on

1 Les manuscrits C et D et l'édition de Boulac portent القاضى ابو بكر , leçon que j'ai suivie.

a élevés avec sévérité, tant les écoliers que les mamlouks (esclaves blancs) ou khadems (esclaves noirs) [1], en sont tellement accablés que leur esprit se rétrécit et perd son élasticité. Cela les dispose à la paresse, les porte au mensonge et au khabth, terme qui signifie : « manifester un autre sentiment que celui qu'on éprouve réellement, et cela dans le but d'éviter un châtiment [2]. » Ils apprennent ainsi la dissimulation et la fraude, vices qui leur deviennent habituels et comme une seconde nature. Les sentiments qui font honneur à l'homme et qui naissent dans la civilisation et dans la vie sociale, — sentiments qui portent, à repousser les attaques d'un ennemi et à se défendre, soi et sa famille, — s'affaiblissent tellement chez des gens ainsi élevés, qu'ils deviennent incapables d'agir pour eux-mêmes et restent à la charge d'autrui. Bien plus, leur âme se détend au point qu'elle ne cherche pas à s'orner de belles qualités ou à se distinguer par un noble caractère ; elle s'arrête dans cette voie avant d'être arrivée au terme de sa course, au but que la nature humaine, dont elle participe, lui avait assigné ; ensuite elle recule pour descendre au dernier degré de la bassesse.

Voilà pourquoi les peuples soumis à un régime oppressif tombent dans la dégradation. Parcourez successivement toutes les nations qui subissent la domination de l'étranger ; elles ne conservent plus cette noblesse de caractère qui assure l'indépendance, et vous trouverez de nombreux exemples de ce fait. Voyez la disposition abjecte des juifs ; elle est tellement frappante que, toujours et partout, on a attribué à ce peuple la qualité qu'on désigne par le mot khardj, terme auquel une convention généralement reconnue a rattaché la signification d'improbité et de fourberie [3]. Donc le précepteur ne doit pas user de trop de sévérité envers ses élèves, ni le père envers ses enfants.

Abou Mohammed Ibn Abi Zeïd [4] s'est exprimé de la manière suivante dans le traité qu'il composa sur la discipline des maîtres et des élèves : « Il ne faut pas que le précepteur, voyant la nécessité de

1 Le mot خادم signifie « serviteur », puis « esclave noir, nègre ». En Afrique il signifie « négresse » ; « nègre » se dit *ousîf*, وصيف .

2 Le mot *khabth* signifie « dépravation » ; mais notre auteur lui donne le sens de « dissimulation ».

3 Il faut peut-être lire الجرح « improbation » à la place de الخرج . La ponctuation du mot varie selon les manuscrits.

4 Voyez la 1e partie.

corriger un enfant, lui donne plus de trois coups [1]. » On connaît la parole d'Omar (le second khalife) : « Celui que la loi ne suffit pas pour corriger, Dieu ne le corrigera pas. » Il prononça ces mots dans le but d'épargner à l'âme la dégradation qui résulte des corrections corporelles, et parce qu'il savait que le degré de correction fixé par la loi est bien plus efficace que tout autre.

La meilleure ligne de conduite à suivre dans l'enseignement des enfants est celle que (Haroun) er-Rechîd désigna au précepteur de son fils, Mohammed el-Amîn. Voici comment Khalef el-Ahmer raconte la chose [2] : « On vint me dire : Sachez, Ahmer, que l'émir des croyants vous confie le sang de son âme, le fruit de son cœur, afin que votre main s'étende sur lui et qu'il vous obéisse. Remplissez auprès de lui la position que l'émir des croyants vous assigne ; faites-lui lire le Coran, apprenez-lui [3] l'histoire, faites-lui réciter des poèmes, enseignez-lui les traditions sacrées, rendez-le attentif aux paroles qu'il va énoncer et aux suites qu'elles peuvent avoir ; empêchez-le de rire, excepté dans les moments convenables ; obligez-le à recevoir avec de grands égards les vieillards de la famille de Hachem [4] quand ils iront chez lui, et à donner des places d'honneur aux chefs militaires qui se présenteront à ses réceptions. Ne laissez pas passer une seule heure de la journée sans lui enseigner quelque connaissance utile ; ne lui faites point de chagrin, car cela pourrait éteindre l'activité de son esprit ; mais ne lui montrez pas trop d'indulgence, car il trouverait alors une grande douceur dans la paresse et s'habituerait à ne rien faire. Pour le corriger, agissez autant que possible avec affabilité et mansuétude, puis, s'il repousse vos remontrances, employez la rigueur et la sévérité. »

Les voyages entrepris dans le but d'augmenter ses connaissances et de travailler sous les professeurs d'autres pays servent à compléter l'éducation d'un étudiant.

---

1 Après اسواط insérez شيءًا .

2 Il est possible qu'Ibn Khaldoun se soit trompé ici : Ibn Khallikan nous apprend, dans son dictionnaire biographique, vie de Yahya le Barmékide, que le précepteur d'El-Amîn était El-Fadl le Barmékide, fils de Yahya. Le poète Khalef el-Ahmer mourut vers l'an 180 (796 de J. C.). (Voyez le *Chalef elahmar's Qasside* de M. Ahlwardt ; Greifswald, 1839.)

3 Pour وعلمه , lisez وعَرّفه .

4 Bisaïeul de Mohammed et ancêtre des Abbacides.

Les hommes acquièrent leurs connaissances, les doctrines qu'ils professent, les qualités et les talents par lesquels ils se distinguent, soit en étudiant, en enseignant et en dictant des leçons, soit en fréquentant des professeurs et en répétant devant eux les leçons qu'ils viennent d'entendre. Travailler sous la dictée de professeurs contribue bien plus que des études faites en particulier à fixer dans la mémoire les connaissances acquises et, à les y établir d'une manière solide. Aussi, plus on a eu de professeurs, plus on a fortifié ses connaissances.

Les termes conventionnels dont on se sert dans l'enseignement troublent les idées, de sorte que beaucoup d'étudiants s'imaginent que ces mots font une partie essentielle de la science dans laquelle on les emploie. Ils ne pourront jamais se délivrer de cette illusion qu'après avoir reconnu par une expérience directe, sous plusieurs professeurs, que les systèmes de terminologie diffèrent (d'une école à une autre). C'est en allant voir les savants, en travaillant (successivement) sous plusieurs professeurs et en observant la diversité qui existe entre leurs systèmes, qu'un étudiant peut parvenir à reconnaître la partie purement technique de chaque science et à savoir la mettre à l'écart. Il voit alors que l'emploi de ces termes dans l'enseignement est un procédé qui sert uniquement à faciliter l'acquisition de connaissances réelles. Arrivé à ce point, il sent que ses facultés intellectuelles ont pris assez de force pour raffermir dans son esprit les connaissances acquises, qu'elles lui permettent de reconnaître l'exactitude de ce qu'il a appris et de distinguer le vrai du faux. Pendant ce temps, la faculté d'apprendre se fortifie chez lui grâce à son habitude d'assister aux leçons des professeurs, de profiter de leurs enseignements et de voir autant de savants qu'il le peut, n'importe leur nombre et la diversité des sciences dont ils s'occupent.

Un tel cours d'études ne convient toutefois qu'à celui que Dieu veut diriger, et en faveur de qui il aplanit les voies de la science. Mais on ne saurait se dispenser d'entreprendre des voyages, si l'on veut acquérir des connaissances et s'y perfectionner ; pour bien s'instruire, il faut aller voir les grands professeurs et s'entretenir avec les hommes (les plus distingués dans chaque branche de science). Dieu dirige ceux qu'il veut vers le droit chemin. (Coran, sour. II, vers. 136.)

De tous les hommes, les savants s'entendent le moins à l'administration politique et à ses procédés.

La cause en est que les savants ont pour habitude d'appliquer leur esprit à de hautes spéculations, de plonger (dans l'abîme de la réflexion) à la recherche d'idées (abstraites), de recueillir les idées qui sont offertes par des objets sensibles, et de les dépouiller dans l'entendement, afin de les réduire à des universaux communs (à tous les individus du même genre) et d'avoir le moyen de porter sur ces (individus) un jugement qui soit applicable à eux tous. Ces idées ne doivent renfermer aucune nuance qui soit spéciale à une substance, ou à un individu, ou à une race, ou à un peuple, ou à une classe particulière du genre humain. Les savants appliquent ensuite aux choses externes les universaux qu'ils obtiennent par cette opération, et, comme ils ont l'habitude de la déduction scientifique, ils jugent des choses en les comparant avec celles qui leur sont semblables ou analogues. Leur entendement s'occupe toujours de jugements et de spéculations ; mais les opinions ainsi formées ne peuvent s'appliquer (aux choses externes) avant que le travail d'investigation et d'examen soit complètement terminé, et même, quelquefois, elles ne s'y appliquent pas du tout. Les choses de l'externe (l'objectif) sont des ramifications de celles dont les idées se trouvent dans l'entendement. Ainsi, les maximes de la loi révélée sont autant de rameaux qui procèdent de preuves conservées dans la mémoire et tirées du Coran et de la Sonna. Donc, quand on cherche à constater l'accord qui peut exister entre les choses externes et les jugements de l'entendement, il faut avoir recours à un procédé qui est l'inverse de celui dont on se sert dans des spéculations qui ont pour objet les sciences rationnelles ; c'est alors seulement qu'on peut appliquer ces jugements, dans toute leur vérité, aux choses externes. On voit par là que les savants, habitués, comme ils le sont, à s'occuper uniquement des choses de l'entendement et des spéculations intellectuelles, ignorent tout ce qui est en dehors de ces matières.

Celui, au contraire, qui dirige le gouvernement d'un État est obligé de donner son attention aux choses externes, d'observer avec soin les circonstances qui s'y rattachent et celles qui peuvent y survenir, car ces particularités échappent souvent à l'attention. Il se peut que ces choses ne présentent aucun trait qui permette de les assimiler à d'autres, et se montrent rebelles au principe général qu'on voudrait leur appliquer. Aucune des circonstances qui se rattachent à la civilisation ne se laisse apprécier dans le pas où on la compare avec une circonstance analogue ; car, bien qu'il y ait un point de ressemblance entre les deux, elles diffèrent en plusieurs autres.

Les savants sont habitués à généraliser leurs jugements et à fonder leurs opinions sur les analogies qui existent entre les choses ; aussi, quand ils s'occupent d'administration, ils versent leurs idées dans le même moule qui sert à leurs spéculations, et les rangent dans la même classe à laquelle appartiennent leurs arguments. Il en résulte qu'ils se trompent très souvent et qu'ils n'inspirent aucune confiance. Nous pouvons en dire autant des hommes qui, dans les sociétés civilisées, se distinguent par la finesse et par l'intelligence ; ils pénètrent si avant dans leurs spéculations que, à l'instar des savants, ils se laissent entraîner par la vivacité de leur esprit à baser leurs jugements sur des analogies et des ressemblances. Aussi se trompent-ils comme eux. Il n'en est pas ainsi chez les esprits du commun, quand le naturel est sain et la vivacité moyenne : leur faculté réfléchissante étant incapable d'aborder les abstractions, ils se bornent à envisager chaque matière sous son point de vue ordinaire et à apprécier chaque chose ou chaque individu d'après son caractère particulier. En formant des jugements, ils ne vont pas jusqu'à employer la déduction analogique et la généralisation. Dans l'examen des questions, ils ne s'écartent presque jamais de ce qui tombe sous les sens ; ils ne vont pas plus loin, de même que le nageur ne s'écarte pas du rivage quand la mer est agitée [1]. Le poète a dit : « Ne nagez pas trop au loin ; le salut se trouve au rivage. »

Cela fait que, dans les affaires administratives, ils ne sont pas exposés à se tromper, et qu'ils se conduisent avec beaucoup de jugement dans leurs rapports avec les autres hommes. Cette droiture d'esprit leur assure les moyens de vivre dans l'aisance, éloigne tout ce qui pourrait nuire à leur prospérité ; mais il y a un être qui en sait plus que tous les savants.

1 L'édition de Boulac porte البر عند الموج .

Ces observations feront reconnaître que l'art de la logique n'est pas infaillible ; il s'occupe trop d'idées abstraites, et souvent il s'écarte de ce qui est du domaine des sens. La logique consiste en spéculations qui ont pour objet les seconds intelligibles, et il se peut que les matières auxquelles on l'applique ne s'y prêtent pas et s'y refusent, quand on tient à établir entre elles et ces jugements abstraits un accord réel. Il n'en serait pas ainsi si l'on avait recours aux premiers intelligibles, ceux que l'on obtient facilement par une première abstraction, parce qu'ils appartiennent à la faculté imaginative, et que les formes perçues par les sens (et conservées dans cette faculté) maintiennent et annoncent la réalité de l'accord (qui peut exister entre les premiers intelligibles et les choses externes).

La plupart des savants chez les musulmans ont été de naissance étrangère [1].

C'est un fait très remarquable que la plupart des savants qui se sont distingués chez les musulmans par leur habileté dans les sciences, soit religieuses, soit intellectuelles [2], étaient des étrangers. Les exemples du contraire sont extrêmement rares ; car ceux mêmes d'entre eux qui tirent leur origine des Arabes différaient de ce peuple par le langage qu'ils parlaient, par les pays où ils furent élevés et par les maîtres sous lesquels ils avaient fait leurs études. La nation à laquelle ils appartenaient était cependant arabe, ainsi que l'auteur de leur loi.

Voici la cause de ce phénomène. Les musulmans des premiers temps ignoraient totalement les sciences et les arts [3], parce que leur civilisation simple et grossière s'était formée dans le désert. On se contentait à cette époque d'apprendre par cœur les maximes de la loi divine, c'est-à-dire les ordres et les prohibitions de Dieu lui-même ; on connaissait le Coran et la Sonna, sources d'où ces

---

1 Le mot عجم signifie « non Arabe », mais il s'emploie ordinairement pour désigner les Persans. Dans le chapitre suivant, il sert quelquefois à indiquer les rares turques qui avaient envahi la Perse.

2 Voyez, pour la construction singulière dont cette phrase offre encore un exemple, la première partie des *Prolégomènes*.

3 Il faut lire لم يكن فيها علم .

maximes dérivaient ; et on recueillait de la bouche du législateur (inspiré) et de ses compagnons (les instructions dont on avait besoin).

Tous les musulmans étaient alors des Arabes, ne sachant pas ce que signifiait, enseigner, composer des livres, compiler et enregistrer des connaissances ; rien ne les obligeait à s'occuper de telles matières, rien ne les y portait. Cet état de choses continua pendant la période où vivaient les Compagnons et leurs disciples immédiats. On donnait alors le titre de lecteurs aux hommes qui travaillaient à se graver dans la mémoire les connaissances religieuses et à les communiquer aux autres ; voulant indiquer par là qu'ils savaient lire le livre (sacré) et qu'ils n'étaient pas des ignorants. Le terme ignorant s'employait alors pour qualifier tous les individus de la classe des Compagnons, en tant qu'ils étaient des Arabes Bédouins [1]. En désignant par le titre de lecteurs ceux qui savaient le Coran par cœur, on faisait sentir qu'(ils se distinguaient des autres Compagnons par une faculté toute particulière).

Les lecteurs étaient donc les personnes qui savaient lire dans le Coran et dans la Sonna, (recueils) qui nous ont été transmis comme venant de Dieu. Ils devaient leur connaissance des maximes de droit religieux au Coran et aux traditions (sacrées), lesquelles fournissaient presque toujours, quand on les consultait, des éclaircissements sur le sens du Coran. Notre saint Prophète a dit : Je vous laisse deux choses qui vous empêcheront de vous égarer tant que vous y resterez attachés : ce sont le livre de Dieu et la Sonna (ma pratique et mon exemple). »

A partir du règne de (Haroun) er-Rechîd et dans les temps suivants, la tradition orale (de ces textes) avait duré si longtemps (qu'elle commençait à s'altérer et) qu'on se trouva obligé de composer des commentaires sur le Coran et de mettre par écrit les traditions, afin qu'elles ne se perdissent point. Il fallut ensuite connaître les isnads et savoir apprécier le caractère des traditionnistes, afin de pouvoir distinguer les isnads sains de ceux qui ne l'étaient pas. Plus tard, on tira du Coran et de la Sonna une foule de décisions relatives aux cas [2] qui se présentaient (à chaque moment), et, comme

1 Mohammed lui-même s'intitula le prophète ignorant, c'est-à-dire sans instruction.

2 Pour الوقايع , lisez الواقعات .

la langue commençait à s'altérer, il fallut inventer un système de règles grammaticales (pour la fixer). Dès lors, la connaissance des sciences religieuses se trouvait placée sous la dépendance de certaines facultés acquises par l'esprit, celles qui évoquent (des principes et des axiomes), qui tirent des conclusions, qui établissent des comparaisons et qui jugent d'après des analogies. Cela rendit nécessaire l'acquisition d'autres connaissances qui devaient servir à établir ces facultés dans l'entendement ; il fallut apprendre les règles de la grammaire [1], celles qui aident à tirer des conclusions, et celles qu'il faut observer quand on veut juger d'après des analogies. Il fallut encore savoir défendre les dogmes de la foi, en se servant de preuves (intellectuelles), car les doctrines des novateurs et des impies s'étaient grandement multipliées. Toutes ces matières devinrent autant de sujets pour de nouvelles sciences [2] qu'il fallut enseigner et qui rentrèrent bientôt dans la classe de celles qui s'apprenaient comme des arts.

Nous avons déjà montré que la pratique des arts n'existe que dans la vie sédentaire, état pour lequel les Arabes avaient le plus grand éloignement. Comme les sciences aussi se cultivaient dans les villes, les Arabes ressentaient pour elles et pour les lieux où elles florissaient une extrême répugnance. Lors de la conquête musulmane, la population sédentaire (des pays subjugués) se composait de non-Arabes, d'affranchis également non arabes, et de gens qui, élevés aux usages de la vie sédentaire, suivaient l'exemple des non-Arabes dans tout ce qui se rattachait à ce genre de vie, la pratique des arts, par exemple, et l'exercice des métiers. Ces peuples étaient parfaitement formés à ce genre de civilisation, ayant pu s'y façonner pendant la longue domination des Perses.

Les premiers maîtres dans l'art de la grammaire furent Sibaouaïh d'abord, puis El-Fareci et ensuite Ez-Zeddjadji [3]. Bien que ceux-ci fussent d'origine persane, ils avaient passé leur jeunesse dans la pratique de la langue arabe, avantage qu'ils devaient à l'éducation qu'on leur avait donnée et à la fréquentation des Arabes du désert. Ils réduisirent en système les règles de cette langue et en firent une

1 Pour القوانين , lisez قوانين .

2 Littéral. « des sciences à facultés » ; c'est-à-dire des sciences dont l'acquisition procure à l'esprit une nouvelle faculté, celle de s'en servir.

3 Cet ordre chronologique est faux : Sibaouaïh mourut en 180 (796-797 de J. C.), Abou Ali 'l'Fareci en 377 (987 de J. C.), et Ez-Zeddjadji en 337 (949 de J. C.).

branche de science qui devait être utile à la postérité.

Il en fut encore ainsi des personnes qui savaient par cœur les traditions sacrées et qui les avaient conservées dans leur mémoire, au grand profit des musulmans. La plupart d'entre eux appartenaient à la race persane ou s'étaient assimilés aux Persans par le langage et par l'éducation. Cela tenait au grand progrès que la culture de cette branche de connaissances avait fait dans l'Irac et dans les pays d'au delà [1]. Tous les grands savants qui ont traité des principes fondamentaux de la jurisprudence, tous ceux qui se sont distingués dans la théologie dogmatique [2], et la plupart de ceux qui ont cultivé l'exégèse coranique, étaient des Persans, comme nous le savons. Il n'y eut alors que des hommes de cette race pour se dévouer à la conservation des connaissances et à la tâche de les mettre par écrit. Cela suffit pour démontrer la vérité de la parole attribuée au Prophète : « Si, dit-il, la science était suspendue au haut du ciel [3], il y aurait des gens parmi les Persans pour s'en emparer. »

Les Arabes, sortis à peine de la vie nomade et devenus spectateurs de la vie des villes dans toute son activité [4], étaient trop occupés, sous les Abbacides, par l'exercice de hauts commandements dans l'armée et dans l'administration, pour recueillir des connaissances scientifiques, et même pour y faire la moindre attention. Ils formaient la classe la plus élevée de l'État et composaient la force armée qui soutenait l'empire ; ils étaient les seuls dépositaires de l'autorité administrative, et, de plus, ils méprisaient la culture [5] des sciences, telle qu'on la pratiquait alors, vu qu'elle était descendue au niveau des simples arts. Or les grands chefs ont toujours dédaigné les arts, les travaux manuels et tout ce qui peut y entraîner les hommes. Aussi, à cette époque, laissèrent-ils ce soin à ceux d'entre les Persans et les sang-mêlés [6] qui voulurent bien s'en charger. Ils ne manquèrent toutefois jamais de leur tenir un certain compte de leurs efforts ; car c'était de la religion musulmane et des

1 Ce passage manque dans l'édition de Boulac et dans les manuscrits C et D.
2 Pour علماء , lisez اهل .
3 Littéral. « au cou du ciel ».
4 Littéral. « de la civilisation sédentaire et de son marché ».
5 Pour بانتحال , lisez عن انتحال.
6 C'est-à-dire les personnes nées de pères arabes et de mères non arabes, ou *vice versa.* Le terme *mowalled,* employé par notre auteur, a produit le mot espagnol *mulato*, et le mot français *mulâtre*.

connaissances qui s'y rattachent que s'occupaient ces travailleurs. Ils ne méprisèrent donc pas tout à fait les dépositaires de la science. Mais, lorsque l'autorité échappa aux Arabes pour passer entre les mains des non-Arabes, les membres du nouveau gouvernement retardèrent les sciences religieuses comme des matières provenant de l'étranger, et n'eurent pour elles aucune considération, précisément à cause de leur origine exotique. Ils en persécutèrent les professeurs, parce qu'ils les regardaient comme des gens mal disposés qui s'occupaient de choses dont aucun avantage ne pourrait résulter, ni pour l'État, ni pour l'administration. Nous avons déjà signalé ce fait dans le chapitre qui traite des offices et charges religieuses [1]. Ce que nous venons d'exposer ici montre pourquoi les hommes les plus versés dans la connaissance de la loi étaient presque tous des Persans [2].

Passons aux sciences intellectuelles. Elles ne parurent chez les musulmans qu'après l'époque où les savants et les auteurs de traités scientifiques eurent commencé à former une classe distincte (dans la société). L'enseignement de toutes les sciences devint alors un art spécial aux Persans, étant tout à fait négligé par les Arabes. Ceux-ci dédaignaient de l'exercer. Les seules personnes qui s'en chargèrent furent des Persans à qui (les grands seigneurs) montraient de la bienveillance [3], fait dont nous avons déjà parlé. Ils poursuivirent leurs travaux dans les grandes villes musulmanes, tant que la civilisation de la vie sédentaire se maintint chez eux, dans l'Irac, dans le Khoraçan et dans la Transoxiane ; mais, après la ruine de ces pays et la décadence de la civilisation qui les distinguait, ce qui est un des moyens cachés dont Dieu se sert pour faire progresser les sciences et les arts, les Persans, s'étant laissés envahir par (la civilisation incomplète de) la vie nomade, perdirent tout le savoir qu'ils avaient acquis. Dès lors l'étude des sciences ne continua que dans certaines capitales où la civilisation sédentaire se maintenait encore.

Parmi les villes où cette civilisation s'est le mieux soutenue, il faut signaler surtout le Caire, métropole de l'univers, portique de

1 Voyez la 1e partie. On n'y trouve pas, cependant, la moindre mention de persécutions.

2 Le mot عجما est une faute de grammaire ; l'auteur aurait dû écrire عجماء ou عجمر .

3 Je lis .

l'islamisme, source des sciences et des arts. La Transoxiane en a conservé quelques restes, parce que les dynasties qui y ont régné n'en avaient jamais été dépourvues. Aussi les habitants de cette contrée possèdent-ils encore dans les sciences et dans les arts un degré d'habileté qui ne se laisse pas méconnaître. Cela nous a été démontré par le contenu de certains ouvrages composés par un de leurs érudits et que nous avons reçus dans ce pays (la Mauritanie). Cet auteur se nomme Saad ed-Dîn et-Teftazani. A l'égard des autres Persans, nous ne connaissons que l'imam Ibn el-Khatîb et Nacîr ed-Dîn et-Touci [1] dont on puisse être assuré que les écrits aient atteint aux dernières limites du beau.

En étudiant ces faits et en y réfléchissant, on trouvera encore une de ces singularités qui se présentent dans les choses humaines. Dieu crée ce qu'il veut.

Si un individu a contracté dans sa jeunesse l'habitude de parler une langue non arabe, ce défaut rend l'acquisition, des sciences (arabes) moins facile pour lui qu'elle ne l'est pour ceux dont l'arabe est la langue maternelle [2].

La cause de ce fait est cachée, mais je vais en donner l'explication. Dans les études scientifiques de tout genre, on travaille uniquement sur les idées de l'entendement ou sur celles de l'imagination [3]. Ces études ont pour objet, d'une part, les sciences religieuses, et consistent ordinairement, pour celles-ci, dans l'examen des termes qui s'y emploient et des matières dont elles traitent. Tout cela est du domaine de l'imagination, parce qu'il consiste en propositions fournies par le Coran et par la Sonna, et en termes employés pour énoncer ces propositions. D'une autre part, nos études ont pour objet les sciences intellectuelles, lesquelles sont du domaine de l'entendement. Or ce sont les mots qui font connaître ce que l'esprit renferme d'idées appartenant, soit à l'entendement, soit à

1 Ce célèbre philosophe, et mathématicien mourut en l'an 672 (1273-1274 de J. C.).

2 Ce chapitre ne se trouve pas dans l'édition de Boulac.

3 Les idées de l'entendement dérivent de la raison, et celles de l'imagination de la foi.

l'imagination ; ils s'emploient pour les transmettre oralement d'une personne à une autre dans les discussions, dans l'enseignement et dans les débats auxquels donnent lieu les questions scientifiques, débats que l'on prolonge dans le but d'acquérir une parfaite connaissance de la matière dont on s'occupe. Les mots et les phrases sont les intermédiaires entre (nous et) les pensées (d'autrui) ; ce sont des liens et des cachets qui servent à fixer et à distinguer les idées. Il faut savoir reconnaître les idées aux mots qui les représentent ; mais, pour le faire, l'étudiant [1] doit connaître la signification que chaque mot porte dans le langage et posséder un bon fonds d'instruction. S'il ignore le sens des mots, il ne pourra guère découvrir les idées qui y correspondent, et à cette difficulté vient encore se joindre celle de la spéculation dans laquelle l'esprit est alors engagé. Si la faculté de reconnaître la portée des mots est assez bien affermie chez l'étudiant pour que son esprit, aussitôt un mot prononcé, saisisse l'idée qui y correspond, ce qui, du reste, a lieu par intuition et par suite d'une disposition naturelle, le voile qui s'interposait entre cette idée et l'entendement disparaît tout à fait, ou se laisse écarter très facilement. La seule tâche qui reste alors à remplir, c'est l'examen de ces idées.

Voilà ce qui arrive quand l'enseignement se donne de vive voix et fournit toutes les indications nécessaires ; mais, si l'étudiant est obligé de travailler seul, de mettre par écrit (ce qu'il apprend dans les livres), et de reconnaître les paroles qui sont indiquées par les traits de l'écriture, il voit surgir devant lui une nouvelle difficulté, provenant de la distinction qui existe entre les mots tracés au moyen de l'écriture et les paroles qui s'articulent, mais qui se trouvent encore dans l'esprit [2]. En effet, les traits de l'écriture servent spécialement à indiquer les paroles articulées, et, tant qu'on ne saisit pas les indications qu'ils fournissent, on ne saurait reconnaître les mots qu'ils désignent. Si l'on ne distingue pas bien aux traits de l'écriture les mots qu'ils représentent, on ne connaîtra qu'imparfaitement le sens de ces mots ; c'est donc là un autre voile qui dérobe à l'investigateur et à l'étudiant la vue du but qu'il cherchait à atteindre, savoir, l'acquisition de connaissances ; et ce voile est encore plus difficile à soulever que le premier. Mais,

1 Lisez الناظر .

2 Cela s'applique surtout à la langue arabe quand elle est écrite, comme dans les premiers temps, sans voyelles et sans points diacritiques.

lorsqu'on a bien acquis la faculté de reconnaître les idées indiquées par les mots articulés et par les traits de l'écriture, le voile est tout à fait levé et l'on n'a plus que la tâche de bien comprendre les investigations qui se font au moyen de ces idées. La difficulté de distinguer les rapports des idées aux mots, tant articulés qu'écrits, existe pour toutes les langues. Ceux qui apprennent une langue dans leur jeunesse acquièrent bien mieux que les autres la faculté de s'en servir.

Le peuple musulman, à l'époque où il fonda son empire et absorba les autres nations, alors que l'influence du Prophète et du Coran eut fait disparaître les sciences des anciens, ce peuple était d'une ignorance (et d'une simplicité de mœurs) qui se manifestaient dans toutes ses inclinations et dans toutes les habitudes qui le distinguaient. Mais ensuite la souveraineté, la puissance et les services forcés des peuples vaincus le façonnèrent aux usages de la civilisation sédentaire et adoucirent chez lui la rudesse des mœurs. Dès lors l'enseignement des sciences religieuses, qui s'était fait chez les musulmans (gratuitement et) par la voie de la transmission orale, devint un métier, et le progrès de leurs connaissances amena la composition d'une foule d'ouvrages et de recueils. Mûs par le désir de connaître les sciences (les autres peuples, ils firent traduire en arabe les traités qui les renfermaient, et, pour réunir ces renseignements nouveaux à leurs propres sciences, ils les remanièrent dans les mêmes moules dont ils s'étaient servis pour façonner leurs premières spéculations. Ayant dépouillé ces traités de leur vêtement étranger, afin de les habiller à l'arabe, ils firent tant de progrès dans leurs études, qu'ils surpassèrent leurs modèles. Dès lors les originaux de ces livres, de ces textes en langue étrangère, tombèrent dans l'oubli et n'obtinrent pas plus de considération qu'une ruine abandonnée, qu'un nuage de poussière chassé par le vent ; et toutes les sciences se trouvèrent exposées dans le langage des Arabes et consignées dans des recueils dont l'écriture était celle de ce peuple. Il fallait donc que les personnes engagées dans des études scientifiques connussent la signification des mots appartenant à leur langue, non seulement des mots articulés, mais des mots écrits ; car elles devaient se passer des traités rédigés en d'autres langues, vu que ces volumes avaient péri, faute de soins.

Nous avons déjà fait observer que parler un langage quelconque est une faculté acquise par la langue, de même qu'écrire est un acte dont la faculté appartient à la main. Donc, si un homme a contracté dans sa jeunesse l'habitude de parler une autre langue que l'arabe, jamais il ne parviendra à bien énoncer ses idées en arabe. C'est un fait que nous avons laissé entrevoir en démontrant qu'une personne, devenue très habile dans la pratique d'un premier art qu'elle aurait appris, ne parvient presque jamais à se distinguer dans un second ; cette proposition me paraît évidente. L'étranger, qui n'a qu'une connaissance imparfaite de l'arabe et de la signification des mots articulés ou écrits qui appartiennent à cette langue, ne saurait reconnaître d'une manière parfaite les idées que ces mots représentent, ainsi que nous venons de le dire ; à moins toutefois que l'habitude de parler sa propre langue ne soit pas devenue une faculté persistante à l'époque où il veut s'appliquer à l'étude de l'arabe. C'est ainsi qu'en Perse les enfants qu'on élève dans la société d'Arabes, et dont l'esprit n'a pas encore subi l'influence de leur langue maternelle, parviennent à bien parler l'arabe. En ces cas, c'est la langue arabe qu'on peut considérer comme la première qu'ils ont apprise, et ils n'auront pas de difficulté à comprendre les idées qu'ils y trouvent énoncées. Il en est de même des personnes [1] qui ont appris l'écriture usitée dans leur pays avant de s'occuper de l'écriture arabe. Aussi voyons-nous que beaucoup de savants d'origine étrangère ont pour habitude, en donnant des leçons et en faisant des cours, de ne pas rapporter (avec des explications) les gloses qu'ils tirent des livres (arabes), mais de les (apprendre par cœur et de les) débiter (telles qu'elles sont), voulant ainsi s'épargner la tâche d'aborder les difficultés offertes par ces passages, et se rendre ainsi plus facile l'intelligence des idées qu'ils renferment. Mais celui qui s'est acquis la faculté de bien comprendre la signification des mots, tant articulés qu'écrits, n'a pas besoin d'avoir recours à ce subterfuge ; le talent de reconnaître les mots en les voyant écrits et de saisir les idées quand il entend prononcer les mots (qui les représentent) est devenu pour lui comme un attribut inné, et fait disparaître le voile qui lui cachait les idées auxquelles ces mots correspondent. Celui qui met un grand empressement à s'instruire, qui s'attache à l'étude de la langue et des paroles écrites, obtiendra une connaissance solide de ces matières ; nous en voyons des exemples parmi les savants étrangers, mais ces exemples sont rares, et, si l'on compare

1 L'auteur a voulu dire : « Les mêmes observations s'appliquent aux personnes ».

ces savants avec leurs contemporains et confrères de race arabe, on verra que ceux-ci les surpassent en savoir et dans la faculté de bien manier la langue. L'infériorité des étrangers provient du relâchement que l'habitude d'intonations barbares (adjura), contractée de bonne heure, fait subir (aux organes de la parole), en affaiblissant leur action.

Qu'on ne nous objecte pas la déclaration que nous avons déjà faite, savoir, que la plupart des savants parmi les musulmans étaient des adjem (non-Arabes), car nous avons voulu désigner par ce terme ceux qui étaient d'origine étrangère, et nous avons fait remarquer que la longue persistance de la civilisation sédentaire chez ces peuples les avait habitués à la pratique des arts et à l'acquisition des connaissances scientifiques. Mais ici il s'agit d'autre chose, savoir, de l'adjma (ou embarras) éprouvé par la langue (quand elle n'est pas habituée à la prononciation de l'arabe). Si l'on nous objecte les Grecs, peuple très versé dans les sciences, je répondrai qu'ils en avaient acquis la connaissance par l'intermédiaire de leur propre langue, celle qu'ils avaient parlée dès leur première jeunesse, et par la voie de leur propre écriture, tandis que le musulman non arabe apprend les sciences par l'intermédiaire d'une langue qu'il ignorait dans sa jeunesse et d'une écriture toute différente de celle dont il avait eu d'abord l'habitude. Or cela est un grand obstacle à son progrès, ainsi que je viens de le dire.

Ces observations s'appliquent dans toute leur étendue aux individus des diverses rations dont la langue maternelle est autre que l'arabe ; elles sont vraies en ce qui concerne les Persans, les Roum, les Turcs, les Berbers, les Francs et toue les peuples dont la langue n'est pas l'arabe. Et il y a dans cela des signes pour ceux qui savent observer. (Coran, sour. XVI, vers, 71.)

Les sciences qui se rapportent à la langue arabe.

Ces sciences forment les quatre colonnes (principales de la langue), savoir : la lexicologie, la grammaire, la rhétorique et la littérature. Leur connaissance est absolument nécessaire aux légistes, parce que tous les articles de la loi dérivent du Coran et de la Sonna, (recueils) qui sont en langue arabe et dont les (premiers) rapporteurs, c'est-à-dire les compagnons du Prophète et leurs disciples immédiats, étaient des Arabes. C'est aussi dans la langue des Arabes qu'il faut chercher l'explication des difficultés qui se présentent dans ces textes sacrés. La connaissance des sciences qui concernent cette langue est donc indispensable quand on veut apprendre le droit. Les différences qui se remarquent dans la consistance que ces sciences ont acquise [1] proviennent de la différence des rangs qu'on leur a assignés d'après l'utilité, qu'elles offrent pour le but qu'on veut atteindre. (On connaîtra ces différences) à la lecture de ce que nous allons exposer en traitant successivement de chacune de ces sciences, et on y verra que la grammaire tient la première place, parce qu'elle indique les procédés qu'il faut employer quand on veut exprimer ses pensées avec précision. C'est par la grammaire que nous distinguons le régissant du régime et l'inchoatif de l'énonciatif ; sans elle, on ignorerait les bases mêmes de l'art au moyen duquel on fait connaître ses idées. La lexicologie avait cependant droit à la première place ; mais, comme la plupart des termes inventés pour signifier des idées ont continué à désigner ces mêmes idées sans avoir changé de destination, tandis que les inflexions de la syntaxe désinentielle servant à distinguer le sujet de l'attribut et à marquer leur relation mutuelle ont subi tant d'altérations qu'elles ont fini par disparaître, on attache plus d'importance à la grammaire qu'à la lexicologie. En effet, si les règles de la grammaire tombaient dans l'oubli, on perdrait le moyen de se comprendre mutuellement, tandis que la signification des mots ne s'oublie pas [2].

La grammaire (nahou).

Le terme logha [3], pris dans son acception ordinaire, signifie l'expression de la pensée au moyen de la parole. Comme c'est là un acte lingual [qui résulte du désir de communiquer ses idées à autrui] [4], il ne manque jamais de devenir, pour l'organe servant

1 Pour بالتاكد , lisez فى التاكد .

2 Dans le passage que je rends ainsi, l'auteur se borne à dire : « mais il n'en est pas ainsi de la lexicologie ».

3 Ce mot signifie primitivement *parole,* et secondairement *locution, langage, lexicologie.*

4 Le texte de cette parenthèse offre une faute grave : le mot الكلام doit se rempla-

à le produire, c'est-à-dire pour la langue, (un acte habituel,) une faculté complètement acquise. Le langage, chez chaque peuple, est tel que l'accord général des volontés l'a fait. Chez les Arabes, la faculté de la parole est plus belle qu'ailleurs, et montre toute sa supériorité par la clarté avec laquelle elle énonce la pensée. La cause en est que l'arabe possède, outre les mots, des signes particuliers qui expriment un grand nombre d'idées. Telles sont les motions (ou voyelles finales) servant à distinguer le régissant du régime (et) du mot attiré, c'est-à-dire, du complément (régi au génitif). Telles sont encore certaines lettres au moyen desquelles on fait passer d'un sujet à un autre l'action, ou mouvement, exprimé par le verbe [1], et cela sans être obligé d'y employer d'autres mots. Ces particularités n'existent que pour l'arabe [2] ; dans les autres langues il faut avoir un terme spécial pour chaque idée et pour chaque circonstance particulière. Aussi trouverions-nous que, chez les Persans, la langue de la conversation serait très diffuse, si nous établissions une comparaison entre elle et l'arabe. C'est à cette concision que se rapporte l'idée énoncée par le Prophète en ces termes : « J'ai reçu (de Dieu) des paroles qui disent beaucoup, et mon style se distingue par son extrême concision. » Dans l'arabe, les lettres (formatives), les motions et les imposés, c'est-à-dire les formes (diverses des mots dérivés), ont chacune, dans l'expression de la pensée, une valeur réelle qui s'apprécie instantanément, sans qu'on soit obligé d'avoir recours à l'aide d'un art quelconque [3]. La faculté de les employer était acquise à l'organe de la langue chez les Arabes et se transmettait d'une génération à une autre, de même qu'aujourd'hui notre langage passe de nous à nos enfants.

Après la promulgation de l'islamisme, les Arabes sortirent du Hidjaz pour s'emparer de l'empire (du monde) et arracher le pouvoir aux mains des peuples et des dynasties qui l'exerçaient. Comme ils se mêlèrent alors aux adjem (étrangers), la faculté dont nous parlons s'altéra chez eux par l'adoption d'expressions

---

cer par المعانى. Ce texte ne se trouve, au reste, ni dans l'édition de Boulac, ni dans les manuscrits C et D. Le traducteur turc n'en a tenu aucun compte.

1 Il s'agit des lettres formatives, celles qui s'ajoutent à la forme primitive du verbe afin d'en tirer les formes dérivées ; dans certains cas, elles rendent transitifs les verbes neutres, et *vice versa*.

2 Elles se retrouvent dans le turc, dans l'hébreu et dans plusieurs autres langues.

3 Je suppose que les mots عير المتكلفين ont ici la signification de من عير ان يتكلف .

qui ne convenaient pas (au génie de la langue arabe), et qui s'y étaient introduites par l'habitude d'entendre parler ceux d'entre les étrangers qui avaient pris les usages des Arabes. Or c'est de l'audition que provient la faculté du langage. Dès lors, cette faculté se corrompit par un mélange de termes qui devaient altérer son caractère et qu'elle recevait facilement, tant elle avait l'habitude d'obéir à l'audition.

Les hommes prévoyants [1] parmi les Arabes commencèrent alors à craindre, que, dans la suite des temps [2], cette faculté ne se perdît tout à fait et que l'accès du Coran et de la Sonna ne fût fermé à toutes les intelligences. Voulant prévenir ce danger, ils tirèrent des expressions usitées dans leur langue quelques règles qu'on devait appliquer d'une manière absolue à (la conduite de) cette faculté, et qui ressemblaient à des universaux ou principes généraux. Ils examinèrent, au moyen de ces règles, toutes les formes du discours, afin de pouvoir les classer selon leurs analogies. Le régissant devait se placer dans la catégorie du merfouâ (ce qui est au nominatif ou au mode indicatif), ainsi que le sujet de la proposition, et le régime (du verbe) devait être mis dans celle du mensoub (ce qui est à l'accusatif). S'étant ensuite aperçus que la signification des mots se modifiait selon les changements subis par ces motions (ou voyelles finales, servant à marquer les cas et les modes), ils s'accordèrent à désigner (les règles de) ces changements par le nom d'eïrab (arabisation, syntaxe des désinences), et à donner le nom d'aamel (régissants) aux mots qui les effectuaient. De là dérivait un corps de doctrine qu'ils acceptèrent d'un commun accord et dont ils étaient les seuls dépositaires. Ils la mirent ensuite par écrit et en formèrent un art qui leur appartenait et qu'ils désignèrent par le terme nahou (voie, grammaire).

Celui qui, le premier, écrivit un ouvrage sur cette matière, fut Abou 'l-Asoued ed-Douéli [3], de la tribu de Kinana. Il le fit, dit-on, sur l'invitation d'Ali (le khalife), qui, ayant remarqué que la faculté de parler correctement commençait à s'altérer, lui avait ordonné de faire quelque chose pour l'empêcher. Abou 'l-Asoued eut recours

1 Je lis الحلوم .

2 Lisez وبطول .

3 Abou 'l-Asoued Dhalem Ibn Amr ed-Douéli, natif de Basra et un des partisans d'Ali, mourut l'an 69 (688-689 de J. C.). Voyez *Dict. biogr.* d'Ibn Khallikan, vol. I, p. 662. L'auteur y parle des travaux d'Abou 'l-Asoued sur la grammaire.

à l'établissement de quelques règles qu'on pouvait se rappeler facilement et qu'il avait découvertes en examinant beaucoup de cas particuliers. Le même sujet, traité ensuite par d'autres écrivains, échut à Khalîl Ibn Ahmed el-Ferahîdi [1], qui vivait sous Haroun er-Rechîd. On avait alors la plus grand besoin d'un (bon) traité sur la matière, tant les Arabes avaient perdu de cette faculté ; Khalîl mit en ordre les principes de l'art et en compléta les subdivisions. Sibaouaï, ayant appris de lui la grammaire, développa complètement ces subdivisions et y ajouta un grand nombre d'exemples et d'éclaircissements. Le Kitab (ou livre par excellence), qu'il composa sur ce sujet et qui jouit d'une si grande célébrité, a servi de modèle à tous les ouvrages grammaticaux qui parurent dans la suite. Abou Ali 'l-Fareci et Abou 'l-Cacem ez-Zeddjadji écrivirent ensuite plusieurs abrégés à l'usage des commençants, et suivirent dans ces traits le plan adopté par le grand maître de l'art dans son Kitab.

La grammaire fut ensuite traitée bien au long, et alors surgit la divergence d'opinions qui continua à régner entre les grammairiens de Koufa et de Basra, les deux anciennes capitales de l'empire arabe ; les arguments et les preuves mis en avant de chaque côté se multiplièrent, et les systèmes de doctrine adoptés dans l'enseignement s'écartèrent les uns des autres. Comme on ne s'était pas entendu sur les principes fondamentaux de l'art, il y eut un grand désaccord au sujet des désinences (qu'il fallait employer) dans beaucoup de mots du Coran, et cela contribua pendant longtemps à la perplexité des étudiants. Alors vinrent les grammairiens postérieurs avec leurs systèmes. Les uns, voulant tout condenser, firent disparaître la plupart des longueurs dont ces traités étaient remplis, tout en conservant ce qui s'y trouvait de vraiment utile ; parmi ceux-ci Ibn Malek se distingua en composant son Teshîl (la grammaire rendue facile). Les autres s'appliquèrent à former des abrégés élémentaires à l'usage des commençants ; ce que firent Zamakhcheri dans son Mofassel (capitulaire) et Ibn el-Hadjeb dans son [2] Mocaddema (introduction). Quelques-uns mirent en vers les règles de la grammaire ; Ibn Malek, par exemple, à qui nous devons l'Ardjouza

1 Khalîl Ibn Ahmed, de la tribu arabe des Ferahîd, composa plusieurs traités sur la grammaire et sur la philologie. Il fut aussi le premier qui réduisit en système les règles de la prosodie. Il mourut vers l'an 170 (786-787 de J. C.).

2 Il faut insérer له après المقدمة .

tel-Kobra (le grand traité versifié) et l'Ardjouza tes-Soghra (le petit traité versifié), et Ibn Moti, qui composa l'Ardjouza tel-Alfiya (le traité composé de mille vers) [1].

En somme, les ouvrages sur la grammaire sont tellement nombreux, qu'on ne saurait les indiquer tous. Les systèmes d'après lesquels on enseigne cet art diffèrent les uns des autres ; celui des grammairiens postérieurs ne s'accordait pas avec celui de leurs prédécesseurs ; et ceux des écoles de Koufa, de Basra, de Baghdad et de l'Espagne offraient beaucoup de points de dissemblance.

La décadence de la civilisation, fait dont nous sommes les témoins, avait tellement précipité le déclin des sciences et des arts, qu'il semblait nous annoncer la perte prochaine de l'art grammatical ; mais, dans ces derniers temps, il nous est arrivé ici, dans le Maghreb, un recueil venu de l'Égypte et attribué à Djemal ed-Dîn Ibn Hicham, un des grands savants de ce pays. Cet ouvrage renferme toutes les règles de la syntaxe désinentielle ; il les indique d'une manière sommaire, tout en fournissant les détails les plus essentiels ; il traite des particules, des propositions et des termes dont la proposition se compose, mais il omet les nombreuses redites qui se présentaient dans les divers chapitres de la grammaire (tels que ses devanciers les avaient rédigés). Ce traité a pour titre El-Moghni f'il Eïrab (livre qui suffit pour l'étude de la syntaxe désinentielle) [2]. L'auteur y indique toutes les finesses de la syntaxe désinentielle qui se rencontrent dans le texte du Coran ; il les classe par chapitres et par sections ; d'après leurs principes fondamentaux, et les expose dans un ordre régulier. L'abondance

1 Yahya Ibn Moti, membre de la tribu des Zouaoua, en Kabylie, et auteur de plusieurs traités de grammaire, mourut au Caire en 628 (1230-1231 de J C.). Son *Alfiya* jouissait d'une grande réputation jusqu'à ce qu'Ibn Malek eut composé le sien. (Voyez la 1e partie, Introduction, p. XX.) Les exemplaires de l'*Alfiya* d'Ibn Moti sont devenus fort rares.

2 Ici, par un défaut d'attention, notre auteur fait de deux ouvrages un seul : Ibn Hicham nous a laissé deux traités de grammaire, dont le plus important est intitulé, *Moghni 'l-Lebîb* (ce qui suffit à l'homme intelligent). L'autre, auquel il donna le titre d'*El-Eïrab an Caouaïd el-Eïrab* (exposition des règles fondamentales de la syntaxe des désinences), est beaucoup moins étendu. M. de Sacy a publié plusieurs chapitres de celui-ci dans son *Anthologie grammaticale arabe*. Le *Moghni* jouit encore d'une grande réputation, bien qu'il offre comme exemples beaucoup de vers qu il est impossible de comprendre sans un commentaire. Le polygraphe Soyouti a remédié à ce défaut en composant son *Charch chawahed el-Moghni* (explication des exemples cités dans le Moghni).

de notions scientifiques offertes par ce traité fait voir que l'auteur était profondément versé dans son art et qu'il en possédait une connaissance parfaite. Il a marché, autant que je puis en juger, sur les pas de ceux d'entre les grammairiens de Mosul qui [1] avaient accepté la doctrine d'Ibn Djinni et suivi le plan adopté par ce savant dans l'enseignement de son art. Le savoir déployé par Ibn Hicham est vraiment admirable, et montre qu'il possédait parfaitement son sujet et qu'il était très habile. Dieu ajoute aux choses créées autant qu'il veut. (Coran, sour. XXXV, vers. 1.)

La lexicologie.

La lexicologie (logha) sert à expliquer le sens des mots institués [2] (pour représenter des idées). Lorsque la faculté de s'exprimer correctement en arabe se fut affaiblie en ce qui regarde l'emploi des motions, c'est-à-dire de ce que les grammairiens appellent eïrab (la syntaxe désinentielle), et lorsqu'on eut établi, pour le maintien de cet emploi, les règles dont nous avons parlé, le langage des Arabes n'en continua pas moins à s'altérer par suite des rapports fréquents et intimes qui. s'étaient établis entre eux et les peuples de race étrangère [3]. La corruption s'étendit jusqu'aux mots institués (pour la représentation des idées), et eut pour résultat que beaucoup de termes arabes s'employaient en dehors de leur destination primitive. Cela provenait de l'inclination des Arabes à se familiariser avec les locutions vicieuses employées par les nouveaux arabisés et s'éloignant du bon arabe. Il fallait donc songer à fixer le sens des mots par le moyen de l'écriture et à réunir toutes ces indications pour en former des recueils, car il était à craindre que la langue ne finît par disparaître tout à fait, et que cela ne rendît impossible l'intelligence du Coran et des traditions.

Plusieurs philologues très habiles entreprirent cette tâche,

1 J'insère le mot الذين après الموصل . Cette correction est justifiée par l'édition de Boulac.

2 Le mot وضع signifie *poser*. Les philologues arabes disent que les mots ont été *posés* pour exprimer les idées. Je rends ce verbe par *instituer*. Bossuet a dit, dans son *Traité de logique,* liv. I, chap. III : « L'idée représente naturellement son objet, et le terme (le représente) seulement par institution, c'est-à-dire parce que les hommes en sont convenus. »

3 Ou persane.

en rassemblant des exemples du bon langage et en les dictant à leurs élèves. Le premier qui entra dans cette carrière fut El-Khalîl Ibn Ahmed el-Ferahîdi. Il composa le Kitab el-Aïn, livre dans lequel il inscrivit tous les mots qui peuvent se former par la combinaison des lettres de l'alphabet. Ces mots sont bilitères, ou trilitères, ou quadrilitères ; il y en a même qui se composent de cinq lettres (radicales) et qui appartiennent à la dernière classe des combinaisons permises dans la langue arabe. El-Khalîl réussit dans cette entreprise par l'emploi d'une suite de procédés embrassant (tous les cas qui pouvaient se présenter). Expliquons cela. Le nombre des mots bilitères doit s'obtenir en opérant successivement sur les termes d'une série (régulière) qui commence par un et finit par vingt-sept, chiffre qui indique l'avant-dernier terme de la série des lettres de l'alphabet. En effet, chacune [1] de ces lettres doit se combiner avec les vingt-sept autres. La première lettre fournirait ainsi vingt-sept mots bilitères ; la seconde, combinée avec les vingt-six (qui forment le restant de la série), produirait vingt-six bilitères ; on prendrait ensuite la troisième (lettre pour la combiner de la même manière), puis la quatrième (et ainsi de suite) jusqu'à la vingt-septième, qu'on combinerait avec la vingt huitième et qui produirait ainsi un seul (bilitère). Tons ces résultats formeraient une suite régulière de nombres, depuis un jusqu'à vingt-sept. La sommation de cette série se ferait par le procédé dont se servent les arithméticiens : [c'est-à-dire en ajoutant le premier nombre de la série au dernier et en multipliant cette somme par la moitié du nombre des termes] [2]. On doublerait ensuite cette somme parce qu'on peut renverser l'ordre des lettres dans le mot bilitère et en mettre la seconde avant la première ; c'est un fait dont il faut tenir compte en calculant ces combinaisons. Le chiffre qui s'obtiendra de cette manière indiquera le nombre total des bilitères. Pour connaître le nombre des trilitères, on multipliera celui des bilitères par chaque terme de la suite des nombres qui commence par un et

1 Pour االواحد , lisez الواحد .

2 Cette règle est juste quand les termes de la série sont en nombre pair, mais elle ne suffit pas dans le cas actuel, où le nombre des termes est impair. Pour obtenir la somme d'une progression dont les termes ont en nombre impair, il en faut supprimer le premier ou le dernier terme, prendre la somme du reste, en suivant la règle, puis ajouter à cette somme le terme supprimé. — J'ai mis le passage du texte entre parenthèses, parce qu'il donne une idée incomplète de l'opération, et qu'il ne se trouve ni dans les manuscrits C et D ni dans l'édition de Boulac.

qui finit par vingt-six ; car on ajoute une lettre au bilitère pour le convertir en trilitère, et chaque bilitère remplit ici la fonction d'une seule lettre que l'on combinerait avec les vingt-six lettres restantes. On prendra donc la somme de la série, depuis un jusqu'à vingt-six, on la multipliera par le nombre des bilitères ; puis on multipliera cette somme par six, nombre des combinaisons dont trois lettres sont susceptibles ; on aura alors le nombre des trilitères qui peuvent se former par la combinaison de toutes les lettres de l'alphabet. Pour obtenir celui des quadrilitères et des mots composés de cinq lettres, en procédera de la même manière [1].

El-Khalîl, ayant déterminé le nombre de ces combinaisons, classa les mots d'après les lettres de l'alphabet (par lesquelles ils commençaient), se conformant ainsi à l'usage reçu ; puis il entreprit de ranger ces lettres d'après la position des organes qui servent à les articuler. Il donna la première place aux lettres gutturales, la seconde aux lettres palatales, la troisième aux dentales, la quatrième aux labiales et la cinquième aux infirmes, c'est-à-dire aériennes [2]. Il mit la lettre aïn en tête de la première classe, parce qu'elle provient de la partie (du gosier) la plus éloignée (des lèvres). Ce fut à cause de cela qu'on appela son dictionnaire Le livre de l'Aïn (Kitab el-Aïn), se tenant ainsi à l'usage des anciens qui donnaient pour titres à leurs recueils les phrases ou les mots par lesquels ces traités commençaient. Il distingua aussi les termes qui s'emploient de ceux qu'on a laissés de côté. Ces derniers appartiennent ordinairement à la catégorie des quadrilitères et à celle des mots qui sont formés de cinq lettres, les Arabes ayant renoncé à leur emploi parce qu'ils les trouvaient trop pesants dans la prononciation. L'auteur inséra les mots bilitères dans cette dernière classe, parce qu'ils sont d'un usage très restreint. Les (racines) trilitères s'emploient beaucoup plus que les autres ; aussi les formes qui en dérivent sont-elles très nombreuses. El-Khalîl inséra toutes ces formes dans son Kitab el-Aïn, et les y exposa de la manière la plus satisfaisante et la plus complète.

1 Pour rédiger un dictionnaire, il s'agit bien moins de connaître le nombre des mots qui doit y entrer que d'avoir tous ces mots sous la main ainsi que leurs significations. J'ajouterai qu'il y a de l'incompatibilité entre certaines lettres de l'alphabet arabe, de sorte qu'elles ne peuvent jamais se rencontrer immédiatement dans une même racine ; ce qui réduit considérablement le nombre total des combinaisons.

2 Celles qui se forment par expiration. Ces lettres sont l'*alef*, le *ouaou* et le *ya*.

Dans le IVe siècle, Abou Bekr ez-Zobeïdi [1], maître d'écriture du khalife espagnol Hicham el-Moweïyed [2], fit un abrégé de l'Aïn, tout en respectant l'ample dessein de ce recueil. Il supprima tous les termes dont on ne fait pas usage, ainsi qu'une grande partie des exemples cités pour justifier les significations attribuées aux mots généralement employés. Cet abrégé, fait pour être appris par cœur, est un excellent ouvrage.

El-Djeuheri [3], natif de l'Orient, suivit, dans son Sahâh, l'ordre alphabétique généralement reçu, et commença par (les mots dont la dernière lettre est) le hamza. Il choisit pour indicateur (servant à faire connaître la place) de chaque mot la lettre finale de ce même mot, parce qu'on a très souvent besoin des finales (quand on s'occupe à faire des vers ou de la prose rimée) [4]. [Cela lui faisait un chapitre. Ensuite il rangea les (mêmes) mots d'après l'ordre alphabétique des lettres initiales, et donna le titre de section à chacune de ces divisions, jusqu'à la dernière [5].] Il reproduisit ainsi tous les mots de la langue, de même qu'El-Khalîl l'avait fait avant lui (mais dans un autre ordre).

Un auteur espagnol nommé Ibn Cida [6] parut ensuite à Dénia, sous le règne d'Ali Ibn Modjahed [7], et composa un ouvrage qu'il intitula El-Mohkam (le bien constaté). Dans ce livre, il suivit le plan qui embrasse tout, celui dont nous venons de parler, et adopta

1 Ibn Khallikan nous apprend, dans son Dictionnaire biographique, vol. III, p. 83 de ma traduction, qu'Abou Bekr Mohammed Ibn el-Hacen ez-Zobeïdi était un natif de Cordoue. Il s'établit à Séville, où il fut nommé précepteur du jeune prince Omeïade, Hicham el-Moweïyed. Plus tard son élève lui confia les fonctions de cadi à Séville et de commandant des troupes de la police (*chorta*). Il mourut en 379 (989 de J. C.). Selon Haddji Khalîla, il avait donné à son ouvrage sur l'*Aïn* le titre d'*El-Istidrak ala 'l Aïn* (l'*Aïn* corrigé).

2 Hicham el-Moweïyed, le dixième des Omeïades espagnols, monta sur le trône l'an 366 de l'hégire (976 de J. C.).

3 Abou Nasr Ismaîl Ibn Hammad el-Djeuheri, le célèbre lexicographe, mourut à Neïsapour, l'an 392 (1002 de J. C.).

4 Ceci est l'ordre généralement adopté dans les dictionnaires arabes. Pour y trouver un mot, il faut le chercher sous la dernière lettre de la racine de ce mot, puis on cherche, dans le même chapitre, la première lettre de la racine.

5 Ce passage manque dans les manuscrits C et D et dans l'édition de Boulac.

6 Abou 'l-Hacen Ali Ibn Cîda, natif de Marie, se distingua comme philologue et grammairien. Il mourut à Dénia, l'an 458 (1066).

7 Ali, fils du Modjahed, souverain de Dénia et des îles Baléares, monta sur le trône l'an 436 (1044-1045), aussitôt après la mort de son père.

l'arrangement observé dans le Kitab el-Aïn. Il entreprit même d'y indiquer les dérivations des mots et leurs changements de forme, et produisit ainsi un fort bel ouvrage.

Mohammed Ibn Abi 'l-Hoceïn, hadjeb [1] (ou premier ministre) d'El-Mostancer le Hafside, sultan de Tunis, fit un abrégé de ce dictionnaire, mais il y changea l'ordre des mots. Ayant adopté le plan suivi dans le Sahâh, il classa les racines de manière que leurs lettres finales servissent d'indicateurs. On dirait que cet ouvrage et le précédent (le Sahâh) sont jumeaux sortis du même sein et engendrés par le même père. [Korâa [2], un des grands maîtres dans la science de la langue, composa (sur cette matière) un livre intitulé El-Mondjed (le secours) ; on doit à Ibn Doreïd [3] un ouvrage (du même genre) intitulé El-Djemhera (la collection), et à Ibn el-Anbari [4] un autre nommé Ez-Zaher (l'éclatant, le fleuri).]

Voilà, autant que je le sache, les ouvrages qui servent de base à tous les autres écrits qui traitent de la langue. Il y a, de plus, quelques abrégés d'un genre particulier, consacrés à de certaines classes de mots et renfermant, soit une partie, soit la totalité des sections que le sujet comporte. Le plan qu'on y a suivi, dans le but, d'embrasser toutes ces notions, est difficile à saisir, tandis que celui des ouvrages principaux, étant fondé sur les combinaisons des lettres, se comprend très facilement.

Parmi les ouvrages qui traitent de la langue arabe, je dois signaler particulièrement celui que Zamakhcheri composa sur les tropes [et auquel il donna le titre d'Asas el-Belagha (principes fondamentaux de l'art de bien parler)]. On y trouve toutes les expressions que

---

1 Pour صاحب « compagnon », lisez حاجب (Voyez l'*Introduction* de la première partie de cet ouvrage, p. XVIII.) On trouve une notice biographique de ce ministre dans l'*Histoire des Berbers,* t. II, p. 369, de ma traduction. Il mourut à Tunis, l'an 671 (1272-1273).

2 Je crois que le philologue désigné ici par le titre de Korâa est le même grammairien et natif d'Égypte qui s'appelait Ali Ibn al-Hacen el-Hennaï et à qui on avait donné le sobriquet de *Korâa el-Nemel,* c'est-à dire *jambe de fourmi.* Il mourut, probablement, dans la première moitié du IVe siècle de l'hégire, et laissa plusieurs ouvrages sur la grammaire et la lexicographie. (Voyez l'ouvrage de M. Flügel intitulé *Die grammatischen Schulen der Araber,* p. 199.)

3 Abou Bekr Mohammed Ibn Doreïd, célèbre philologue, poète et généalogiste, mourut à Baghdad, l'an 321 (933 de J. C.).

4 Le grammairien Abou Bekr Mohammed Ibn el-Anbari mourut à Baghdad en 328 (940 de J. C.).

les Arabes ont employées métaphoriquement en les détournant de leur signification primitive. C'est un ouvrage hautement instructif.

Il nous reste une question à traiter. Les (anciens) Arabes avaient imposé à chaque idée une dénomination qui devait l'indiquer d'une manière générale, puis ils se servaient d'autres mots pour désigner certaines particularités d'une même idée. Cela nous oblige à distinguer entre les mots d'institution primitive et ceux qui ont été introduits par l'usage. Pour y parvenir, il faut se servir d'un art qui s'acquiert très difficilement, savoir, l'application de la critique au langage. Ainsi, par exemple, ils instituèrent le terme abiad pour désigner tout ce qui était plus ou moins blanc ; puis ils désignèrent les chevaux blancs par le mot acheheb, les hommes blancs par le mot azher et les moutons blancs par le mot amlah. (Ils observèrent cet usage si exactement) que l'application du qualificatif abiad à l'un ou l'autre de ces objets serait regardée comme une faute, et une violence faite à la langue. Thaalebi [1] s'est particulièrement occupé de cette matière et l'a traitée dans un ouvrage spécial intitulé Fikh el-Logha (la critique de la langue). C'est le meilleur ouvrage qu'un philologue puisse étudier, s'il ne veut pas [2] s'exposer à fausser les significations que les Arabes avaient attachées aux mots. Il ne suffit pas, en composant (une phrase), de connaître le sens primitif de chaque mot ; il faut encore savoir si l'usage des Arabes justifie l'emploi de la phrase dans le sens qu'on lui attribue. C'est au littérateur qui désire bien écrire, soit en prose, soit en vers, que cette connaissance est particulièrement nécessaire ; sans elle, il se tromperait à chaque instant dans l'emploi des mots de la langue, pris isolément, ou combinés avec d'autres. Les fautes de ce genre sont plus graves et plus choquantes que les fautes de syntaxe.

Un savant des temps modernes composa un ouvrage dans lequel il entreprit de renfermer tous les mots qui ont plusieurs significations, et, bien qu'il ne les ait pas indiqués tous, il en a signalé le plus grand nombre.

Les abrégés qui traitent de cette partie de la science et surtout des mots généralement employés sont très nombreux, ayant été com-

---

1 Abou Mansour Abd el-Melek eth-Thaalebi, littérateur et philologue très distingué, est l'auteur de la célèbre anthologie poétique qui porte le titre de *Yetimat ed-Dehr*, ainsi que du traité intitulé *Fikh el-Logha*. Il mourut en 429 (1037-1038).
2 La particule ان a ici la signification négative.

posés pour faciliter aux étudiants le travail d'apprendre par cœur le sens de ces termes. Tels sont les alfadh (paroles) d'Ibn es-Sikkît [1], le Fasîh de Thaleb [2], etc. Quelques-uns de ces ouvrages renferment moins d'articles que les autres, ce qu'il faut attribuer aux sentiments particuliers de chaque auteur concernant les matières qui lui paraissaient les plus importantes à savoir par cœur. Dieu est le créateur, le savant.

[La tradition [3] qu'on invoque lorsqu'on veut prouver la légitimité d'un terme de la langue est celle-ci : que chez les Arabes chaque mot répondait exclusivement à une certaine idée. Elle ne nous dit pas qu'ils fussent les inventeurs de ces mots ; un tel procédé leur aurait été trop difficile, et il est loin d'être probable, car on ne connaît aucun exemple de son emploi. Une déduction fondée sur des analogies ne suffira pas pour nous démontrer que tel terme désigne telle idée, tant que nous ne connaîtrons pas un (second) exemple d'induction analogue à celui qui est si bien connu [4], je veux dire le raisonnement d'après lequel on regarde (le terme khamr qui signifie) le jus du raisin comme une expression générale servant à désigner tout ce qui peut enivrer. Quand on emploie un procédé de cette nature dans une déduction analogique, il y a moyen d'en constater la valeur, quand le texte de la loi est là pour nous mettre en mesure de l'apprécier et nous faire voir si cette déduction ne pèche pas par la base. Mais nous ne possédons pas un tel moyen quand il s'agit de démontrer la légitimité d'un (autre) terme de la langue, car, si nous avions recours à la raison, nous trouverions que (en pareil cas) ses jugements sont tout à

1 Abou Youçof Ishac Ibn es-Sikkit est un grammairien célèbre auquel le khalife Motewekkel avait confié l'éducation de ses fils, et qu'il fit périr d'une manière cruelle en l'année 244 (858-859 de J. C.) parce qu'il ne déguisait point son attachement à la cause des descendants d'Ali. (*Anthol. gram.* de M. de Sacy, p. 137.)

2 Abou 'l-Abbas Ahmed IbnYahya, surnommé *Thaleb,* florissait dans le troisième siècle de l'hégire, et fut un des grands chefs de l'école grammaticale et philologique de Koufa. Son *Fasîh,* dit Ibn Khallikan, est d'un petit volume, mais très instructif. Il mourut à Baghdad, l'an 291 (904 de J. C.). — Il faut corriger le texte arabe des *Prolégomènes* et remplacer le mot للثعالى par لثعلب, leçon de l'édition de Boulac et des manuscrits Cet D.

3 Ce paragraphe ne se trouve ni dans l'édition de Boulac, ni dans les manuscrits Cet D. La rédaction en est peu claire, et le texte est évidemment incorrect dans quelques endroits.

4 Il s'agit d'une certaine déduction fondée sur un texte du Coran.

fait arbitraires [1]. Tous les docteurs de la loi ont été de cet avis. Il est vrai que le Cadi [2], Ibn Soreïdj [3] et quelques autres ont penché vers la doctrine que l'induction (dans les questions philologiques) était permise ; mais c'est l'opinion contraire qui a prévalu. Il faut bien se garder d'admettre une doctrine que je vais signaler, savoir, que la constatation (des significations) des mots (au moyen de la déduction philologique) rentre dans la catégorie des définitions verbales (et est parfaitement certaine), vu que les définitions se rapportent à des idées, et que la signification d'un terme obscur ou inconnu est donnée par celle d'un mot généralement employé et dont la signification est évidente. (Il n'en est pas ainsi) ; la lexicographie constate uniquement que tel mot représente telle idée. Cette distinction est de la dernière évidence].

La science de l'exposition [4].

Cette science naquit dans l'islamisme postérieurement à celles de la grammaire et de la philologie. Elle est une des sciences (qui s'appellent) linguales, parce qu'elle s'occupe de mots articulés, des sens qu'ils expriment et des idées qu'on veut indiquer par leur emploi. Le premier avantage que la personne qui parle désire procurer à une autre en lui adressant la parole consiste à lui faire concevoir certaines idées simples dont les unes s'appuient sur les autres comme sur des soutiens [5] et vont y aboutir. Pour indiquer des idées de ce genre, on se sert des (termes) isolés (dont se composent les propositions), et qui sont les noms, les verbes et les particules. Le second avantage est de pouvoir distinguer entre les attributs et les sujets, et de reconnaître les divers temps (du verbe) ; on y parvient en observant les changements opérés dans les motions, c'est-à-dire la syntaxe des désinences, et en faisant attention aux formes que les mots ont reçues. Tout cela fait partie de la grammaire.

1 Le manuscrit A porte محكم ; je lis منحكم avec le traducteur turc, qui explique ainsi le mot تحكم يعنى دليلسز بر حكم « c'est-à-dire un jugement sans preuve ».
2 Il s'agit du cadi El-Bakillani.
3 Ahmed Ibn Omar Ibn Soreïdj, un des grands docteurs de l'école chaféite, mourut à Baghdad, l'an 306 (918 de J. C.).
4 La rhétorique est ainsi nommée parce qu'elle nous enseigne à bien exposer nos pensées, à parler avec précision.
5 Ce sont les attributs et les sujets de propositions.

Il faut ensuite désigner toutes les circonstances qui entourent la chose dont on parle, circonstances que l'on ne reconnaîtrait pas, à moins qu'elles n'eussent des signes particuliers pour les faire remarquer ; celles, par exemple, qui sont relatives aux personnes qui parlent ensemble ou qui agissent, ou à l'action elle-même. Il est essentiel, pour la parfaite transmission de la pensée, que tout cela soit indiqué dans le discours.

Celui qui a acquis la faculté de parler correctement est arrivé au plus haut degré d'excellence dans l'art de transmettre ses idées. Un langage dépourvu des (signes distinctifs dont nous venons de parler) ne saurait être rangé dans la classe occupée par celui dont se servent les Arabes. Le langage de ce peuple est très compréhensif, et possède des termes particuliers pour désigner chaque état ; il se distingue surtout par la perfection de sa syntaxe et par sa clarté.

Voyez combien leur expression, Zeïdon djaani (Zeidus venit ad me), diffère de celle-ci, qu'ils emploient aussi : djaani Zeïdon (venit ad me Zeidus). Le terme mis en tête [1] (de la proposition) est celui auquel la personne qui parle attache le plus d'importance ; quand on dit djaani Zeïdon, on montre qu'on pense plus à l'acte de venir qu'à l'individu dont le nom est le sujet (de la proposition), tandis que, par les mots Zeïdon djaani, on laisse apercevoir qu'on pense plutôt à Zeïd qu'à l'acte de venir, lequel est l'attribut de la proposition [2]. Voyez encore l'emploi des termes mausoul (conjoint), mobhem (vague) et marefa (déterminé) pour désigner d'une manière convenable les parties de la proposition [3]. Voyez aussi comment ils corroborent la relation qui existe entre les termes d'une proposition : ils disent également Zeïdon caïmon (Zeidus [est] stans), inna Zeïdan caïmon (certe Zeidus [est] stans), et inna Zeïdan lé-caïmon (certe equidem Zeidus [est] stans). Ces trois expressions diffèrent en signification, bien qu'elles soient identiques au point de vue de l'analyse grammaticale. La pre-

1 Je lis المقدّم .

2 Il y a ici une grave omission dans l'édition de Paris et dans les manuscrits C et D ; mais j'ai pu la réparer à l'aide de l'édition de Boulac, du manuscrit A et de la traduction turque. Il faut insérer, entre les mots اهتمامه et بالشخص , le passage suivant :

بالمجى قبل الشخص المسند اليه ومن قال زيد جاءنى افاد ان اهتمامه .

3 Je rends les termes techniques de la grammaire arabe par les équivalents dont M. de Sacy s'est servi dans sa Grammaire.

mière, celle qui n'a rien pour la corroborer, sert à renseigner une personne qui ne pensait pas même (à Zeïd) ; la seconde, renforcée par la particule inna, s'adresse à une personne qui hésite à croire au fait qu'on lui raconte, et la troisième s'emploie pour convaincre la personne qui nie le fait. Donc elles ont chacune une portée différente. Vous pouvez dire djaani er-radjolo (venit ad me ille homo), puis, au lieu de cette expression, vous pouvez employer les mêmes mots et dire djaani radjolon (venit ad me [qui vere est] homo), en vous servant du mot indéterminé dans le but d'exalter le mérite d'un individu (bien connu) et de faire savoir qu'il n'a pas son pareil parmi les hommes [1]. Signalons ensuite les propositions indiquant un rapport ; elles sont de deux espèces, les énonciatives (khaberiya) et les arbitraires (inchaïya). Les premières s'accordent avec des réalités externes et déjà existantes ; les secondes ne s'accordent avec rien de ce qui se trouve dans l'externe, et expriment un souhait ou quelque autre sentiment du même genre. Il est permis de supprimer la conjonction qui réunit deux propositions, quand la seconde occupe une place dans l'analyse [2] ; et, en ce cas, la seconde proposition se trouve réduite [3] au rang d'un simple appositif, remplissant la fonction de qualificatif, ou celle de corroboratif ou celle de permutatif. En ces cas, la conjonction ne s'emploie pas. Si la seconde proposition n'occupe pas une place dans l'analyse, l'emploi de la conjonction est nécessaire. Comme le sujet dont on parle peut être traité largement ou avec concision, le discours peut également prendre l'une ou l'autre de ces formes. Vous pouvez employer un mot isolé pour exprimer une autre idée que celle qu'il servait à énoncer, mais cela ne se fait que pour indiquer une qualité inhérente à la chose dont on a prononcé le nom : quand vous dites Zeïd est un lion, vous n'avez pas l'intention d'affirmer qu'il appartient réellement à cette espèce d'animaux, mais d'indiquer qu'il a beaucoup de courage, qualité inhérente au lion. C'est là ce qu'on appelle isteïara (métaphore). Vous pouvez aussi employer une expression composée (de deux mots ou de

1 Ici, dans l'édition de Paris, on trouve une ligne répétée inutilement.

2 C'est-à-dire quand elle représente une partie intégrante d'une autre proposition. (Voyez, à ce sujet, la *Grammaire arabe* de M. de Sacy, 2e édit. t. II, p. 596 et suiv.)

3 Je lis فتنزل, avec les manuscrits C et D.

plus) pour indiquer la cause nécessitante [1] de la chose que vous venez d'énoncer. Ainsi, quand vous dites Zeïdon kethîron remad al-codouri (Zeidus copiosus est quoad cineres ollarum), vous donnez à entendre une conséquence nécessaire de la générosité de Zeïd et de son hospitalité, car l'abondance des cendres provient de l'exercice de ces deux qualités et les indique.

Tous ces exemples montrent que certains mots, soit isolés, soit combinés, peuvent indiquer d'autres idées que celles dont ils sont les représentants. Ces idées accessoires ont rapport à des traits [2] et à des circonstances qui s'étaient fait remarquer dans les choses qui eurent lieu ; et, pour les indiquer, on emploie avec certains traits et sous certaines conditions [3] les termes qui doivent les représenter. Cela se fait selon les besoins de chaque cas.

La science appelée exposition (rhétorique) recherche les moyens d'indiquer les circonstances et les traits particuliers aux divers cas qui peuvent se présenter. Elle se partage en trois sections : la première a pour objet l'examen de ces traits et de ces circonstances, afin d'y adapter des termes qui satisfassent aux exigences de chaque cas. On la désigne par le nom de science de la réalisation [4]. La seconde section a pour objet l'examen des effets nécessaires et des causes nécessitantes qui sont indiqués par telle et telle expression. Elle comprend la métaphore et la métonymie, ainsi que nous l'avons dit, et s'appelle la science de l'exposition. La troisième section a pour objet d'orner le discours et de l'embellir en y ajoutant divers agréments, tels que les rimes servant à couper les phrases, les jeux de mots, les parallélismes qui s'emploient pour cadencer les phrases, les expressions à double entente qui dérobent à l'attention le sens qu'on veut exprimer en éveillant dans l'esprit une idée plus facile à saisir [5] [et les contrastes offerts par deux termes opposés en

1 J'ai déjà indiqué, ci-devant, p. 146, la signification remarquable du terme ملزوم.
2 Pour هينات , lisez هيئات .
3 A la place de عليها فى , je lis عليها احوال وهيئات فى , leçon offerte par les manuscrits C et D et par l'édition de Boulac.
4 Le terme بلاغة , que je rends ici et plus loin par *réalisation*, et que l'on regarde odinairement comme l'équivalent du mot *éloquence*, signifie proprement *réussir, atteindre son but*. Employé comme terme de rhétorique, il désigne la réussite obtenue dans la tentative d'énoncer sa pensée d'une maniére parfaitement, exacte. C'est donc l'art de bien s'exprimer.
5 La leçon est certainement mauvaise ; le sens de la phrase nous oblige de lire اقرب , et tel est en effet le terme employé dans cette définition, fournie par le

signification][1]. Ils appellent cette partie la science des ornements[2]. Le terme exposition s'emploie chez les modernes pour désigner les trois parties, bien que ce soit proprement le nom de la seconde, celle que les anciens avaient traitée avant les autres. Depuis lors, les questions qui sont du ressort de cette science n'ont pas discontinué à se présenter.

Djafer Ibn Yahya[3], El-Djahed[4], Codama[5] et autres écrivirent des cahiers de dictées sur cette matière, mais leurs traités furent très imparfaits. Le nombre des problèmes dont l'exposition fournit la solution s'étant graduellement complété, Sekkaki[6] se mit à en extraire la crème, à coordonner les questions et à les ranger par chapitre dans l'ordre que nous avons déjà indiqué. Le livre qu'il composa sur ce sujet s'appelle le Misbah (le flambeau) et traite de la syntaxe, des inflexions (conjugaisons et déclinaisons), et même de l'exposition, puisque l'auteur fait entrer dans son traité cette dernière branche de la science. Les auteurs venus plus tard ont emprunté à son livre ce qu'il a dit au sujet de l'exposition, pour en faire des abrégés, et ces traités forment encore la base de l'enseignement jusqu'à ce jour. C'est ainsi que firent Semmaki[7] dans son Beïyan (exposition), Ibn Malek dans son Misbah, et Djelal ed-Dîn el-Cazouïni[8] dans son Idah (éclaircissement). Les Orientaux s'occupent à commenter et à enseigner ce dernier ouvrage de préférence aux autres, et nous pouvons dire qu'en somme ils sont bien plus versés dans cette

grand dictionnaire des termes techniques :
التورية هى الايهام يعنى استعمال لفظ له
معنيان قريب وبعيد ويراد البعيد

1 Le passage entre parenthèses est omis dans les manuscrits C et D et dans l'édition de Boulac.
2 Le terme بديع , que je rends par *ornements,* signifie tout ce qui est nouveau, original.
3 Je crois qu'il s'agit ici de Djafer le Barmékide.
4 Voyez ci-devant, p. 270.
5 Codama Ibn Djafer, célèbre philologue et auteur du *Kitab el Kharadj*, remplit à Baghdad une place élevée dans l'administration et se distingua par la variété de ses connaissances. Il mourut en 337 (948-949 de J. C.).
6 Abou Yacoub Youçouf es-Sekkaki, savant grammairien et philologue, mourut dans le Khouarezm, l'an 626 (1228-1229 de J. C). — Soyiouti lui a donné un article dans son *Histoire des Grammairiens.*
7 Ni Haddji Khalifa ni Soyiouti n'ont parlé de ce grammairien.
8 Djelal el-Dîn Mohammed Ibn Abd er-Rahman el-Cazouïni, l'auteur de l'*Idah,* mourut en 739 (1338-1339 de J. C.).

branche d'études que les Occidentaux.

La cause de cela est, si je ne me trompe pas, que, parmi les sciences propres à l'espèce humaine, l'exposition est une de celle qu'on a portées à la dernière perfection. Or les arts perfectionnés ne se trouvent que dans les pays où la civilisation est très avancée, et l'Orient jouit d'un plus haut degré de civilisation que l'Occident, ainsi que j'ai eu l'occasion de le faire remarquer. Je pourrais encore expliquer le même fait par le grand empressement mis par les Persans, peuple le plus nombreux de l'Orient, à étudier le Commentaire de Zamakhcheri, ouvrage dont toutes les parties s'appuient sur cette science comme sur une fondation solide. Les Occidentaux, au contraire, se sont attachés spécialement à la partie des ornements, et l'ont placée parmi les sciences qui se rattachent à la littérature sacrée. Ils l'ont arrangée par sections, divisée en chapitres, et ont classé ensemble les diverses matières dont elle se compose. S'il faut les en croire, ils avaient puisé dans le langage des Arabes (du désert) tous les matériaux de cette science. Leur attachement à cette étude doit être attribué à leur engouement pour les ornements du discours et à la circonstance que la science des ornements s'apprend assez facilement, tandis que celles de la réalisation et de l'exposition leur paraissent très difficiles, à cause de la finesse des aperçus et de la profondeur des disquisitions qui s'y rencontrent ; aussi craignirent-ils d'en aborder l'étude.

Parmi les personnes qui, en Ifrîkiya, ont composé des traités sur la science des ornements, je dois mentionner Ibn Rechîk, dont l'Omda (appui) jouit d'une grande réputation. Plusieurs auteurs du même pays et de l'Espagne l'ont pris pour modèle.

L'utilité de cette science consiste, d'abord, à nous mettre en mesure d'apprécier la perfection inimitable du style du Coran, style admirable, qui indique, soit explicitement, soit indirectement, toutes les circonstances qui se rattachent au sujet, et c'est là le plus haut degré de l'excellence ; en second lieu, elle traite du choix des termes, de leur bon arrangement [1] et de la manière dont il faut les agencer.

L'élégance inimitable du style du Coran est tellement grande,

1 Pour وضعها , lisez وصفها , avec l'édition de Boulac, la traduction turque et le manuscrit dont M. de Sacy s'est servi en donnant un extrait de ce chapitre (Voyez l'*Anthologie grammaticale arabe*, p. 30.)

qu'aucune intelligence ne saurait l'apprécier complètement. Celui qui a dérivé de l'étude de la langue le goût (du beau style), et qui s'est acquis la faculté de bien parler, apprécie cette élégance en raison du degré auquel son goût a atteint. Les Arabes qui avaient entendu le Coran de la bouche même de celui qui eut pour mission de le leur communiquer possédèrent cette faculté au plus haut [1] degré ; ils maniaient leur langue comme l'habile cavalier manie son coursier, et ils savaient apprécier la valeur des termes, parce que, chez eux, le goût était aussi sûr, aussi bon qu'il pouvait l'être.

C'est aux personnes qui expliquent le Coran que cette science est particulièrement nécessaire ; mais les commentaires que les anciens nous ont laissés n'en offrent pas la moindre trace. Djar Allah Zamakhcheri [2] fut le premier qui composa un traité d'exégèse dans lequel les règles de l'exposition furent appliquées successivement à chaque verset du Coran ; de sorte qu'il nous a fait apprécier, jusqu'à un certain point, l'excellence du style qui rend ce livre inimitable. Par ce seul mérite, il aurait tenu le premier rang parmi les commentateurs, s'il n'avait pas emprunté à la science de la réalisation (la rhétorique) divers artifices pour confirmer les opinions professées par les novateurs et pour montrer qu'elles se laissaient tirer du texte du Coran. Aussi la plupart des musulmans orthodoxes évitent-ils de lire son ouvrage, bien qu'on y remarque un vaste fonds de connaissances appartenant à la science de la réalisation. Cependant toute personne qui croit aux doctrines orthodoxes et qui possède quelques notions de rhétorique serait capable de réfuter l'auteur dans son propre langage ; ou bien elle y reconnaîtrait ses fausses doctrines et s'en détournerait, afin que sa croyance n'en éprouvât aucune atteinte. Pour de telles personnes la lecture de ce commentaire est une obligation, parce qu'elles peuvent y acquérir la faculté d'apprécier, jusqu'à un certain point, la perfection du style coranique, tout en se gardant contre l'hérésie et les fausses doctrines. Dieu dirige celui qu'il veut.

La littérature (adeb).

---

1 Pour اعلا , lisez اعلى .

2 Il fut nommé *Djar Allah* (le voisin de Dieu), parce qu'il avait demeuré très longtemps à la Mecque.

Bien que cette science n'ait pas d'objet spécial dont elle puisse examiner les accidents afin d'en constater l'existence, elle est cultivée par les amateurs du (beau) langage à cause du profit qu'on peut en tirer. C'est par son moyen qu'on parvient à composer avec élégance, en vers et en prose, des morceaux reproduisant le style et les tournures des Arabes du désert. Pour acquérir cette faculté, on apprend par cœur beaucoup de leurs expressions, et on s'assure ainsi la probabilité du succès. On recueille dans ce but (et on met par écrit) d'anciens poèmes, et des morceaux de prose cadencée dont les rimes correspondent bien ensemble, et on y mêle par-ci par-là assez de problèmes philologiques et grammaticaux pour que le lecteur, après les avoir parcourus tous, se trouve posséder la plupart des règles auxquelles le langage est soumis. On choisit parmi les récits consacrés aux journées (et aux combats) des anciens Arabes autant qu'il en faut pour rendre intelligibles les allusions offertes par leurs poèmes, et on y ajoute les généalogies les plus importantes et les plus célèbres, ainsi que les anecdotes les plus répandues chez ce peuple.

Cela a pour but de procurer au lecteur qui parcourt un traité (de littérature) la connaissance du langage dont se servaient les (anciens) Arabes, la tournure de leurs phrases et leurs modes d'expression, de sorte que rien de toutes ces matières ne lui reste inconnu. Pour s'approprier cette connaissance, il doit avoir bien compris ces passages avant de les apprendre par cœur ; aussi se trouve-t-il obligé d'étudier d'avance tout ce qui peut servir à les faire comprendre.

Les littérateurs définissent leur art en disant qu'il consiste à apprendre par cœur les poèmes des (anciens) Arabes et les anecdotes qui les concernent, et à recueillir quelques notions de toutes les sciences. Ils veulent parler ici des sciences qui se rapportent à la langue et de celles qui ont pour objet la loi révélée, envisagée uniquement sous le point de vue du texte ; on sait que ce texte est fourni par le Coran et la Sonna. Aucun autre genre de connaissances ne se trouve dans le langage de ces Arabes. Il est vrai que les modernes ont introduit dans la littérature des notions nouvelles, par suite de leur application à la science des ornements, et, comme ils emploient volontiers dans leurs poèmes et dans leurs épîtres des mots à double entente, ils les y ont fait entrer, ainsi que les termes techniques dont on se sert dans les écoles. Celui qui s'occupe d'étudier la littérature a donc besoin de connaître ces termes, afin de pouvoir en apprécier la valeur quand il les rencontre.

Nous avons entendu dire à nos professeurs, dans leurs cours d'enseignement, que cette science s'appuyait sur quatre recueils : l'Adeb el-Kateb (notions littéraires à l'usage des secrétaires-rédacteurs) d'Ibn Coteïba [1], le Kamel (parfait) d'El-Mobarred [2], le Beïyan oua't-Tebyan (l'exposition et l'indication) d'El-Djahed et les Newader (notions curieuses) d'Abou Ali 'l-Cali [3], le Baghdadien. Les autres ouvrages sur le même sujet ne sont que des imitations et des développements de ceux-ci ; les savants des derniers siècles en ont composé un très grand nombre.

Dans les premiers temps de l'islamisme, le chant formait une des branches de la littérature, parce qu'il était un accessoire de la poésie, en ce sens qu'il servait à la moduler. Sous la dynastie des Abbacides, les secrétaires-rédacteurs, et ceux d'entre les gens comme il faut qui se distinguaient par leurs talents, cultivaient le chant, tant ils désiraient se familiariser avec la marche de la phrase poétique et avec les divers genres de poésie. Leur attachement à cette pratique ne portait alors aucune atteinte ni à leur réputation comme hommes de bien ni à leur dignité.

Le cadi Abou 'l-Feredj el-Ispahani [4], écrivain dont personne n'ignore le grand mérite, est l'auteur du Kitab el-Aghani (livre des chansons), ouvrage dans lequel il a rassemblé beaucoup d'anecdotes concernant les (anciens) Arabes, avec leurs poèmes, les récits de leurs combats, leurs généalogies et des notions sur leurs dynasties. Il prit pour base de son travail le recueil de cent chansons que les musiciens de la cour de Haroun er-Rechîd avaient faites pour ce

1 Abd Allah Ibn Moslem Ibn Coteïba, l'auteur de l'*Adeb el-Kateb* et du *Kitab al-Maaref,* mourut en l'an 270 (884 de J. C.).

2 Abou 'l-Abbâs Mohammed Ibn Yezîd el-Mobarred, célèbre philologue, mourut à Baghdad, vers l'an 286 (899 de J. C.).

3 Abou Ali Somaîl Ibn al-Cacem el-Cali, natif de Diar Bekr, jouissait d'une haute réputation comme philologue. Il passa quelque temps à Baghdad et mourut à Cordoue, en Espagne, l'an 356 (967 de J. C.).

4 Abou 'l-Feredj Ali Ibn el-Hocein el-Ispahani, l'auteur du *Kitab el-Aghani,* mourut à Baghdad, l'an 356 (967 de J. C.). Il portait le titre de *kateb* (*scribe*), mais rien n'indique qu'il ait jamais rempli les fonctions de cadi.

khalife. En traitant son sujet, il est entré dans les détails les plus grands et les plus complets ; aussi dois-je déclarer que ce livre est le magasin où se trouve tout ce qui concerne les Arabes. Il offre en un seul corps tous les traits, jusqu'alors disséminés, par lesquels ils s'étaient distingués autrefois, tant dans les divers genres de la poésie que dans l'histoire, la musique, etc. C'est une compilation à laquelle, autant que je le sache, aucune autre ne saurait être comparée sous ce rapport ; c'est le traité le plus complet que puisse rechercher un amateur de la littérature, c'est celui auquel il doit s'arrêter ; mais comment pourra-t-on se le procurer ?

Nous allons maintenant justifier d'une manière générale les observations que nous avons déjà faites relativement aux sciences qui se rattachent au langage : Dieu dirige vers la vérité.

Le langage est une faculté qui s'acquiert comme celle des arts [1].

Toutes les langues sont des facultés qui, à l'instar des arts, s'acquièrent par la pratique. Ce sont, en effet, des qualités acquises à l'organe de la langue et servant à exprimer les pensées. La faculté du langage opère plus ou moins bien, selon le degré de perfection qu'elle a atteint ; mais ceci s'applique non aux mots pris isolément, mais aux phrases. Quand on arrive à posséder parfaitement l'art de composer (des phrases avec) des mots isolés, dans le but d'exprimer des pensées, et qu'on observe (les règles qui président à) la manière de combiner (les mots) qui amènent un accord (parfait) entre le discours et les exigences de l'état (des choses qu'on veut énoncer), on a atteint son but et acquis le talent de communiquer ses idées à celui qui écoute : c'est là ce qu'on exprime par le terme belagha (réalisation, art de bien parler). Or les facultés d'acquisition ne se produisent que par des actes répétés : en effet, l'acte a lieu une première fois, ce qui communique à l'âme une certaine qualité ; l'acte étant répété, cette qualité (ou modification) devient un état, c'est-à-dire une qualité qui n'est pas fortement enracinée ; lorsque

1 M. de Sacy a publié, dans son *Anthologie grammaticale,* le texte de ce chapitre et des sept chapitres qui le suivent. J'ai adopté sa traduction en y faisant quelques changements.

l'acte s'est répété fréquemment [1], il y a faculté acquise, c'est-à-dire une qualité fortement enracinée.

Quand les Arabes possédaient la faculté de bien parler leur langue, celui d'entre eux qui cherchait à bien se servir de la parole entendait les discours des gens de sa tribu, les idiotismes qu'ils employaient dans leurs conversations, et les tournures dont ils faisaient usage pour énoncer leurs pensées. C'est ainsi que l'enfant, en entendant employer les mots isolés, les apprend par cœur avec leurs significations [2], puis reçoit et retient de même les diverses formes des phrases composées. Cet exercice, de la part de l'ouïe, ne cesse de se renouveler à chaque instant et avec toute sorte de personnes ; (l'enfant) emploie si souvent (les divers termes du langage) que cela finit par devenir pour lui une faculté acquise, une qualité enracinée, et qu'il devient lui-même aussi arabe que son entourage.

C'est ainsi que les langues et les idiomes ont passé de génération en génération, et que les enfants et les étrangers les ont appris. C'est là aussi ce qu'on entend par le dicton vulgaire : La langue des Arabes leur est venue par un instinct naturel ; cela signifie qu'elle est pour eux une faculté acquise de prime abord, et que, si d'autres l'ont apprise d'eux, ils ne la tiennent d'aucun autre peuple.

La faculté du langage s'est altérée [3] parmi les (Arabes) descendants de Moder, par suite des fréquentes relations qu'ils ont eues avec des nations étrangères. Voici comment cette altération s'est produite : une nouvelle génération entendait des hommes, qui, pour énoncer leurs pensées, faisaient usage de formes différentes de celles qui sont propres aux Arabes, et elle contractait l'habitude de s'en servir elle-même pour énoncer ses idées, à cause du grand nombre d'étrangers qui conversaient avec les Arabes ; mais, en même temps, elle entendait ceux-ci employer les formes de leur langue. Il résulta de là (pour cette nouvelle génération) une confusion et un mélange ; elle prit à l'un et à l'autre des deux idiomes une partie

1 Pour يكون , je lis يزيد , avec l'édition de Boulac et les manuscrits A et D.

2 J'insère les mots فى معانيها après المفردات . Cette correction est autorisée par le manuscrit A, par l'édition de Boulac et par le texte intégré dans l' *Anthologie grammaticale* de M. de Sacy.

3 Je regarde le mot لما comme explétif ; le traducteur turc n'en a tenu aucun compte. (Voyez aussi la note de M. de Sacy dans l' *Anthologie grammaticale,* p. 344.)

(de leurs locutions) et se forma une nouvelle faculté, inférieure à la première [1]. Voilà la cause réelle de la corruption de la langue arabe, et c'est là aussi la raison pour laquelle l'idiome de la tribu de Coreïch était le plus élégant et le plus pur de tous les dialectes arabes ; car ce peuple était, de tous les côtés, le plus éloigné des pays occupés par les étrangers. Il en était de même, mais avec quelque infériorité, des autres tribus qui environnaient celle-ci, telles que les Thakîf, les Hodeïl, les Khozaâ, les Beni Kinana, les Ghatafân, les Beni Aced et les Beni Temîm. Quant aux tribus (arabes) plus éloignées de celle de Coreïch, telles que les Rebîa, les Lakhm, les Djodam, les Ghassan, les Iyad, les Codâa et les Arabes du Yémen, tribus qui avoisinaient des contrées occupées par les Perses, les Grecs [2] et les Abyssins, la faculté de parler l'idiome arabe n'était pas parfaite chez elles, par un effet de leur mélange avec des étrangers ; et, suivant les grammairiens arabes, leur distance plus ou moins grande du pays des Coreïch peut servir de règle pour juger du plus ou moins de pureté de leurs dialectes.

La langue actuelle des Arabes (Bédouins) [3] est un idiome spécial, différent de ceux des descendants de Moder et des Himyérites.

Nous voyons que (les Arabes de nos jours) suivent les lois de l'idiome de Moder dans l'énonciation de leurs pensées et dans la manière d'exprimer nettement leurs idées, si ce n'est toutefois qu'ils négligent l'emploi des voyelles désinentielles dont l'utilité consiste à distinguer l'agent de l'objet de l'action. Au lieu de ces voyelles, ils ont recours à la position respective des mots et à certains acces-

1 Les manuscrits A, C, et D portent وكانت à la place de كانت . La présence de la conjonction ici ne change rien au sens de la phrase.

2 L'insertion du mot والروم est autorisée par les manuscrits A, C, D, l'édition de Boulac et la traduction turque.

3 Les Arabes dont l'auteur parle dans ce chapitre et les suivants sont ceux qui s'adonnent à la vie nomade dans la Mauritanie. Il paraît avoir cru que leur dialecte était tout à fait ou presque semblable à celui des Arabes nomades de l'Orient. Il y a cependant de grandes différences entre les idiomes arabes parlés dans les déserts de la Syrie et de l'Arabie et ceux qui s'emploient dans le sud de la Tunisie et de l'Algérie. Je dois ajouter que les Arabes de la Mauritanie sont tous originaires d'Oman, province de l'Arabie où, de tout temps, on parlait un dialecte très corrompu.

soires servant à indiquer les nuances de la pensée qu'il s'agit d'énoncer. Mais l'avantage, en ce qui regarde la manière d'exposer la pensée et de l'exprimer avec précision, est tout entier en faveur du langage de Moder ; car, bien que l'idiome actuel indique les mêmes idées par les mêmes mots que le langage (ancien), il ne marque pas si nettement ce qu'on nomme l'exposé de l'état, c'est-à-dire les (traits et nuances) que les faits (dont on veut parler) doivent offrir nécessairement et qu'on est obligé d'indiquer. En effet, il n'y a point de pensées qui ne soient (comme) entourées [1] de certaines circonstances spéciales, et, pour que le but qu'on se propose en parlant soit atteint, il faut nécessairement avoir égard à ces circonstances, puisqu'elles sont des qualités qui modifient la pensée. Dans la plupart des idiomes, ces circonstances s'expriment par des mots inventés exprès pour cette fonction ; mais, dans la langue arabe (ancienne), elles s'indiquent au moyen de certaines modalités et de certaines manières d'associer les mots et de les assembler ; l'inversion, l'ellipse, les voyelles désinentielles, tels sont les procédés qui s'y emploient. Quelquefois aussi elles sont exprimées par des lettres qui ne sauraient (être isolées et) former des mots par elles-mêmes [2]. C'est pour cela que le langage des Arabes se divise, comme nous l'avons dit, en diverses catégories, à raison des diverses manières d'exprimer ces modifications. Or la langue arabe, pour cette raison [3], se distinguait de tous les autres idiomes par une plus grande concision, parce qu'elle désignait les pensées par un plus petit nombre de mots, et c'est là ce qui a fait dire au Prophète : « J'ai reçu (de Dieu) des paroles qui disent beaucoup, et mon style se distingue par une extrême concision. » On remarque un exemple de cela dans l'anecdote que l'on raconte d'Eïça Ibn Omar [4]. Un grammairien lui avait dit qu'il croyait avoir remarqué dans le langage des Arabes une sorte d'abondance oiseuse, en ce qu'on pouvait dire, pour exprimer une seule et même pensée, Zeïdon caïmon (Zeidus stans), ou inna Zeïdan caïmon (certe Zeidus stans), ou enfin inna Zeïdan [5] lé-caïmon (certe equidem

1 Il faut lire لا بد ان .

2 Il s'agit des lettres qu'on ajoute au verbe primitif afin d'en obtenir les formes dérivées, les temps, les modes, etc.

3 Pour ذلك , lisez لذلك .

4 Eïça Ibn Omar, célèbre grammairien de la tribu de Thakîf, mourut l'an 149 de l'hégire (766 de J. C.).

5 Pour زيد , lisez زيدا .

Zeidus stans). Eïça lui répondit que ces trois manières de s'énoncer différaient pour le sens : la première s'adresse à une personne qui ne pensait pas même si Zeïd était debout ; la seconde, à une personne à laquelle on avait dit cela et qui ne l'avait pas cru ; enfin la troisième, à une personne qu'on savait être dans la disposition de s'obstiner à ne pas croire ce qu'on lui disait. La différence de l'expression est donc motivée par la différence des circonstances.

Cette faculté de s'exprimer clairement et correctement se conserve encore aujourd'hui chez les Arabes, et l'exercice n'en a jamais été négligé. N'écoutez donc pas les sornettes de certains grammairiens, tout occupés de la syntaxe des désinences, mais dont les esprits ne sauraient s'élever jusqu'à la connaissance réelle des closes ; (ne les croyez pas) quand ils prétendent que l'art d'exprimer correctement ses pensées est perdu aujourd'hui et que la langue arabe est dégénérée, et cela uniquement, à cause du changement qui est survenu par rapport aux désinences dont l'emploi régulier et systématique fait l'objet capital de leurs études. C'est là une assertion que leur a suggérée la partialité (pour leur propre occupation), et une idée qui s'est emparée de leur esprit à cause de leurs vues très bornées. Autrement ne voyons-nous pas que les mots arabes, dans leur grande majorité, conservent encore aujourd'hui les significations qui y avaient été attachées lors de leur institution primitive ; qu'on trouve encore dans le langage des Arabes la même capacité d'exprimer ce que l'on veut dire ; que les différences qu'on observait précédemment dans cette langue, relativement au plus ou moins de clarté de l'expression, s'y rencontrent encore aujourd'hui ; enfin que toutes les formes et toutes les variétés du discours, soit en prose, soit en poésie, se retrouvent encore dans leurs entretiens ? On rencontre parmi eux des orateurs qui exercent le pouvoir de l'éloquence dans leurs réunions et leurs assemblées, et des poètes habiles dans l'emploi qu'ils savent faire des diverses formes du langage. Un goût sain et un esprit naturellement droit, voilà tout ce qu'il faut pour reconnaître cette vérité. Il ne manque donc au langage de ces Arabes, pour être tout à fait semblable à celui des livres, que l'usage des voyelles à la fin des mots, usage qui, dans l'idiome de Moder, était assujetti à une loi uniforme et à une marche fixe et constante. C'est ce qu'on nomme syntaxe désinentielle et qui forme une des lois de ce langage.

On ne s'est attaché à étudier l'idiome de Moder qu'à l'époque où il s'altérait par le mélange des Arabes avec les peuples étrangers ; ce qui eut lieu quand ceux-là eurent conquis les royaumes de l'Irac, de la Syrie, de l'Égypte et du Maghreb ; la faculté acquise (par l'habitude) de parler cette langue subit alors un tel changement qu'il devint un autre idiome. Or le Coran fut envoyé du ciel dans le langage de Moder, les traditions venues du Prophète sont dans ce même idiome, et on sait que ces deux recueils (le Coran et la Sonna) servent de fondement à la religion et à la communauté musulmane. On a craint que, si la langue dans laquelle ces livres nous furent révélés venait à se perdre, ils ne fussent eux-mêmes mis en oubli, et que l'intelligence ne s'en perdît ; et conséquemment on a senti le besoin de mettre par écrit les lois de cet idiome, d'établir les principes d'après lesquels on pourrait tirer des déductions analogiques, et de mettre au jour les règles fondamentales (de la grammaire). Il s'est formé de cela une science divisée en sections et en chapitres, et renfermant des prolégomènes et des problèmes ; science qui a reçu, de ceux qui l'ont cultivée, le nom de grammaire ou d'art de la langue arabe. On l'a étudiée et gravée dans sa mémoire, on l'a rédigée et mise par écrit ; et elle est devenue comme une échelle (indispensable) pour s'élever jusqu'à l'intelligence du livre de Dieu et de la Sonna de son Prophète.

Peut-être, si nous nous appliquions à étudier le langage actuel et à en rechercher avec soin les lois, reconnaîtrions-nous qu'il substitue à ces voyelles désinentielles, qui ont perdu leur destination, d'autres procédés et d'autres moyens qui lui sont propres, procédés ayant aussi leurs règles ; ou peut-être découvririons-nous qu'il possède des formes finales différentes de celles qui étaient en vigueur dans l'idiome de Moder, car les langues et la faculté de les parler ne sont point produites par le hasard [1].

Et en effet, la même différence (que nous observons aujourd'hui entre l'arabe actuel et celui de Moder) s'est rencontrée entre l'idiome de Moder et celui des Himyérites ; beaucoup de mots ont reçu, chez les Modérites, des acceptions différentes de celles qu'ils avaient eues originairement chez les Himyérites ; leurs inflexions aussi ont éprouvé des altérations. Cela nous est attesté

1 Les dialectes vulgaires ont leurs règles ; c'est un fait bien constaté.

par les changements de signification que certains mots ont subi chez nous. (Nous maintenons cette opinion) quoi qu'en puissent dire les gens d'un esprit étroit, qui déclarent que ces deux idiomes ne font qu'une seule et même langue, et qui veulent assujettir la langue de Himyer aux règles de celle de Moder. Ces gens-là, par exemple, prétendent tirer le mot keil (قيل rex), qui appartient au langage des Himyérites, du mot kaul (قول loqui), et ils en usent de même à l'égard de beaucoup de termes du même genre. Mais cela n'est point vrai : l'idiome de Himyer différait beaucoup de celui de Moder par l'institution primitive des mots, par les formes étymologiques et par les inflexions, précisément comme le langage actuel des Arabes diffère de celui de Moder. Il y a seulement une distinction à faire, comme nous l'avons déjà dit : on s'est occupé beaucoup du langage de Moder, dans l'intérêt de la religion, et ce motif en a fait rechercher scrupuleusement les règles, tandis que, nous autres, nous n'avons aujourd'hui aucun motif pour faire le même travail (sur le langage moderne).

Un des caractères qu'offre la langue de la génération actuelle, c'est la manière dont (les Arabes) d'aujourd'hui, quelle que soit la contrée qu'ils habitent, prononcent la lettre caf (ق) [1]. Ils n'articulent pas cette lettre au moyen de cette partie de l'organe vocal qui, ainsi qu'on le lit dans les traités de grammaire arabe, servait à son articulation parmi les habitants des villes, c'est-à-dire avec la partie la plus reculée de la langue et la portion correspondante du palais supérieur. Ils ne l'articulent pas non plus [2] avec la partie de l'organe qui sert à former l'articulation du kaf (ك), lettre qui doit s'articuler, et qui s'articule en effet, avec une portion de la langue plus rapprochée (des lèvres) et avec la partie du palais supérieur qui y correspond ; mais ils lui donnent une articulation moyenne entre le

1 Le *caf* est un *k* guttural et se prononce ordinairement comme un *gk* tiré du gosier ; mais plusieurs tribus arabes le la Mauritanie lui donnent le son du *g* dur, comme dans *garder.* Je ne pense pas que ce soit de cette prononciation que l'auteur veut parler ici ; il me semble qu'il s'agit du *caf* légèrement adouci. Les gens de la basse classe, en Égypte, remplacent cette lettre par un hiatus, c'est-à-dire par le *hamza.*

2 Il faut insérer entre les mots الاعلى et كما le passage suivant :

ولا ينطقون بها
ايضا من مخرج الكاف وان كان اسفل من
القاف وما يليه من الحنك الاعلى

kaf et le caf. Cette particularité est commune à toute la génération présente des Arabes (bédouins), quelle que soit la contrée où ils habitent, à l'Orient ou à l'Occident ; en sorte qu'elle est devenue pour eux un signe qui les distingue de tous les autres peuples et de toutes les autres nations ; elle leur appartient exclusivement et ne leur est commune avec aucune autre race. Cela va si loin, que les gens qui veulent se faire passer pour Arabes et s'introduire dans cette nation font effort pour imiter cette manière d'articuler le caf. Les Arabes tiennent pour certain que cette articulation du caf suffit pour distinguer un homme de sang vraiment arabe d'un étranger qui se serait affilié aux Arabes ou d'un habitant de ville. Il nous semble que cette articulation est vraiment celle de l'idiome de Moder ; car, chez les Arabes de nos jours, les plus éminents en rang et les plus considérables sont les descendants de Mansour, fils d'Eïkrima, fils de Khasafa, fils de Caïs, fils de Ghaïlan, soit par la branche de Soleïm, fils de Mansour, soit par celle d'Amer, fils de Sasâa, fils de Moaouîa, fils de Bekr, fils de Haouazen, fils de Mansour [1]. Ces deux grandes familles sont de la postérité de Moder. Tous les descendants actuels de Kehlan s'accordent avec elles dans cette manière de prononcer le caf. Or les hommes de cette génération n'ont pas assurément inventé cette articulation ; ils ont dû la recevoir par succession et comme par héritage de leurs ancêtres ; d'où l'on doit conclure que c'était celle de Moder dans les anciens temps ; peut-être même était-ce précisément celle du Prophète, comme l'ont assuré plusieurs docteurs appartenant à sa postérité et qui ont dit : « Celui qui, en récitant la première sourate du Coran, ne prononce pas de cette manière les mots as-sirat al-mostakîm, commet une faute, et sa prière est radicalement viciée. » Je ne sais, toutefois, comment cela s'est fait, car, d'un autre côté, les (Arabes) domiciliés dans les villes n'ont pas non plus inventé l'articulation dont ils font usage, et ils l'ont reçue par tradition de leurs aïeux, qui, pour la plupart, descendaient de Moder, et qui s'étaient établis dans les villes lors de la conquête. Les Arabes de la génération présente ne l'ont pas du tout inventée ; mais il faut observer que les Arabes (bédouins) ont eu moins de rapports avec les peuples étrangers que ceux des villes, ce qui donne la prépondérance à l'opinion que les particularités observées dans

1 L'auteur a donné une longue notice sur les Arabes de l'Orient et sur ceux de l'Occident dans la première partie de son *Histoire des Berbers.*

le langage des Bédouins appartenaient réellement à celui de leurs ancêtres. Ajoutez à cela [1] que cette articulation est commune à toute la génération actuelle, aussi bien dans les contrées de l'Orient que dans celles de l'Occident, et que c'est le caractère particulier auquel on distingue un Arabe pur de celui dont le sang est mélangé et des Arabes domiciliés.

Il y a donc lieu de croire, 1° que ce caf, tel que l'articule la génération présente des Arabes bédouins, est produit par la même partie de l'organe vocal qui, dans l'origine de la langue, servait à l'articulation de cette lettre ; 2° que la partie de l'organe vocal consacrée à l'articulation du caf a une assez grande étendue ; qu'elle commence à la portion la plus élevée (c'est-à-dire la plus reculée) du palais, et finit à celle qui sert à l'articulation du kaf ; 3° qu'articuler le caf de la partie la plus élevée du palais, c'est la prononciation des Arabes établis dans les villes, et que l'articuler de la partie du palais limitrophe de celle qui produit le kaf, c'est la prononciation actuelle des Bédouins.

Par là se trouve réfutée l'opinion de certains descendants de Mohammed, qui prétendent que la prière est viciée quand, en récitant la première sourate du Coran, on n'articule pas le caf à la manière des Bédouins. D'ailleurs, les docteurs des villes ne le prononcent pas de cette manière, et il serait étrange de supposer qu'ils eussent négligé une chose de cette importance. Aussi le vrai, à cet égard, est ce que nous avons dit ; mais, en parlant ainsi, nous convenons que l'articulation des Bédouins mérite la préférence, parce que l'emploi de cette articulation parmi eux tous pendant une longue suite de générations montre que c'est celle qui était en usage dans la première génération de leurs ancêtres et celle que suivait le Prophète. Une chose qui vient encore à l'appui de cela, c'est qu'ils insèrent le caf dans le kaf [2], à cause de la grande proximité qu'il y a (suivant leur système de prononciation) entre les parties de l'organe qui servent à l'articulation de ces deux lettres ; car, si le caf devait être articulé du fond du palais, comme font les habitants des villes, la partie de l'organe consacrée à la prononciation du caf ne serait pas voisine de celle qui sert à articuler le kaf, et il n'y

---

1 Pour وهذ , lisez وهذا .

2 L'*insertion* (ادغام) est la réunion de deux lettres en une seule, à laquelle on ajoute, dans l'écriture, le signe du redoublement.

aurait pas lieu à l'insertion. Les grammairiens arabes ont dit que le caf, articulé d'une manière qui se rapproche de l'articulation du kaf, et qui, chez la génération actuelle des Bédouins, tient le milieu entre le caf et le kaf, est une lettre particulière ; mais cela n'est guère admissible. Il est évident que c'est (tout uniment) le caf articulé par l'extrémité de l'organe consacré à cette lettre, organe qui a une étendue considérable, ainsi que nous venons de le dire. Ils désapprouvent et traitent de barbare cette articulation, comme s'il ne leur était pas démontré que c'était ainsi que prononçait la première génération. Mais ce que nous avons dit relativement à la manière dont cette articulation a été transmise aux Bédouins, comme par succession, d'âge en âge, et avec ce caractère de spécialité qui en fait pour eux un signe distinctif, démontre que c'était celle de la génération primitive et celle du Prophète, ainsi que nous venons de le déclarer [1]. Quelques personnes ont prétendu que l'articulation attribuée au caf par les Arabes des villes est étrangère à cette lettre, qu'ils ne l'ont adoptée que par suite de leur mélange avec les étrangers, et qu'elle n'appartient pas à l'idiome arabe, bien qu'elle soit en usage chez eux. Il est plus naturel, toutefois, de dire, comme nous l'avons fait, que ces deux articulations appartiennent à une seule et même lettre ayant son siège dans une partie de l'organe vocal d'une certaine étendue. Comprenez bien cela ; (au surplus), c'est Dieu qui dirige (les hommes) d'une manière claire (vers la connaissance de la vérité).

La langue des Arabes domiciliés et des habitants des villes est une langue particulière et sui generis, différente de la langue de Moder.

Le langage vulgaire de la conversation, celui qui s'emploie parmi les (Arabes) domiciliés dans les villes, n'est ni l'ancienne langue de Moder ni celle de la génération actuelle (des Arabes bédouins). C'est une autre langue, spéciale, qui s'éloigne de l'idiome de Moder et de celui de la génération arabe de nos jours, et plus (que ce dernier) du langage de Moder.

Qu'elle soit une langue particulière et sui generis, c'est ce que dé-

1 Ici l'auteur ne raisonne pas juste, puisqu'il accepte comme certain ce qu'il n'avait regardé d'abord que comme probable.

montrent évidemment les différences (qui existent entre elle et l'idiome de Moder, différences) que les grammairiens regardent [1] comme des fautes. D'ailleurs, ce langage varie suivant les usages locaux [2] des villes où on le parle : ainsi la langue des habitants des contrées orientales diffère en certaines choses de celle des habitants du Maghreb ; il en est de même du langage des peuples de l'Espagne, à l'égard de celui des habitants de l'Orient et du Maghreb. Chacun de ces peuples parvient à exprimer dans son dialecte tout ce qu'il veut, et à énoncer clairement les pensées qu'il conçoit : or c'est là ce qu'on entend par langue et idiome. L'absence de la syntaxe désinentielle ne leur fait aucun tort, comme nous l'avons dit en parlant des Arabes (bédouins) de ce temps-ci. Quant à ce que (nous avons dit, que) ce langage s'éloigne encore plus de l'idiome primitif que celui des Arabes actuels, la raison en est que la dégénérescence d'une langue n'est due qu'à son mélange avec un idiome étranger : plus une nation a de relations avec l'étranger, plus sa langue s'éloigne de l'idiome primitif. En effet, la faculté de parler une langue ne s'obtient qu'en apprenant cette langue, ainsi que nous l'avons dit : or il s'agit ici d'une faculté mixte, qui se compose de la première faculté acquise par l'habitude et appartenant aux Arabes, jointe à une seconde faculté du même genre, appartenant à une nation étrangère. On doit donc s'éloigner de la première faculté, plus ou moins, suivant que l'oreille entend plus ou moins d'idiotismes étrangers et qu'elle contracte, par l'éducation, l'habitude de s'en servir.

Voyez ce qui a lieu à cet égard dans les villes de l'Ifrîkiya, du Maghreb, de l'Espagne et de l'Orient. Quant à l'Ifrîkiya et au Maghreb, les Arabes s'y sont mêlés, en fait de peuples étrangers, aux Berbers, parce que ceux-ci faisaient la masse de la population ; il n'y avait, pour ainsi dire, ni ville ni peuplade on il ne se trouvât des Berbers : aussi le langage étranger y a-t-il pris le dessus sur la langue que parlaient les Arabes, et il s'est formé un nouvel idiome mixte, mais sur lequel le langage étranger a plus d'influence, par la raison que nous venons de dire ; d'où il résulte que ce langage s'éloigne beaucoup de l'idiome primitif. De même, dans les contrées de l'Orient, les Arabes ayant soumis les nations qui habitaient ces

---

1 Pour يعد عن , lisez يعدّ عند .

2 Lisez فى اصطلا حاتهم .

régions, soit les Perses, soit les Turcs, se sont mêlés avec eux ; les langages de ces nations (se sont introduits et) ont eu cours chez eux par l'intermédiaire des cultivateurs, des laboureurs, des captifs employés comme domestiques, des bonnes d'enfants, des servantes et des nourrices. Par là l'idiome des Arabes s'est corrompu, parce que la faculté qu'ils avaient acquise s'est altérée, et ainsi un langage nouveau a pris la place de l'ancien.

Il en a été de même des Arabes de l'Espagne, par leurs relations avec les étrangers natifs de la Galice et les Francs. Tous les (Arabes) habitants des villes de ces diverses contrées ont donc des idiomes propres, qui diffèrent du langage de Moder, et diffèrent en outre les uns des autres. On dirait que ce sont des langues tout à fait distinctes, parce que la faculté de les parler s'est établie solidement parmi ces diverses populations. Au reste, Dieu crée tout ce qu'il lui plaît.

Comment on peut apprendre la langue de Moder.

La faculté de parler le langage de Moder, celui dans lequel fut révélé le Coran, a disparu aujourd'hui par suite des altérations qu'il éprouva, et le langage dont se sert toute la race (actuelle des Arabes) en diffère beaucoudernier est une autre langue formée, comme nous l'avons dit précédemment, par le mélange d'un idiome étranger. Toutefois, puisque les langues sont des facultés d'acquisition, on peut les acquérir par l'étude [1], comme toutes les autres facultés de la même nature. Quiconque veut se procurer cette faculté et désire s'en mettre en possession doit, pour apprendre la (langue de Moder), s'y prendre de la manière suivante. Il gravera dans sa mémoire les discours anciens provenant des Arabes modérites et composés dans le style et avec les tournures qui leur étaient propres ; le Coran, par exemple, les traditions, les paroles des premiers musulmans, les compositions en prose rimée et en vers que nous ont laissées les plus célèbres d'entre les Arabes, en y ajoutant encore les expressions propres aux mowalled [2], et tout

1 Pour تعليمها , lisez تعلمها , leçon des manuscrits A, C et D et de l'édition de Boulac.

2 Par le terme *mowalled* (métis), les littérateurs veulent désigner cette classe de poètes qui suivit immédiatement celle des poètes antéislamites et précéda celle

cela sur les diverses matières dont ils se sont occupés ; de sorte qu'à force d'avoir imprimé dans sa mémoire une bonne provision de morceaux de prose et de poésie composés dans leur langue, il devient comme un homme né et élevé parmi eux et qui aurait appris d'eux la manière d'exprimer ses pensées. Après cela, il doit s'exercer à énoncer ses idées dans les termes dont ils se seraient servis eux-mêmes, et à coordonner de la même façon qu'eux les éléments du discours, et, (pour cela, il fera usage) des idiotismes et des formes de phrase offerts par les morceaux qu'il a appris et retenus par cœur. C'est par ce travail de la mémoire, joint à la pratique, qu'il finira par se rendre maître de cette faculté ; et elle sera d'autant plus solide et plus forte chez lui, qu'il multipliera davantage ce travail et cet exercice. Ajoutons que, pour réussir à cela, il faut encore qu'il ait d'heureuses dispositions naturelles, qu'il apprécie bien la marche de l'esprit arabe et les formes que ce peuple observait dans la construction du discours, et qu'il sache les employer de manière à ce qu'elles correspondent parfaitement à tout ce qu'exige la variété des circonstances (qu'il veut exprimer). C'est le goût qui témoigne de l'existence de cette faculté acquise, puisqu'il en est le produit ainsi que d'un esprit naturellement droit, comme nous l'exposerons plus loin. Soit donc qu'on veuille composer avec élégance en prose ou en vers, le succès qu'on obtiendra sera toujours en proportion de ce qu'on aura retenu dans sa mémoire et du plus ou moins d'exercice qu'on aura fait pour le mettre en œuvre. Celui qui aura acquis cette faculté possédera la langue de Moder, et il pourra être juge compétent et bon appréciateur du mérite de ce qui est composé dans cet idiome. Voilà comment il faut apprendre [1] le langage de Moder. Dieu dirige celui qu'il veut.

La faculté de parler la langue de Moder ne doit pas être confondue avec (la connaissance) de la grammaire. On peut l'acquérir sans le secours de cet art.

L'art de la grammaire n'est autre chose que la connaissance théo-

dont l'éducation s'était faite dans les villes. Je pense que notre auteur emploie ici ce terme pour désigner les Arabes qui vécurent à l'époque de transition, après que ce peuple eut abandonné ses déserts pour adopter les usages de la vie sédentaire.

1 Pour تعليمها, lisez تعلمها, avec les manuscrits A, C, D et l'édition de Boulac.

rique des règles et des analogies qui se rapportent à la faculté de bien parler. C'est la science d'une certaine modalité, et non la modalité elle-même ; ce n'est pas du tout la faculté acquise, mais un art qui s'y rapporte, comme la théorie se rapporte à la pratique [1]. C'est comme si une personne qui connaît les procédés du métier de tailleur, mais qui n'a point acquis par la pratique la faculté de l'exercer, voulant expliquer quelques-uns de ces procédés, disait : « Coudre, c'est d'abord passer le fil dans le trou de l'aiguille, puis passer l'aiguille à travers les deux bords de l'étoffe qu'on a rapprochés l'un de l'autre, et la faire sortir par l'autre côté de l'étoffe, à une certaine distance [2] ; ensuite ramener l'aiguille au premier côté par lequel on avait commencé, puis la faire ressortir en avant du trou par lequel elle avait d'abord traversé l'étoffe, ayant soin d'observer toujours la même distance entre les deux points ; » et que cette personne continuât ainsi sa description jusqu'à la fin du procédé, ensuite décrivît en particulier les diverses sortes de coutures, telles que l'ourlet, la piqûre, le surjet, etc. et la manière de les exécuter, et que, si on lui demandait de faire une couture de sa propre main, elle ne pût rien exécuter qui vaille. (Voulez-vous un autre exemple ?) Supposez qu'on demande à un homme qui connaît (la théorie de) l'art du charpentier comment on coupe une pièce de bois, et qu'il vous dise : « Il faut poser la scie sur la partie supérieure de la pièce de bois, tenir un bout de la scie tandis qu'une autre personne en face de vous tiendra l'autre bout, puis faire aller la scie entre vous deux alternativement ; et, par l'effet de ce mouvement, les pointes de la scie, qui sont faites en forme de dents aiguës, couperont ce sur quoi elles passeront en allant et en venant, jusqu'à ce que la scie atteigne la partie inférieure de la pièce de bois » ; puis, que ce même homme, invité à faire cela en tout ou en partie, ne puisse pas y réussir [3]. Eh bien, il en est de même de la connaissance théorique des règles de la syntaxe arabe, comparée avec la faculté elle-même dont nous parlons : car, connaître les règles de la syntaxe arabe, c'est savoir comment il faut faire, ce n'est pas savoir faire. Aussi trouverez-vous parmi les grammairiens les plus habiles, parmi ceux qui sont très versés dans la syntaxe arabe et qui en possèdent théoriquement

1 Littéral. « elle n'est pas cette faculté, mais elle tient à son égard la position de celui qui connaîtrait théoriquement un art et ne saurait le pratiquer. »

2 Ces mots, sont évidemment de trop ; l'auteur aurait dû les supprimer.

3 Pour يحكمة , lisez يحكمه .

toutes les règles, bien des gens qui, si on leur demande d'écrire deux lignes pour correspondre avec un de leurs frères ou un de leurs amis, ou pour réclamer contre quelque acte d'injustice, ou enfin pour quelque autre objet que ce soit, s'en acquitteront mal, feront un grand nombre de fautes, et ne sauront pas composer leur phrase et exprimer ce qu'ils voudraient dire, sans s'écarter des formes de la langue arabe. Au contraire, parmi ceux qui ont bien acquis cette faculté et qui composent parfaitement en prose et en vers, vous trouverez des gens qui ne sauront pas employer correctement les désinences qui distinguent l'agent du verbe de l'objet de l'action, et le mot qui est au nominatif de celui qui est au génitif ; enfin qui ignorent complètement toutes les règles de l'art de la syntaxe arabe. Cela nous montre évidemment que la faculté dont nous parlons est tout à fait différente de la grammaire et n'a aucun besoin du secours de cet art.

On trouve quelquefois, il est vrai, parmi les hommes habiles dans l'art de la syntaxe, des personnes qui connaissent la vraie nature de cette faculté ; mais cela est rare et n'est qu'un effet du hasard. Cela arrive le plus souvent aux personnes qui ont fait un grand usage du Livre de Sîbaouaïh, parce que cet auteur ne s'est pas borné à exposer les règles de la syntaxe des désinences ; il a rempli son traité de proverbes qui avaient cours parmi les Arabes, et d'exemples tirés de leurs poésies et de leurs façons de parler ; aussi cet ouvrage renferme-t-il une masse considérable de matières qui peuvent aider à l'acquisition de cette faculté. Les personnes qui ont étudié assidûment ce livre et qui se le sont (pour ainsi dire) approprié, sont parvenues à posséder une partie considérable des locutions employées par les (anciens) Arabes ; cela est disposé comme en magasin dans leur mémoire, chaque chose à sa place et dans une case, de manière qu'on puisse la retrouver au besoin. Cela leur a fait sentir la nature de cette faculté acquise ; (le livre lui-même) fournit à ce sujet les enseignements les plus complets, et est instructif au plus haut degré. Toutefois, parmi ceux mêmes qui font usage du traité de Sîbaouaïh, il y en a qui ne se sont pas aperçus de cela et qui ont acquis la connaissance de la langue, comme art, sans l'avoir acquise comme faculté. Quant à ceux qui font usage des écrits des grammairiens modernes, où l'on ne trouve que les règles sèches de la grammaire, dénuées de tout exemple emprunté aux poètes ou aux discours des (anciens) Arabes, il est bien rare, par cette raison, qu'ils sachent ce que c'est que cette faculté, et qu'ils fassent attention à son importance. Vous remarquerez qu'ils croient être parvenus à un certain degré d'avancement dans la connaissance de la langue arabe, tandis que personne n'en est plus loin qu'eux.

Les études grammaticales en Espagne

Les hommes qui cultivent, en Espagne, l'art de la grammaire arabe, et qui l'enseignent, sont moins éloignés d'acquérir cette faculté que ceux des autres contrées, parce que, dans cette étude, ils s'appuient sur des exemples empruntés aux Arabes (anciens) et sur leurs proverbes, et que, dans leurs écoles, ils s'attachent à bien se rendre compte de ces phrases et expressions. Aussi, (chez eux,) le commençant, tout en apprenant les règles de la langue, acquiert machinalement une bonne partie de la faculté dont nous parlons ; son esprit en reçoit l'empreinte et se dispose à l'acquérir et à se l'approprier. Pour tous les autres habitants de l'Occident, tant ceux de l'Ifrîkiya que ceux (du Maghreb), ils ont assimilé l'art de la grammaire arabe aux sciences (théoriques), le regardant comme un objet de pures discussions spéculatives ; ils ne se sont pas du tout occupés de se rendre raison de la phraséologie complexe des Arabes ; ils se sont contentés d'appliquer à un exemple quelconque les règles de la syntaxe des désinences, ou bien de démontrer la préférence due à une explication sur une autre, d'après ce qu'exige le bon sens, et non d'après l'esprit de la langue arabe et le mode dont se composent les phrases. Ainsi l'art de la grammaire s'est réduit, chez eux, à n'être, pour ainsi dire, qu'un recueil de règles tirées de la logique et de la dialectique, et ne permet d'acquérir ni les idiotismes de la langue arabe, ni la faculté de s'en servir. Il est résulté de là que ceux qui, dans ces contrées-ci et dans les villes, possèdent par cœur les règles de la théorie, sont tout à fait étrangers à la faculté de bien parler arabe : on dirait qu'ils ne font pas même la moindre attention au langage des Arabes (anciens). Cela est venu de la négligence qu'ils ont mise à étudier les exemples empruntés à cette langue et les formes de sa phraséologie, à distinguer les divers modes d'exprimer les idées et à exercer les élèves dans cette partie des études : (ils ont laissé de côté) ce qu'il y avait de plus propre à faciliter l'acquisition de la faculté dont nous parlons. Quant à toutes ces règles théoriques, elles ne sont que des moyens servant à faciliter l'enseignement, mais on les a appliquées à un usage auquel elles n'étaient point destinées ; on en a fait une science de théorie et on en a négligé le fruit.

On voit, d'après ce que nous avons dit à ce sujet, qu'on ne peut acquérir la faculté de parler correctement la langue arabe qu'en apprenant par cœur un grand nombre de locutions provenant des (anciens) Arabes. Il faut que le métier sur lequel ces locutions ont été façonnées se dresse dans l'esprit de l'étudiant, afin qu'il forme lui-même des phrases sur ce métier, et que, par là, il se trouve dans la position d'un homme élevé parmi les Arabes et qui a appris, par leur commerce, leurs façons de parler, en sorte qu'il ait acquis la faculté complète et habituelle d'exprimer ses pensées suivant les formes qu'ils observaient eux-mêmes en parlant. C'est Dieu qui a réglé la destinée de toute chose.

Sur la signification que le mot goût comporte dans le langage des rhétoriciens. La faculté désignée par ce terme ne se trouve presque jamais chez les étrangers qui se sont arabisés.

Le mot goût est un terme fort usité par les personnes qui s'occupent des diverses branches de la rhétorique[1] ; il indique que la faculté de la réalisation (ou de parler avec précision) est déjà acquise à l'organe de la langue. Nous avons fait observer que le mot réalisation signifie le talent d'établir une conformité parfaite, sous tous les points de vue, entre la parole et la pensée, en observant certaines particularités qui sont propres à la composition des phrases et qui produisent cet effet. Celui qui désire parler l'arabe et s'y exprimer avec netteté doit adopter le seul plan qui puisse y conduire ; il apprendra par cœur les tournures employées par les Arabes, les expressions dont ils font usage dans leurs discours, et tâchera de disposer ses phrases de la même manière qu'eux. S'il réunit à ce genre de travail l'habitude de s'entretenir avec les Arabes, il acquiert la faculté de donner à son discours ce caractère

1 Le mot ذوق « goût » s'emploie aussi chez les Soufis comme terme technique, mais dans une autre acception.

qui leur est propre, et la composition des phrases lui devient si facile, qu'il ne s'écarte presque jamais des lois suivies par ce peuple dans l'expression de ses pensées. Aussi, qu'il entende une phrase qui ne soit pas conforme à ces lois, son oreille en est choquée et la rejette, pour peu qu'il y réfléchisse, et même sans aucune réflexion de sa part, et cela par un instinct qu'il doit à cette faculté acquise. En effet, les facultés d'acquisition, quand elles ont pris une certaine solidité et qu'elles sont parvenues à jeter des racines quelque part, semblent être une nature primitive, inhérente au sujet chez qui on les rencontre. C'est pour cela que bien des gens superficiels, ne se doutant pas du véritable caractère des facultés acquises, s'imaginent que la correction avec laquelle les (anciens) Arabes s'exprimaient dans leur langue, tant en ce qui regarde les désinences grammaticales que l'énonciation de la pensée, était une chose purement naturelle. « Les Arabes, disent-ils, parlaient par un instinct naturel. » Rien n'est plus faux : il s'agit là d'une faculté que la langue a acquise et qui lui permet de disposer le discours (de la meilleure manière) ; faculté qui s'était consolidée et avait pris racine en eux, quoiqu'elle paraisse au premier abord avoir été un don de la nature et être née avec les individus. Elle ne peut s'acquérir qu'en se familiarisant avec les discours des Arabes ; il faut que l'oreille soit souvent frappée de la répétition des mêmes choses et qu'on joigne à cela l'observation de ce que la phraséologie a de (propre et de) spécial. Cette faculté ne s'acquiert pas par la connaissance des règles théoriques que les rhétoriciens ont inventées ; ces règles enseignent la théorie de la langue arabe, mais elles ne procurent pas à ceux qui les possèdent la faculté effective (et pratique). Ceci une fois bien établi, disons que, lorsque l'organe de la langue a acquis la faculté d'exprimer les idées d'une manière correcte et précise, cette faculté même conduit celui qui la possède aux diverses manières d'ordonner les phrases, et à des modes de construction qui sont non seulement bons, mais conformes à ceux qu'observaient les Arabes dans l'usage de leur langue et dans l'ordonnance de leurs discours. Si l'homme qui possède cette faculté voulait s'écarter de la manière de composer les phrases et des tournures qui sont propres à la langue arabe, il ne le pourrait pas ; sa langue ne s'y prêterait pas, parce qu'elle n'y serait pas accoutumée, et que ce n'est pas à cela que le conduit cette faculté qui s'est enracinée chez lui. Si, en parlant à cet homme, on emploie d'autres tournures et formes que celles dont les Arabes se servaient, et qu'on s'éloigne de leur manière nette et précise d'énoncer leurs pensées, il repousse ces innovations et les rejette, parce qu'il sent que cela n'est pas conforme au style idiomatique des Arabes, peuple dont il a étudié la langue avec tant d'assiduité. Il ne saurait pas en rendre raison, comme peuvent le faire ceux qui ont étudié les règles de la grammaire et de la rhétorique ; pour eux c'est une affaire de déduction systématique, fondée sur des règles qui ont été établies par l'examen successif d'une foule d'exemples ; tandis que, chez l'homme dont nous parlons, c'est une affaire de fait qui provient d'un exercice assidu du langage des Arabes, exercice par l'effet duquel il est devenu comme l'un d'entre eux. Expliquons ceci par un exemple. Supposons qu'un enfant arabe soit né et ait été élevé parmi les gens de sa nation : il apprendra leur langue et se formera à l'observation de tout ce qui constitue la syntaxe désinentielle et l'art de bien parler, en sorte qu'il en viendra à posséder parfaitement la langue arabe ; mais ce ne sera point par la connaissance de la théorie et des règles ; ce sera uniquement parce que, chez lui, la langue et les organes de la parole auront contracté l'usage de cette faculté. Eh bien, celui qui viendra après la génération (dont cet enfant faisait partie) obtiendra le même résultat, en retenant par cœur leurs paroles, leurs poésies et leurs discours oratoires, et en persistant dans cet exercice jusqu'à ce qu'il parvienne à s'approprier cette faculté et qu'il devienne comme un individu né au milieu des Arabes et élevé parmi leurs tribus : or les règles sont tout à fait étrangères à cela. Quand cette faculté est bien établie chez quelqu'un, on la désigne, métaphoriquement, par le nom de goût ; c'est un terme technique adopté par les rhétoriciens. Le mot goût, dans son acception primitive, s'applique à la perception des saveurs ; mais, en tant que la faculté dont nous parlons a pour objet d'énoncer des idées au moyen de la parole et qu'elle a pour siège la langue, organe qui est aussi le siège du sens par lequel sont perçues les saveurs, on lui a appliqué, par métaphore, le nom de goût. Nous pouvons même dire que la faculté (ainsi désignée) appartient de fait à la langue, comme c'est à elle qu'appartient la perception des saveurs. Quand on a bien compris cela, on reconnaît que les étrangers qui ont commencé à apprendre l'idiome des Arabes, et qui se trouvent obligés à le parler afin d'entrer en relation avec le peuple qui s'en sert, on reconnaît, dis-je, que ces étrangers, tels que les Persans, les Grecs et les Turcs, dans l'Orient, et les Berbers dans l'Occident, ne sauraient s'approprier ce goût, parce qu'ils n'acquièrent que très imparfaitement la faculté dont nous avons exposé la nature. (Et pourquoi cela ?) C'est que tous ces gens, ayant commencé à un certain âge et lorsque leur langue avait déjà pris l'habitude de parler un autre idiome, c'est-à-dire celui de leur pays, ne visent absolument qu'à apprendre les expressions, tant simples que composées, dont les habitants des villes usent entre eux dans leurs conversations, et cela, parce que la nécessité les y oblige.

Cette faculté s'est maintenant perdue pour les habitants des villes (arabes) ; ils en sont même fort éloignés, ainsi que nous l'avons dit. Il est vrai que, sous le rapport (du langage), ils possèdent une autre faculté, mais ce n'est pas celle qui est généralement recherchée et qui consiste à bien parler la langue (arabe). Celui qui connaît uniquement par les théories systématiques consignées dans les livres les lois qui régissent cette faculté est bien loin d'en posséder la moindre partie ; il en a appris les règles et rien de plus ; car, ainsi que nous l'avons dit, précédemment, cette faculté ne s'acquiert que par un exercice assidu, par l'habitude et par la répétition fréquente des locutions employées par les Arabes. S'il vous venait en pensée d'opposer à cela ce que vous avez ouï dire, que Sibaouaïh, El-Fareci, Zamakhcheri, et autres écrivains distingués par leur style, étaient étrangers, et que cependant ils sont parvenus à acquérir cette faculté, je vous ferai observer que ces hommes, dont vous avez tant entendu parler [1], n'étaient étrangers que par leur origine, mais qu'ils avaient vécu et avaient été élevés parmi des Arabes qui possédaient cette faculté, ou parmi des gens qui l'avaient acquise par (la fréquentation de) ces mêmes Arabes. Ils s'étaient donc rendus par là maîtres de la langue arabe, au plus haut point de perfection [2] ! On pourrait dire que, dès la première époque de leur vie, ils étaient comme de petits enfants des Arabes, nés et élevés parmi leurs tribus, en sorte qu'ils ont saisi le fond et l'essence de la langue, qu'ils se sont trouvés dans la même position que si l'arabe eût été leur langue maternelle ; d'où il suit que, bien

1 Pour الذى نسمع منهم , lisez الذين تسمع عنهم .
2 L'auteur aurait dû écrire شىء لاوراءها .

qu'ils fussent étrangers par leur origine, ils ne l'étaient point par rapport à la langue et à la parole, parce qu'à l'époque où ils ont vécu la religion était encore dans sa fleur et la langue dans sa jeunesse, la faculté de la parler n'étant point encore perdue et subsistant parmi les Arabes des villes. De plus, ces personnages se sont appliqués assidûment à étudier la manière de parler des Arabes et en ont fait leur exercice habituel, en sorte qu'ils y ont atteint le suprême degré de perfection. Il en est bien autrement aujourd'hui de tel individu étranger qui a des relations de société avec les habitants des villes qui parlent la langue arabe : d'abord, cette faculté de bien parler l'arabe, celle qu'il veut acquérir, n'existe plus parmi ces gens ; il trouve en vigueur chez eux une autre faculté qui leur est propre et qui est en opposition avec celle de la langue arabe. Quand même nous admettrions qu'il s'attachât à étudier les discours des Arabes et leurs poésies, en les lisant et les retenant par cœur, dans l'intention d'acquérir cette faculté, il ne pourra guère y réussir, parce que, comme nous l'avons dit, lorsque l'organe qui doit être le siège de cette faculté a été occupé d'avance par une autre, il ne peut presque jamais acquérir cette nouvelle faculté que d'une manière imparfaite et défectueuse. Si nous admettons qu'un individu, étranger par son origine, a été entièrement exempt de tout commerce avec la langue étrangère, et qu'il a entrepris d'acquérir par l'étude cette faculté, en apprenant par cœur ou en lisant, il est possible qu'il y parvienne ; mais c'est là un cas fort extraordinaire, comme vous pouvez en juger par tout ce que nous avons dit. Beaucoup de ces hommes qui ont étudié en théorie les règles de la rhétorique, prétendent que par là ils sont parvenus à acquérir ce goût dont nous parlons ; mais ils sont dans l'erreur, ou bien ils veulent y induire les autres. S'ils ont acquis une faculté, c'en est uniquement une qui se borne à ces règles d'une rhétorique de théorie, mais ce n'est nullement la faculté de bien s'exprimer. Dieu dirige celui qu'il veut vers une voie droite.

Les habitants des villes, en général, ne peuvent acquérir qu'imparfaitement cette faculté (de bien parler) qui s'établit dans l'organe de la langue, et qui est le fruit de l'étude. Plus leur langage s'éloigne de celui des Arabes (purs), plus il leur est difficile d'acquérir cette faculté.

L'étudiant (né et élevé dans une ville et qui veut apprendre la langue de Moder) a déjà acquis une autre faculté contraire à celle dont il se propose de faire l'acquisition ; et cela, parce qu'il s'est formé d'abord au langage des Arabes domiciliés, ce qui lui a fait contracter des habitudes de parler étrangères à l'arabe. Par là sa langue, au lieu d'acquérir la faculté du langage primitif, auquel il avait droit par son origine, en a contracté une autre, celle de parler l'idiome qui a cours aujourd'hui parmi les Arabes domiciliés. Aussi voyons-nous que les précepteurs s'efforcent de prendre les devants et d'enseigner de bonne heure aux enfants (la langue de Moder). Les grammairiens s'imaginent que c'est leur art qui prévient ainsi (la mauvaise habitude de parler un idiome corrompu) ; mais il n'en est rien : cet effet n'est dû qu'aux soins que l'on prend de faire contracter aux enfants la faculté (de la langue de Moder), en accoutumant leur langue à répéter les locutions dont se servaient les Arabes (non domiciliés). Il est bien vrai que (de tous les arts, celui de) la grammaire a le plus de rapport avec cette pratique habituelle (du bon langage) ; mais les dialectes parlés par les (Arabes) domiciliés [1] ont un caractère étranger tellement prononcé et s'écartent tellement de cette langue, que ceux qui les parlent se trouvera peu capables d'apprendre la langue de Moder et d'en acquérir la faculté ; tant est profonde la différence [2] qui existe entre le langage (des anciens Arabes) et les dialectes modernes. Voyez ce qui a lieu à cet égard chez les habitants des diverses contrées : ceux de l'Ifrîkiya et du Maghreb, parlant un dialecte dont le caractère étranger est très prononcé et qui s'éloigne beaucoup du langage primitif, sont tout à fait ineptes à acquérir par l'étude la faculté d'employer ce langage. Ibn er-Rekîk raconte qu'un commis-rédacteur de Cairouan écrivit en ces termes à un de ses amis : « Mon frère ! puissé-je n'être pas privé de ton absence ! Abou Saîd m'a instruit d'un discours, savoir, que tu avais mentionné que tu seras avec l'huile (qui) vient. Nous avons été empêchés aujourd'hui et n'a pas été disposée pour nous la sortie. Quant aux gens de la demeure, les chiens sont de la chose de la paille, et ils en ont menti : cela est faux ; il n'y a point une seule lettre en cela (de vrai). Ma lettre s'adresse à toi, et

1 Pour لغات الامصار , lisez لغات اهل الامصار .

2 Pour المكافاة , lisez المنافاة , leçon de l'édition de Boulac, du manuscrit C et du texte suivi par le traducteur turc.

je désire beaucoup vous voir [1]. » Vous voyez par là jusqu'où allait, pour eux, la faculté de se servir du langage de Moder ; et nous venons d'en indiquer la cause. Il en était de même de leurs poésies : elles s'écartaient beaucoup de (la perfection qui appartient à) cette faculté et restaient fort au-dessous de la classe (des anciens poèmes arabes) ; et il en est encore ainsi de nos jours. Les poètes les plus distingués de l'Ifrîkiya étaient venus d'autres pays pour s'y établir ; je n'en excepte qu'Ibn Rechîk et Ibn Cheref [2]. Aussi la classe (des poètes africains) est restée jusqu'à ce jour très inférieure (aux autres) sous le rapport de la bonne expression des idées.

Les habitants de l'Espagne acquièrent cette faculté plus facilement qu'eux, parce qu'ils s'appliquent à graver dans leur mémoire des morceaux de cette ancienne langue, en prose et en vers. Ils eurent chez eux Ibn Haïyan [3] l'historien, qui, sous le rapport de cette faculté acquise, tient le premier rang et marche, comme le porte-drapeau, à la tête de leurs écrivains ; ils possédèrent aussi Ibn Abd Rabbou [4], El-Castalli [5] et d'autres, qui avaient été attachés comme poètes à la cour des rois provinciaux (dont la puissance s'était établie sur les ruines de l'empire omeïade). Cela eut lieu dans les temps où l'étude de la langue et de la littérature conservait encore un grand essor. Cet état de choses avait duré en Espagne pendant quelques siècles, jusqu'aux jours de la dissolution (de l'empire) et de l'émigration, lorsque les chrétiens eurent étendu leurs conquêtes dans ce pays. Depuis cette époque, on n'a plus eu le loisir de se livrer à l'étude de la langue ; la civilisation (musulmane) a reculé, et l'(art de bien parler) a éprouvé un affaiblissement semblable, ainsi que cela arrive

1 Cette lettre est pleine de contre-sens et de fautes de grammaire. Celui qui l'écrivit, et notons qu'il était rédacteur de la correspondance dans un bureau, voulait apparemment dire : « Mon frère ! puissé-je n'être jamais privé de ta présence ! Abou Saîd m'a informé que, d'après ce que tu avais dit, tu serais ici à l'époque où l'on fait l'huile. Nous n'avons pas pu sortir aujourd'hui. Quant aux gens du logement, ce sont des chiens aussi méprisables que de la paille. Il n'y a pas un mot de vrai dans ce qu'ils ont dit, etc. » C'est encore là, en Algérie, le style des gens qui n'ont pas fait de bonnes études.

2 *Ibid.* p. 321, n. 2.

3 *Ibid.* p. 7, n. 1.

4 *Ibid.* p. 30, n. 1.

5 Abou Omar Ahmed Ibn Mohammed Ibn Derradj el-Castalli (natif de Castalla, ville maritime de l'Algarve, en Portugal, et appelée maintenant *Castro Murin*) s'était distingué en Espagne comme poète et comme érudit, Il naquit l'an 347 de l'hégire (958 de J. C.) et mourut en 411 (1030 de J. C.)

pour tous les arts (en pareil cas). La faculté (de la langue de Moder) s'est tellement amoindrie chez eux qu'elle est tombée dans un abaissement complet. Parmi les derniers (bons écrivains) qui ont fleuri en Espagne, sont Saleh Ibn Chérif [1] et Malek Ibn Morahhel [2], lequel était un élève de l'école fondée à Ceuta par les Sévilliens (qui s'étaient établis dans cette ville). Car la dynastie des Beni 'l-Ahmar n'était alors que dans son commencement, et l'Espagne avait jeté, par l'émigration, sur la côte (de l'Afrique) ce qu'elle avait de plus précieux en fait d'hommes qui fussent en possession de cette faculté. De Séville ils passèrent à Ceuta, et des provinces orientales de l'Espagne en Ifrîkiya. Mais ces hommes (distingués) ne tardèrent pas à disparaître ; la tradition de leur enseignement, en ce qui regarde l'art (du beau langage), fut interrompue, parce que les habitants du littoral africain se prêtaient peu à ce genre d'études. Ils trouvaient l'acquisition de cet art trop difficile, à cause des mauvaises habitudes que les organes de la parole avaient contractées chez eux, et parce que le caractère étranger de la langue des Berbers avait jeté chez eux de profondes racines ; or cet idiome est en opposition (avec la langue de Moder), ainsi que nous l'avons dit. Par la suite, la faculté dont il s'agit revint en Espagne à l'état où elle avait été auparavant : on vit fleurir dans ce pays Ibn

---

1 Abou 'l-Baca Saleh Ibn Cherîf, littérateur et poéte distingué, était natif de Ronda. Il laissa un ouvrage sur le partage des successions. Tels sont les renseignements que Maccari nous fournit dans son Histoire d'Espagne. Je suis porté à croire que c'est le même personnage dont Casiri fait mention dans sa *Biblioth. arabico-hispanique* t. I, p. 379, et auquel il attribue non seulement un traité sur les successions, mais aussi un autre sur la chronologie. Il le désigne par les noms de Ben Schariph Al-zabdi, natif de Ronda, et place sa mort en l'an 684 (1285-1286 de J. C.).

2 Malek Ibn Abd er-Rahman Ibn Morahhel, auteur de plusieurs ouvrages sur la philologie, la poésie, etc. naquit à Malaga, l'an 604 (1207-1208 de J. C.), et mourut à Grenade, l'an 699 (1299-1300 de J. C.). On le désignait par le surnom d'*Es-Sibti, natif de Ceuta,* probablement parce que sa famille s'était établie dans cette ville lors de la grande émigration espagnole. En l'an 675-676 de l'hégire, il se trouvait à la cour du sultan mérinide Abou Youçof Ibn Abd el-Hacc.

Chibrîn [1], Ibn Djaber [2], Ibn el-Djîab [3] et d'autres (littérateurs) de la même génération, puis Ibrahîm es-Saheli et-Toueïdjen [4] et ses contemporains. Après ceux-ci vint Ibn al-Khatîb, le même qui a péri si malheureusement de nos jours, victime des calomnies de ses ennemis [5]. Ce personnage possédait la faculté de manier la langue de (Moder) à un point impossible à atteindre, et ses disciples [6], après lui, ont marché sur ses traces. En somme, cette faculté est très commune en Espagne ; l'enseignement en est très facile (aux professeurs), parce qu'on s'y occupe sérieusement des sciences qui se rapportent à (l'ancienne) langue (arabe) et qu'on attache de l'importance à la littérature et à la conservation des bonnes traditions scolaires. Ajoutez à ces raisons que les hommes dont la langue est étrangère à l'arabe et qui possèdent mal la faculté (d'employer le langage de Moder) ne viennent en Espagne que passagèrement, et que leur idiome exotique n'a pas servi de base au langage de ce pays. Sur le continent africain (il en est autrement) : les Berbers forment la masse de la population, et leur langue est celle de toutes les parties du pays, à l'exception des grandes villes [7]. Aussi la langue arabe s'y trouve submergée sous les flots de cet

1 Abou Bekr Mohammed Ibn Chibrîn, natif de Ceuta, qui était allé se fixer à Grenade, était un des professeurs sous lesquels Ibn Djozaï, le rédacteur des *Voyages d'Ibn Batouta,* avait fait ses études. (Maccari, t. I, p. ١٠٩.) Dans le texte arabe de ces Prolégomènes, lisez ونجم بها ابن شبرين.

2 Plusieurs littérateurs espagnols portèrent le surnom d'*Ibn Djabar ;* aussi ne saurais-je désigner celui d'entre eux qu'Ibn Khaldoun a eu en vue.

3 Abou 'l-Hacen Ali Ibn el-Djîab, littérateur distingué, naquit à Grenade, l'an 663 (1164-1265 de J. C.), et mourut l'an 749 (1348-1349 de J. C.).

4 Abou Ishac Ibrahîm es-Sahîli, surnommé *Et-Toueïdjen,* appartenait à une famille respectable de Grenade. Il se distingua par sa piété, son érudition et son talent pour la poésie. Après avoir voyagé en Orient, il se rendit dans le pays des noirs, où il fut très bien accueilli par leur sultan. Il mourut à Tenboktou, l'an 747 (1346 de J. C.).

5 Voyez l'*Histoire des Berbers,* t. IV, p. 411 et suiv.

6 Ibn Khaldoun assigne ordinairement au mot تلميذ la signification du pluriel.

7 Au temps d'Ibn Khaldoun, la langue berbère se parlait dans presque toute l'Algérie et dans la plus grande partie du Maroc ; ce ne fut que dans les grandes villes et dans la partie septentrionale du désert qu'on se servait de la langue arabe. Maintenant l'arabe a remplacé le berber dans la province d'Oran, dans les plaines des départements algériens et dans celles de l'Empire marocain. Le berber ne se retrouve que dans le centre et la partie méridionale du grand désert, chez les peuples Touaregs, dans les pays de montagnes, tels que les deux Kabylies, la chaîne de l'Atlas, l'Aouras, les montagnes de la Tunisie, la province de Sous et quelques localités isolées.

idiome barbare, de ce jargon parlé par les Berbers. Il est donc bien difficile aux natifs de ce pays d'acquérir sous des maîtres la faculté (de parler l'arabe avec pureté), et, en cela, ils diffèrent complètement des habitants de l'Espagne.

Dans l'Orient, du temps des Omeïades et des Abbacides, on était aussi accompli dans l'exercice de cette faculté que les (musulmans) espagnols, parce qu'on avait alors peu de relations avec les peuples étrangers ; aussi posséda-t-on alors l'habitude de bien s'exprimer en arabe. Il y avait dans cette contrée beaucoup de poètes distingués et d'écrivains d'un grand talent, parce que les Arabes et leurs enfants y formaient la majeure partie de la population. Voyez la multitude de passages, en prose et en vers, qui se trouvent dans le Kitab el-Aghani, le vrai livre des Arabes et celui qui renferme leurs archives : on y trouve leur langue, leur histoire, les récits de leurs grandes journées et combats, l'histoire de leur religion nationale et de leur Prophète, celle de leurs khalifes et de leurs rois, leurs poésies, leurs chants, et tout ce qui les concerne. Aucun autre ouvrage n'offre un tableau aussi complet des Arabes.

Cette faculté se conserva en Orient pendant la durée de ces deux dynasties et peut-être même avec plus de perfection que dans les temps antéislamites, comme nous nous proposons de le montrer plus loin. Mais enfin la puissance des Arabes fut réduite à rien, et l'usage de leur idiome se perdit ; leur langage s'altéra ; leur empire s'écroula et l'autorité passa à des étrangers. Ceux-ci devinrent alors les maîtres, et tout fut soumis à leur autorité. Cela eut lieu sous les dynasties des Deïlemides et des Seldjoukides : ces étrangers se mêlèrent avec les habitants des villes et dominèrent, par leur grand nombre, sur la population : le pays fut rempli de leurs locutions, et le caractère étranger de leurs idiomes prit tellement le dessus parmi les citadins et les Arabes domiciliés, que ceux-ci s'écartèrent bien loin de leur langue et de l'habitude de la parler. Ceux d'entre eux qui voulaient l'apprendre ne purent y réussir que très imparfaitement. Voilà l'état on nous trouvons aujourd'hui leur langage tant en prose qu'en vers, bien qu'ils s'en servent beaucoup. Dieu crée et choisit qui il lui plaît.

Le discours peut se présenter sous deux formes :

celle de la poésie et celle de la prose.

Le langage des Arabes et leurs discours peuvent prendre deux formes : la première est celle de la poésie réglée, c'est-à-dire soumise aux obligations de la prosodie et de la rime, ou, en d'autres termes, celle dont la mesure est invariable ainsi que la rime [1]. La seconde forme est celle de la prose, c'est-à-dire du discours qui n'est pas soumis aux règles de la prosodie. Chacune de ces formes renferme plusieurs espèces et peut se produire sous divers aspects. La poésie comprend l'éloge, l'élégie et l'expression des sentiments inspirés par la bravoure. La prose peut être cadencée (moseddjâ), c'est-à-dire offrir une suite de phrases séparées, dont tous [les mots ou bien] [2] les mots (finals) se terminent, deux à deux, par la même rime ; c'est ce qu'on nomme sedja ; ou bien elle peut être libre (morcel), et, dans ce cas, le discours marche dégagé de toute entrave, sans être découpé en phrases ni soumis à aucune obligation, pas même à celle de la rime. La prose s'emploie dans la chaire, dans la prière et dans les harangues adressées à une assemblée pour lui inspirer soit le courage, soit la crainte.

Le (texte du) Coran est en prose, mais cette prose ne rentre ni dans l'une ni dans l'autre de ces deux catégories ; on ne peut pas dire qu'il soit en prose libre ni en prose rimée. Il consiste en versets séparés, qui se terminent à des points d'arrêt, et c'est au moyen du (sentiment qui s'appelle le) goût qu'on reconnaît où la phrase s'achève. Le discours recommence dans le verset suivant, lequel sert de pendant à celui qui précède ; et cela, sans que (l'emploi d') une lettre (finale) servant à marquer l'assonance ou la rime soit absolument nécessaire. Cela fait comprendre la signification de cette parole divine : Dieu a fait descendre le plus beau des discours, sous la forme d'un livre dont les (phrases) se ressemblent et se répètent ; elles donnent le frisson à la peau de ceux qui craignent leur Seigneur. (Coran, sour. XXXIX, vers. 24.) Dieu a dit aussi : Nous en avons séparé les versets. (Coran, sour. VI, vers. 97.)

1 Littéral. « celles dont toutes les mesures ont un même *reouï,* lequel est la rime ».
2 Le passage mis entre des [ ] ne se trouve ni dans l'édition de Boulac, ni dans les manuscrits C et D. On l'a inséré pour indiquer que, dans la prose rimée perfectionnée, celle de Harîri, par exemple, chaque mot d'un paragraphe rime avec le mot qui lui correspond dans le paragraphe suivant.

On donne aux (syllabes) qui terminent les versets (du Coran) le nom de séparantes [1], car ce ne sont pas des rimes, vu que l'emploi de ce qui constitue la rime, soit monogramme, soit polygramme [2], n'y est pas observé. Le terme redoublés (methani) s'emploie, d'une manière générale, pour désigner tous les versets du Coran, et cela pour la raison que nous venons d'indiquer. Mais l'usage a prévalu de lui assigner un sens plus restreint et de s'en servir pour désigner les versets de la mère du Coran (la première sourate) ; c'est ainsi qu'on emploie le terme constellation (nedjm) pour désigner les Pléiades. Voilà pourquoi (les sept versets de la première sourate) ont été nommés les sept redoublés. Comparez ces observations avec ce que les commentateurs ont dit au sujet du motif qui fit employer ce terme pour désigner les sept versets, et vous verrez que l'explication donnée par nous l'emporte sur toutes les autres et doit être la bonne.

Pour les personnes qui s'occupent des deux formes que le discours peut prendre [3], chacune d'elles a un certain caractère qui lui est particulier et qui ne se retrouve pas dans l'autre, parce qu'il ne lui convient pas. C'est ainsi que le style érotique est propre à la poésie, et que celui de la louange (de Dieu) et de l'invocation convient uniquement aux discours (en prose) qui se prononcent du haut de la chaire et aux proclamations. Les écrivains des siècles postérieurs adoptèrent, cependant, pour la prose, la marche et les mouvements qui appartiennent spécialement à la poésie ; ils employèrent très fréquemment l'allitération, s'appliquèrent à faire rimer les phrases ensemble, et, avant d'entrer en matière, ils se plaisaient à décrire la beauté de la bien aimée, Si l'on examine avec attention cette espèce de prose, on reconnaîtra qu'elle forme une branche de la poésie, dont elle ne [4] se distingue que par l'absence de la mesure. Les écrivains-rédacteurs ont persisté à cultiver ce genre de composition et à l'employer dans les pièces émanant du souverain ; ils s'y [5]

1 Le terme arabe est *fewasel.*

2 Je rends le terme سجع par *monogramme* et celui de قافية par *polygramme,* parce qu'en effet l'assonance, dans la prose rimée, s'effectue ordinairement par un seul son, tandis qu'en vers elle ne peut s'établir que par le concours d'au moins deux sons.

3 Il faut supprimer le mot الشعرية ; il ne se trouve ni dans l'édition de Boulac, ni dans les manuscrits C et D. La traduction turque ne l'indique pas non plus.

4 Lisez ولم يفترقا .

5 Lisez فى المنثور .

tiennent, parce qu'ils le regardent comme le meilleur ; ils y mêlent les tournures propres à la poésie et abandonnent la prose libre au point de l'oublier. Ceci est surtout vrai en ce qui regarde les écrivains de l'Orient. Aussi les pièces officielles rédigées par ces gens inconsidérés se présentent-elles [1] toutes avec cette tournure que nous avons signalée. Mais, pour la juste expression des idées, ce système n'est nullement bon, puisque (dans le discours en prose) il faut veiller à faire accorder la parole avec la pensée, et satisfaire ainsi aux exigences du sujet ; il faut marquer exactement ce qui se rapporte à la personne qui parle et ce qui regarde la personne à qui la parole s'adresse.

Comme la prose rimée a reçu des écrivains postérieurs toutes les allures de la poésie, il faut en éviter l'emploi dans les pièces émanant du sultan. Il est permis d'insérer dans la poésie des jeux d'esprit, de mêler les plaisanteries avec les choses graves, de s'étendre dans les descriptions, de citer des paraboles, de multiplier les comparaisons et les métaphores ; tandis qu'on n'a aucun besoin d'employer ces embellissements dans une allocution. D'ailleurs, en s'imposant l'obligation [2] de faire rimer ses phrases, on ne fait que rechercher des jeux d'esprit et des ornements nullement compatibles avec la dignité d'un souverain et tout à fait déplacés dans des allocutions adressées au peuple pour l'encourager ou pour lui inspirer la crainte.

Dans les écrits officiels, le seul style auquel on puisse accorder son approbation est celui de la prose libre, dans laquelle on donne carrière à la parole, sans la soumettre aux entraves de la rime. Cette règle n'admet aucune exception, si ce n'est quand l'écrivain lâche la bride à son talent [3] et rencontre des ornements sans les avoir recherchés. D'ailleurs, le style (des adresses officielles) a un droit qu'il faut respecter [4] : on doit le conformer à toutes les exigences de l'état (de choses qu'il s'agit d'exposer). Or les sujets diffèrent beaucoup entre eux, et pour chacun il y a un style particulier : on peut le traiter longuement ou d'une manière concise, y sous-entendre des choses ou les exprimer, les énoncer ouvertement ou les indiquer par des allusions, ou par des métonymies, ou par des métaphores.

1 Lisez وصارت .
2 Pour والتقفية , lisez والتزام التقفية .
3 Pour ملكة , lisez الملكة .
4 Pour عطاء , lisez ا عطاء .

Découper à l'instar de vers les phrases des documents qui émanent du sultan est une pratique qu'on ne saurait approuver. Rien n'a pu entraîner les écrivains de ce siècle à le faire, excepté l'influence que l'usage d'un dialecte étranger [1] a exercée sur leur style et l'impuissance où ils se trouvent, pour cette raison, de suivre les exigences de la langue arabe, en l'employant de manière qu'elle soit parfaitement d'accord avec les idées dont l'énonciation est exigée par l'affaire (qu'il s'agit d'exposer). Ne pouvant se servir de la prose libre, parce qu'elle tient un rang très élevé dans la science qui a pour objet la parfaite expression de la pensée, et parce qu'elle a un domaine très étendu, ils s'appliquent à la prose rimée, afin de cacher, par son emploi [2], l'incapacité qu'ils ressentent en eux-mêmes quand il s'agit de faire accorder les paroles avec les pensées ; ils espèrent y remédier au moyen de ce genre d'ornement et en se servant d'artifices rhythmiques et termes néologiques. Pour tout ce qui reste en dehors de cela [3], ils n'ont pas le moindre souci. La plupart des auteurs qui ont adopté ce système, et qui l'ont potassé au dernier point dans tous les genres du discours, sont les écrivains et les poètes qui, de nos jours, habitent les pays de l'Orient. Cela va si loin chez eux, qu'ils mettent de côté [4] les règles de la syntaxe désinentielle, en ce qui regarde les inflexions des noms et des verbes, toutes les fois qu'elles les empêchent d'établir une assonance entre les mots ou un parallélisme (entre les phrases). La préférence qu'ils montrent pour ces jeux d'esprit les porte à négliger les principes de la grammaire et à altérer les formes des mots, afin que ces mots se prêtent, si cela se peut, à la production d'une paronomasie (tedjnîs). Si le lecteur veut réfléchir sur ce que nous venons de dire et contrôler nos observations en les comparant avec celles que nous avons déjà présentées, il reconnaîtra la justesse de notre opinion. Dieu est celui dont le concours est effectif.

Il est rare de pouvoir composer également bien en prose et en vers.

1 Il est ici question de ceux qui rédigeaient la correspondance officielle, tant en Égypte que dans les États barbaresques.

2 Les manuscrits C et D et l'édition de Boulac portent به à la place de فيه.

3 Pour وراء , lisez سوى .

4 L'édition de Boulac et le manuscrit D portent ليخلون , leçon que j'adopte.

Nous avons déjà montré que l'art (de bien s'exprimer) est une faculté acquise par la langue, et nous avons dit que, si la place que cette faculté doit occuper est déjà remplie par une autre, cette place ne saurait contenir en entier la faculté nouvelle. Il est dans la nature de l'homme d'acquérir très facilement la faculté qui se présente à lui en premier lieu ; la faculté qui vient après trouve de la résistance de la part de celle qui l'a précédée, et ne peut occuper sa place dans l'organe qui doit la recevoir qu'avec beaucoup de lenteur. Ce conflit entre les deux facultés rend très difficile la parfaite acquisition de la seconde. Le même fait se produit toujours quand on essaye d'apprendre plusieurs arts [1]. Nous en avons déjà donné à peu près la même preuve que nous offrons ici. Voyez, par exemple, ce qui arrive pour les langues : ce sont des facultés acquises à l'organe de la parole et qui peuvent être assimilées à des arts. Celui qui a commencé par apprendre un idiome non arabe ne peut jamais employer d'une manière parfaite la langue arabe. Le Persan qui a commencé par apprendre la langue de son pays ne peut jamais acquérir la faculté de bien parler l'arabe, quand même il travaillerait à s'en rendre maître en l'étudiant sous des professeurs et en l'enseignant aux autres [2]. Il en est de même des Berbers, des Grecs et des Francs : on trouve bien rarement parmi eux des individus qui sachent bien parler l'arabe. Cela ne peut s'attribuer qu'au fait qu'ils avaient d'abord acquis la faculté de parler une autre langue. Aussi un étudiant appartenant à l'une ou à l'autre de ces races montre toujours, quand il travaille sous des professeurs ou sur des livres, que sa connaissance de l'arabe est bien loin d'être parfaite. Cela provient uniquement de l'organe de la parole. Nous avons déjà fait observer que les langues et les dialectes peuvent être regardés en quelque sorte comme des arts ; que la faculté de bien exercer deux arts n'est jamais possédée par le même individu [3], et que, s'il a commencé par employer habilement une de ces facultés, il peut rarement réussir à bien manier l'autre et à la posséder d'une manière parfaite. Dieu vous a créés et vous ne le saviez pas.

Sur l'art de la poésie et la manière de l'apprendre.

1 Le texte arabe signifie, à la lettre : « à l'égard des facultés artistiques ».
2 L'édition de Boulac porte ويعلمه . Il faut peut-être lire وعلّمه .
3 Littéral. « que les arts et leurs facultés ne se présentent pas ensemble ».

Parmi les formes que le langage des Arabes peut prendre, il en est une qu'ils appellent chiar (la poésie). Elle se retrouve dans d'autres langues, mais je ne veux parler ici [1] que de son existence chez les Arabes. Tous les peuples parlant des langues étrangères peuvent trouver [2] dans la poésie un moyen d'exprimer leurs idées ; rien ne s'y oppose ; et, si quelques-uns d'entre eux ne s'en servent pas, c'est parce que chaque langue possède, (outre la poésie) d'autres modes d'expression qui lui sont propres. Dans la langue arabe, la poésie a une allure particulière et une marche peu commune : elle consiste en un discours composé de lignes qui se suivent [3], ayant toutes la même mesure et la même rime finale. Chacune de ces lignes s'appelle beït (vers), et la lettre finale, qui est la même pour toutes, est désignée par les termes réoui et cafîa (rime). Le discours entier porte les noms de cacîda (poème) et de kilma (parole). Chaque vers est composé de manière à offrir un sens aussi complet que s'il était tout à fait indépendant du vers qui le précède et de celui qui le suit [4]. Pris isolément, il doit aussi représenter clairement le caractère de la section du poème à laquelle il appartient, que ce soit celle de l'éloge ou de la louange de la bien-aimée, ou de l'élégie. Aussi le poète s'efforce-t-il de façonner chaque vers de manière à lui faire exprimer un sens complet. Il en fait de même pour les vers suivants, en y énonçant, dans chacun, une nouvelle pensée, et en se ménageant le moyen de passer d'un genre (d'idées) à celui qui doit venir immédiatement après. Pour y parvenir, il donne à la première série d'idées qu'il veut exprimer une tournure qui conduise naturellement à la seconde, et il arrange son discours de sorte que le défaut de liaison entre les deux sections ne soit pas trop choquant. Par des transitions bien ménagées, il passe de l'éloge de sa maîtresse à celui de son patron, de la description du désert et des vestiges des campements à celle de sa caravane, ou de ses chevaux, ou de l'image de la bien-aimée qui lui apparaît en songe ; la louange [5] du patron amènera celle de ses gens et de ses troupes, et, dans la partie de l'élégie, l'expression de la douleur et

1 Dans les manuscrits, le mot الآن est placé après الا انا .

2 Je lis تجد , avec le manuscrit C et l'édition de Boulac.

3 Le mot قطعا se trouve répété deux fois, et avec raison, dans les manuscrits C et D et dans l'édition de Boulac.

4 Cette règle n'est pas d'une application générale ; l'enjambement est permis.

5 Pour وصو , lisez وصف .

de la condoléance pourra conduire au chant funèbre, etc. Le poète s'attache à faire accorder tous les vers de la cacîda entre eux, en leur donnant la même mesure ; car il faut éviter que, par suite de ce défaut d'attention qui est si naturel à l'homme, on ne passe d'un mètre à celui qui en est voisin. En effet, certains mètres se rapprochent tellement les uns des autres, que leurs marques distinctives échappent à l'observation de la plupart des gens. C'est dans l'art de la prosodie que se trouvent les conditions et les règles auxquelles les divers mètres sont soumis. Entre tous les mètres qui peuvent se présenter dans la nature, un certain nombre ayant un caractère particulier sont les seuls dont les Arabes aient fait usage. Les prosodistes donnent à ceux-ci le nom de bohour (mers) : ils n'en admettent que quinze, parce qu'ils n'en ont pas rencontré d'autres dans les poèmes des (anciens) Arabes.

La poésie est, de toutes les formes du discours, celle que les Arabes ont regardée comme la plus noble ; aussi en firent-ils le dépôt de leurs connaissances et de leur histoire, le témoin qui pouvait certifier leurs vertus et leurs défauts [1], le magasin où se trouveraient la plupart de leurs notions scientifiques et de leurs maximes de sagesse. La faculté poétique était bien enracinée chez eux, comme toutes les autres qu'ils possédaient. Celles qui s'exercent au moyen de la langue n'appartiennent pas naturellement à l'homme, mais s'acquièrent par l'art et la pratique ; et cependant (les Arabes) ont si bien manié la poésie, qu'on pourrait se tromper (et croire que, ce talent était pour eux une faculté innée).

De toutes les formes du discours, la poésie est celle dont les modernes acquièrent la faculté avec le plus de difficulté, quand ils l'apprennent comme un art. Cela tient à ce que chaque vers d'un poème (arabe) est indépendant des autres et offre toujours, quand on le prend isolément, un sens complet. Le poète a donc besoin d'employer avec une certaine adresse la faculté qu'il possède ; car il doit façonner convenablement le discours poétique dans les moules adoptés par les anciens Arabes et appropriés au genre de poésie dont il veut se servir. Il retire du moule d'abord un vers ayant un sens complet, puis un autre renfermant également un sens complet, puis un troisième, et ainsi de suite, jusqu'à ce qu'il ait traité, d'une manière conforme à son but, toutes les matières dont

1 Je lis خطائهم, avec l'édition de Boulac.

il voulait parler. Il établit ensuite un certain rapport entre les vers, de sorte que l'un puisse suivre l'autre d'une manière (naturelle et) conforme au sujet de chaque section dont la cacîda se compose.

La difficulté de ce procédé et la singularité de cet artifice contribuent à aiguiser l'esprit et à le rendre capable de donner à chaque vers la tournure qui lui convient ; elle sert aussi à réveiller [1] l'intelligence, afin qu'elle puisse bien introduire dans le moule le discours qui doit y passer. En principe général, la faculté de s'exprimer correctement en arabe ne suffit pas (à celui qui veut composer des vers) ; il doit posséder en outre une adresse particulière et le talent de reconnaître (et de choisir) les tournures que les (anciens) Arabes eux-mêmes auraient employées [2].

Nous allons exposer ici ce qui, dans le langage des gens de l'art, s'entend par le terme tournure [3]. Il indique, chez eux, le métier sur lequel on forme un tissu avec des phrases composées, ou bien le moule dans lequel on façonne ces phrases. La tournure, sous aucun point de vue, ne peut être regardée comme une partie du discours : elle ne sert pas à l'expression complète de la pensée, ce qui est du ressort de la syntaxe désinentielle ; elle n'indique pas en quoi consiste le fond de la pensée exprimée dans une phrase composée, car cela rentre dans le domaine de la rhétorique [4] ; et elle n'a rien de commun avec les mètres employés dans la poésie arabe, car ceux-ci sont du ressort de la prosodie. Les trois sciences que nous venons de mentionner sont donc tout à fait en dehors de l'art de la poésie. (Ce qu'on désigne par le terme tournure) se réduit [5] tout simplement à une forme (ou image) perçue par l'entendement et qui correspond, comme un universel, à toutes les combinaisons régulières (de phrases), vu qu'elle s'adapte à chaque combinaison particulière. L'entendement fait l'acquisition de cette forme, en la détachant de l'être et de l'individualité de chaque phrase composée,

1 Littéral. « à aiguiser ». Il faut lire شحذ.

2 Le mot فيه est de trop.

3 En arabe اسلوب (*osloub*), terme qui signifie *voie, manière,* et qu'on pourrait rendre par *idiotisme.* Selon l'auteur, ce moi s'emploie pour désigner le *moule* dans lequel on forme les phrases. Il s'en sert cependant quelquefois, pour indiquer ce qui a été formé dans ce moule, c'est-à-dire la phrase à laquelle on a donné une tournure conforme au génie de la langue.

4 Littéral. « de la réalisation et de l'exposition ».

5 Pour ترجع, lisez يرجع , avec le manuscrit D, l'édition de Boulac et le traducteur turc.

et la travaille, dans l'imagination, afin de la convertir en un moule, pour ainsi dire, ou en un métier. Ensuite il choisit des expressions dans lesquelles les mots se trouvent combinés d'une manière que les Arabes regarderaient comme étant sans défaut, tant sous le rapport de la syntaxe que sous celui de la rhétorique, et les coule dans ce moule, ainsi que fait le maçon qui moule (le pisé) et le tisserand qui travaille sur son métier. Ce moule doit être assez grand pour recevoir chaque phrase composée qui puisse répondre au but du discours, et elle doit fournir une figure (ou tournure) qui n'offre aucun défaut, quand on la juge d'après le génie de la langue arabe.

Chaque genre de discours a des tournures qui lui sont propres, et, qui s'y présentent sous divers aspects. Dans la poésie, par exemple, on peut interroger directement les traces du campement abandonné (et leur demander où se trouve la tribu qui l'avait quitté). C'est ainsi qu'un poète a dit :

> Demeure de Maiya ! toi qui es située entre le haut de la colline et son pied.

On peut aussi inviter ses compagnons de voyage à s'arrêter pour interroger ces traces ; exemple :

> Arrêtez-vous, mes deux compagnons ! interrogeons la demeure dont les habitants sont partis.

On peut inviter ses compagnons à pleurer sur le campement abandonné ; exemple :

> Arrêtez-vous, mes deux compagnons ! pleurons au souvenir d'une bien-aimée et d'une demeure.

On peut demander une réponse à une personne qui n'est pas autrement indiquée ; exemple :

> N'as-tu pas interrogé les vestiges et n'ont-ils pas répondu ?

On peut ordonner à un individu qu'on ne désigne pas de saluer ces vestiges ; exemple :

> Salue les demeures [1] (situées) auprès d'El-Azl [2].

On peut invoquer la pluie pour qu'elle arrose ces débris ; exemple :

---

1 Les manuscrits et les règles de la prosodie exigent ici la substitution du mot الديار à الدار , leçon de l'édition de Paris.

2 El-Azl est, dit-on, une source située entre Basra et El-Yemâma.

> Puisse un nuage à tonnerres retentissants arroser les vestiges qu'ils ont laissés ! puissent une prairie et un lieu de délices y naître pour eux demain !

On peut demander aux éclairs de faire verser de la pluie sur ces vestiges ; exemple :

> Éclairs ! passez au-dessus d'une demeure (située) à El-Abrek, et dirigez vers elle les averses, ainsi que le chamelier conduit ses chamelles.

On peut exprimer une vive douleur dans une élégie, afin de pousser d'autres personnes à pleurer avec soi ; exemple :

> Un malheur, pour être grand, et un événement, pour être grave, doivent ressembler à ce que nous éprouvons. Point d'excuse pour les yeux dont les larmes ne couleront pas en abondance [1]

On peut se montrer accablé par la gravité d'un événement ; exemple :

> As-tu vu celui que l'on emporte (au tombeau) sur ce brancard ? As-tu vu comment s'est éteinte la lumière de nos assemblées ?

On peut souhaiter malheur à des êtres inanimés, parce qu'on a perdu quelqu'un ; exemple :

> Champs verdoyants ! puissiez-vous rester sans défenseur et sans gardien ! La mort a enlevé un chef dont la lance fut longue ainsi que le bras.

On peut reprocher aux choses inanimées leur insensibilité, parce qu'elles ne partagent pas la douleur qu'on éprouve soi-même ; c'est ainsi qu'une femme kharedjite a dit (en déplorant la mort de son frère) :

> Arbres d'El-Khabour ! pourquoi portez-vous des feuilles ? On dirait que vous ne regrettez pas le fils de Tarîf.

On peut aussi annoncer à ses ennemis, comme une bonne nouvelle pour eux, qu'ils peuvent se reposer des malheurs dont on les avait accablés ; exemple :

> Enfants de Rebîa Ibn Nizar ! déposez vos lances ; la mort a emporté votre adversaire, ce vaillant guerrier.

---

1 Lisez يَفِضْ.

Les autres formes et modes du discours offrent une foule d'exemples analogues à ceux-ci.

Les phrases se présentent dans la poésie sous la forme de propositions ou autrement, et ces propositions peuvent exprimer un souhait ou un ordre, ou bien énoncer un fait ; elles peuvent être nominales ou verbales, dépendre de celles qui précèdent ou ne pas en dépendre, être isolées ou jointes à d'autres, ainsi que tout cela a lieu pour les phrases du discours (ordinaire) des Arabes, en ce qui regarde la position [1] relative des mots.

Vous reconnaîtrez cela quand, à force de vous exercer sur la poésie arabe, vous serez parvenu à posséder ce moule universel qui se forme dans l'esprit par l'abstraction de tous les cas particuliers offerts par les mots combinés en phrases ; moule qui embrasse toutes ces combinaisons. Celui qui compose un discours est comme le maçon ou le tisserand, et la forme intellectuelle qui s'adapte (à toutes les expressions) est comme le moule dans lequel le maçon introduit le pisé pour former un édifice, ou comme le métier sur lequel le tisserand fabrique sa toile. Si le maçon s'écarte de son moule, ou le tisserand de son métier, ce qu'il aura fait sera mauvais.

Si l'on dit que la connaissance des règles de la rhétorique suffit (quand il s'agit de composer en vers), je répondrai que ces règles sont des principes acquis à la science, obtenus par la déduction analogique et servant à faire reconnaître, parmi les expressions composées d'après l'analogie, celles qu'il est permis d'employer en leur conservant la forme particulière qui leur appartient. La déduction analogique est un procédé scientifique donnant des résultats certains, et elle est générale dans son application ; voyez, par exemple, comment elle nous a fourni les règles de la syntaxe désinentielle ; mais elle n'a pas le moindre rapport avec les tournures dont nous parlons. Celles-ci sont des formes (ou modes d'expression, dont les images se trouvent) bien établies dans l'esprit par l'effet de la constance avec laquelle les phrases de la poésie arabe ont découlé [2] de l'organe de la parole ; et, comme nous l'avons déjà fait observer, elles servent de modèles qu'il est absolument nécessaire d'imiter dans toutes les combinaisons

1 Pour ومكان , lisez فى مكان , avec les manuscrits C et D et l'édition de Boulac.
2 Pour يجريانها , lisez بجريانها .

de mots [1] qu'on veut employer lorsqu'on se sert du langage de la poésie. Or les règles scientifiques, tant celles de la grammaire que celles de la rhétorique, ne peuvent en aucune façon nous enseigner ces tournures. De toutes [2] les expressions qui paraissent correctes, à en juger d'après les analogies que la langue arabe et ses règles scientifiques nous fournissent, il y en a plusieurs dont on ne peut pas se servir [3]. Celles dont les bons juges permettent l'emploi dans ce genre de composition ont un caractère bien constaté, parfaitement connu des hommes qui ont appris par cœur la phraséologie des (anciens) Arabes, et conforme aux règles analogiques dont nous venons de parler. Si, maintenant, on voulait envisager la poésie de ces Arabes sous le point de vue des tournures [4] qui se trouvent dans l'esprit et qui sont devenues des moules, pour ainsi dire, (dans lesquels on façonne des phrases, on ferait un travail inutile), car cet examen n'aurait pas pour sujet des phrases composées d'après les exigences de l'analogie, mais des phrases dont l'emploi était déjà établi chez ce peuple.

Ces considérations nous amènent à dire que l'existence de ces modèles (ou tournures) dans l'esprit a pour cause l'habitude d'apprendre par cœur (beaucoup) de poèmes et de discours composés par les (anciens) Arabes, et que la prose, ainsi que la poésie, a des tournures qui lui sont propres. En effet, le discours, chez les Arabes, se présentait sous l'une ou sous l'autre de ces formes et paraissait dans chacune avec un caractère parfaitement distinct. La poésie se composait de morceaux (ou vers) soumis à une même mesure, terminés par une même rime et présentant chacun un sens complet. Dans la prose (et surtout dans la prose poétique), on visait à établir un parallélisme entre les phrases et à leur donner une ressemblance mutuelle ; tantôt on les terminait par des rimes, et tantôt on les laissait courir sans entrave.

En ce qui regarde le langage des Arabes, les tournures propres à chacune de ces deux formes sont bien connues, et celles dont ce peuple a fait usage sont les mêmes que l'auteur a employées en établissant le texte de ce livre. Pour les connaître, il faut avoir gravé dans sa mémoire (assez de passages de) la langue (parlée par les

1 Dans l'édition de Paris, le mot تركيب est répété mal à propos.

2 Pour كاما , lisez كل ما .

3 A la place de استعمل ou de la variante استعملوه , il vaudrait mieux lire بمستعمل .

4 Lisez وبهذه , avec C, D, et l'édition de Boulac.

anciens Arabes) pour qu'on ait [1] à sa disposition beaucoup de tournures (ou locutions) particulières et individuelles dont on puisse abstraire une tournure générale et universelle à laquelle on se conformera [2] en composant un ouvrage ; de même que l'ouvrier en pisé ne doit pas s'écarter de son moule, ni le tisserand de son métier. L'art de composer est donc tout à fait distinct de ceux vers lesquels le grammairien, le rhétoricien et le prosodiste dirigent leur attention. Je dois toutefois avouer qu'une des conditions imposées a un auteur est de respecter les règles des sciences que je viens d'indiquer ; sans cela, son ouvrage ne serait pas parfait. Un discours (ou une composition littéraire) qui réunit toutes ces qualités se distingue par un certain air d'élégance dont il est redevable à ces moules qu'on désigne par le terme tournures ; mais on ne peut imprimer un tel caractère à un écrit, tant qu'on n'aura pas appris par cœur ce que le discours des Arabes renferme de poèmes et de morceaux de prose.

Après avoir déterminé la signification du mot tournure (osloub), nous allons donner une définition ou description de la poésie, afin d'en faire connaître le véritable caractère. C'est toutefois là une tâche bien difficile, parce que, autant que nous le sachions, nos prédécesseurs n'en ont rien dit de précis. La définition reçue par les prosodistes et qui est conçue ainsi : La poésie est un discours métrique et rimé, ne convient pas à la poésie telle que nous l'entendons ; elle n'en est pas même la description. (Il est vrai que) l'art de la prosodie consiste dans l'examen de la poésie en ce qui regarde l'accord qui doit exister entre tous les vers d'un poème, le nombre de lettres unies ou quiescentes qui s'y présentent successivement, et la conformité du dernier pied de chaque premier hémistiche avec le dernier pied du second hémistiche. Comme c'est là un simple examen qui a pour objet le mètre seulement, à l'exclusion des paroles et de leurs significations, la définition donnée par les prosodistes est bonne, à leur point de vue ; mais, pour nous qui envisageons la poésie sous les divers aspects de la syntaxe, de l'expression, du mètre et des tournures qui lui sont spéciales, il est certain que cette définition ne saurait convenir. Aussi sommes nous obligé d'en donner une qui fasse connaître le caractère réel de la poésie telle que nous

1 Le mot ل est de trop.

2 Il faut lire يحذو .

le comprenons. Donc nous dirons que la poésie est un discours effectif [1], fondé sur la métaphore et les descriptions, et divisé en portions qui se correspondent par la mesure (prosodique) et par la rime ; portions qui, chacune, indépendamment de celles qui les précèdent et qui les suivent, expriment une pensée complète et ont un objet déterminé ; (enfin un discours) ayant une marche réglée d'après les formes (osloub) particulières que les Arabes ont assignées à ce genre de composition. Le terme discours effectif est employé dans cette définition pour désigner le genre, et les mots fondé sur la métaphore et les descriptions servent à indiquer la différence spécifique par laquelle la poésie se distingue de certaines formes du discours qui sont dépourvues de cette qualité, et qu'il faut exclure de la définition parce qu'elles ne sont pas de la poésie. Par les termes divisé en portions qui se correspondent par la mesure et la rime nous indiquons la différence qui existe entre la poésie et le discours en prose, lequel, de l'avis de tous, n'est pas de la poésie. Les termes portions qui expriment chacune une pensée complète et ont un objet déterminé indiquent le véritable caractère de ce genre de composition, parce que les vers d'un poème ne sauraient être autrement, et que, dans la poésie, aucune différence ne se présente à cet égard [2]. Quand nous disons ayant une marche réglée d'après les formes particulières qu'on a assignées à ce genre de composition, c'est pour indiquer la différence qui existe entre la poésie et les compositions dont la marche n'est pas réglée d'après les formes poétiques consacrées par l'usage : car alors ce n'est plus de la poésie ; c'est seulement une sorte de discours versifié. En effet, la poésie a ses tournures spéciales, étrangères à la prose, et la prose a pareillement des tournures qui lui sont propres et ne s'emploient pas dans la poésie. Aussi tout discours versifié dont les tournures ne sont pas celles de la poésie ne mérite pas le nom [3] de poème. C'est d'après cette considération que plusieurs de nos maîtres dans cette partie de la littérature ne mettent point au nombre

1 Le terme بليغ sert ici à indiquer que le discours a parfaitement atteint son but, savoir : la juste expression de la pensée.

2 Cette règle n'est pas toujours observée : on rencontre des vers dont le sens reste suspendu jusqu'à ce qu'il soit complété par ce qui est énoncé dans le vers suivant.

3 Les manuscrits C et D et l'édition de Boulac portent فلا يكون à la place de يسمى فلا .

des poésies les compositions d'El-Motenebbi [1] et d'El-Maarri [2], parce que ces auteurs n'ont pas adopté dans leurs productions les tournures assignées à la poésie par les Arabes. Cette partie de notre définition, ayant une marche réglée sur les formes que les Arabes y ont assignées, sert à indiquer la différence, et marque la distinction entre la poésie des Arabes et celle des autres peuples. Si l'on admet que la poésie existe chez les peuples étrangers, cette distinction est nécessaire ; si on ne l'admet pas, elle devient inutile et doit être remplacée par ces mots : ayant une marche réglée d'après les formes qu'on lui a assignées.

Ayant maintenant fini d'exposer le véritable caractère de la poésie, nous allons traiter de la manière dont elle doit s'exécuter. Pour composer en vers et pour bien posséder cet art, il faut remplir plusieurs conditions : d'abord, apprendre par cœur (beaucoup de morceaux) de cette espèce, c'est-à-dire de vers composés par les anciens Arabes, jusqu'à ce que l'âme ait acquis la faculté de tisser sur le même métier (qui avait servi à leur composition). Les passages qu'on doit confier à la mémoire doivent être choisis dans les pièces qui proviennent d'une source noble et pure et qui renferment beaucoup de tournures. En les choisissant, le moins qu'on puisse faire est de se borner aux productions d'un seul poète, mais il doit être un des grands poètes des temps islamiques, Ibn Abi Rebîa [3], par exemple, ou bien Kotheïyer, ou bien Dou 'r-Romma [4], ou bien Djerîr [5], ou bien Abou Nouas [6], ou bien Habîb [7], ou bien

1 Abou Taiyib Ahmed el-Motenebbi, un des plus grands poètes arabes, perdit la vie en l'an 354 (965 de J. C.). Tous ses ouvrages ont été imprimés.

2 Abou 'l-Alâ Ahmed el-Maarri, poète d'un grand talent, traita surtout les sujets mystiques. Plusieurs de ses pièces ont été publiées. Il mourut en 449 (1057 de J. C.).

3 Omar Ibn Abi Rebîa traita ordinairement les sujets érotiques. Il mourut à la guerre sainte, l'an 93 (711-712 de J. C.)

4 Ghailan Ibn Ocba, surnommé *Dou 'r-Romma,* mourut en 117 (735-736 de J. C.).

5 Le poète Djerîr mourut l'an 110 (728-729 de J. C.).

6 Al-Hacen Ibn Hani, surnommé *Abou Nouas,* mourut vers l'an 196 de l'hégire (811-812 de J. C).

7 Abou Temmam Habîb, poète mieux connu par sa compilation, le *Hamaça,* que par ses propres vers, mourut vers l'an 231 de l'hégire (845-846 de J. C.)

El-Bohtori [1], ou bien Er-Rida [2], ou bien Abou Feras [3]. La plupart des morceaux cités dans le Kitab el-Aghani sont de ce caractère [4], car nous trouvons dans ce recueil un choix de vers composés par des poètes de la catégorie musulmane et par d'autres de la catégorie antéislamite. Celui qui n'a pas la mémoire bien garnie de morceaux de poésie ne saurait composer que des vers faibles et assez mauvais. Pour leur donner de l'éclat et de la douceur, il faut en savoir par cœur une grande quantité. La personne qui n'en a rien appris ou qui en a appris très peu est incapable de faire de la poésie, et tout ce qu'il pourrait en produire ne serait bon qu'à mettre au rebut. Quand on n'a pas la mémoire bien remplie de vers, on ne saurait mieux faire que de renoncer à la poésie.

Lorsqu'on a la mémoire ornée de morceaux de poésie, et que l'esprit a acquis assez d'activité pour pouvoir former des vers sur le modèle (dont il a conçu l'idée), on peut commencer à en faire, et, si on y travaille beaucoup, on parviendra à se créer une faculté (de composition) qui s'affermira (graduellement dans l'âme). On a dit qu'une des conditions à remplir (quand on veut acquérir cette faculté) est d'oublier tout ce qu'on a appris par cœur, afin que les traces laissées dans l'esprit par les lettres du texte écrit [5] en aient disparu [6] ; car les (termes dans lesquels les pensées ont été déjà exprimées) ne se laissent pas employer encore tels qu'ils sont. Aussi, dit-on, lorsqu'on les a oubliées et que l'esprit s'en est approprié (les idées), les tournures (données à ces morceaux) y restent gravées et forment une espèce de métier sur lequel on est mené forcément à tisser des vers analogues, mais en y employant d'autres mots.

Celui (qui veut faire des vers) doit vivre dans une retraite absolue et choisir un lieu arrosé d'eaux (courantes) et orné de fleurs, pour

1 Le poète Abou Eibâda el-Ouélid el-Bohtori mourut l'an 284 de l'hégire (897-898 de J. C.).

2 Le *cherif* Abou 'l-Hacen Mohammed er-Rida, poète très distingué, naquit à Baghdad, l'an 359 (969-970 de J. C.), et mourut l'an 406 (1015 de J. C.). Il laissa un divan ou collection de poèmes dont j'ai vu un exemplaire à Constantinople, écrit, s'il faut en croire la suscription, par le célèbre calligraphe Ibn el-Baouwab.

3 Abou Feras el-Harith, cousin du célèbre Seif ed-Doula, prince d'Alep, fut tué dans une bataille l'an 357 (968 de J. C.). — Le dictionnaire biographique d'Ibn Khallikan renferme des articles sur tous les poètes nommés dans ce chapitre.

4 Je lis اكثره , avec les manuscrits C et D et l'édition de Boulac.

5 Littéral. « par les traces littérales apparentes ».

6 C'est-à-dire, on doit négliger les expressions pour s'en tenir aux pensées.

s'y livrer à ses spéculations ; il doit aussi entendre des sons qui, tout en charmant l'oreille, éclaircissent l'esprit, le disposent au recueillement et excitent son activité par la douceur des jouissances qu'ils lui procurent.

A ces conditions ils en ajoutent une autre, savoir, de laisser l'esprit se reposer afin qu'il reprenne une nouvelle vigueur. Cela contribue plus que tout le reste à lui rendre ses forces et à le mettre en état de se servir du métier (idéal) que le souvenir (des vers déjà appris) lui avait procuré. A leur avis, le meilleur moment pour composer des vers est celui du matin, aussitôt qu'on s'éveille, alors que l'estomac est dégagé et que la pensée a toute son activité, ou bien lorsqu'on respire l'atmosphère du bain.

On a dit que l'amour et l'ivresse sont encore des motifs qui poussent à faire des vers. C'est ce qu'Ibn Rechîk nous apprend dans son Kitab el-Omda, ouvrage consacré spécialement à cet art et qui le traite de la manière la plus complète. On n'avait jamais écrit sur ce sujet avant Ibn Rechîk, et on ne l'a jamais abordé depuis.

Les personnes dont nous parlons disent aussi : Si (l'amateur), après avoir satisfait à toutes ces conditions, éprouve beaucoup de difficulté (à s'exprimer en vers), il doit remettre sa tentative à une autre fois et ne pas imposer à son esprit un travail ingrat. Il faut que le vers reçoive la rime au moment même où l'on s'occupe à le composer et à le façonner. On adopte d'abord une rime et on fait de sorte que le poème, depuis le commencement jusqu'à la fin, soit construit de manière à offrir toujours la même assonance. Celui qui, en composant des vers, ne se préoccupe pas d'abord de la rime, aura bien de la peine à l'établir dans la place qu'elle doit occuper, tant elle se montrera intraitable et rebelle. Quand on tire de son esprit un vers qui n'a aucun rapport avec ceux qui l'avoisinent, on doit le mettre à part afin de l'employer là où il sera mieux placé. Que chaque vers exprime une pensée complète, rien ne lui manquera alors, excepté la nuance qui doit le rattacher aux autres (vers du même poème), et c'est au poète de choisir la nuance comme [1] il l'entendra. Alors, quand il aura terminé sa pièce, il s'occupera à la revoir et à la corriger ; puis, s'il n'a pas atteint le degré de perfection (auquel il vise), il n'hésitera pas à la mettre de côté. Mais le poète est toujours infatué de ses propres vers, parce qu'ils sont

1 Pour لما, lisez كما, avec les manuscrits C et D et l'édition de Boulac.

les produits de son imagination, l'ouvrage de son esprit. Il doit employer dans son poème une phraséologie parfaitement correcte et n'offrant aucune des (licences de construction qu'on appelle les) exigences du langage. Il évitera ces expressions (irrégulières), parce qu'elles ravalent le discours au-dessous du rang qu'il doit tenir comme l'expression exacte de la pensée. Les grands maîtres dans cet art défendent au poète musulman (mowelled) [1] l'emploi de ces licences, parce qu'on peut facilement s'en passer en rentrant dans la bonne voie, celle qu'on doit suivre dans (l'exercice de) la faculté (poétique). Il évitera avec un soin extrême l'emploi de phrases embrouillées ; on ne doit rechercher que celles dont les pensées se présentent à l'esprit aussi promptement que les paroles. Il ne faut pas faire entrer trop de pensées dans un seul vers, car c'est là encore un embarras pour l'esprit. Les phrases à préférer sont celles dont les mots correspondent aux idées (qu'on veut exprimer) et qui les représentent de la manière la plus claire. Un vers qui renferme trop de pensées est tellement surchargé, que l'esprit doit se livrer à un véritable travail avant de pouvoir en approfondir la signification ; d'ailleurs, le goût qui fait aimer la netteté de l'expression [2] aurait de la répugnance à en rechercher le sens. La poésie n'est facile que quand les idées se présentent à l'esprit simultanément avec les paroles. C'est là [3] le sujet de reproche que nos professeurs faisaient aux vers d'Ibn Khafadja [4], poète de l'Espagne orientale ; ils trouvaient que les pensées y étaient trop nombreuses et qu'elles venaient se heurter et s'accumuler dans chaque vers. Ils reprochaient de même à El-Motenebbi et à (Abou 'l-Ala) el-Maarri de n'avoir pas composé leurs poèmes d'après les formes obligées de la poésie arabe, et ils regardaient ces pièces comme des discours versifiés qui étaient loin d'atteindre le niveau de la poésie. Mais ce qui décide de cela, c'est le goût. Que le poète

1 Les critiques arabes rangeaient les poètes en trois classes : le *djaheli*, poète de la première classe, vivait avant l'islamisme ; le *mokhdarem*, celui de la seconde classe, vivait et avant et après l'islamisme ; le *mowelled* vivait sous l'islamisme.
2 Littéral. « le goût de la réalisation ».
3 Pour وبهذا , lisez ولهذا .
4 Ce poète espagnol mourut en 533 (1139 de J. C.). Le recueil de ses ouvrages se trouve dans la Bibliothèque impériale et dans celle de l'*Escurial.* Les manuscrits C et D et l'édition de Boulac lui donnent le surnom d'*Abou Bekr,* mais Ibn Khallikan et Maccari le nomment *Abou Ishac Ahmed.*

évite les termes rustiques [1] et bas, ainsi que les mots employés par les gens du peuple et qui sont usés à force de servir ; l'emploi de termes de cette espèce rabaisse le discours du rang qu'il doit tenir comme l'expression nette et élégante de la pensée. Il rejettera aussi les idées banales, parce qu'elles avilissent le discours et le rendent si trivial qu'il devient insignifiant ; il ne dira donc pas que le feu est chaud ou que le ciel est au-dessus de nous. Plus un discours se rapproche de la trivialité, plus il s'éloigne du beau style ; ce sont là, en effet, les deux extrêmes opposés. Voilà pourquoi les cantiques renfermant les louanges du Seigneur ou du Prophète [2] sont rarement bons : pour en composer, il faudrait des hommes d'un talent supérieur, mais ceux-ci sont bien rares, et le sujet est très difficile à traiter, tant les idées en sont devenues communes et vulgaires. Si le poète, après s'être conformé à toutes ces prescriptions, trouve que sa faculté poétique reste encore rebelle, il doit l'exercer beaucoup et l'habituer à agir, car l'esprit est comme le pis (d'une vache) : quand on le trait, il fournit abondamment, et quand on le laisse, il se tarit.

Je dirai en terminant que tout ce qui se rapporte à cet art et à la manière de l'apprendre est exposé dans l'Omda d'Ibn Rechîk, traité dont nous nous sommes efforcé de donner ici le sommaire. Celui qui veut obtenir des notions plus détaillées doit consulter ce livre, car il y trouvera tout ce qu'il peut désirer ; mais ce que j'offre ici au lecteur pourra lui suffire. Dieu est celui qui aide.

On a composé en vers plusieurs traités sur l'art de la poésie et sur ce qui est nécessaire (à celui qui veut l'apprendre). J'en donne ici un des meilleurs [3], dont l'auteur, à ce que je crois, est Ibn Rechîk :

> Puisse Dieu maudire l'art de la poésie ! Que de sots de toute espèce y avons-nous rencontrés ! Dans la poésie, ils préfèrent ce qui est extraordinaire à ce qui serait facile et clair pour les auditeurs. Ils prennent l'absurde pour du vrai et les expressions ignobles pour des choses précieuses. Ils ignorent le véritable caractère de la poésie, et ne se doutent pas [4], à cause de leur

1 Le mot *haouchi* (حوشى) est africain et dérive de *haouch* « ferme, métairie ».

2 Je lis والنبويات , avec le manuscrit C et l'édition de Boulac.

3 Pour واحسن , lisez ومن احسن . Les manuscrits C et D et l'édition de Boulac offrent la bonne leçon.

4 Les hémistiches de ce vers et des deux vers suivants sont mal coupés dans l'édition de Paris, comme on le reconnaît facilement en les scandant. La pièce est du mètre appelé *khaff.*

ignorance, qu'ils n'y entendent rien. D'autres que nous les regardent comme dignes de blâme ; mais, à la vérité, ils nous paraissent excusables. La poésie consiste en parties ayant un rapport mutuel dans l'ordonnance (qu'on leur donne), bien que, par des qualités (diverses), elle se partage en plusieurs espèces. Chaque partie offre une ressemblance avec les autres, et la mesure des vers sert à bien affermir le texte [1]. La poésie sait exprimer toutes les pensées que tu voudras énoncer, qu'il s'agisse soit de choses qui n'ont jamais existé, soit [2] de choses qui existent. Dans l'expression (des idées) elle va si loin, que sa beauté frappe presque tous les regards [3]. Les paroles, dans la poésie, sont, pour ainsi dire, les traits du visage, et les idées qui se trouvent enchâssées (dans ces paroles) représentent les yeux. (La poésie,) obéissant à la volonté (du poète) et se conformant à (tous ses) désirs, fournit des vers dont la beauté sert de parure à ceux qui les récitent. S'agit-il de louer en vers un homme de noble race, tout en suivant la marche de ceux qui s'étendent sur ce sujet, tu parleras (d'abord) de la bien-aimée en termes simples et faciles à comprendre, et tu feras (du patron) un éloge qui sera aussi vrai que clair ; tu éviteras toute expression qui sonne à l'oreille [4] comme illégitime, bien que les mots dont elle se compose soient conformes au mètre. Quand tu déchires un homme dans une pièce satirique, tu éviteras la voie de ceux qui disent des grossièretés ; ce que tu y énonceras ouvertement sera (comme) le remède, et l'allusion indirecte sera (comme) le mal caché. Si tu déplores l'absence (d'amis) qui, un jour, au matin, s'étaient éloignés pour se rendre ailleurs, tu réprimeras ton chagrin et tu retiendras les larmes dont tes yeux sont remplis [5]. Si tu fais des reproches, tu mêleras des promesses [6] à des menaces, la douceur à la dureté, de sorte que la personne blâmée reste suspendue entre la crainte et la confiance [7], entre l'honneur et l'opprobre. Le poème le

1 Littéral. « et les poitrines redressent les dos ». On sait que le premier pied du premier hémistiche s'appelle le *sadr* « poitrine » et que le mot *metn* signifie également « texte » et « dos ».

2 Il faut lire او à la place de ان .

3 Littéral. « peu s'en faut qu'en fait de beauté elle ne se manifeste aux spectateurs ».

4 Les hémistiches de ce vers aussi sont mal coupés.

5 Ce vers est mal coupé.

6 Encore un vers mal coupé.

7 Pour منّا , lisez آمنًا .

moins défectueux est celui qui surpasse (les autres) par sa (bonne) ordonnance [1], pourvu qu'il offre un sens clair et évident. Aussi, quand on le récite, tous les hommes voudraient (l'apprendre par cœur), et, quand on essaye de l'imiter, la tentative met en défaut les talents médiocres.

Voici un autre morceau sur le même sujet et dont l'auteur est le poète En-Nachi [2] :

La poésie [3] est la chose dont vous régularisez la mesure et dont vous retouchez le texte afin d'en resserrer les liens ; (c'est elle) dont vous voyez la parure se déranger quand votre style est prolixe, et dont vous augmentez les charmes au moyen de la concision [4]. Dans elle vous unissez les pensées simples aux pensées profondes, l'eau dormante à celle qui coule [5]. Quand vous y louez un homme généreux et digne, et que vous lui payez ainsi la dette de la reconnaissance, vous employez ce que la poésie offre de plus recherché et de plus complet ; vous lui consacrez ce qu'elle possède de digne et de précieux. Votre poème, étant bien constitué par l'enchaînement (régulier) de ses pensées diverses, est facile (à entendre) par l'accord [6] qui règne entre toutes ses parties. Quand vous pleurez, dans vos vers, sur les demeures abandonnées et au souvenir de leurs habitants, vous faites verser des larmes à celui (même) qui est déjà attristé [7] (par ses propres malheurs). Quand vous cherchez une tournure pour exprimer un soupçon injurieux, vous distinguez entre (les termes dont le sens est) clair et ceux dont le sens est) caché, afin que les doutes conçus par l'auditeur

1 La dernière syllabe du mot النظم fait partie de l'hémistiche suivant.

2 Il y avait deux poètes qui portaient le surnom d'En-Nachi : l'un, nommé *Abd Allah*, mourut au Caire l'an 293 (905-906 de J. C.) ; l'autre, nommé *Ali*, mourut à Baghdad en 365 (975 de J. C.)

3 Cette pièce de vers est du mètre appelé *kamel.* Elle est remplie de métaphores qui, traduites à la lettre, n'offriraient aucun sens.

4 Littéral. « dont vous voyez, dans la prolixité, les boucles de cheveux s'embrouiller, et dont vous ouvrez, au moyen de la concision, les yeux qui louchent. »

5 Le vers qui suit ici manque dans les manuscrits C et D, dans l'édition de Boulac et dans la traduction turque. Il se trouve dans le manuscrit A, mais le copiste, ne comprenant pas la signification du troisième mot l'a écrit d'une manière illisible. N'ayant pas le moyen de trouver la bonne leçon, je n'essaye pas d'indiquer le sens du vers.

6 J'adopte la leçon اتفاق , celle qu'a suivie le traducteur turc.

7 La bonne leçon est المحزون .

soient mêlés de certitude [1] et que ses soupçons soient accompagnés de conviction [2]. Quand vous reprochez à un ami quelque faute qu'il aura commise, vous réunissez (dans vos vers) la douceur à la sévérité, afin que votre indulgence le tranquillise et qu'il soit rassuré contre les traits âpres et durs. Quand vous vous brouillez avec celle [3] que vous aimez, parce qu'elle vous a abandonné en vous lançant des regards à troubler le cœur, vous la subjuguez par la grâce et l'élégance de vos vers, et vous la passionnez pour ce qu'ils renferment de secret et de caché. Quand vous cherchez à faire pardonner une faute [4] qui vous aura échappé, et que vous vous efforcez de choisir [5] entre les (expressions) claires et celles qui laissent à penser, la poésie tire de votre faute un motif de reproche contre celui qui vous tenait rigueur, et lui demande ainsi (pour vous) la main (de l'amitié) [6].

Dans l'art de composer (avec élégance) en vers et en prose on ne s'occupe pas des pensées, mais des paroles.

L'art de discourir en vers et en prose ne s'applique pas aux pensées, mais aux paroles ; celles-ci en forment l'objet principal, tandis que les pensées sont de simples accessoires. Aussi celui qui veut s'occuper de cet art et qui tâche d'acquérir la faculté de s'exprimer en vers et en prose, cherche-t-il d'y parvenir à l'aide des mots seuls. Il apprend par cœur les modèles de composition que les (anciens) Arabes (nous) ont laissés, et espère que, par leur fréquente répétition au moyen de l'organe de la parole, il pourra établir solidement dans son esprit la faculté d'employer le langage de Moder, et se débarrasser de l'influence de la langue étrangère à laquelle il s'était habitué dès sa première jeunesse et au milieu de son peuple. Pour y parvenir, il doit se regarder comme un enfant né chez les Arabes, et apprendre leur langage de la même manière que cet enfant ; (il continuera ainsi) jusqu'à ce qu'il soit devenu

1 Il faut lire شكوكه بثباته .
2 Les vers qui suivent manquent dans les manuscrits C et D et dans l'édition de Boulac.
3 Il faut lire التى à la place de الذى .
4 Il faut lire لسقطة .
5 Littéral. « que vous marchez sur des épines ».
6 C'est par conjecture que je traduis ainsi l'expression مطالبا بيمينه .

tout à fait semblable à un Arabe en ce qui regarde le langage. Cela est conforme à ce que nous avons déjà dit, savoir, que le langage est une faculté (qui se manifeste) dans l'émission de la parole et qui s'acquiert en exerçant la langue à répéter fréquemment (les mêmes expressions). En effet, c'est par l'exercice que toutes les facultés s'acquièrent. Or ce que les organes de la parole peuvent fournir ne sont que des mots, puisque les idées (qui y correspondent) restent dans l'esprit. D'ailleurs, les idées se trouvent déjà chez chaque [1] individu, et se tiennent à la disposition de l'entendement pour qu'il en fasse ce qu'il veut. Donc, pour (acquérir des idées,) l'emploi d'un art n'est nullement nécessaire [2]. C'est seulement quand il s'agit de combiner des mots, afin d'énoncer ses idées, que le secours d'un art devient indispensable, ainsi que nous l'avons fait remarquer ailleurs. Les mots sont, pour ainsi dire, les moules dans lesquels on introduit les idées ; or, si l'on puise de l'eau de mer dans un vase d'or, ou d'argent, ou de verre, ou de terre, ou dans une coquille, toujours est-il que la qualité de l'eau restera identiquement la même, et que les différences en fait de bonté (qu'on voudrait y trouver) ne peuvent pas exister dans ces portions d'eau, mais dans les vases, et cela selon la diversité de leurs espèces. Il en est de même du langage et de son emploi dans l'expression des idées ; il est plus ou moins bon selon le degré de mérite que possèdent les combinaisons de mots dont on s'est servi, mérite que l'on peut apprécier quand on examine ces combinaisons sous le point de vue de leur accord avec les idées qu'ils servent à représenter ; quant aux idées, elles gardent toujours leur caractère invariable. Celui qui ne sait pas combiner les mots et les phrases d'une manière qui réponde à ce qui est exigé par la faculté du langage, et qui essaye d'exprimer ses pensées sans pouvoir y bien réussir, est comme l'homme perclus de ses membres qui voudrait se lever et qui en est incapable parce que les forces lui manquent. Dieu vous a appris ce que vous étiez incapable de savoir. (Coran, sour. II, vers. 240.)

La faculté poétique s'acquiert à force d'apprendre par cœur beaucoup de vers, et sa bonté dépend

1 Pour احد , lisez و احد .

2 Les mots فى تاليفها sont de trop ; d'ailleurs ils ne se trouvent ni dans les manuscrits C et D, ni dans l'édition de Boulac.

de celle des morceaux dont on se sera orné la mémoire.

Nous avons déjà dit que, pour bien connaître l'arabe, il faut avoir appris par cœur beaucoup de morceaux appartenant à cette langue. Or le caractère plus ou moins bon de ces morceaux, le rang qu'ils tiennent parmi les autres pièces du même genre et leur nombre plus ou moins grand, tout cela influe sur la bonté de la faculté acquise par celui qui les aura appris. L'homme, qui sait par cœur soit des poèmes ayant pour auteurs [des Arabes de l'islamisme] [1], Habîb, par exemple, ou El-Attabi [2], ou Ibn el-Motezz [3], ou Ibn Hani [4], ou le cherîf Er-Rida, soit les épîtres d'Ibn el-Mocaffâ [5], ou celles de Sehl Ibn Haroun [6], ou celles d'Ibn ez-Zeïyat [7], ou celles d'El-Bedîa [8], ou celles d'Es-Sabi [9], possédera une faculté plus puissante et plus élevée, quant à la juste expression de la pensée, que celui qui aura appris les pièces composées par [les poètes des temps postérieurs,

1 Les mots mis entre crochets ne se trouvent pas dans l'édition de Boulac ni dans les manuscrits C et D.

2 Le poète Kolthoum Ibn Amr, surnommé *El-Attabi,* et natif de Kinnisrîn, vivait sous le règne de Haroun er-Rechîd et jouissait de la protection des Barmékides. Il mourut l'an 208 (823-824 de J. C.).

3 Abd Allah Ibn el-Motezz, arrière petit-fils de Haroun er-Rechîd, se distingua comme poète et comme philologue. En 296 (908 de J. C.), il fut proclamé khalife à la place d'El-Moktader, mais, le lendemain de sa nomination, il fut détrôné et mis à mort par les partisans de son prédécesseur.

4 S'agit-il ici d'Abou Nouas ou de Mohammed Ibn Hani, le plus grand poète de l'Espagne musulmane ? Celui-ci naquit à Séville, passa en Afrique où il gagna la faveur du khalife fatémide El-Moezz et perdit la vie à Barka, l'an 362 (973 de J. C.).

5 Abd Allah Ibn el-Mocaffâ, le traducteur arabe des fables de Bidpaï et auteur d'un recueil d'épîtres écrites dans un style très recherché, fut mis à mort l'an 142 (759-760 de J. C.).

6 Sehl Ibn Haroun, bibliothécaire du khalife El-Mamoun et auteur de plusieurs ouvrages, mourut l'an 245 (859-860 de J. C.).

7 Mohammed Ibn Malek, surnommé *Ibn ez-Zeïyat* et vizir du khalife El-Motacem, jouit d'une grande réputation comme poète et épistolographe. Il fut mis à mort par le khalife El-Motewekkel en l'année 233 (847 de J. C.).

8 Le cadi Abou 'l-Fadl Ahmed, surnommé *Bediâ ez-Zeman* (*la merveille du siècle*), naquit à Hamadan. Il composa un recueil d'épîtres très admiré et une collection de *séances* qui servirent de modèles à Harîri, l'auteur des *Macama.* Bediâ el-Hamadani mourut à Hérat, l'an 398 (1008 de J. C.).

9 Hilal Ibn el-Mohassen es-Sabi, originaire de Harran et membre d'une famille qui professait la religion sabéenne, mourut en 448 (1056 de J. C.), laissant un recueil d'épîtres et plusieurs ouvrages historiques.

tels qu'] [1] Ibn Sehl [2] et Ibn en-Nebîh [3], ou les épîtres d'El-Beïçani [4] et celles d'Eïmad ed-Dîn el-Ispahani [5], car ces auteurs tiennent un rang inférieur à celui des précédents. Cela est évident pour tout esprit judicieux et clairvoyant qui possède la faculté du goût. Le mérite des pièces qu'on a entendu réciter ou qu'on a apprises par cœur réglera celui des pièces qu'on produira plus tard par l'emploi de la faculté, ainsi acquise, et influera sur le caractère de cette faculté. Plus les pièces qu'on aura apprises par cœur tiendront un rang élevé dans le langage, plus sera élevée la faculté à laquelle elles donneront naissance ; car l'esprit est porté par sa nature à imiter les modèles qu'il possède déjà, et plus il reçoit de nourriture, plus il prend de forces. L'esprit humain, bien qu'il soit spécifiquement unique, par sa constitution primitive, offre des variations dans la puissance qu'il possède de recueillir des perceptions. Ces différences proviennent du caractère de ces perceptions, de celui des facultés que l'esprit s'est acquises et des qualités que les choses du dehors lui ont communiquées. C'est par des acquisitions de cette nature qu'il se perfectionne et que sa forme passe de la puissance à l'acte. Les facultés qu'il acquiert lui arrivent graduellement, ainsi que nous l'avons déjà fait observer. Celle de la poésie naît de l'acte même d'apprendre par cœur des vers ; celle de la composition épistolaire se développe à mesure qu'on confie à la mémoire les assonances et les formules qui s'emploient dans les lettres ; la faculté scientifique se forme pendant qu'on s'occupe de sciences, de perceptions, d'investigations et de spéculations ; celle de la

1 Le passage mis entre crochets ne se trouve pas dans les manuscrits C et D, ni dans l'édition de Boulac.

2 Une indication fournie par Eïmad ed-Dîn el-Ispahani, dans son *Kharîda* (manuscrit de la Bibl. imp. n° 1375), me porte à croire que le *kateb* (secrétaire-rédacteur) Abou Bekr Mohammed Ibn Sehl était d'origine sicilienne.

3 Ali Ibn Mohammed Ibn en-Nebîh, natif d'Égypte, était regardé comme le premier poète de son époque. Il mourut l'an 621 (1224 de J. C.).

4 Abd er-Rahman el-Lakhmi, mieux connu sous le titre d'El-Cadi 'l-Fadel, et surnommé *El-Beïçani,* secrétaire d'État et vizir du sultan Salâh ed-Dîn, (*Saladin*), se distingua comme poète et épistolographe. Il mourut au Caire l'an 596 (1200 de J. C.).

5 Mohammed Ibn Mohammed, surnommé *Eïmad ed-Dîn el-Ispahani,* littérateur très célèbre et auteur de plusieurs ouvrages tant historiques que biographiques, servit les sultans Nour ed-Dîn et Salâh ed-Dîn en qualité de vizir. Il naquit à Ispahan l'an 519 (1125 de J. C.), et mourut à Damas l'an 597 (1201 de J. C.). Comme écrivain, il se distingua par la recherche et l'enflure de son style.

jurisprudence provient de l'étude du droit, de la comparaison des questions, de l'examen des ramifications auxquelles ces questions peuvent donner naissance, et de l'investigation des maximes secondaires qui dérivent des principes fondamentaux de la science ; le soufisme transcendant [1] naît des œuvres de dévotion, de la récitation des litanies et de la mortification des sens extérieurs ; ce qui a lieu quand on s'isole du monde autant que possible. L'homme dévot qui aura acquis de cette manière la faculté de se retourner vers le sens intérieur et de rentrer en lui-même devient alors un transcendant. Les autres pratiques déjà indiquées ont également leurs résultats particuliers ; chacune d'elles communique à l'âme sa propre couleur et sa qualité particulière, et, selon qu'elle est bonne ou mauvaise, telle aussi sera la faculté qui en dérive. Celle de la réalisation, (c'est-à-dire la faculté qui sert à l'expression nette et précise de la pensée et) qui tient le premier rang parmi les autres facultés du même genre, s'acquiert en apprenant par cœur ce que le langage offre de meilleur. Voilà pourquoi les jurisconsultes et tous les autres savants ne peuvent jamais atteindre à la réalisation ; car ils avaient commencé tout d'abord par se charger la mémoire de règles scientifiques et de termes de droit, locutions qui, s'écartant complètement des formes admises comme obligatoires dans la réalisation, occupent un rang très inférieur dans le langage. Les termes employés dans les sciences et dans les règles qui s'y rapportent n'ont rien de commun avec l'art de la réalisation [2]. Or, lorsque ces termes ont passé de la mémoire à la réflexion, et qu'ils s'y sont présentés en grand nombre, ils communiquent à l'esprit la teinture qui leur était propre et donnent naissance à une faculté trop imparfaite (pour être appliquée à la réalisation) ; les expressions mêmes dont cette faculté se sert ne correspondent en aucune façon aux formes idiomatiques du langage des Arabes. Aussi voyons-nous que les poèmes composés par des légistes, des grammairiens, des théologiens dogmatiques, des (philosophes) spéculatifs et d'autres, sont remplis d'expressions fournies par la mémoire et ne ressemblant en rien aux locutions pures et légitimes dont se servaient les (anciens) Arabes. Mon digne ami Abou 'l-Cacem Ibn

1 Le mot arabe est *rabbani,* qui signifie « seigneurial, divin ». C'est un des termes employés dans les écrits qui traitent de la haute dévotion.

2 L'auteur se serait exprimé plus correctement s'il avait écrit : لا حظ لها فى البلاغه . Telle est, du reste, la leçon de l'édition de Boulac.

Ridouan [1], écrivain de l'alama sous le gouvernement mérinide, me raconta l'anecdote suivante : « Je causais un jour avec mon collègue Abou 'l-Abbas Ibn Choaïb [2], secrétaire du sultan Abou 'l-Hacen et le premier arabisant du siècle. Dans la conversation, je lui récitai l'exorde d'un poème composé par Ibn en-Nahouï [3], sans lui dire le nom de l'auteur.

Le premier vers était celui-ci :

> En m'arrêtant à contempler les débris de ce campement abandonné, je ne savais reconnaître la différence (ferc) entre les traces récentes et celles qui étaient anciennes.

Quand il entendit ce vers, il me dit : « C'est là de la poésie de légiste. » Je lui demandai à quoi il voyait cela, et il me répondit : « Au mot différence (ferc), qui est un terme de jurisprudence et ne fait pas partie de ceux qui s'emploient dans la langue des Arabes. » Je lui dis alors : « Béni soit votre père ! le poème a pour auteur Ibn en-Nahouï. »

A l'égard des écrivains-rédacteurs et des poètes, le cas en est autrement, parce qu'ils ont eu soin de bien choisir parmi les morceaux qu'ils devaient apprendre par cœur, et parce que, dans leurs épîtres, ils faisaient un grand usage du langage parlé par les (anciens) Arabes et de leurs tours de phrase, dont, du reste, ils avaient appris tout ce qu'il y avait de mieux. Dans une conversation que j'eus, un jour, avec Abou Abd Allah Ibn el-Khatîb, vizir des souverains espagnols (de Grenade) et qui tenait le premier rang comme poète et comme écrivain, je lui adressai ces paroles : « Toutes les fois que je veux composer en vers, je trouve la tâche très difficile, bien que je me connaisse en poésie et que j'aie dans la mémoire ce que le langage possède de meilleur [4] : je sais par

---

1 Voyez, dans l'autobiographie de l'introduction de la 1e partie.

2 Abou 'l-Abbas Ahmed Ibn Choaïb, natif de Fez, se distingua dans la littérature arabe, les sciences intellectuelles, les mathématiques, la médecine, etc. Il remplit les fonctions d'écrivain-rédacteur dans les bureaux du gouvernement mérinide, sous les sultans Abou Saîd et Abou 'l-Hacen. Il mourut de la peste, à Tunis, l'an 749 (1348-1349 de J. C.).

3 Le jurisconsulte Abou 'l-Fadl Youçof, surnommé *Ibn en-Nahouï,* vivait dans le Ve siècle de l'hégire, puisqu'il était contemporain du célèbre philosophe El-Ghazzali. Je soupçonne qu'il était natif de l'Espagne ou de l'Afrique septentrionale.

4 Pour المجيد , lisez للمجيد .

cœur le Coran, les traditions et des discours de divers genres tenus par les (anciens) Arabes [1] ; il est vrai que je n'en sais pas assez. Je crois avoir découvert la véritable cause (de la difficulté dont je me plains) : elle provient de ce que j'avais appris par cœur beaucoup de poèmes composés sur des matières scientifiques et beaucoup de règles tirées d'ouvrages (qui traitent de ces sujets) ; j'avais appris les deux poèmes, le grand et le petit, composés par Chatebi sur les leçons coraniques et sur l'orthographe du texte sacré ; j'avais étudié les deux ouvrages d'Ibn el-Hadjeb sur le droit et sur les fondements de la jurisprudence, le traité de logique composé par El-Khouendji et intitulé El-Djomel (les propositions), et, de plus, j'avais appris aux cours d'enseignement beaucoup de règles (scientifiques). Ma mémoire en fut remplie, et cela a porté atteinte à la faculté que je travaillais à acquérir [2] en apprenant par cœur le Coran, les traditions et les discours des Arabes, et a empêché mon esprit d'atteindre le but auquel il visait. » Quand Ibn el-Khatîb entendit ces paroles, il me considéra avec admiration pendant quelque temps, puis il me dit : « Que Dieu vous garde ! il n'y a qu'un homme comme vous qui soit capable de faire une pareille remarque. »

Ce que nous venons d'énoncer dans le paragraphe précédent fournit aussi la solution d'un autre problème, en faisant connaître pourquoi le langage employé par les Arabes musulmans, tant en prose qu'en vers, occupe, en ce qui regarde l'expression de la pensée et le bon goût, un rang plus élevé que le langage des Arabes antéislamites. Examinez les poésies de Hassan Ibn Thabet [3], d'Omar Ibn Abi Rebîa, d'El-Hotaiya [4], de Djerîr, d'El-Ferezdec [5], de Noseïb [6], de

---

1 Pour وفنون , lisez وفنون من .

2 Je lis استعددت , avec l'édition de Boulac et la traduction turque.

3 Célèbre poète et un des compagnons de Mohammed. Il mourut l'an 54 (674 de J. C.).

4 Abou Moleïka Djerouel, surnommé El-Hotaiya a vécu dans le paganisme et l'islamisme. C'était un poète d'un grand mérite. Il vivait encore sous le khalife Moawîa.

5 Abou Feras Hemmam, surnommé *El-Ferezdec,* mourut la même année que Djerîr, 110 de l'hégire (728-729 de J. C.).

6 Noseïb Ibn Rîah, poète mieux connu sous le nom d'Abou Mihdjen, mourut l'an 108 (726-727 de J. C.)

Ghaïlan Dou ’r-Romma, d’El-Ahouas [1] et de Beschar [2] ; voyez aussi les discours provenant des Arabes qui vécurent sous la dynastie des Omeïades et dans la première période de la dynastie des Abbacides : vous reconnaîtrez que leurs oraisons, leurs épîtres et les récits de leurs entretiens avec les souverains tiennent un rang bien plus élevé, en ce qui regarde l’expression, que les poèmes de Nabegha [3], d’Antara [4], d’Ibn Kolthoum [5], de Zoheïr [6], d’Alcama Ibn Abda [7] et, de Tarafa Ibn el-Abd [8] ; ils dépassent aussi en mérite les discours en prose et les entretiens qu’on attribue aux Arabes du temps qui précédait l’islamisme. Pour constater l’exactitude de ce fait, il ne faut au critique qui s’occupe de rhétorique qu’un goût correct et un esprit sain.

Voici la cause de cette supériorité : les Arabes qui assistèrent à la promulgation de l’islamisme eurent l’occasion d’entendre ce qu’il y avait de plus élevé en fait de langage, savoir, le Coran et les traditions, deux (recueils) [9] tels que le talent de l’homme ne saurait rien produire de pareil. Pendant que leurs cœurs se pénétraient de ces paroles sacrées et que leurs esprits se développaient sous l’influence des tournures (qui distinguent ce langage divin), leur naturel acquit une grande élévation et la faculté de bien s’énoncer dépassa en puissance celle qu’avaient possédée leurs devanciers des temps antéislamiques, gens qui n’avaient jamais entendu un langage aussi beau et qui ne s’y étaient pas habitués depuis leur

1 Le poète satirique Abd Allah Ibn Mohammed, surnommé *El-Ahouas,* fut relégué dans l’île de Dehlac, dans la mer Rouge, par l’ordre du khalife omeïade Omar Ibn Abd el-Azîz ; il en fut rappelé par le khalife Yezîd Ibn Abd el-Melek, et mourut l’an 179 (795-796 de J. C.).

2 Beschar Ibn Bord était d’origine persane. On le regardait comme un des premiers poètes de l’époque. Sa mort eut lieu vers l’an 168 (784 de J. C.).

3 Abou Amama Zîad Ibn Moaouîa ed-Dobyani, surnommé *En-Nabegha,* mourut vers le commencement du VIIe siècle de notre ère.

4 Antara Ibn Cheddâd, l’un des auteurs des sept *Moallacas,* fut tué vers l’an 615 de J. C.

5 Amr Ibn Kolthoum, auteur d’une des *Moallacas,* mourut vers l’époque de l’hégire.

6 Zoheïr Ibn Abi Selma, auteur d’une des sept *Moallacas,* mourut vers l’an 6 de l’hégire (627 de J. C.).

7 Alcama était contemporain de Nabegha ed-Dobyani.

8 M. Caussin de Perceval place la mort de Tarafa à l’an 563 ou 564, environ quarante-deux ans avant l’hégire. Tarafa est l’auteur d’une des *Moallacas.*

9 L’auteur aurait dû écrire اللذين à la place de الذين et بمثلهما à la place de بمثلها .

jeunesse. Aussi le langage des Arabes musulmans, tant en vers qu'en prose, est d'un style plus beau et d'un éclat plus pur que celui de leurs prédécesseurs, les pensées y sont plus solides, et la phraséologie plus correcte, grâce à la connaissance qu'ils avaient acquise d'un genre de langage qui (par son excellence) tient le premier rang. Réfléchissez à ce que je viens de dire, et votre (bon) goût en reconnaîtra l'exactitude, si vous êtes du nombre de ceux qui ont du goût et qui se connaissent en rhétorique. Le cheikh (professeur) et cherîf (descendant d'Ali) Abou 'l-Cacem, qui était, de notre temps, cadi de Grenade, enseignait cet art (la rhétorique). Il l'avait appris à Ceuta sous des professeurs de cette ville, qui étaient tous des élèves de Chelaubîn [1]. Il possédait une connaissance si profonde de la langue arabe, qu'il avait même dépassé le but auquel on pouvait (raisonnablement espérer d') atteindre. Je lui demandai, un jour, pourquoi le langage des Arabes musulmans était supérieur à celui des Arabes antéislamites, fait que son (bon) goût ne lui aurait pas permis de nier. Il me répondit, après avoir gardé le silence pendant un temps assez long : « Par Allah ! je ne le sais pas. » Je lui dis alors : « Je vais vous soumettre ce qui me paraît en être la cause ; » et je lui répétai ce que je viens d'écrire ici. Il en fut tellement frappé qu'il ne proféra pas d'abord une seule parole ; mais enfin il me répondit : « O jurisconsulte ! ce que vous avez dit là mérite d'être écrit en lettres d'or. » Dès ce moment il eut pour moi la plus haute considération, et, pendant qu'il faisait son cours, il écoutait mes observations avec une grande attention, et témoigna qu'il me regardait comme un homme déjà illustre par ses connaissances scientifiques. Dieu créa l'homme et lui apprit l'art d'exprimer les idées.

Sur le discours (ou style) naturel (simple) et le discours artificiel (orné). Indication de ce qui fait le mérite du discours artificiel et des cas dans lesquels il est en défaut [2].

1 Abou Ali Omar Ibn Mohammed es-Chelaubîn, ou Chelaubîni, originaire de Salobrena, port de mer dans la province de Grenade, mourut en l'an 645 (1247-1248 de J. C.). Il est l'auteur d'un grand nombre d'ouvrages.

2 Ce chapitre se trouve dans le manuscrit A et dans la traduction turque. Les manuscrits C et D et l'édition de Boulac ne le donnent pas.

Le discours consiste dans l'expression des idées et dans leur énonciation au moyen de la parole. Il a pour âme et pour essence la transmission de la pensée ; car, s'il n'exprimait rien, il serait comme une chose morte pour laquelle on n'aurait aucune considération. Quand le discours fait bien comprendre la pensée, cela s'appelle réalisation, ainsi que nous le savons par la définition que les rhétoriciens en ont donnée. La réalisation, disent-ils, consiste dans la conformité du discours avec ce qui est exigé par le cas (dont on parle) ; la connaissance des règles et principes à l'aide desquels on établit une conformité entre les combinaisons de mots et les exigences du cas forme la branche de science qui s'appelle réalisation. Les principes et règles, qui s'appliquent aux combinaisons de mots dans le but d'amener cette conformité s'appuient, chacun, sur un grand nombre de cas particuliers qu'on a remarqués dans le langage des Arabes, et forment, pour ainsi dire, un système de lois. Les combinaisons de mots servent, par leur institution primitive, à indiquer le rapport entre le sujet et l'attribut, et se font conformément à certaines conditions et règles qui, à elles seules, composent la majeure partie du système (grammatical) de la langue arabe. Les diverses circonstances particulières à ces combinaisons, savoir, l'antériorité et la postériorité (des termes), leur état soit défini, soit indéfini, le sous-entendu et l'énoncé, la délimitation et la généralisation, etc. désignent [1] les jugements qui peuvent s'énoncer [2] relativement aux rapports qui existent entre les choses ou aux personnes qui se trouvent dans l'acte de se parler ; et cela se fait d'après certaines règles et principes formant un système de lois et s'appliquant à ce qu'on appelle la science des pensées, qui est une branche de la réalisation [3]. Les règles de la grammaire se trouvent comprises dans celles de la science des pensées, parce qu'elles désignent des rapports et sont, en conséquence, une partie de celles qui indiquent les circonstances particulières à chaque espèce de rapport.

Toute combinaison de mots qui ne suffit pas pour représenter ce

1 Je lis تفيد

2 Littéral. « Les jugements qui embrassent extérieurement ».

3 Dans ce chapitre, l'auteur regarde la *science des pensées* comme une branche de la science de la réalisation ; mais il me semble, d'après ce qu'il a déjà dit ci-devant, page 325, que l'une est identique avec l'autre. Telle est aussi l'opinion de M. de Sacy. (Voy. *Anthol. gram.* p. 307.)

que le cas exige, parce qu'elle aura violé une règle de la grammaire ou de la science des pensées, ne répond pas à ces exigences et mérite d'être reléguée au nombre des expressions vagues qui comptent parmi les choses mortes (et inutiles). Quand on est parvenu à faire comprendre tout ce que le cas exige, l'esprit se met à passer d'une pensée (ou proposition) à une autre, selon les divers genres d'indications que chacune d'elles peut fournir. En effet, comme chaque combinaison, (de mots) sert, par institution, à désigner une certaine pensée, l'esprit se transporte de cette pensée (ou de cette proposition) à une autre qui en est la conséquence obligée, ou bien à celle qui en est la cause nécessitante, ou bien encore à une (proposition) qui ressemble à la première [1]. (Une de ces propositions) est alors un trope [2], qui se présente sous la forme d'une métaphore ou d'une métonymie, ainsi que cela se trouve indiqué ailleurs. Ce transport de l'esprit procure à la faculté, réflexive un plaisir pareil à celui qu'elle aurait éprouvé en comprenant (la pensée, exprimée par la phrase), ou même un plaisir plus fort, parce que, dans les deux cas, il a réussi à saisir la pensée indiquée en s'aidant de (la phrase qui en est) l'indicateur ; et l'on sait que la réussite est une des causes du plaisir. Les diverses manières d'après lesquelles l'esprit se transporte d'une pensée à une autre sont soumises à certaines conditions et principes qui forment, pour ainsi dire, un corps de règles. De là naquit un art auquel on a donné le nom d'exposition. Cet art est le frère de celui qu'on appelle la science des pensées et qui sert à rendre compréhensibles les exigences du cas ; en effet, il s'occupe des idées qui sont exprimées par des combinaisons (de mots) et de ce que ces (combinaisons) peuvent indiquer, pendant que, dans la science des pensées, on s'occupe des circonstances mêmes qui caractérisent chaque combinaison, et on les examine sous le point de vue de ce qu'elles indiquent. Or la parole et la pensée sont, comme vous le savez, deux compagnons étroitement attachés. La science des pensées et celle de l'exposition forment ainsi une partie de la réalisation, et c'est avec leur aide qu'on parvient à faire comprendre ses pensées d'une manière complète, et à énoncer les exigences de chaque cas dans des termes qui leur correspondent exactement. Toute combinaison de mots qui ne répond pas suffisamment à la pensée et qui ne la fait pas

1 Je lis شبيهه , avec le traducteur turc.
2 Je lis مجاز , au nominatif.

bien entendre est loin d'atteindre au degré de la réalisation ; aussi les rhétoriciens mettent-ils ces combinaisons au niveau des cris d'animaux. A vrai dire, on doit les regarder comme n'appartenant pas à la langue arabe ; car celle-ci fait parfaitement concorder la phrase avec les exigences du cas qu'elle représente. On voit, d'après ces observations, que la réalisation est le fond, le caractère spécial, l'âme et la nature même de la langue arabe.

Il faut maintenant savoir que les rhétoriciens entendent par le terme discours naturel un discours qui montre la perfection de sa nature et de son caractère par la bonne manière dont il fait comprendre l'idée à l'expression de laquelle on l'avait employé. En effet, le discours est l'expression d'idées et leur énonciation au moyen de la parole. Il n'est pas une simple émission de sons, mais un (artifice) au moyen duquel celui qui parle entreprend de communiquer à la personne qui l'écoute les idées qu'il a dans son propre esprit, et cela d'une manière parfaite, en désignant ces idées par des indices (certains).

Quand les phrases se trouvent revêtues du caractère particulier (la clarté) qui est le fondement même du discours, on peut y ajouter divers genres de parure afin de leur donner, pour ainsi dire, l'éclat de l'élégance : on les orne de rimes ; on établit un parallélisme entre les propositions [1] ; on coupe le discours de diverses manières et d'après certains principes ; on y emploie des mots à double entente afin de dissimuler l'idée qu'il s'agit d'exprimer ; on y met en rapport des termes dont les significations sont opposées, et tout cela afin d'amener des jeux de mots et des jeux d'esprit. De cette façon on donne au discours un éclat et un agrément qui charment l'oreille, et on y ajoute la douceur et la beauté ; et cependant on n'a aucun besoin de tout cela pour faire bien comprendre ses idées.

On trouve des traces de cet art dans divers endroits du discours inimitable (le Coran) ; nous y lisons : oua'l-laili idha yaghcha oua'n-nehari idha tedjella (c'est-à-dire, par la nuit quand elle voile, par le jour quand il brille) [2] ; voyez aussi les mots féamma men aata wattaca wa saddaca bil-hosna (c'est-à-dire, mais celui qui donne et qui craint, et qui croit à la plus belle des religions), jusqu'à la fin

1 Je lis جمل à la place de حمل .
2 *Coran*, sour. XCII, vers. 1.

des versets dans lesquels cette sourate est divisée [1] ; voyez encore féamma men tagha wa aathera 'l-haiat ad-donya (c'est-à-dire, quiconque a été impie et qui a préféré la vie d'ici-bas), jusqu'à la fin de la sourate [2] ; voyez aussi oua hom yahsebouna annahom yohsinouna sonaan (c'est-à-dire, et eux, ils croient qu'ils ont fait pour le mieux) [3]. Nous pourrions citer bien d'autres passages de ce genre. Mais (à l'exception du texte coranique) ces embellissements s'ajoutent après coup aux phrases et lorsque celles-ci offrent déjà un sens parfaitement complet.

On remarque aussi ce genre d'ornement dans le langage des Arabes qui vivaient avant l'islamisme, mais ils s'en servaient sans y penser et sans avoir eu le dessein de l'employer. On dit que les poèmes de Zoheïr en offrent des exemples. Quant aux Arabes du temps de l'islamisme, ils employaient ces embellissements tantôt à dessein et tantôt sans les avoir recherchés, et produisaient ainsi des choses admirables. Les premiers qui frayèrent cette voie furent Habîb Ibn Aous, El-Bohtori et Moslem Ibn el-Oueliîd [4] ; épris d'une vive passion pour cet art, ils y firent des merveilles. Beschar Ibn Bord et Ibn Herma [5] furent, dit-on, les premiers qui le travaillèrent avec soin, et furent aussi les derniers de cette série de poètes dont les vers font autorité dans le langage et sont cités comme exemples de bon arabe. Ils eurent pour successeurs Kolthoum Ibn Amr el-Attabi [6], Mansoûr en-Nomeïri [7], Moslem Ibn el-Ouelîd [8] et Abou Nouas. Après ceux-ci vinrent Habîb et El-Bohtori, ensuite parut Ibn el-Motezz qui perfectionna la science des ornements et l'art (de les appliquer). Nous allons donner des exemples de poésie naturelle, dépourvue de tout art : Tel est le vers de Caïs Ibn Doreïdj [9] :

1 *Ibid.*, sour. XCII, vers. 5 et 6.
2 *Ibid.*, sour. LXXIX, vers. 37 et 38.
3 *Ibid.*, sour. XVIII, vers. 104.
4 Mort en 208 (823-824 de J. C.).
5 Les vrais noms d'Ibn Herina étaient Ibrahîm Ibn Ali el-Fihri (membre de la tribu de Coreïch). Il naquit l'an 90 (708-709 de J. C.) et mourut l'an 176 (792 -793). Il habitait Médine, était adonné au vin et se faisait remarquer par son avarice.
6 Il faut supprimer la conjonction du mot والعتابي .
7 Mansour Ibn Zibircan en-Nomeïri mourut probablement vers la fin du IIe siècle de l'hégire, car nous avons le lui des vers composés en l'an 185 (801 de J. C.).
8 Ici l'auteur se contredit ; voyez quelques lignes plus haut.
9 Le poète Abou Zeïd Caïs Ibn Doreïdj el-Leïthi mourut l'an 65 (684-685 de J. C.).

> Je sors de l'enceinte des tentes afin de parler de vous, en secret, avec mon âme.

Tels sont aussi ces vers de Kotheïyer :

> Après avoir quitté Azza et qu'elle fut partie, j'étais, par mon amour pour elle, comme celui qui espère jouir de l'ombre d'un nuage afin d'y faire la méridienne, et, au moment où il se dispose à dormir, le nuage disparaît.

Voyez combien ce style naturel et dépourvu d'art a de fermeté, et avec quelle précision les mots s'y trouvent combinés ; si ce fond avait reçu les ornements de l'art, il aurait été encore plus beau.

La poésie artificielle se propagea beaucoup à partir du temps de Beschar et de son successeur Habîb et de leurs contemporains. Ibn el-Motezz vint alors et compléta l'art. Les poètes des temps postérieurs suivirent leurs devanciers dans la même carrière et tissèrent, comme eux, sur le même métier. Les formes de cet art se multiplièrent chez ceux qui le cultivaient, et ses diverses divisions [1] reçurent des noms techniques qui variaient (selon les écoles). Beaucoup de savants regardent la science des ornements comme une branche de la réalisation, bien qu'elle n'ait aucune part dans la communication de la pensée et qu'elle serve uniquement à orner et à embellir. Ceux d'entre les anciens qui la cultivaient pensaient qu'elle ne rentrait pas dans la science de la réalisation, et la mettaient au nombre de ces branches de littérature qui (ne forment pas de sciences, parce qu'elles) n'ont pas d'objet; telle est l'opinion d'Ibn Rechîk dans son Omda et celle des littérateurs espagnols.

Une des conditions qu'on a mises [2] à l'emploi de cet art est que les ornements se présentent (dans la pièce tout naturellement), sans qu'on se soit donné la peine de les chercher et sans qu'on se soit préoccupé de l'effet qu'ils doivent produire. S'ils s'offrent spontanément, il n'y a rien à dire, car, n'étant pas amenés à dessein, ils épargnent au discours le défaut de tomber dans le barbarisme ; mais, lorsqu'on s'impose la tâche de rechercher péniblement ces ornements, on est réduit à négliger les principes qui règlent les combinaisons des mots qui sont le fond du discours ; cela porte atteinte aux bases mêmes de la clarté d'expression et fait disparaître

1 Le texte porte القاب .
2 Je lis وذكروا à la place de وذكرا .

la netteté et la précision qui doivent caractériser le discours ; rien ne reste alors, excepté les ornements. Voilà cependant le style qui prédomine de nos jours ; mais les rhétoriciens qui ont du goût se moquent des personnes qui recherchent ce genre (d'embellissements) et les regardent comme incapables de faire autre chose. J'ai entendu dire à un de nos cheikhs, l'ostâd (maître) Abou 'l-Berekat el-Belfîki, qui était l'homme le plus distingué de l'époque par sa connaissance profonde de la langue et par un génie fait pour la goûter : « Ce que je pourrais désirer [1] de plus agréable serait de voir prendre, quelque jour, ceux qui cultivent les diverses branches de la science des ornements, soit en prose, soit en vers, et d'être présent pendant qu'on leur infligerait un châtiment des plus sévères et qu'un crieur public annoncerait leurs méfaits. Cela serait un avertissement pour leurs élèves et les empêcherait de pratiquer cet art ; car ceux qui s'en occupent ont hâte d'oublier celui de la réalisation. »

Une autre condition qui doit s'observer à l'égard de la science des ornements est d'en faire un rare emploi ; que le poète l'applique à deux ou trois vers d'un poème, cela suffira pour donner de l'élégance et de l'éclat à toute la pièce. L'emploi trop fréquent d'ornements est une faute, ainsi qu'Ibn Rechîk et autres l'ont dit. Notre cheikh, le cherîf Abou 'l-Cacem es-Sibti [2], celui qui, de tous les hommes de son époque, a fait le plus pour propager en Espagne la culture de la langue arabe, a dit : « Quand un poète ou un secrétaire-rédacteur aurait l'intention d'employer ce genre de figures, il commettrait une grande faute s'il en faisait un usage trop fréquent : il en est des figures employées pour orner le discours comme des petites taches qui se voient sur un beau visage : un ou deux grains de beauté l'embellissent beaucoup ; mais, s'ils y sont en grand nombre, ils ne servent qu'à l'enlaidir.

La prose, avant et après l'islamisme, a eu un sort analogue à celui de la poésie ; bien qu'elle fût libre de toute entrave, on y remarquait un parallélisme entre les propositions [3], et la forme des phrases montre que les périodes avaient reçu cette disposition sans que les

1 Je crois qu'il faut lire نقترحه .

2 Abou 'l-Cacem Mohammed Ibn Ahmed el-Haceni es-Sibti, natif de Ceuta, était un des professeurs du vizir Lisan ed-Dîn. Il mourut à Grenade, l'an 761 (1359-1360 de J. C.).

3 Je lis حمله .

auteurs se fussent donné la peine d'y faire entrer des assonances et de s'occuper de l'emploi de l'art. (Cela continua) jusqu'à ce que parût Ibrahîm Ibn Hilal es-Sabi, secrétaire des souverains Bouïdes, qui, s'étant beaucoup appliqué à l'art des ornements et à l'emploi d'assonances, produisit des effets merveilleux. On lui reproche toutefois comme une faute de s'attacher à ce style dans les écrits émanant du sultan ; mais il s'y trouva obligé parce que ces princes avaient l'habitude de parler une langue non arabe, et qu'ils vivaient à une époque bien loin de celle où la culture de la langue arabe florissait sous la haute protection du khalifat. Après Sabi, cet art se répandit, et la prose des écrivains postérieurs en fut remplie ; le souvenir du beau style épistolaire se perdit alors tout à fait, les documents émanant du sultan et les lettres adressées à des amis se ressemblèrent par le style, l'arabe pur se trouva mêlé avec celui de la basse classe, ainsi que les troupeaux se trouvent mélangés dans la prairie quand on les a laissés sans gardiens.

Tout ce que nous venons d'exposer montre que le discours (ou style) artificiel, quand on le rédige avec peine et comme une tâche, est inférieur en mérite au discours naturel, car alors on y néglige trop les principes fondamentaux de l'art de bien dire : je laisse au bon goût d'en juger. Dieu vous a créés et vous a appris ce que vous étiez incapables de savoir.

Du dédain que les personnages haut placés montrent pour la culture de la poésie.

La poésie était pour les anciens Arabes un registre dans lequel ils consignaient leurs connaissances scientifiques, leur histoire et leurs maximes de sagesse. Les chefs arabes la cultivaient à l'envi l'un de l'autre ; ils allaient stationner à la foire d'Okad, afin d'y réciter leurs vers [1], et chacun d'eux soumettait aux grands maîtres de l'art et aux connaisseurs la toile qu'il avait tissée, afin d'en faire apprécier la texture. Ils portèrent si loin l'émulation [2], qu'ils cherchèrent à faire suspendre leurs poèmes aux colonnes de la Maison Sainte, objet de leur pèlerinage, demeure de leur père Abraham. C'est ce que firent

1 Lisez كل واحد منهم .
2 Lisez المناغاة .

Amro 'l-Caïs, Nabagha ed-Dobyani, Zoheïr Ibn Abi Selma, Antara Ibn Cheddad, Tarafa Ibn el-Abd, Alcama Ibn Abda, El-Acha et les autres auteurs des neuf Moallacas [1]. Pour arriver à cet honneur, il fallait que le (poète) fut un homme influent, soit par la puissance de sa tribu ou de son parti, soit par le rang qu'on tenait parmi les descendants de Moder. C'est au moins ce qu'il a rapporté en expliquant pourquoi on donna à ces poèmes le nom de Moallacas (suspendus).

Plus tard, dans les premiers temps de l'islamisme, les Arabes négligèrent la poésie pour s'occuper de la religion, de la mission du Prophète et de la révélation divine. Ils eurent l'esprit tellement frappé du style et de la composition du Coran qu'ils restèrent muets et gardèrent le silence, sans essayer de rien produire, soit en prose, soit en vers. Cela continua jusqu'à ce qu'ils se fussent familiarisés avec les principes de bonne direction fournis par la religion, et puis, comme aucune révélation n'était venue pour défendre la poésie et pour la proscrire, et comme le Prophète écoutait volontiers les vers qu'on venait lui réciter et qu'il récompensait ceux qui les avaient composés, les Arabes revinrent à leur ancienne habitude [2]. Omar Ibn Abi Rebîa, qui, à cette époque, était le plus grand (poète) d'entre les Coreïchides, se distingua en plusieurs occasions par son talent poétique ; il tenait un rang élevé (parmi les poètes) et récitait très souvent ses vers à Ibn Abbas, qui s'arrêtait toujours pour les entendre et qui les écoutait avec plaisir. Quand les musulmans eurent ensuite fondé un vaste empire et une puissante dynastie, les Arabes cherchèrent dans la poésie le moyen de s'attirer la fleur de la famille régnante : ils chantaient les louanges des khalifes et recevaient d'eux des récompenses très considérables, mais toujours proportionnées au mérite de ces compositions et au rang que les auteurs tenaient dans leurs tribus. Ces princes recevaient avec un grand empressement les poèmes qu'on venait leur offrir, parce qu'ils y trouvaient les souvenirs les anciens temps, l'histoire des Arabes, leurs idiomes et leur langage le plus noble. Aussi les Arabes

---

1 On compte ordinairement sept *Moallacas*, celles d'Amro 'l-Caïs, de Tarafa, de Zoheïr, de Lebîd Ibn Rebîa, d'Amr Ibn Kolthoum, d'Antara et de Hareth Ibn Hilliza. Ceux qui comptent neuf *Moallacas* ajoutent à cette liste les noms de Nabegha et d'El-Acha, ou bien ceux d'Alcama et d'El-Acha.

2 Les manuscrits C et D, ainsi que l'édition de Boulac, portent د يد نهم à la place de د ينهم . Les deux mots ont le même sens.

obligèrent-ils leurs enfants à apprendre ces poèmes par cœur.

Cet état de choses se maintint pendant toute la durée de la dynastie omeïade et dans la première période de la domination des Abbacides. Voyez, à cet égard, ce que l'auteur de l'Icd a rapporté, dans son chapitre sur la poésie et les poètes, au sujet des entretiens de (Haroun) Er-Rechîd avec El-Asmaï [1] ; vous y trouverez que ce khalife avait des connaissances très solides en poésie, qu'il s'occupait à composer des vers, qu'il savait distinguer le bon langage du mauvais, et qu'il avait appris par cœur un grand nombre de poèmes. Quant aux souverains qui vinrent remplacer les Abbacides, l'arabe était pour eux une langue étrangère qu'ils durent apprendre comme un art, parce que l'idiome dont ils avaient l'habitude de se servir les empêchait de le bien connaître. Les poètes se mirent alors à faire des vers en l'honneur d'émirs étrangers, pour lesquels cette langue n'avait aucune importance, et cela dans le seul but [2] d'obtenir des récompenses. C'est ce que firent (Abou Temmam) Habîb, El-Bohtori, El-Motenebbi et Ibn Hani. Les poètes qui sont venus après eux ont continué, jusqu'à nos jours, à suivre leur exemple. Aussi la poésie ne s'emploie presque plus que dans le but de mendier des dons ; on a cessé de l'encourager, parce qu'elle n'offre plus de ces avantages qu'on y trouvait autrefois. Pendant les derniers siècles, tous les hommes de cœur et tous les personnages haut placés ont dédaigné de s'en occuper ; aussi a-t-elle perdu toute considération : composer des vers est maintenant indigne d'un homme qui occupe un haut commandement et déshonorant pour ceux qui remplissent de grandes charges. Dieu fait alterner les nuits et les jours.

Sur la poésie contemporaine chez les Arabes (nomades) et les habitants des villes.

La poésie n'est pas un attribut spécial de la langue arabe : elle existe dans tous les idiomes, tant arabes qu'étrangers. Les Perses eurent des poètes et les Grecs aussi. Aristote, dans son ouvrage sur la logique, a fait mention du poète Omîros (Homère) [3] et en a

1 *Ibid.* p. 30.

2 Je lis الاغراض.

3 C'est dans la Rhétorique qu'Aristote fait l'éloge d'Homère, mais on sait que

parlé avec éloge. Les Himyarites eurent aussi des poètes de premier ordre [1]. Lorsque la langue du peuple modérite se fut corrompue, et que leur idiome, dont les règles philologiques et grammaticales ont été consignées dans des recueils, se fut altéré, les Arabes qui vinrent ensuite se servirent de dialectes qui différaient les uns des autres, selon le mélange plus ou moins fort d'éléments étrangers qui s'y étaient introduits. Ces Arabes employèrent alors une langue qui différait de celle de leurs prédécesseurs, les Modérites, et qui s'en distinguait par les désinences grammaticales, par les significations assignées à un grand nombre de termes et par les formes des mots. Il en fut de même des Arabes qui adoptèrent la vie sédentaire et qui se fixèrent dans les villes ; il se forma chez eux un autre dialecte qui différait de la langue de Moder par la syntaxe des désinences, par les significations de beaucoup de mots et par les inflexions grammaticales. Il différait aussi de la langue usitée chez la race arabe (nomade), celle qui existe encore de nos jours. Chacun de ces idiomes offrait encore des différences qui provenaient des usages conventionnels de chaque localité. Le dialecte employé en Orient par les habitants (de la campagne) et par ceux des villes n'est pas le même que celui dont on se sert dans les contrées et dans les villes de l'Occident ; il diffère aussi de celui qui se parle chez les habitants de l'Espagne.

Mais la poésie existe, par la nature même des choses, chez les peuples de toute langue, car l'usage de couper les phrases d'après le nombre de lettres mues et quiescentes [2], et d'après la correspondance (mutuelle des pieds dans les vers), estimé chez tous les peuples. Il ne faut pas croire que l'art poétique n'a pu exister que dans une seule langue, je veux dire dans celle des Modérites, peuple qui, comme chacun le sait, avait produit les cavaliers les plus distingués et les plus brillants dans la carrière de la poésie. Bien au contraire, les peuples qui ont un idiome particulier, les Arabes barbarisants [3],

les Arabes rattachèrent ce traité à celui de la Logique.

1 Il est évident que notre auteur parle ici des anciens Himyarites ; mais, à son époque, rien ne restait de leur langue excepté un très petit nombre de mots. Ce peuple a pu avoir des poètes, mais les Arabes ne connurent presque rien, ni de leur histoire, ni de leurs poèmes.

2 C'est-à-dire les syllabes longues et brèves.

3 L'auteur, en suivant une théorie préconçue, partage le peuple arabe en quatre grandes races. La première, qu'il désigne par le nom d'*Arabes arabisants* (c'est-à-dire les Arabes de race pure), se composait d'Amalékites, d'Adites,

par exemple, et les habitants des villes, composent encore des vers, en y faisant de leur mieux, et construisent l'édifice de leurs poèmes conformément au génie du dialecte dont ils se servent. La race arabe qui nous est contemporaine, et dont le langage s'est beaucoup écarté de celui des Modérites, leurs prédécesseurs, par suite de son mélange avec des éléments étrangers, ces Arabes composent encore aujourd'hui des vers sur tous les sujets que leurs prédécesseurs, les Arabes arabisés, avaient traités. Ils produisent des morceaux très étendus, dans lesquels on reconnaît la marche et les pensées de l'ancienne poésie : on y retrouve la mention de la bien-aimée, l'éloge, l'élégie et la satire. On y voit aussi qu'ils savent ménager les transitions afin de passer d'un sujet à un autre, et qu'il leur arrive quelquefois d'entrer tout d'abord dans la matière dont ils veulent parler. Chacun de ces poèmes commence ordinairement par indiquer le nom de celui qui l'avait composé ; l'auteur passe ensuite à l'éloge de sa maîtresse. Les Arabes du Maghreb donnent aux cacîdas (ou poèmes) de ce genre le nom d'asmaïennes, en souvenir d'El-Asmaï, le grand rapporteur des anciennes poésies arabes. Les Arabes de l'Orient les désignent par le terme bédawiya (bédouins), [ou hauraniya ou caïsiya] [1]. On les chante quelquefois, après y avoir adapté des airs très simples, mais nullement conformes à la théorie de l'art musical. Ils désignent les poèmes qui se chantent par le terme hauraniens, mot dérivé de Hauran, qui est le nom d'une province située sur les frontières de l'Irac et de la Syrie, et dans laquelle les Arabes nomades ont continué à camper et à stationner jusqu'à ce jour. Il y a encore chez ces Arabes un genre de poème

de Tamoudites et d'autres tribus descendues d'Arem et de Lud, fils de Cham. Cette race s'éteignit à une époque très reculée. La seconde race, appelée *Arabes arabisés,* descendait de Himyer, fils de Saba. La troisième se composait des *Arabes successeurs des Arabes,* c'est-à-dire des descendants de Codaa, de Cahtan et d'Ismaïl. Ce furent eux qui fondèrent l'empire musulman. Les Arabes de la quatrième race, ayant laissé leur langue s'altérer par la suppression d'une grande partie des inflexions grammaticales et par l'introduction d'éléments étrangers ou barbarismes, sont désignés dans cet ouvrage par le nom d'Arabes *barbarisants.* Ce sont eux qui, de nos jours, habitent l'Arabie, la Syrie, l'Égypte et l'Afrique septentrionale.

1 Le passage mis entre crochets ne se trouve que dans le manuscrit A et la traduction turque. Le mot *hauraniya* signifie *hauranien* (composé par les Arabes de la province de Hauran en Syrie) ; par le terme *caïsiya,* on désignait les poèmes composés par les Arabes de la tribu de Caïs, et ceux-ci se tenaient ordinairement dans le Hauran.

qui est très usité et qui se compose de stances renfermant chacune quatre vers [1], dont le dernier diffère par la rime [2] des trois autres. La même rime se reproduit à la fin de chaque quatrième vers de la cacîda (poème). Ce genre de poème ressemble aux morabbâ et aux mokhammés [3] dont on doit l'invention à des poètes musulmans qui vécurent à une époque assez moderne. Dans les pièces dont nous parlons, les Arabes exprimaient leurs idées avec une netteté

1 Littéral. « formant quatre branches ».

2 Pour روية , lisez رويه .

3 Dans les *morabbâ*, ou quatrains, on ajoutait à chaque hémistiche d'un ancien poème trois hémistiches nouveaux, afin d'en développer la pensée ou de la modifier. Le *mokhammès,* ou quintain, ressemblait au *morabbâ,* mais se composait de cinq hémistiches.

parfaite, et ont possédé depuis [1] des (poètes) d'un grand talent.

Les savants des derniers siècles et la plupart de ceux qui, de nos jours, cultivent les sciences, et surtout celles qui se rattachent à la langue, méprisent le genre de poésie que ces Arabes ont adopté, et, quand on leur récite de ces pièces, ils les écoutent avec un dédain profond [2]. Ils s'imaginent qu'elles offensent le bon goût, parce qu'elles sont dans une langue abâtardie et que les désinences grammaticales ne s'y emploient pas. Mais ce sentiment n'est provenu chez eux que de l'impuissance où ils se trouvaient d'apprécier le mérite de cette langue ; s'ils avaient possédé la même faculté de la comprendre qui existe chez les (Arabes bédouins), ils auraient trouvé dans leur propre goût et dans la disposition naturelle de leur esprit, — si toutefois ils avaient eu le goût sain et le jugement droit, — ils y auraient trouvé un fort témoignage en faveur de la capacité que cette langue possède pour exprimer des idées. Quant aux inflexions désinentielles, elles n'ont rien à faire avec l'expression exacte des idées, avec cet art de réalisation qui [3] consiste dans la correspondance de la parole avec la pensée [4] et avec les nuances qu'il faut exprimer [5]. Peu importe que le refâ [6] indique l'agent (ou le sujet) et que le nasb [7] désigne le patient (ou l'objet), ou vice versa ;

1 Les manuscrits portent والمتاضرون avec la conjonction.

2 J'avoue que je partage l'opinion des savants musulmans au sujet de ces poèmes. On verra, par les échantillons que l'auteur va nous en donner et dont il a ramassé une grande partie chez les Arabes bédouins de l'Afrique septentrionale, que le style est très incorrect et souvent très obscur, que les règles de la grammaire et de la prosodie n'y sont pas respectées, et que le langage dans lequel ils sont écrits diffère beaucoup de l'ancien arabe et même de l'arabe vulgaire, tel qu'on le parle de nos jours. Les morceaux africains appartiennent au dialecte d'une tribu qui avait longtemps habité la province de Bahreïn en Arabie, et qui s'était toujours fait remarquer par la rudesse de ses mœurs et l'incorrection de son langage. Ces pièces ont cependant une certaine importance, puisqu'elles montrent qu'au Ve siècle de l'hégire les formes de l'arabe vulgaire étaient déjà usitées chez les Arabes nomades : nous y trouvons *elli* mis pour *elledi, elleti, elledîn, etc. ândou* pour *andahou, liya* pour *li, mecherta* pour *mechreta*, etc.

3 Pour و انما , lisez انما .

4 Pour المقصود , lisez للمقصود .

5 A l'exemple du traducteur turc, je n'essaye pas de rendre les mots من الوجود فيه . Je crois, cependant, qu'ils signifient correspondance qui provient des qualités qui existent dans cette langue.

6 Le *refâ* est la voyelle finale qui marque le cas nominatif dans les noms et l'aoriste du mode indicatif dans les verbes.

7 Le *nasb* désigne le cas accusatif des noms et le mode subjonctif de l'aoriste

les circonstances accessoires offertes par le discours suffisent pour lever toute incertitude à cet égard ; le langage parlé maintenant nous en offre la preuve. D'ailleurs, les indications de ce genre sont purement conventionnelles et dépendent des usages adoptés par chaque peuple dans l'emploi de sa langue. Or, lorsqu'on a pu distinguer ce qui est de convention dans l'exercice d'une faculté, qu'on a vu clairement que les indications (offertes par cette faculté) sont exactes, et qu'on a reconnu que ces indications répondent aux intentions de celui qui parle et aux exigences du cas, alors (on peut le dire) la réalisation (de l'idée par la parole) s'est effectuée bien que les règles établies par les grammairiens ne soient pas observées. Quant aux tournures reçues dans la poésie et aux divers genres de poèmes, tout cela se retrouve dans les productions de ces Arabes : rien n'y manque, excepté les voyelles qui marquent les cas et qui devraient se trouver à la fin des mots. En effet, la plupart des mots se terminent par une pause [1] ; mais les indications fournies par les accessoires de la phrase suffisent, chez ces Arabes, pour faire distinguer l'agent du patient et le sujet de l'attribut, sans qu'on ait besoin de recourir à l'emploi de voyelles désinentielles.

Voici un de leurs poèmes : il est censé avoir été prononcé par le chérif Ibn Hachem, et exprime la douleur que le cherîf éprouve en se voyant séparé d'El-Djazia, fille de Serhan [2].

---

des verbes.

1 C'est-à-dire : la consonne finale du mot ne prend pas de ces voyelles qui servent à indiquer des rapports grammaticaux.

2 On sait qu'au milieu du Ve siècle de l'hégire El-Mostancer, le khalife fatémide qui régnait au Caire, envoya plusieurs tribus arabes contre El-Moezz Ibn Badîs, son lieutenant en Ifrîkiya, lequel s'était mis en révolte contre lui. Ces Arabes comptaient alors parmi leurs chefs Hacen Ibn Serhan, Bedr Ibn Serhan, Fadl Ibn Nahed, Madi Ibn Mocreb, Dîab Ibn Ghanem, Tholeïdjen Ibn Abès, Zeid el-Addjadj Ibn Fadel, etc. Les poèmes que notre auteur va donner font mention de quelques-uns de ces chefs. Pour les détails de cette invasion, voyez l'*Histoire des Berbers,* t. I, p. 28 et suiv. Voici ce que notre auteur y dit (p. 41) au sujet du cherîf Ibn Hachem et de ces poèmes : « On conserve chez les Arabes hilaliens des récits fort curieux relativement à leur entrée en Ifrîkiya. Ainsi ils prétendent que le chérif Ibn Hachera, prince du Hidjaz, et appelé, selon eux, Chokr Ibn Abi 'l-Fotouh, contracta une alliance avec leur chef, Hacen Ibn Serhan, dont il épousa la sœur, El-Djazia, et que de ce mariage naquit un fils appelé *Mohammed.* »

« Des querelles et des dissensions s'étant ensuite élevées entre le cherîf et les membres de la tribu, ceux-ci prirent la résolution de passer en Afrique ; mais, d'abord, ils usèrent de ruse afin de pouvoir emmener la femme du cherîf. D'après leurs conseils, elle demanda à son mari la permission d'aller visiter

Le poète y parle du départ de cette femme pour le Maghreb avec sa famille :

Le chérif Bou 'l-Hîdja Ben Hachem [1] a dit au sujet de

ses parents. Il y donna son consentement et l'accompagna jusqu'au lieu où la tribu était campée. On partit alors, emmenant le cherîf et son épouse, avec l'intention apparente de le conduire à un endroit où l'on se livrerait, le lendemain, au plaisir de la chasse, et de revenir au lieu du campement aussitôt que les tentes y seraient dressées de nouveau. Tant qu'ils se trouvaient sur le territoire du cherîf, ils lui cachaient leur véritable projet ; mais, lorsqu'ils eurent atteint les terres situées hors de la juridiction de ce chef, ils le renvoyèrent à la Mecque, le cœur rempli de douleur en se voyant enlever la personne qu'il aimait tant. Sa femme continua à ressentir pour lui un amour égal à celui qui le tourmentait, et elle mourut enfin, victime de sa passion. Encore aujourd'hui, dans la tribu de Hilal, on raconte au sujet de ces deux amants des histoires à faire oublier celles de Caïs et de Kotheiyer. On rapporte aussi un grand nombre de vers attribués au cherîf et à sa femme. Bien que ces morceaux ne manquent pas de régularité et de cadence, ainsi que de tournures, soit naturelles, soit artistiques, on y remarque des interpolations, des altérations et des passages controuvés. Les règles de la syntaxe désinentielle y sont tout à fait négligées ; mais nous avons dit dans nos Prolégomènes que l'absence des inflexions grammaticales n'influe nullement sur la juste expression de la pensée. Il est vrai que les gens instruits, habitants des villes, n'aiment pas à entendre réciter de tels poèmes, parce que les désinences grammaticales y manquent ; un tel défaut, selon leur idée, est radicalement subversif de la précision et de la clarté ; mais je ne suis pas de leur avis. Ces poèmes, avons-nous dit, renferment des interpolations nombreuses, et, dans l'absence de preuves qui pourraient montrer qu'ils nous ont été transmis fidèlement, on ne doit y mettre aucune confiance. Il en serait bien autrement si nous avions la certitude de leur authenticité et l'assurance que la tradition orale les eût conservés dans leur intégrité primitive : alors on y trouverait des passages propres à confirmer l'histoire des guerres de cette tribu avec les Zenata, à déterminer les noms de ses chefs et à établir bien des circonstances qui la regardent. Quant à nous, il nous est impossible d'admettre que le texte de ces poèmes se soit conservé intact : nous pensons même que tout esprit cultivé y reconnaîtra facilement des passages interpolés. Quoi qu'il en soit, les membres de la tribu de Hilal s'accordent, depuis plusieurs générations, à regarder comme vraie l'histoire du cherîf et d'El-Djazia ; et quiconque serait assez hardi pour en contester l'authenticité, ou même exprimer des doutes, s'exposerait à être traité de fou et d'ignorant, tant cette tradition est générale chez eux. »

1 Ce morceau est d'un style très barbare ; aussi les copistes ne le comprenaient-ils pas, et ils ont, en le transcrivant, altéré le texte presque partout. L'édition de Paris nous fournit un grand nombre de variantes, bien qu'elle ne reproduise pas toutes celles qui se trouvent dans les manuscrits C et D. La traduction turque offre un texte qui ne s'accorde pas toujours avec celui de l'édition de Paris, et donne aussi en marge une série de nouvelles variantes. Le texte de l'édition de Boulac a été retouché par un copiste qui, évidemment, n'entendait rien aux vers qu'il avait sous les yeux. Malgré l'extrême difficulté de ce morceau, dont presque

son cœur qui, envahi (par la douleur), se plaignait de son

chaque mot est douteux, je crois en avoir saisi le sens dans la plupart des cas. J'en donne ici la transcription en caractères romains afin de faire sentir la valeur et la position des voyelles qui ne sont pas exprimées dans le texte, et j'y ai intercalé les variantes que j'ai cru devoir adopter. Bien que cette pièce ne se laisse pas scander d'après les règles ordinaires, on verra que chaque vers se compose de trois pieds de quatre syllabes ; dans les deux premiers pieds, toutes les syllabes sont ordinairement longues ; dans le dernier pied, l'antépénultième syllabe est brève, et la première syllabe est quelquefois supprimée. Au reste, je crois que la pièce n'est pas authentique :

Gal Bou 'l-Hidja [قال ابو الهيجا] 's-cherif ben Hachem âl
    Elli tera kebdo chekat min zefîrha ;
Ifezz lil-eilam aïn marrat [مرت] khatro [خاطره]
    Irîd gholam el-bedo ilwi asîrha.
Ou m'da chekat er-rouh memma tera leha
    Ghadat oudaya [ودايع], tellef Allah khebîrha !
Tehess an gattaân, madi dhemîrha,
    Bi mcherteto hindawi [هنداو] safi dekîrha ;
Ou adet kema khowara fi yeddi ghacèl,
    Ala methèl chouk et-Talh ânfo licîrha.
Yedjabedouha 'tsnîn ou el-frâ bînhom
    Ala souko [سوكه]loghdou 'l-begaya [لبقايا] djerîrha.
Ou djat demouâi, darefat [ذارفات], kéanha [كانها]
    Bi-yedîn douwar es-souani yedîrha.
Tedarek minha'l-djomm [الجم] hadran ou zadha
    Mozoun tedji mterakeba min sebîrha.
Tesobb min el-guiâni min djanb es-Sefa
    Aïouna oua lemhan [لمحان] el-berk fi ghazîrha.
Had el-ghena metta tesabît âzoua [عزوة].
    Nahat [ناحت] minni Baghdad hatta fekîrha.
Ou nada 'l-monadi bi 'r-rahîl oua cheddedou [شددوا]
    Oua ârredj ârîha âla mstâîrha.
Seddan leha'l-an ya Dîab ben Ghanem !
    Ala yeddîn Madi ben Mogreb sîrha.
Oua gal lehom Hacen ben Serhan : Gharribou
    Ou sogou 'n-nedjwâ en kan ana houa ghafîrha.
Ou irkos oua indeh [ينده] bînha [bi]'l-Thaïdj [بالثايج]
    Oua bi-lehmîn [باللمهين] la iohdjezou [يحجزوا] fi maghîrha
Ghaderni Zîan es-semîh ben Abès,
    Oua ma kan yerda zîn Hemîr oua mîrha.
Ghaderni ouh zâma sedîki ou sahbi,
    Ou ana liya ma m'dergeti ma nedîrha.
Ou rdjâ igoul lehom Belal ben Hachem :
    Nedjîr el-bla oua [لبلا و]'l-âtcha ma nedjîrha !
Haram âliya bab Baghdad oua ardha,
    Dakhel oua la âoued, rekbi [ركبى] nefîrha.
Teseddef rouhi ân belad Ben Hachem

infortune ; il s'empresse de faire savoir par où son esprit est passé en poursuivant un jeune Bédouin qui a tourmenté (son cœur) déjà trop affligé [1]. (Il annonce) combien son âme s'est plainte (du malheur) qui la frappa dans la matinée des adieux ; puisse Dieu faire périr celui qui en connaissait le secret ! Elle sent comme si un bourreau la blessait jusque dans l'intérieur, avec un couteau [2] indien, fait d'acier pur. Elle est devenue comme une brebis entre les mains d'un laveur dont la violence, pendant qu'il serre les lanières qui l'attachent, cause (des douleurs) semblables à celles que font les épines de l'acacia ; des entraves doubles lui serrent les jambes ainsi que la tête, placée entre elles, et, pendant qu'il la frotte, il la retient par le bout du licou [3]. Mes larmes se mirent à couler en abondance comme si un (homme) les faisait monter en tournant de ses mains une roue hydraulique. Le répit donné (à mes yeux) répare promptement leur épuisement, et l'humidité qui s'y amasse forme des nuages épais qui augmentent (le torrent de larmes). (D'autres torrents) descendent, en coulant de source, à travers la plaine qui touche au flanc d'Es-Sefa [4], et, au milieu de cette abondance d'eau, (se voit) la lueur des éclairs. Ce chant sera (pour toi) une consolation, quand tu seras épris d'amour. Baghdad [5], jusqu'aux pauvres, gémit sur mon sort. Le crieur annonça le départ, on lia (les bagages), et le (chameau) disponible se tenait auprès de celui qui l'avait emprunté [6]. Empêche-les de partir maintenant, ô Dîab Ibn Ghanem !

Ala 's-chims aou nzel el-gada min hedjîrha !
Oua batet nîran el-adhari couadeh,
Bi-Loud [بلوذ] ou bi-Khordjan [خرجان] ich-dou acîrha.

1 Littéral. « qui tord, ou comprime, ce qui en avait été comprimé ».

2 Le mot *michreta* (مشرطة), ou, selon la prononciation vulgaire, *mecherta* ou *em-cherta,* signifie « un bistouri » ; le *ouaou* final du mot بمشرطتو représente le pronom affixe de la troisième personne masculine.

3 Le texte des deux derniers vers n'est pas bien certain ; aussi la traduction est-elle très hasardée.

4 Es-Sefe est le nom d'un endroit de la montagne appelée Abou Cobaïs et située près de la Mecque.

5 On sait que les Arabes avaient beaucoup de noms pour désigner la ville de la Mecque. Ces vers montrent, il me semble, que Baghdad était un de ces noms.

6 Peut-être devons-nous lire عاير ها à la place de عار بيها , et traduire ainsi : « Et les prêteurs dans la tribu importunaient les emprunteurs. »

c'est entre les mains du Madi Ibn Mocreb (qu'on a remis la direction de) la marche. Hacen Ibn Serhan leur dit : Allez vers le couchant, poussez devant vous les troupeaux ; c'est moi qui les protège. Et il piqua en avant, parmi les (animaux), criant aux moutons et aux taureaux, (mais) sans les écarter des champs verdoyants [1]. Zian le généreux, fils d'Abès [2], m'a laissé ; l'éclat et les riches approvisionnements de Himyer [3] ne lui suffisaient pas. Il m'a laissé, lui qui se disait mon ami et mon compagnon ; et je n'ai plus maintenant de bouclier que je puisse opposer (à mes ennemis). Belal Ibn Hachem revint en leur disant : Nous pouvons vivre dans le voisinage de la misère ; mais, dans un pays de soif, nous ne le pouvons pas ; la porte de Baghdad et son territoire nous sont défendus ; je n'y entrerai pas, je n'y retournerai pas, et ma monture s'en éloignera. Mon âme renonce au pays d'Ibn Hachem, à cause (de l'ardeur) du soleil ; (si j'y restais) la chaleur du midi ferait descendre (sur moi) la mort. Pendant la nuit, les feux allumés par les jeunes filles (de la tribu) jetaient des étincelles, et celui qui était le captif de leurs (charmes) excitait son chameau sur la route de Loud à Khordjan [4].

Le poème qui suit fut composé par (un autre de) ces Arabes sur la mort d'Abou Soda el-Ifreni, émir zenatien [5], qui leur avait opposé une vive résistance [6] en Ifrîkiya et dans le Zab [7]. Cette pièce élégiaque est conçue dans un ton purement ironique [8] :

Soda au beau visage [9] partira le matin avec la caravane en se

1 Ces derniers vers ont été traduits par conjecture.

2 Ce personnage se nommait aussi Tholeïdjen et appartenait à la tribu de Himyer. (Voy. l'*Histoire des Berbers*, vol. I, p. 38 de ma traduction.)

3 Dans l'usage vulgaire, le mot حمير (*Himyer*) se prononce *Hemîr*.

4 Khordjan est le nom d'un défilé près de Médine. La position de Loud est inconnue au traducteur.

5 Il faut lire رثاء امير زناتة ابي سعدى .

6 Lisez مقارعهم, avec tous les manuscrits.

7 La province du Zab se composait du Hodna, pays dont la ville principale est maintenant Bou Saada, et du Zîban (pl. de *Zab*), pays dont la capitale est Biskera.

8 Ce poème est du mètre *taouîl*, mais on y remarque plusieurs irrégularités. Le premier pied se compose quelquefois de deux syllabes longues. Les voyelles finales ne s'y emploient pas toujours, et le dernier pied de chaque second hémistiche est *mokeiyed.*

9 Variante تقول فتاة الحى, c'est-à-dire « les jeunes filles de la tribu disent ». Le mot

lamentant et dira : O toi qui demandes où est le tombeau de Khalîfa le Zenatien [1], en voici l'indication ; ne sois pas lent à la saisir [2]. Je le vois en amont de la rivière Zan [3], et au-dessus de lui s'élève un couvent eïçaouien [4] d'une construction élevée. Je le vois là où le bas-fonds s'éloigne [5] de la route qui conduit aux collines de sable ; la rivière est à sa droite et le bois de roseaux en indique (l'emplacement). Oh ! que mon cœur souffre à cause de Khalîfa le Zenatien [6], rejeton de la postérité des hommes généreux ! Il est mort sous les coups du héros des batailles, Dîab Ibn Ghanem, et de ses blessures coule le sang ainsi que l'(eau) sort de la bouche d'une outre. O toi (qui es devenue) notre voisine, sache que Khalîfa le Zenatien est mort. Ne pars pas à moins que tu ne veuilles partir ; hier, nous vous avons embrassée [7] trente fois ; seize fois par jour est bien peu.

Voici une des pièces dans lesquelles ils racontent comment ils partirent pour le Maghreb et enlevèrent ce pays aux Zenata [8] : *367

وهاضها se trouve dans tous les manuscrits, mais la signification m'est inconnue.

1 « Lors de l'invasion des Arabes hilaliens, dit notre auteur dans son *Histoire des Berbers* (t. III, p. 271), Tlemcen obéissait à un souverain zenatien, appartenant à la famille des Beni Yala et nommé Bakhti. Il eut pour vizir et général un Ifrénide appelé Abou Soda Khalîfa. (Dans la traduction, le mot *Ibn* est à supprimer.) Cet officier sortait assez souvent pour combattre les Athbedj et les Zoghba (branches de la tribu de Hilal), et, en ces occasions, il rassemblait sous son drapeau. . . . . toutes les tribus zenatiennes du Maghreb central qui reconnaissaient l'autorité des Beni Yala. Dans un de ces conflits, lequel eut lieu postérieurement à l'an 450 (1058 de J. C.), Abou Soda perdit la vie. »

2 Littéral. « et ne sois pas bête ». L'adjectif هبيل appartient à la langue vulgaire, mais on le remplace ordinairement par مهبول , mot dérivé de la même racine et signifiant « fou, sot ».

3 Les manuscrits portent ران (*ran*), mais on ne connaît en Algérie aucune vallée ou rivière de ce nom. Il y en a, au contraire, plusieurs qui portent le nom de *zan,* mot qui désigne une espèce de chêne.

4 Ce vers, s'il est authentique, montre que l'ordre des derviches Eïçaoua est très ancien en Algérie.

5 Je lis بميل .

6 Je lis للزناتى , avec le traducteur turc. La leçon كبداه est bonne.

7 Je lis بالامس , avec le traducteur turc, et حملناك , avec tous les manuscrits. Ce dernier mot signifie « nous vous avons imposé un fardeau », mais il est employé ici dans un sens obscène.

8 Voy. l'*Histoire des Berbers,* t. I, p. 37. La pièce qui suit est du mètre *taouîl* ; presque tous les mots prennent les voyelles finales, comme dans la poésie régulière. Je dois faire observer que dans l'édition de Boulac, dans la traduction

Quel excellent ami j'ai perdu en Ibn Hachem ! Mais combien d'hommes avant moi ont perdu leurs meilleurs amis ! Entre lui et moi la fierté (fit naître une discussion), et il me confondit par des raisonnements dont la justesse ne m'échappa pas. Je demeurai (interdit) comme si j'avais bu d'un vin pur et généreux, vin qui laisse sans force celui qu'il a renversé [1]. (J'étais) comme une femme à cheveux gris qui, le cœur paralysé [2], se meurt dans un pays étranger, repoussée de sa tribu [3] ; réduite à la misère [4] par un temps de malheur, elle se trouve au milieu d'Arabes grossiers qui ne font aucune attention à leur hôte. Voilà [5] comment j'étais par suite de mon déshonneur [6] ; je me plaignais de (la douleur qu'éprouvait) mon cœur, et je disais hautement ce qui l'avait rendu malade [7]. Alors je donnai à mes gens l'ordre du départ, et ceux qui avaient chargé les chameaux renforcèrent les liens de nos bagages [8]. Pendant sept jours nos troupeaux restèrent privés (d'eau), et (nos) Bédouins ne dressèrent pas leurs tentes pour s'y reposer [9]. On passa le jour sur les cimes de collines dont les unes étaient en face des autres [10].

---

turque et dans les manuscrits C et D, ce morceau est placé immédiatement après celui qui commence par les mots تبدا ماض .

1 Pour فهو اما , lisez قهوا ما .

2 La bonne leçon paraît être مضبون .

3 Je lis مدوّخا .

4 Lisez اتاها pour اباها , et تدوخت pour تدوحت .

5 Pour لذلك , lisez كذلك .

6 L'auteur se sert ici d'une expression qui ne s'emploie ordinairement qu'en parlant des chevaux dont les sabots sont usés à force de marcher. Traduite à la lettre, elle signifie ici : « propter attritionem (ungularum) quæ me dedecoravit ».

7 Je lis avec la traduction turque et l'édition de Boulac :

شاكى بكبدي باديا
عن عليلها

8 Je lis وقوّوا , avec l'édition de Boulac et la traduction turque. Pour جميلها , lisez حميلها . Le mot شدّاد signifie « palefrenier, celui qui sangle un cheval ou un chameau ». حوايا désigne les tapis ouatés qui se placent entre la selle et le dos de l'animal. — En essayant de rétablir et de traduire ces textes, appartenant à un langage tout à fait barbare, j'ai dû très souvent me guider d'après de simples conjectures.

9 Pour محبوش , lisez محبوس , et remplacez بقى لها par يقيلها .

10 Je lis وازى , mot dérivé de la racine (ازى). Je passe l'hémistiche suivant, dont je ne puis pas rétablir le texte. Outre les variantes indiquées dans l'édition de Paris, on lit dans la traduction turque بظل الحر فوق التضاوى نصبلها , et dans l'édition de Boulac يضل الحّر فوق التصاوى نصتلها .

Voici un morceau dans lequel on fait parler le cherîf pour raconter la dispute qui eut lieu entre lui et Madi Ibn Mocreb :

> Madi le despote commença en me disant : Chokr [1] ! nous ne sommes pas contents de toi [2]. Allons, Chokr ! cesse tes reproches et retourne dans le Nedjd [3] : celui-là seul a vécu qui est demeuré dans son propre pays. Tu t'es éloigné de nous, ô Chokr ! pour te rapprocher d'étrangers, et tu es devenu l'ami de ces Arabes qui s'habillent de (belles) étoffes. (Quant à nous) nous subissons ce que la providence nous a destiné, de même que l'amorce du briquet subit (l'influence de) la rosée [4]. Bien que les plantes épineuses prospèrent dans votre pays, (nous avons) ici des femmes arabes dont nous n'avons pas augmenté le nombre des enfants [5].

Le poème qui suit fut composé par Soltan Ibn Modaffer Ibn Yahya [6], membre de la tribu des Douaouida [7], branche de la tribu (arabe) des Rîah. Ce chef le prononça [8] pendant qu'il était retenu dans la prison d'El-Mehdiya, où le prince almohade, Abou Zekeriya Ibn Abi Hafs, souverain de l'Ifrîkyia, l'avait fait enfermer [9] :

---

1 Les vrais noms du cherîf Ibn Hachem furent Chokr Ibn Abi 'l-Fotouh.

2 Cet hémistiche offre un exemple de l'emploi de la lettre *chîn* pour corroborer la négation, comme cela se fait dans la langue vulgaire ; exemple : *ma nehabbouch* « je ne le veux pas ».

3 Il faut lire اشكر اعد الا تزيد ملامة لنجد .

4 Ici le texte est incertain.

5 Ce vers paraît signifier que le pays de Chokr produit en abondance les plantes qui forment la meilleure nourriture des chameaux, mais qu'il n'est pas favorable à la santé des jeunes enfants. Cela est vrai du territoire de la Mecque. Dans l'édition de Paris, il faut lire لهن à la place de لهان , qui est une faute d'impression. L'édition de Boulac et la traduction turque donnent ce vers sous la forme suivante :

ان كانت
بنت سيدهم بارضهم هى العرب ما ردنا لهن
طياش

, c'est-à-dire « si la fille de leur seigneur était dans leur pays. . . . . ». Le reste du vers m'est inexplicable.

6 Pour يحى , lisez يحي .

7 La notice de cette tribu se trouve dans le premier volume de l'*Histoire des Berbers*.

8 Les manuscrits C et D et l'édition de Boulac portent يقولها .

9 Ce poème est du mètre *taouîl,* et doit se scander en tenant compte des voyelles qui marquent les inflexions grammaticales. Il y a cependant quelques mots qui ne prennent pas la voyelle finale et des pieds dont les formes sont plus ou moins

(Le poète) dit, quand l'apparition des ténèbres vient le soulager [1] : Que le sommeil soit défendu [2] aux paupières de mes yeux ! Qui viendra au secours d'un cœur qui est devenu le compagnon inséparable de la douleur et du chagrin ? Qui soulagera une âme qui est folle d'amour et dont la maladie me tourmente depuis longtemps. (Je suis épris) d'une femme du Hidjaz, d'une Bédouine, d'une Arabe, qui montre de l'inimitié [3] pour un amant passionné [4], et qu'il ne peut espérer de rencontrer. Elle aime avec passion la vie du désert et ne peut s'habituer aux villes ; (aucun lieu ne lui plaît), excepté le pays des sables que l'on traverse si difficilement, et où les tentes reçoivent des pluies dont les averses continuent tout l'hiver. Voilà ce qui l'a séduite [5] ; voilà ce qu'elle désire (revoir). Là, les terres humectées par la pluie fournissent aux puissantes chamelles qui s'y promènent librement un herbage convenable. (Ces prairies) charment les yeux [6] quand elles ont reçu une suite d'averses provenant des nuages qui passent pendant la nuit. Pourquoi ces nuages répandent-ils des larmes d'eau ? Pourquoi ces sources abondantes où s'amasse [7] une eau toujours douce lancent-elles des éclairs [8] ? (La campagne) est comme une fiancée habillée de vêtements éclatants, et les fleurs de la camomille [9] lui servent de ceinture [10]. (C'est) un désert, une plaine, un vaste espace, un lieu d'égarement, un pays où les autruches courent au milieu des troupeaux qu'on y fait paître. (Les femmes de la tribu) ont pour boisson le lait pur des chamelles enlevées

---

irrégulières. Les règles de la syntaxe n'y sont pas toujours observées.

1 Littéral. « et dans la manifestation des ténèbres (est) l'éloignement de sa faiblesse (وهنه) ».

2 Dans cette pièce, le nom est quelquefois mis à l'accusatif avec le *tenouîn*, quand il devait être au nominatif. Ici, حراما est mis pour حرام .

3 Je lis عداوية , mot que je traduis par conjecture.

4 Pour لها , lisez و لها , avec tous les manuscrits, et prononcez *oulhan*.

5 Le mot بيها se présente deux fois dans ce vers, à la place de بها . C'est une licence tout à fait vulgaire, dont les poèmes en bon arabe n'offrent aucun exemple.

6 Littéral. « excitent du désir dans les yeux ».

7 Lisez جمامها .

8 Je lis تلاحظت . Les manuscrits offrent plusieurs autres variantes.

9 Les poètes arabes parlent des fleurs de la camomille là où ceux de l'Europe mentionneraient le lis ou la pâquerette blanche.

10 Je lis حزامها .

à l'ennemi, et pour nourriture la chair des daims. Pour les protéger, elles n'ont pas besoin de portes ni de combats dont la mêlée fait blanchir d'effroi les cheveux des guerriers. Que Dieu arrose de ses pluies ce vallon si bien boisé [1] qu'il y fasse tomber averse sur averse, et qu'il rende la vie aux ossements [2] décharnés que ce sol (recouvre) ! Pour récompenser ces lieux (du bonheur qu'ils m'ont procuré), je leur offre mon amour. Oh ! que je voudrais retrouver les jours que j'ai passés entre ces collines de sable, ainsi que les nuits où je portais sur les bras l'arc de la jeunesse et où aucune flèche ne manquait le but quand je me tenais debout (pour la lancer). Dans le temps de ma jeunesse, mon cheval était toujours prêt, la selle sur le dos ; il s'élançait vivement en avant [3] pendant que sa bride était dans ma main [4]. Combien de belles dont les charmes m'ont empêché de dormir, et qui, en souriant, montraient des dents bien rangées et d'un éclat dont je n'ai pas vu le pareil dans le monde. Combien de filles aux seins arrondis, à la taille flexible [5], aux paupières bordées de noir, aux bras ornés de tatouages ! Dans ma passion pour elles, je frappai de ma main [6] sur (mon cœur) abattu, et leurs champs humides n'ont pas oublié les pluies (de larmes) dont je les arrosai [7]. (Ils n'ont pas oublié) le feu ardent que le bois de l'amour entretenait dans mon sein, et dont l'eau (de mes larmes) ne pouvait éteindre la flamme. O toi qui m'as fait la promesse (d'accueillir mon amour), jusqu'à quand [8] ma vie doit-elle se passer dans une demeure (la prison) où l'obscurité fait de moi un aveugle ? Cependant j'ai vu le soleil s'éclipser pour une courte période et tomber en défaillance ; mais ensuite les

---

1 L'édition de Boulac et la traduction turque portent المشجر , leçon que j'ai adoptée.
2 Je lis رمامها .
3 Je lis فرسى et مساقة .
4 Lisez بيدى et prononcez *bîdi*.
5 Pour مرجهنة , lisez مرجحنّة .
6 Pour تكفى , lisez بكفى .
7 La syllabe يا du mot جد ايا est, dans le dialecte vulgaire, le pronom possessif de la première personne.
8 Cet hémistiche doit se lire ainsi :
ايا من ودعتى الوعد هذا الى متى

> nuages qui le couvraient se dissipaient [1]. Puisse le bonheur approcher de nous, pennons et bannières déployés ! puissent les drapeaux avancer en flottant au gré du vent, et soutenus par l'aide de Dieu ! Ne vois-je pas s'élever devant mes yeux l'aspect de mes guerriers qui vont se mettre en route ? (Je me vois avec eux) la lance sur l'épaule, et je marche à la tête de la colonne ! (Ils sont là) dans la plaine [2] de Ghîath el-Ferc, au-dessus de Chames, pays qui, de toutes les contrées que Dieu a créées, renferme les collines que j'aime le plus. (Ils se dirigent) vers le lieu de halte, à El-Djâferiya, près du bord de la région sablonneuse ; (ils vont) stationner dans ce lieu qui avait pour moi tant de charmes. Nous y trouverons les nobles chefs de Hilal Ibn Amer, et la salutation que m'offrira cette tribu éloignera [3] de moi le chagrin et la soif qui m'altère. Voilà que ces chefs dont la bravoure est devenue proverbiale, tant en Occident qu'en Orient, attaquent l'ennemi et le mettent promptement en déroute. Salut à eux et à toutes les personnes qu'ils abritent sous leurs tentes [4] ! Que ce salut dure tant que les colombes roucouleront dans (le bois de) Fîna [5] ! Mais laissons cela ! ne regrettons plus le passé ; dans ce monde, rien ne dure pour personne [6].

Voici maintenant un poème composé par un autre de ces Arabes. Il vivait dans ces derniers temps et se nommait Khaled Ibn Hamza Ibn Omar [7]. Dans cette pièce, il adressait des reproches aux Oulad [8] Mohelhel, famille rivale de celle dont il était le chef, et qui formait,

---

1 J'adopte la leçon بيرا .

2 Il faut lire جرعا , forme vulgaire de جرعاء ; au reste, l'hémistiche doit se lire ainsi :

بجرعا غياث الفرق من فوق شامس

3 Pour نزيل , lisez يزيل .

4 Je lis خباهم .

5 Variantes : *Ghîna* بغينا , *Ghenya* بغنيا .

6 Cet hémistiche a été altéré par les copistes ; les exemplaires du traducteur turc portaient :

ترى ذى الد نا ما دام الخ , qui est probablement la bonne leçon ; dans l'édition de Boulac on lit الدنيا ما دام .

7 Khaled Ibn Hamza, un des chefs des Arabes Kaoub, vivait au milieu du VIIIe siècle de l'hégire. On trouvera dans plusieurs endroits de l'*Histoire des Berbers* le récit de ses exploits et de ses intrigues.

8 En Afrique, le mot اولاد se prononce *oulad* ou *oulèd.*

sous le nom des Oulad Abi 'l-Leïl, une des branches de la grande tribu des Kaoub. Il y répondait en même temps à une pièce de vers dans laquelle Chibl Ibn Meskîana Ibn Mohelhel [1], le poète des Oulad Mohelhel, exaltait la gloire de sa famille et dépréciait celle des Oulad Abi 'l-Leïl [2].

Une de leurs maximes proverbiales est conçue en ces termes :

> Rechercher ce qu'on ne t'accordera pas est un acte de folie ; tourne le dos à celui qui se détourne de toi, et tu feras bien. Si les hommes te ferment leurs portes, (monte) à dos de chameau et Dieu t'en ouvrira une.

Voici des vers dans lesquels Chibl indique que les Kaoub descendent de Terdjem [3] :

> Les vieillards et les jeunes gens de la famille de Terdjem excitent, par leur violence, les plaintes de tous les hommes.

Dans la pièce suivante, Khaled (Ibn Hamza) blâme ses frères d'avoir embrassé le parti d'Abou Mohammed Ibn Tafraguîn [4], grand cheikh des Almohades [5], qui venait d'usurper le pouvoir à Tunis, au détriment de son pupille, le sultan Abou Ishac, fils du sultan Abou Yahya, fait qui s'est passé presque de nos jours :

> Khaled le Généreux va parler à bon escient et tenir un discours digne d'un orateur ; il a toujours parlé raison. Sa harangue sera magistrale et pleine de sens ; il ne s'y embrouillera pas ; il ne rétractera jamais

---

1 Voy. l'*Hist. des Berb.* t. I, p. 144.

2 Le texte de ce poème a subi tant d'altérations qu'il est impossible de le reconstituer, même à l'aide des variantes fournies par les manuscrits, par l'édition de Boûlac et par la traduction turque. Le nombre de ces variantes surpasse tout ce qu'on peut imaginer ; il y a des vers où chaque mot en offre trois ou quatre. On voit que les copistes ne comprenaient absolument rien à ce qu'ils écrivaient. La pièce, dans son état actuel, offre tant de vers dont le sens m'échappe que je n'entreprendrai pas de la traduire.

3 Voy. *Histoire des Berbers*, t. I, p. 138, où il faut lire : De Terdjem sortent les Kaoub.

4 Il faut lire ا ى محمد بن تافراكين , avec les manuscrits. Le ministre hafside Ibn Tafraguîn, qui s'était rallié au sultan mérinide Abou 'l-Hacen, lors de la prise de Tunis, l'abandonna quelque temps après (voy. *Histoire des Berbers*. t. III, p. 24), et, s'étant ménagé l'appui des Arabes Kaoub, il se rallia de nouveau au prince hafside Abou Ishac II et le replaça sur le trône de l'Ifrîkiya (*ibid.* p. 42).

5 Le grand cheikh des Almohades était le second dignitaire de l'empire hafside et prenait rang immédiatement après le sultan.

ce qu'il y aura dit : J'ai conçu une noble [1] pensée, (et je l'exprime ici) sans que le besoin m'y force et sans vouloir causer des troubles dont le blâme rejaillirait (sur moi). (Cette pensée) j'y tiens de tout mon cœur ; c'est une vraie trouvaille, un trésor fourni par la réflexion, et tout ce qui est trésor se retrouve (plus tôt ou plus tard) [2]. Je parle en déclarant ouvertement ce que j'ai besoin (de dire au sujet de la conduite) tenue par des hommes de notre tribu, proches parents de notre famille ; par les enfants de Kaab [3], ceux qui nous tiennent de près par les liens du sang [4] ; par nos cousins, tant les jeunes gens que les vieillards. Après la conquête du pays, nous avons accordé à plusieurs d'entre eux la sincérité de notre amitié et la plénitude de notre hospitalité ; nous en avons soutenu d'autres contre leurs adversaires, et vous savez que ma parole est frappante de vérité. A d'autres nous avons donné comme rétribution une partie de nos possessions, et cela est resté inscrit au fond de (leur) cœur [5]. D'autres, se trouvant dans le besoin, sont venus nous trouver et obtenir de notre magnanimité une abondance de dons. D'autres avaient été insolents à notre égard [6] et nous faisaient du mal [7], mais nous le subissions [8] jusqu'à ce que leurs préoccupations se dissipassent. Ils renonçaient (quelquefois) à leurs viles (tentatives) que nous regardions comme des actes de folie [9], mais parfois ils se faisaient bien redouter. Un autre, simple serviteur [10] d'un homme puissant, se plaignait de ce qu'on lui avait fermé la porte de la skîfa [11] où se passaient nos délibérations ; nous l'en avions renvoyé, et il demandait à y rentrer malgré le maître d'El-Baleki [12] et malgré Dîab [13]. Et cependant nous avions toujours essayé

1 Je lis بابهًا , avec le manuscrit D. La leçon فاقها , offerte par un autre manuscrit, pourrait, à la rigueur, donner un sens passable.
2 Le texte de ce poème étant très altéré, je ne réponds pas de l'exactitude de ma traduction.
3 C'est-à-dire les Kaoub.
4 En arabe vulgaire, la dernière lettre du mot دم est redoublée.
5 Je lis جزاء وفى جو الضمير كتاب , avec l'édition turque et en adoptant une variante fournie par l'édition de Boulac.
6 Lisez بطّار .
7 Je lis بسوّة , avec le texte fourni par le traducteur turc et par l'édition de Boulac.
8 Je lis نفهناه ; l'édition de Boulac et le texte du traducteur turc portent نقهناه .
9 J'adopte la leçon سفهنا, qui est celle de l'édition turque et de l'édition de Boulac.
10 Je lis اوغاد , avec les mêmes éditions.
11 L'antichambre dans laquelle le maître d'une maison reçoit ses amis s'appelle la *skîfa.*
12 *El-Baleki* paraît être le nom d'un cheval. Je ne sais quel chef le poète veut désigner ici.
13 Lisez ذياب . Il s'agit du célèbre chef arabe, Dîab Ibn Ghanem. (Voy. *Hist. des*

de les exalter, et jamais nous n'avions posé de voiles sur nos figures afin de leur faire une trahison. Nous avons su défendre comme un parc réservé le territoire de Tarchîch [1] ; et cela en risquant (nos) chevaux [2] et notre cou. (Nous avons défendu) une plaine dans les États qui avaient échappé à la domination de leur souverain, lui qui avait (cependant) des dents (pour se faire respecter) [3] ; (nous l'avons défendue) au moyen de la résistance offerte par quelques chefs de notre tribu, les Beni Kaab [4]. Leur appui nous suffisait quand il fallait résister aux coalitions de nos ennemis, et notre aide les délivrait des entraves que les vicissitudes de la fortune leur imposaient. (Cela continua) jusqu'à ce que [5] ceux d'entre eux qui ne possédaient pas un seul agneau [6] se trouvassent dans l'aisance et comblés de biens [7]. Ils eurent alors pour montures des chameaux [8] qu'on désignait (à cause de leur excellence) par le nom du peuple qui les avait élevés, et ils portaient des vêtements en soie de diverses couleurs. Ils poussaient devant eux, à travers les pays, non pas (un petit nombre) de bêtes de somme (réservées) pour la propagation de l'espèce [9], mais de nombreux troupeaux dont chaque individu était chargé de son bât [10]. Dans leurs diverses entreprises, ils gagnaient de ces vastes trésors qui ne se laissent acquérir qu'en temps opportun ; et ils devenaient semblables aux Barmékides d'autrefois, eux qui, du temps de Dîab (Ibn Ghanem), n'auraient été que de nouvelles lunes (que l'on distinguerait à peine). Ils furent pour nous des cuirasses chaque fois qu'un danger nous donnait des inquiétudes, chaque fois que [11] reluisait (à nos yeux) le tison employé par l'ennemi pour allumer le (feu de la guerre). Ils ont (cependant) abandonné leurs demeures pendant les ténèbres de la nuit ; (mais) ils ne craignirent pas [12] des reproches, car

Berbers, t. I).

1 Tarchîch ou Tarsus est un des noms que les Arabes donnaient à la ville de Tunis. (Voy. Bekri, *Descript. de l'Afrique*, page 91 du tirage à part.)

2 C'est par conjecture que je donne au mot سبقا la signification de chevaux.

3 Je suis ici la leçon du manuscrit D et de l'édition de Boulac.

4 Ne comprenant pas la fin de l'hémistiche, je la laisse sans essayer de la traduire.

5 Le mot الن est une altération barbare de الى آن .

6 Je lis بهمة , avec le traducteur turc et l'édition de Boulac.

7 Le mot خيراتوا est une altération de خيراته .

8 Je lis الثنايا , avec le traducteur turc.

9 Il faut lire بالشرا لا لسولة .

10 Je lis بجلاب avec le traducteur turc et je regarde ce mot comme le pluriel de جلب . La particule ما est explétive.

11 Le mot الن est employé ici pour آلان .

12 Je lis ولا اتقوا ملامة , avec l'édition de Boulac et la traduction turque.

aucun blâme ne saurait atteindre la demeure des hommes généreux. Ils revêtirent (les gens de) leur tribu d'excellents habits, afin de les garantir (contre les intempéries de l'air), et eux, — si on le savait, — se couvraient de mauvaises tuniques. Parmi eux se trouve un homme paresseux et négligent, qui ne sait ce qui se passe et qui, à mon avis, a perdu l'esprit [1] ; il a une mauvaise opinion de nous, bien que nous ne la méritions pas ; souhaitons qu'il trouve plusieurs manières d'exercer la bienfaisance. Il est dans l'erreur, et celui qui l'imite [2], en nourrissant des pensées injurieuses et en affirmant comme vraies des suppositions déshonorantes, est un homme vil. Comment me consoler [3] (de la mort) du héros Bou Mohammed (Ibn Tafraguîn), de celui qui donnait des millions sans les compter ? Les gens du peuple sont dans l'affliction [4], et, tant qu'il vivait [5], ils pensaient que sa disparition [6] (du monde) serait aussi funeste que celle des nuages (qui répandent la fertilité). Ils couraient (naguère) pour chercher des abreuvoirs sous ces nuages, mais l'eau qu'ils espéraient trouver n'était qu'un mirage. Quand il faisait des dons [7], il savait offrir ce qui était convenable, et, même dans ses moindres cadeaux, il observait la juste mesure. Nous renonçons à l'espoir de pouvoir nous consoler depuis qu'il a été frappé par les flèches [8] de la mort. Quand il tenait Tarchîch sous ses pieds, cette (ville), toute grande qu'elle était, ne lui suffisait pas [9] (pour marchepied), et l'épouvante (de ses ennemis) aboutissait à l'affliction. Bientôt il va la quitter [10] .... laissant après lui des jeunes filles aux regards séduisants, à la taille flexible, aux gestes agaçants, qu'on avait élevées avec soin à l'abri de voiles et de rideaux. Quand elles se donnaient des airs de fierté,

---

1 Je lis :
كذلك منهم جالس ما درا النبا
ذهل حكى انّ كانْ له عقله غاب
, en combinant les leçons offertes par la traduction turque et l'édition de Boulac. Les manuscrits C et D offrent la leçon دهل .

2 واتاه est mis ici pour واطاه . L'auteur du poème ou son secrétaire ne savait pas l'orthographe.

3 Il faut lire فوا عزوتى ou bien فوا عزونا . Les manuscrits et les éditions imprimées offrent l'une ou l'autre de ces leçons.

4 Lisez وبّرحت الاوغاد .

5 La bonne leçon est ما يحي .

6 Il faut lire بروحه et بروح .

7 Lisez عطى .

8 Lisez باسهام .

9 Je lis يضياق (forme vulgaire), avec les manuscrits et les éditions.

10 Le texte du second hémistiche est altéré et n'offre pas de sens.

il montrait de l'orgueil, et il se laissait emporter par l'amour quand elles chantaient leur passion en jouant du tympanon et du rebec [1]. Elles le séduisaient [2] au point qu'il ne savait plus où il en était, et quelquefois il badinait (avec elles) comme s'il était [3] un jeune homme. Auprès d'elles il passait des temps (heureux) ; tout obéissait à ses ordres ; les mets (de sa table) lui semblaient délicieux, et ce qu'il buvait lui paraissait exquis. Mais les amours d'autrefois sont maintenant défendus pour Ibn Tafraguîn, et, à leur place, il n'a reçu que la mort [4]. Il avait un jugement solide et de la prévoyance [5] ; il se lançait (dans les affaires comme) une galère sur l'Océan profond [6]. Dans les événements imprévus, il faut des hommes d'action [7] et de grands chefs, jusqu'à ce que les ennemis [8] restent (taillés) en pièces (sur le champ de bataille), jusqu'à ce que le marché dont les denrées nous sont confiées soit bien achalandé [9], que nos lances altérées de sang et nos carquois soient teints en rouge, et que le jeune homme qui en veut à notre domination fortunée se repente (de sa tentative) [10] et ne se retire pas avec les dents en bon état. Vous qui gardez le pain en attendant des assaisonnements, vous avez tort : que la mie vous serve d'assaisonnement quand il fait du sirocco [11].

Voici un poème composé par Ali Ibn Omar Ibn Ibrahîm, un des chefs actuels des Beni Amer [12], tribu formant une branche de celle des Zoghba [13]. Dans cette pièce, il reproche à ses cousins leur désir d'obtenir le haut commandement (et de dominer) sur le reste de la famille [14].

1 Lisez بجسّ .
2 Lisez تضلوه .
3 Pour لكنه , lisez كانه .
4 Lisez بدل .
5 La bonne leçon est فطنة .
6 Le sens de ce vers est incertain.
7 Je lis فياعل , avec le traducteur turc et l'édition de Boulac. Le singulier de ce mot doit être فيعل .
8 Le mot الن est mis ici pour الى ان .
9 Littéral. « soit ardent ».
10 Il faut lire ندوما , avec la traduction turque, l'édition de Boulac et plusieurs manuscrits.
11 Cela paraît signifier : « dans les temps de disette, il faut se contenter de ce qu'on a sous la main, en fait de vivres ».
12 Les Beni Amer continuèrent jusqu'à ces dernières années à former une des tribus les plus puissantes de la province d'Oran.
13 Notre auteur a donné un long chapitre sur les Zoghba (prononcez *Zorba*) dans le premier volume de son *Histoire des Berbers.*
14 Le texte de ce poème, qui renferme quarante et un vers, est tellement altéré,

(Ali Ibn Omar a composé ces) petits vers pleins de douceur et formant un discours versifié [1] ; (ils sont) beaux comme des perles qu'un artisan tient dans sa main pendant qu'il les range sur un fil de soie.

Donnons ici un spécimen des vers composés par les Arabes-Bédouins qui se tiennent dans cette partie de la Syrie qui s'appelle le Hauran. Une femme, dont le mari venait d'être assassiné, composa ce morceau et l'envoya à des membres de la tribu de Caüs, qui avaient promis à cet homme aide et protection. Dans cette pièce, elle les pousse à la vengeance :

Omm Selama, la jeune femme de la tribu, parle de sa propre personne (et dit) : Puisse Dieu remplir d'effroi celui qui ne la plaint pas ! Elle passe de longues nuits dans l'affliction, sans pouvoir se faire au sommeil, et elle rencontre la misère [2] partout où elle se tourne. (Elle se plaint) de ce qui est arrivé à sa maison et à sa famille ; leur position s'est changée en un clin d'œil par suite d'un coup qui les a séparées de leur chef [3]. Vous tous qui appartenez à la tribu de Caïs, vous avez perdu Chihab ed-Dîn, et vous ne songez pas à le venger ! Est-ce là tenir ses promesses ? J'ai dit, quand ils m'envoyèrent une lettre pour me consoler et pour éteindre les étincelles du feu qui consumait mon cœur [4]. Est-ce [5] bien le temps de soigner ses cheveux et sa barbe, quand on n'a pas protégé la beauté des jeunes femmes à la peau blanche ?

La pièce suivante fut composée par un Arabe-Bédouin de la tribu de Helba, branche de la tribu d'El-Djodami, laquelle est établie en Égypte [6].

Les poésies de ce genre abondent chez les Bédouins et se

que je n'essaye pas de le traduire en entier. Je me borne à en expliquer le commencement, mais en faisant observer que le premier hémistiche du premier vers ne se retrouve plus.

1 Il faut lire قريض à la place de قريظ . Le mot ابايات paraît être le diminutif de ابيات .

2 Je lis كان الشقا .

3 Littéral. « dont la séparation a changé la position ».

4 Littéral. « pour refroidir les mèches des feux d'un cœur ».

5 Lisez اذا .

6 Je n'essaye pas de traduire cette pièce ; le texte en est tellement corrompu qu'on n'y comprend presque rien. Les manuscrits C et D, l'édition de Boulac et la traduction turque ne la donnent pas.

transmettent des uns aux autres. Certaines tribus les cultivent, mais d'autres dédaignent de s'en occuper, ainsi que nous l'avons déjà fait observer dans notre chapitre sur la poésie. Le mépris de cette espèce de composition est partagé par la plupart des grands chefs, ceux, par exemple, des tribus de Rîah, Zoghba et Soleïm [1].

Sur les odes (mowascheha) et les chansons (ou ballades, zedjel), poèmes propres à l'Espagne [2].

Les habitants de l'Espagne avaient déjà beaucoup composé en vers : ils venaient de régulariser les procédés de la poésie, de fixer le caractère de ses divers genres et de porter au plus haut degré l'art de l'embellir, quand leurs poètes, à une époque assez moderne, en découvrirent une nouvelle branche [3], à laquelle ils donnèrent le nom de mowascheh (ode). Dans les poèmes de cette espèce, ils faisaient correspondre d'une manière régulière les simt aux simt et les ghosn aux ghosn [4]. Ils ont beaucoup composé de ces pièces sur un grand nombre de sujets. Un nombre déterminé (de vers forme une stance et) compte, chez eux, pour un seul vers. Le même nombre de rimes et les mêmes mesures qu'on donne aux ghosn (de la première stance) se reproduisent invariablement (dans les stances suivantes) jusqu'à la fin de la pièce, laquelle se compose ordinairement de sept vers (ou stances). Chacun de ces vers

1 Dans l'*Histoire des Berbers,* t. I, se trouve la notice de ces tribus.

2 Le mot *mowascheha* signifie « orné d'une ceinture brodée (*wichah*) ». Le *wichah,* ou ceinture des femmes, était orné de deux rangs de perles et de pierres précieuses, placées alternativement. Il s'attachait, par le milieu, entre les épaules, passait sur les hanches et se bouclait sur le devant du corps, au-dessous du nombril. Les *mowascheha* sont des odes composées de plusieurs stances. La stance, dans sa forme la plus ordinaire, renfermait cinq vers, dont les quatre premiers rimaient ensemble, et dont le cinquième rimait avec tous les cinquièmes vers des stances suivantes. On trouve, cependant, beaucoup de *mowascheha* dont les stances se composent de quatre, cinq ou un plus grand nombre de vers, à rimes croisées. Le mot *zedjel,* en arabe, signifie « modulation ». En Espagne, les poètes l'employaient pour désigner leurs chansons ou ballades. Les formes du *zedjel* étaient très nombreuses.

3 Après فنا inscrivez منه .

4 On désigne par le terme *simt* « ligne » les stances dont se composent le *mowascheha.* Le mot *ghosn* « branche » désigne les vers dont se composent les odes (*mowascheha*) et les chansons ou ballades (*zedjel*) espagnoles.

renferme plusieurs ghosn, dont le nombre est fixé, par la fantaisie du poète et par le système (de versification qu'il adopte). Dans les poèmes de cette espèce, on célèbre les charmes de la bien-aimée et les vertus des grands personnages, ainsi que cela se fait dans les cacîdas. Ces compositions, dans lesquelles la grâce et l'élégance sont portées jusqu'aux dernières limites, faisaient les délices de tout le monde, et, comme elles étaient d'une forme facile à saisir, les grands et les petits s'empressaient également de les apprendre par cœur.

Celui qui, le premier, en Espagne, imagina ce genre de poème, fut Mocaddem Ibn Moafer en-Neirîzi [1], un des poètes favoris de l'émir Abd Allah Ibn Mohammed el-Merouani [2]. Abd Allah Ibn Abd Rabbou, l'auteur de l'Icd [3], apprit d'Ibn el-Moafer à composer dans ce style ; mais leur souvenir (comme compositeurs d'odes) ne s'est pas conservé, et leurs mowaschehas ont fini par tomber dans l'oubli. Le premier qui se distingua réellement dans cette partie se montra plus tard ; il se nommait Eïbada tel-Cazzâz, et était le poète en titre d'El-Motacem Ibn Somadih, souverain d'Alméria [4]. L'illustre savant El-Batalyauci [5] raconte qu'il avait entendu Abou Bekr Ibn Zoheïr prononcer ces paroles : « Tous les compositeurs d'odes ne sont que de petits garçons auprès d'Eïbada tel-Cazzâz ; » observation qu'il avait faite en rencontrant par hasard une pièce dans laquelle celui-ci s'exprimait ainsi (en décrivant les charmes de sa bien-aimée)

Une pleine lune, un soleil du matin, une tige (qui pousse)

1 L'orthographe de ces noms est incertaine : El-Maccari (t. II, p. 361) écrit *Moufa* معافى , à la place de *Maufer* معافر , et telle est aussi l'orthographe d'Ibn el-Abbar. Le groupe نيريرى est ponctué de diverses manières dans les manuscrits et peut se prononcer de plusieurs manières. Je lis نيزيرى « natif de Neizîr ». Il y avait un village près de Chiraz qui portait ce nom. Quoiqu'il en soit, le poète qu'on appelait ainsi vécut dans la dernière moitié du IIIe siècle de l'hégire.

2 Abd Allah el-Merouani, septième souverain omeïade qui régna en Espagne, monta sur le trône l'an 275 de l'hégire (888 de J. C.).

3 Voyez la 1e partie, page 30. Ce poète se nommait *Omar ;* Ibn Khaldoun s'est trompé ici en lui donnant le nom d'*Abd Allah.*

4 El-Motacem Ibn Somadih monta sur le trône l'an 105, de J. C. (443-444 de l'hégire).

5 Abd Allah Ibn es-Cîd, surnommé el-Aalem el-Batalyauci (*le savant de Badajoz*), se distingua surtout comme grammairien et philologue. Cet auteur mourut à Valence, l'an 521 (1127 de J. C.), laissant plusieurs ouvrages tant en prose qu'en vers.

> dans les sables, douce à sentir comme le musc : comme elle est parfaite ! comme elle brille ! comme elle est florissante ! comme elle répand des parfums ! Assurément celui qui (la) regarde en deviendra amoureux et ne l'obtiendra pas [1].

Eïbada florissait dans les temps où chaque province de l'Espagne était régie par un souverain indépendant. On assure qu'aucun de ses contemporains ne l'a dépassé dans la composition d'odes. Après lui vint en seconde ligne (Abou Bekr Mohammed) Ibn Arfâ Raçou, poète en titre d'El-Mamoun Ibn Dhi'n-Noun, souverain de Tolède. On a beaucoup admiré la belle manière dont il tourna le commencement de l'ode (mowascheha) qui fit sa réputation. Voici le passage :

> Le luth a retenti de sons admirables, les ruisseaux ont arrosé les pelouses des jardins.

On admire aussi la fin de cette pièce, où il dit (à la bien-aimée) :

> Tu marches fièrement sans [2] (nous) saluer ; on te prendrait [3] pour Al-Mamoun Yahya Ibn Dhi 'n-Noun, celui qui est l'effroi des escadrons (ennemis) [4].

Ensuite, sous le gouvernement des Almoravides, une autre troupe de poètes entra dans la lice et fit des choses admirables. Les chefs de cette troupe étaient Yahya Ibn Baki [5] et l'Aveugle de

---

1 Je transcris ici le texte arabe de cette pièce, afin de mettre en évidence la versification que le poète avait adoptée :

Bedro temm, chems doha, ghosn neca, misko chemm ;
Ma atemm, ma aoudeha, ma aoureca, ma ansem ;
La djerem, men lameha, cad acheca, cad horem.

2 Le verbe négatif ليس devint لش dans le dialecte vulgaire des Espagnols.

3 Il faut lire عساك à la place de عساكر . La bonne leçon se trouve dans l'édition de Boulac, dans la traduction turque, dans la *Vie de Liçan ed-Dîn* d'El-Maccari, édition de Boulac, t. III, p. ٦-٧, et dans le manuscrit de cet ouvrage appartenant à la Bibliothèque impériale et portant le n° 7759, ancien fonds. (Voy. fol. 92 recto.) El-Maccari a reproduit dans son ouvrage plusieurs extraits du chapitre d'Ibn Khaldoun sur les odes et les chansons.

4 Je donne ici la transcription du texte arabe de ces deux morceaux, pour le motif indiqué dans la note ci-dessus :

El-aoud cad terennem   bi-abdâi telhîn,
Wa chekket el-medaneb   rîad el-besatîn.
Takhter wa lich teslem ;   Asak el-Mamoun
Moraouwâ el-ketaïb   Yahya ben dhi'n-Noun ?

5 Abou Bekr Yahya Ibn Baki, natif de Cordoue, fut un des poètes les plus gra-

Tudèle (El-Aama et-Toleïli) [1]. Celui-ci a dit dans une de ses odes (mowascheha) dorées :

> Comment me consoler, quand les traces (du campement abandonné) inspirent la tristesse ? La caravane est (maintenant) au milieu du désert et emporte les tendres vierges qui viennent de partir [2].

On a entendu dire à plusieurs cheikhs qu'en Espagne les amateurs de ce genre de poésie racontent l'anecdote suivante : Plusieurs poètes se trouvaient dans une réunion à Séville. Chacun d'eux avait apporté une ode dont il avait soigné la composition autant que possible. L'Aveugle de Tudèle s'avança pour faire entendre la sienne, qui était la célèbre ode dont les premiers mots sont :

> En riant, elle montre des perles ; en se dévoilant, elle laisse voir une lune ; le monde est trop étroit pour la contenir, et cependant elle se trouve renfermée dans mon cœur [3].

A peine eut-il prononcé ces lignes qu'Ibn Baki déchira sa propre ode, et les autres poètes suivirent son exemple.

El-Aalem el-Batalyauci rapporte qu'il avait entendu dire à Ibn Zohr [4] : « Les odes d'aucun poète n'ont jamais excité ma jalousie, à l'exception d'une, composée par Ibn Baki. Quand je l'entendis pour la première fois, je ressentis vivement cette passion. » En voici le commencement :

---

cieux que l'Espagne musulmane ait produits. Il vécut dans la misère, comme la plupart de ses confrères ; les souverains almoravides étaient trop ignorants, ils méprisaient trop les belles-lettres pour donner des encouragements à des poètes dont ils comprenaient à peine la langue. On trouve dans l'ouvrage d'El-Maccari sur l'Espagne un assez grand nombre de pièces composées par Ibn Baki.

1 Abou Djafer Ibn Horeïra el-Aamâ et-Toteïli était, comme son ami, Ibn Baki, un véritable poète. El-Maccari nous a conservé plusieurs de ses pièces.

2 Je transcris ici ce morceau :

Kîfa 's-sebîlou ila
Sabri, oua fi 'l-maalimi,
Achdjanou !
Oua-'r-rekbou ouset el-fela,
Bel-khourdi 'n-néaimi,
Cad banou.

3 Voici la transcription de ce morceau :

Dhahek an djoman, safer an bedri,
Dhac anho'z-zeman, oua hawaho sadri.

4 Ce personnage portait le surnom d'Abou 'l-Khattab, et appartenait probablement à la même famille que le célèbre médecin Avenzoar (Ibn Zohr).

> Ne vois-tu pas Ahmad, dans la hauteur de sa gloire, sans rival ! L'Occident l'a produit ; montre-moi son pareil, pays de l'Orient !

Dans le siècle où ces deux poètes florissaient, il en parut un autre nommé Abou Bekr el-Abiad [1], dont les odes se distinguaient par un style simple et naturel. Un autre de leurs contemporains fut le philosophe Abou Bekr Ibn Baddja [2], auteur des airs (telhîn) qui sont si bien connus. Il y a une anecdote assez répandue que je veux rapporter ici : Ibn Baddja, se trouvant à une partie (de plaisir) chez son patron, Ibn Tifelouît [3], seigneur de Saragosse, remit à une des chanteuses appartenant à ce prince une ode qui commençait ainsi :

> Marche (avec fierté) en traînant ta robe partout où elle (ta bien-aimée) a traîné la sienne ; et ajoute à l'ivresse (que ses charmes t'inspirent [4]) l'ivresse (qui provient du vin).

Le prince manifesta par ses gestes le plaisir que cet éloge lui causait. La pièce se terminait par ces vers :

> Dieu a préparé un drapeau toujours victorieux pour l'illustre émir Abou Bekr.

Lorsque ce telhîn frappa son oreille, il s'écria : Oh ! quelle jouissance ! » et déchira ses vêtements (tant il était ravi). « Tu as commencé admirablement », dit-il, « et tu as fini de même. » Il fit alors un serment des plus solennels, en déclarant qu'Ibn Baddja ne rentrerait chez lui qu'en marchant sur de l'or. Le poète, craignant que cela n'eût des conséquences graves, imagina un moyen d'éluder le serment et se fit mettre de l'or dans les souliers avant de s'en aller.

Abou 'l-Khattab Ibn Zohr raconte ce qui suit : Dans une réunion qui se tenait chez Abou Bekr Ibn Zohr [5], on causait d'Abou Bekr

---

1 Ce poète se nommait Abou Bekr Mohammed Ibn el-Ansari el-Abiad. Selon El-Maccari, il fut mis à mort par un certain Ez-Zobeïr, émir de Cordoue, qu'il avait attaqué dans ses vers.

2 Le célèbre philosophe Ibn Baddja (Avenpace) s'était distingué aussi comme poète. Il mourut à Fez, l'an 533 (1138-1139 de J. C.).

3 Ce sobriquet signifie « fils de la pouliche ». C'est un mot arabe berbérisé. Celui à qui on l'avait donné était beau-frère du roi almoravide Ali Ibn Youçof et se nommait Abou Bekr Ibn Ibrahîm. (Voy. l'*Hist. des musulmans d'Espagne* de M. Dozy, t. IV, p. 262.)

4 Pour منا , lisez منه avec les manuscrits.

5 Deux membres de la famille Zohr portaient le surnom d'Abou Bekr : l'un était un savant jurisconsulte et mourut à Talavera l'an 422 (1031 de J. C.) ; l'autre, qui

el-Abiad, l'auteur de l'ode dont nous avons parlé. Un de ceux qui étaient présents ayant dit que ce poète n'était pas très fort, Ibn Zohr lui répondit en ces termes : « Comment ! vous déprisez l'homme qui a composé ces vers :

> Je n'ai jamais eu du plaisir à boire du vin dans une praire couverte de fleurs, à moins qu'(une beauté), dont la taille flexible se balance quand elle se retire au point du jour, n'eût rempli sa promesse, le soir, et ne m'eût dit, au matin : « Pourquoi le vin a-t-il souffleté mes joues ? que me veut le vent du nord ? » Il souffla, et devant lui se pencha ce tendron si bien proportionné, que j'avais enveloppé dans mon manteau [1]. (Elle est) un de ces êtres qui tuent les cœurs ; elle marche en nous inspirant des soucis. Puissent ses œillades nous rejeter encore dans le péché ! Douces lèvres qui recouvrez ses dents, donnez du rafraîchissement à (un amant) qui brûle de soif, qui est épris d'amour et malade, qui ne trahira jamais ses promesses, et qui, dans tous les cas, ne cessera d'espérer que tu viendras le trouver, bien que tu lui montres de l'indifférence [2].

Après ces poètes, et dans les premiers temps de la dynastie almohade, parut Mohammed Ibn Abi 'l-Fadl Ibn Cheref — « J'ai

---

s'était distingué comme médecin, grammairien et poète, fut attaché au service du sultan almohade Yacoub el-Mansour et mourut l'an 595 (1119 de J. C.). Je crois qu'il s'agit du premier dans le récit d'Ibn Khaldoun.

1 Il faut lire الوشاح sans *techdîd* et اوفى en un seul mot. Dans le dixième vers (p. 394, l. 7, du texte arabe), il faut lire عهد à la place de عهدى .

2 Voici la transcription de la première stance de cette pièce :

Ma ledda lî cherbou rahi
Ala riadi'l-akahi ;
Lou la hedim el-oushahi,
Ida 'nthena fi 's-sebahi,
    Aufa 'l-asîl,
    Adha igoul :
    Ma lit-chemoul
    Letemèt khaddi
    Oua lil-chemal ?
    Habbèt fe-mal
    Ghosnou tidal
    Dommahou burdi.

reconnu, dit El-Hacen Ibn Doueïrîda [1], le faire de Hatem Ibn Saîd [2] dans ce vers :

> Le convive enjoué et le vin, c'est la lune en conjonction avec le soleil. »

(Citons aussi) Ibn Herdous [3], qui a dit :

> O nuit de notre réunion et de mon bonheur ! reviens, je t'en supplie !

(Et mentionnons) Ibn Mouhel, à qui nous devons ce morceau :

> Une fête ne consiste pas à porter une belle robe avec un manteau et à respirer des parfums ; la véritable fête, c'est de se trouver avec la bien-aimée.

(Nommons) encore [4] Abou Ishac ed-Douîni [5]. Ibn Saîd [6] dit avoir entendu Abou 'l-Hacen Sehl Ibn Malek [7] raconter ce qui suit : J'entrai une fois chez Ibn Zohr, qui était alors très âgé, et je portais l'habillement de la campagne, parce que je demeurais dans le château d'Estepa [8]. Comme il (Ibn Zohr) ne me connaissait pas, je m'assis au dernier rang de l'assemblée. Dans la suite de la conversation, je fus amené à réciter une ode de ma composition, dans laquelle se trouvaient ces vers :

> Le collyre des ténèbres disparaît de l'œil de l'aurore, au matin [9]. Le poignet de la rivière s'est entouré de manchettes vertes, formées par ses bords.

Quand Ibn Zohr eut entendu ces paroles, il tressaillit et me dit :

1 Ce personnage m'est inconnu.
2 Je soupçonne que ce Hatem est celui auquel El-Maccari (t. II, p. ٢٣٧) donne le nom de Hatem, fils de Hatem Ibn Saîd, et qui mourut en l'an 593 (1196-1197 de J. C.)
3 Je ne trouve aucun renseignement sur ce poète ni sur celui dont le nom est mentionné un peu plus loin.
4 L'auteur a sans doute emprunté à un ouvrage que nous ne connaissons pas, peut-être le *Moghrib* d'Ibn Saîd, les indications qu'il vient de donner. La majeure partie de celles qui suivent est empruntée à cet ouvrage.
5 Ce personnage est inconnu.
6 Ibn Saîd, le célèbre géographe, historien et littérateur, mourut en 685 (1286-1287 de J. C.).
7 Sehl Ibn Malek, littérateur d'une grande réputation, était natif de Grenade. Nous avons de lui quelques vers composés, les uns à Ceuta, en l'an 581 (1185-1186 de J. C.), et les autres à Grenade, en 637 (1239-1240 de J. C.).
8 Estepa est située dans la province de Séville.
9 Il faut lire مقلة et الصباح, à la place de مقله et الصباج.

Est-ce vous qui avez fait cela ? — Je lui répondis : « Mettez-moi à l'épreuve ! » — Qui êtes-vous ? » me dit-il. — « Un tel », dis-je. — « Montez à la première place, me dit-il, par Allah ! je ne vous connaissais pas ! » — Ibn Saîd dit : « A la tête de la troupe qui suivit immédiatement ceux-là se trouvait Abou Bekr Ibn Zohr, poète dont les odes se sont répandues tant en Orient qu'en Occident. » Il ajouta : « J'entendis dire à Abou 'l-Hacen Sehl Ibn Malek qu'on avait demandé à Ibn Zohr quelle était l'ode de sa composition qu'il regardait comme la plus originale, et il répondit que c'était celle-ci :

> Pourquoi cet homme fou d'amour [1] ne revient-il pas de son ivresse ? Oh ! comme il est ivre ! Pouvons-nous ramener les (beaux) jours et les nuits (que nous avons passés) auprès du canal ? Voilà qu'on aperçoit dans le zéphyr odorant le (parfum du). musc de Darîn [2]. Peu s'en faut que la beauté de ce lieu charmant ne nous donne une nouvelle vie ! (Voici) un fleuve ombragé de beaux arbres dont les branches sont chargées de feuillage, et l'on voit l'eau qui coule emporter sur sa surface ou dans son sein une récolte de (feuilles de) myrte [3]. »

Après lui, le poète le plus distingué fut Ibn Haiyoun, l'auteur de la chanson (zedjel) si bien connue qui commence ainsi :

> A chaque instant elle ajuste une flèche, et tire, à sa volonté, soit avec la main, soit avec l'œil.

Il indique encore ce double avantage dans le vers suivant :

> J'ai été créée belle et suis connue comme un archer habile :

1 La forme de cette pièce est, en effet, très originale, ainsi qu'on peut le voir dans la transcription suivante. Dans ce petit poème, comme dans presque toutes les odes, la prononciation est celle de la langue vulgaire.

Ma lil-mouleh min sokrou la yofîc ya lou sekrane !
Hel tostaâd aïyamna bal-khalîdj o u a lîalîna ?
Id yostafad min en-nesîm il-aridj m i s k o Darîna.
Oua id yokad hosn el-mekan il-behidj an yohyîna.
Nehron atolleh douh alîh anîc m o u r e c fînane.
Oua'l-ma yedjri ou âïm oua gharîc min djena rîban.

2 Darin était un port de mer de la province de Bahreïn en Arahie. On y importait du musc qui se tirait de l'Inde.

3 Les poètes comparent aux feuilles de myrte, et aussi au tissu d'une cotte de mailles, les rides qu'un léger zéphyr forme sur la surface d'un lac.

> je ne cesse pas de combattre même pendant un instant ; je fais avec mes deux yeux ce que ma main fait avec les flèches [1].

Il y avait avec eux à Grenade un autre poète qui se distinguait beaucoup et qui se nommait El-Mohr Ibn Ferès (poulain, , fils de jument) [2]. Ibn Saîd dit : Voici de ses vers :

> Grand Dieu ! quelle journée charmante nous avons passée dans les prairies, sur le bord de la rivière de Hims (Séville) ! Ensuite nous retournâmes vers l'embouchure du canal, en brisant les cachets de musc afin de dégager le vin couleur d'or ; (et cela) pendant que la main des ténèbres repliait la robe du soir.

Quand Ibn Zohr entendit ces vers, il s'écria : « Comme nous sommes loin (d'avoir eu la pensée) de cette robe ! » Il y avait avant lui (Ibn Ferès), dans la même ville, un poète nommé Motarref. Ibn Saîd rapporte (à son sujet) l'anecdote suivante, qu'il avait apprise de son père : Motarref entra un jour chez Ibn Ferès, et celui-ci se leva et le reçut avec de grandes marques d'honneur. « Ne faites pas cela, » lui dit Matarref. « Comment, dit Ibn Ferès, ne me lèverais-je pas pour celui qui a dit :

> Des cœurs atteints par des regards qui blessent, comment peuvent-ils exister sans souffrir ?

Après ceux-ci parut à Murcie Ibn Hazmoun. Ibn ar-Raïs a rapporté que Yahya el-Khazradji, s'étant présenté à une réunion où Ibn Hazmoun se trouvait, lui récita une ode de sa composition, et que celui-ci lui dit : « Une ode n'est pas ode à moins qu'elle ne soit exempte de tout ce qui sent le travail. » Yahya lui en demanda un exemple, et Ibn Hazmoun lui récita une de ses propres pièces que voici :

> O toi qui m'évites ! y a-t-il un chemin par lequel on puisse parvenir à te joindre ? Penses-tu que le cœur d'un amant affligé puisse trouver du repos après avoir ressenti de l'amour pour toi [3] ?

---

1 Dans cette pièce il faut lire نخلو et ونعمل . Ces verbes sont à la première personne du singulier, car tout le morceau est en arabe vulgaire. ساع est pour ساعة . فلش est la forme vulgaire espagnole de فليس .

2 Mohr Ibn Ferès vivait encore en l'an 581 (1185-1186 de J. C.).

3 Voici cette pièce, en caractères romains :

Ya hadjeri ! hel ila l' ousali

Signalons encore Abou 'l-Hacen Sehl Ibn Malek, natif de Grenade, au sujet de qui Ibn Saîd raconte ce qui suit : « Mon père admirait beaucoup la manière dont Sehl s'était exprimé dans le morceau suivant :

> Le jour parut dans l'Orient comme un torrent et se répandit comme une mer sur toutes les contrées. Aussi les pleureuses d'entre les (tourterelles) fauves se sont appelées les unes les autres ; ne vois-tu pas qu'elles craignent d'être noyées et passent la matinée à se lamenter du haut du feuillage ? »

Vers la même époque, (le poète) Abou 'l-Hacen Ibn Fadl se distinguait à Cordoue. Ibn Saîd raconte qu'il entendit dire à son père ce qui suit : « J'étais présent quand Sehl Ibn Malek adressa ces paroles à Ibn Fadl : Certes, Ibn Fadl ! vous avez obtenu la prééminence (fadl) sur les autres compositeurs d'odes par la pièce que voici :

> Oh ! comme je regrette les temps passés, (maintenant que) dans le soir (de la vie) l'amour est parti et fini ! Je reste seul, malgré moi et sans le vouloir ; je passe mes nuits (comme si j'étais) sur des charbons ardents. Je salue, en pensée, les restes de cette demeure abandonnée ; je baise, en imagination, les traces (laissées par les habitants). »

Le même (narrateur) rapporte ce qui suit : « Plus d'une fois [1] j'entendis Abou Bekr es-Sabouni réciter au maître (ostad) Abou 'l-Hacen ed-Debbadj [2] des odes qu'il avait composées, sans que celui-ci lui eût jamais dit : A la bonne heure ! Ce ne fut qu'après avoir entendu les vers suivants qu'il prononça cette parole flatteuse :

> J'en jure par mon amour pour celle qui me témoigne

Minnek sebil ?
Aou hel tera an houak sali
Colbo 'l-alîl.

1 La particule ما dans غير ما مرة est explétive.

2 Abou 'l-Hacen Ali Ibn Djaber ed-Debbadj, natif de Séville, était très versé dans la philologie de la langue arabe et dans la philosophie. Ses contemporains le regardaient comme le plus grand philosophe de l'Occident. Son savoir et sa piété étaient si remarquables que le souverain almoravide Ali, fils de Youçof Ibn Tachefîn, l'appela à la cour de Maroc et l'admit dans son intimité. Il le chargea même de soutenir une controverse théologique contre Mohammed Ibn Toumert, le même qui, sous le titre du Mehdi, fonda plus tard l'empire des Almohades. (Voy. l'*Histoire des Berbers,* t. II, p. 167.)

de l'aversion, que les nuits de l'homme qui est vaincu par l'amour n'ont pas de matinées ; il n'est pas donné à tout le monde de se réjouir [1] à l'aspect de l'aurore. Je pense, chaque nuit, que le jour ne viendra jamais. O nuits que je passe ! vous êtes assurément éternelles ; ou bien, on a lié les ailes de l'aigle (céleste) afin que les étoiles du ciel ne poursuivent pas leur carrière [2].

Voici une des odes [3] d'Ibn es-Sabouni :

Voyez l'état de celui que l'amour a fait captif et qui se trouve livré au chagrin et à la tristesse. Malheur à lui ! celle qui devait le guérir l'a rendu malade. La bien-aimée l'a traité avec dédain, puis le sommeil s'est éloigné de lui à l'exemple de cette (cruelle). Le sommeil a fui mes paupières, mais je ne m'en plaindrais pas, s'il ne m'avait empêché de voir en songe la personne que j'aime. Le rendez-vous qu'elle m'avait donné par caprice, hélas ! quel triste rendez-vous [4] ! Mais je ne saurais faire des reproches à celle qui ne veut pas se montrer à moi, soit en réalité, soit en songe [5].

Ibn Khalef el-Djezaïri (natif d'Alger) s'est fait un nom en Mauritanie par l'ode (qui commence ainsi) :

La main de la matinée a battu le briquet de la lumière sur l'amadou des fleurs.

Ibn Khazer de Bougie s'est distingué par l'ode (dont voici le commencement) :

La fortune se montre favorable : sa bouche t'a salué [6] avec un sourire.

Une des meilleures odes qu'on ait composées dans les temps modernes a pour auteur Ibn Sehl, poète qui habitait Séville et qui

---

1 Pour جمد , lisez حمد .

2 Le poète a probablement supposé que c'était l'aigle (la constellation ainsi nommée) qui, par son vol, tenait en mouvement la sphère céleste.

3 Le mot محاسن doit être supprimé ; il ne se trouve pas dans les manuscrits.

4 Je lis وساء الوصال avec le traducteur turc et l'éditon de Boulac.

5 Le mot محال signifie « ce qui n'est pas réel ».

6 Pour حباك , lisez حياك , avec les manuscrits. Dans les deux poèmes qui suivent, tous les vers impairs riment en a, et les vers pairs, pris par deux ou par trois, riment ensemble. Ainsi la rime est invariable dans les vers impairs, et varie, jusqu'à un certain point, dans les vers pairs.

s'était ensuite fixé à Ceuta [1]. Elle (commence) ainsi :

La gazelle du parc bien gardé savait-elle qu'en prenant le cœur de son amant pour une tanière elle l'avait embrasé ? Ce (malheureux) est dans le feu et dans l'agitation ; il est comme la braise dont se joue le souffle du zéphyr.

Notre ami le vizir Abou Abd Allah Ibn el-Khatîb, qui fut, de son époque, le plus grand poète de l'Espagne et du Maghreb, composa sur la même forme que l'ode précédente [2] une autre ode que je donne ici :

Quand [3] les nuages (bienfaisants) répandent leurs eaux, puissent les averses t'arroser copieusement, ô temps (fortuné) qui me réunira, en Andalousie, (avec toi, ma bien-aimée). Mes rencontres avec toi n'ont cependant eu lieu qu'en songe, pendant mon sommeil ; ou bien elles s'effectuent à la dérobée, par des tours d'adresse. Voilà que le temps (nous) amène une diversité de souhaits qui s'avancent les uns sur tes traces des autres ; (elles viennent) isolément ou deux à deux, (et forment) des groupes semblables aux bandes (de voyageurs) dont la présence est appelée par la fête (de la Mecque). Les pluies ont revêtu la prairie d'un double éclat et en ont fait sourire les fleurs. L'anémone (noman) annonce (les bienfaits) qu'elle a reçus de l'eau du ciel (ma es-sema), de même que Malek annonça (les communications) qu'il avait reçues d'Anès [4], et elle a obtenu de la beauté un habillement rayé, un vêtement magnifique, dont elle se montre justement fière. (Cela se passa) dans certaines nuits, pendant que je cachais le secret de mon amour sous le voile des ténèbres, (qui auraient été plus profondes) s'il n'y avait pas eu là de jolies figures qui brillaient comme des soleils. Alors notre coupe, cet astre (brillant), se penchait (vers nos mains) et faisait descendre sur nous, en ligne directe, ses influences heureuses. (J'avais alors à satisfaire) un désir impérieux dont le seul défaut était de passer en un clin d'œil ; au moment même où notre familiarité avait un peu de douceur, la matinée survenait à l'improviste, ainsi qu'un gardien

1 Il faut lire سبتة.
2 Pour فينا, lisez فيها.
3 Pour اذ, lisez اذا.
4 Il y a dans ce vers un jeu de mots intraduisible. Noman, fils de Ma es-Sema, fut un roi de Hira dans les temps antéislamites ; *Noman* est le vrai nom d'Abou Hanîfa, fondateur d'un des quatre rites orthodoxes, et *noman* signifie *anémone*. Malek était fondateur d'un de ces rites et Anès était un de ses précepteurs.

jaloux qui fait le guet [1]. Sont-ce les astres (dont la lumière) vient nous surprendre ? ou bien (sont-ce) les yeux (fleurs) du narcisse dont nous ressentons les effets ? Combien (est heureux) l'homme dégagé (de soucis) sur lequel la prairie agit (avec tous ses charmes pendant que) les fleurs profitent de sa distraction (pour s'épanouir), et que, assurées contre ses artifices, elles ne le craignent plus ! Le ruisseau cause avec le gravier (de son lit) et chaque amant se retire à part avec son amie. On voit la rose, fâchée et jalouse (de la beauté de ma bien-aimée), se revêtir, dans sa colère, de cette (couleur rouge) qu'elle se plaît à porter ; on y voit le myrte agir avec prudence et circonspection, pour entendre, à la dérobée, avec ses oreilles de cheval [2]. Gens de la tribu campée sur le (bord du) fleuve d'El-Ghada ! vous que j'avais cependant logés dans mon cœur ! la plaine, toute large qu'elle soit, est trop resserrée pour contenir l'amour que je vous porte ; (à la regarder) depuis son bord oriental jusqu'à son bord occidental, elle ne me paraît rien. Rétablissons le pacte d'amitié qui existait (entre nous) autrefois ; délivrez votre captif de son chagrin ; craignez Dieu et rendez la vie à un amant passionné dont l'âme s'exhale, soupir par soupir. Mû par un noble motif, il vous a consacré son cœur ; consentirez-vous à laisser ce gage dépérir ? Parmi vous il y a une personne qui touche de près à mon cœur et lui inspire des souhaits, bien qu'elle soit loin de moi. Cette lune (pleine de beauté) s'est levée dans l'Occident, et, bien que son aspect soit fortuné, elle porte malheur à celui qui l'aime. L'homme vertueux et le criminel écoutent avec une égale indifférence les promesses (de Dieu) et ses menaces, aussitôt qu'ils ont ressenti de l'amour pour cette belle, aux regards enchanteurs, aux lèvres de miel ; qui, (par ses charmes, pénètre et) parcourt notre âme ainsi que la respiration parcourt (le corps). Elle visa avec sa flèche, nomma (le but qu'elle voulait frapper) et tira son arc ; dès lors mon cœur devint la proie d'une (passion) qui le dévora. Bien qu'elle soit tyrannique et qu'elle trompe les espérances de l'amant, au point que le cœur de celui-ci est consumé par l'ardeur de la passion, elle est l'objet que l'âme estime le plus : aimer sa maîtresse n'est pas un péché. Ses ordres agissent sur tous les cœurs, sur tous les seins dont elle a fait le tourment, et y trouvent une prompte obéissance. Ses regards dominent sur l'âme avec une puissance absolue. Jamais, pendant que ses amants poussaient leurs derniers soupirs, jamais elle n'a pensé à cet Être qui venge les opprimés en punissant les oppresseurs et qui donne

1 Je lis هجوم à la place de جوم , en adoptant la leçon d'El-Maccari.
2 Le poète a vu une ressemblance entre la feuille de myrte et l'oreille de cheval.

> aux âmes vertueuses et aux âmes criminelles la rétribution qui leur est due. Qu'a-t-il donc, mon cœur ? Chaque fois que le zéphyr fait sentir son haleine [1], une nouvelle passion vient s'y installer ! La tablette qui porte inscrite la destinée de l'amant renferme ces paroles de Dieu [2] : Certes le tourment que j'infligerai sera sévère. (Cette belle) a attiré sur moi les soucis et les maux, de sorte que, entouré de chagrin, j'ai éprouvé des souffrances atroces. (La personne) qui a porté le trouble dans [3] mon cœur et qui l'a enflammé, ainsi que le feu embrase un faisceau de bois desséché, ne m'a rien laissé de la vie, excepté un dernier soupir [4] qui persiste encore, de même que les dernières lueurs du jour persistent après l'invasion des ténèbres. Résigne-toi, mon âme, aux décrets du destin ; emploie le moment actuel à opérer ma conversion et à tourner mon cœur vers Dieu. Ne pense plus aux jours que j'ai passés à reprocher (aux belles leur cruauté) ou à jouir de faveurs qui sont maintenant finies pour moi. Adresse la parole au prince favorisé de Dieu, à celui qui a reçu par inspiration cette grâce qui est annoncée dans le livre saint, à cet homme généreux qui est parvenu au faîte (de la gloire) et qui a grandi (dans les honneurs), au lion du château, au soleil de l'assemblée, à celui sur qui l'aide divine est descendue ainsi que descendirent les révélations que l'esprit de la Sainteté porta (à notre Prophète) [5].

On voit aux odes des Orientaux que ce genre de composition leur coûtait un travail d'esprit pénible. Une des meilleures qu'ils aient produites est celle qui a pour auteur Ibn Sena 'l-Molk [6] et qui est aussi bien connue en Occident qu'en Orient. Elle commence ainsi :

> Ma bien-aimée, ayant enlevé le voile de lumière qui couvrait son visage, te laisse voir du musc (c'est-à-dire des sourcils noirs) sur du camphre (c'est-à-dire une peau blanche), au milieu d'une fleur de grenade (c'est-à-dire la rougeur des joues). Nuages ! entourez de bijoux (c'est-à-dire de fleurs) les couronnes (c'est-à-dire les bocages) que portent ces collines, et donnez-leur pour bracelets les détours du fleuve.

---

1 Pour هيّت , lisez هبّت .

2 *Coran*, sour. XIV, vers 7.

3 Pour من , lisez فى .

4 Pour الدما , lisez الذما .

5 Ibn Khaldoun a supprimé ici dix doubles hémistiches formant la fin du poème et renfermant l'éloge du prince. On les trouvera dans la *Vie de Lisan ed-Dîn,* composée par El-Maccari.

6 Le poète Hibet Allah Ibn Djafer Sena 'l-Molk, natif d'Égypte, mourut au Caire, l'an 608 (1211-1212 de J. C.).

Lorsque l'art de composer des odes se fut répandu parmi les Espagnols, tout le monde s'y appliqua à cause de la facilité du genre, de l'élégance de sa forme et de la correspondance qui régnait, entre les vers ; et les habitants des villes se mirent à tisser sur ce modèle et à ranger des vers d'après ce système. Ils y employèrent leur dialecte ordinaire, celui qui se parle dans les villes, et ne s'y astreignirent pas à l'observation des règles de la syntaxe désinentielle. Ils développèrent aussi une nouvelle branche de poésie à laquelle ils donnèrent le nom de zedjel (ballade) et dont la versification conserve jusqu'à ce jour la forme qu'ils avaient adoptée (au commencement). Dans ce genre de poésie, ils ont produit des pièces admirables, et l'expression des idées y est aussi parfaite que leur langage corrompu le permet. Le premier qui se distingua dans cette voie fut Abou Bekr Ibn Gozman. Il est vrai qu'avant lui on avait récité des ballades en Espagne, mais la douceur du style, la manière élégante dont on y énonçait ses pensées et la beauté dont ce genre de composition était susceptible ne furent appréciées qu'au temps de ce poète. Il vivait sous les Almoravides et tenait, sans contredit, la première place parmi les compositeurs de ballades. « Quant à ses zedjel, » dit Ibn Saîd, « je les ai entendu réciter plus souvent à Baghdad que dans les villes de l'Occident. » Il dit ailleurs : « J'ai entendu déclarer à Abou 'l-Hacen Ibn Djahder de Séville, le premier chansonnier de notre époque, que personne, parmi les poètes les plus capables dans ce genre, n'a eu une inspiration pareille à celle qui survint à Ibn Gozman, le grand maître de l'art. Étant sorti, un jour, avec quelques amis, pour faire une promenade d'agrément, il s'assit avec eux sous un berceau de feuillage, en face duquel se voyait la figure d'un lion, en marbre ; de la gueule de ce lion s'échappait une masse d'eau qui allait tomber sur une suite de dalles en pierre, formant escalier. Il composa sur ce sujet le morceau suivant :

> Un berceau établi au-dessus d'une estrade et lui servant de portique ; et un lion, qui a avalé un serpent gros comme la jambe et qui ouvre la bouche comme un homme qui va rendre le dernier soupir [1]. (Le reptile,) s'étant échappé de là, va courir sur les dalles en jetant les hauts cris.

Bien qu'Ibn Gozman résidât habituellement à Cordoue, il se

1 Le mot بيه est mis ici pour به . Quelques manuscrits portent فيه .

rendait très souvent à Séville pour en revoir le fleuve. Un certain vendredi, plusieurs poètes d'une grande réputation comme faiseurs de zedjels s'étaient réunis pour faire une promenade sur l'eau, et avec eux se trouvait un jeune garçon d'une figure charmante et appartenant à une des familles les plus riches et les plus respectables de la ville. Étant partis en bateau pour aller à la pêche, ils se mirent à improviser des vers dont cette partie de plaisir faisait le sujet, et Eïça'l-Belid commença, par ces lignes :

> Mon cœur désire se soustraire (à la tyrannie de la personne qu'il aime), bien qu'il y ait déjà échappé. Mais l'amour l'a encore ramené dans le voisinage (du danger) [1]. Voyez cet infortuné, accablé du poids de sa misère ; il a l'esprit troublé à cause du grand malheur qui vient de l'atteindre [2]. Certes, il s'attristait dans l'absence de ces beaux yeux noirs, et, cependant, ce sont ces yeux noirs qui l'ont amaigri.

Abou Omar Ibn [3] ez-Zahed, natif de Séville, récita ensuite ce morceau :

> Il est pris, ainsi que se laisse prendre celui qui s'abandonne à l'océan de ses passions. Tu vois ce qui l'a jeté dans les maux et les tourments : il eut la fantaisie de [4] badiner avec l'amour, c'est un jeu qui a fait périr bien du monde.

Abou 'l-Hacen el-Mocri, natif de Dénia, prononça ensuite ces vers :

> La belle journée ! tous les traits qui la distinguaient me remplissent encore d'admiration. Le vin et les belles circulaient autour de moi pendant que les amis faisaient la sieste sous les peupliers [5]. Mais ce qui me convenait le mieux [6], c'était (de pêcher) des mulets et (de contempler) ensuite ces beaux yeux.

---

1 Il faut lire ضمّو et لسهماتو . Le و final de ces mots représente le pronom affixe de la troisième personne masculine du singulier.

2 Pour يغلق , lisez يقلق , et pour صابوا , lisez صاباته . Ce dernier mot est une altération du nom d'action اصابة , joint au pronom affixe de la troisième personne du singulier.

3 Le mot ابن se lit dans la plupart des manuscrits.

4 بالوان est une contraction vulgaire des mots باله أن .

5 Il faut lire والمقلين تقيل فصفصافه , ce qui, en bon arabe, s'écrirait تقيل فى صفصافه والمقيلين .

6 Je lis احرى , avec deux manuscrits.

Abou Bekr Ibn Martin prit ensuite la parole et dit :

> Il est donc vrai que tu veux t'embarquer sur ce fleuve charmant, afin d'avoir un entretien avec la personne qui te hait et qui te tyrannise, et (que tu veux aussi prendre) des mulets et (t'amuser à) la pêche ? Ce ne sont pas [1] des poissons qu'elle pêche, mais des cœurs d'hommes ! En voilà dans ses filets !

Abou Bekr Ibn Gozman parla alors et dit :

> Quand il (ce jeune homme) relève ses manches pour jeter ses filets, on voit les mulets se précipiter de ce côté-là. Ils ne s'y élancent pas avec l'intention d'y tomber, mais de baiser ses charmantes petites mains [2].

Vers la même époque, il se trouvait dans l'Andalousie orientale un poète nominé Makhlef el Asoued, qui composa de très jolies chansons. Une de ses pièces commence ainsi :

> J'ai été pris, moi qui craignais toujours de me laisser prendre ; et l'amour m'a réduit à un état affligeant.

Dans ce poème il dit [3] :

> Jusqu'à ce que tu voies sur cette belle [4] et noble joue la rougeur portée à sa dernière limite [5], ô toi qui cherches dans ses yeux la pierre philosophale, (sache que) si elle les dirige [6] vers de l'argent, elle le convertit en or.

Après eux parut un groupe de poètes dont le chef, qui se nommait Medeghlîs [7], eut d'admirables inspirations. C'est ainsi qu'il a dit dans une chanson devenue célèbre :

> Quand une pluie fine tombe et que les rayons du soleil frappent avec force, tu verras celle-là se changer en argent et ceux-ci en or. Les arbrisseaux boivent et s'enivrent ; les branches s'agitent et frissonnent (de plaisir) ; elles veulent se

---

1 لشنه est une altération de لسن , 3e p. fém. pl. du verbe négatif ليس .

2 Pour يدياتو , lisez يديداته .

3 Il faut insérer ici les mots يقول فيه .

4 Lisez الشريف .

5 الما est mis ici pour الى ما .

6 عينى est mis ici pour عين . Lisez تنظر à la place de ننظر .

7 *Medeghlîs* ou *Medghalîs* est un sobriquet qui n'appartient pas à la langue arabe. Le poète qu'on désignait ainsi se nommait Abou Abd Allah Ibn el-Haddj.

rapprocher de nous, puis elles cèdent à la honte et se retirent [1].

Parmi ses meilleures chansons on remarque celle-ci :

> Le jour a paru et les étoiles en sont consternées. Lève-toi avec nous et secouons la paresse. Buvons d'un flacon qui renferme un mélange plus doux, à mon avis, que du miel. O toi qui me blâmes de [2] porter un collier [3], puisse Dieu te revêtir d'un collier à cause de ce que tu as dit ! Tu dis [4] qu'un péché en produit un autre, au grand détriment de l'intelligence. Passe [5] dans le pays du Hidjaz ! cela te conviendra mieux ; que me veux-tu avec ces vains discours ? Pars en pèlerinage et visite (la maison sainte), mais permets que je m'adonne librement [6] au (plaisir de) boire. Quand on n'a pas la force [7] ni la puissance d'agir ; les (bonnes) intentions valent mieux que les actes.

Après eux parut à Séville le poète Ibn Djahder. On s'accorde à reconnaître qu'il l'emporta sur tous les autres compositeurs de chansons par une pièce dans laquelle il célébra la conquête de Majorque [8] et qui commence ainsi :

> Maudit soit celui qui tire l'épée pour combattre (le dogme de) l'unité (de Dieu) ! Je ne veux avoir aucun rapport avec un homme qui combat la vérité.

« Je l'ai rencontré, dit Ibn Saîd, ainsi que son élève El-Yâbâ [9],

1 Voici le texte de ce vers, qui a été omis dans l'édition de Paris, mais qui se trouve dans la traduction turque et dans quatre manuscrits :

وتريد تجى الينا ثم تستحى وتهرب

2 Lisez لما à la place de كما .

3 Porter un collier signifie croire aux paroles d'autrui ; le collier est aussi l'emblème de l'esclavage ; ici l'expression « puisse Dieu te revêtir d'un collier » paraît signifier « puisse-t-il te récompenser de tes conseils dont je n'ai que faire. »

4 Pour يقول , lisez تقول .

5 مور est mis ici pour مَرّ .

6 Il faut lire نتهمّل .

7 Les mots لش لو قدره représentent la manière dont les musulmans espagnols prononçaient l'expression ليس له قدره .

8 En-Nacer, le quatrième souverain de la dynastie ahmohade, enleva l'île de Majorque aux Almoravides vers la fin du VIe siècle de l'hégire ou au commencement du VIIe. Les Baléares tombèrent bientôt après au pouvoir des Catalans, Jayme Ier, roi d'Aragon, s'en étant emparé l'an 1230 de J. C. (627 de l'hégire).

9 L'orthographe de ce nom est incertaine.

auteur de la chanson si bien connue qui commence ainsi :

> Oh ! que je voudrais [1] voir ma bien-aimée afin de lui charmer [2] les oreilles en lui rapportant un petit message : Pourquoi a-t-elle emprunté le cou de la gazelle et dérobé au perdreau (?) sa (petite) bouche ? » »

Après eux vint Abou 'l-Hacen Sehl Ibn Malek, grand maître dans toutes les branches de la littérature. Ensuite, de notre temps, parut mon ami le vizir Abou Abd Allah Ibn el-Khatîb, le premier poète et le premier prosateur du peuple musulman, sans contredit. Une des meilleures pièces qu'il composa dans ce genre (commence ainsi) :

> Mêlez le vin dans les coupes ; versez-en pour moi et recommencez encore [3]. L'argent n'a été créé que pour être dépensé.

Citons encore un morceau dans lequel il adopta le langage des soufis et le style d'Es-Chochteri [4] :

> Depuis le lever (du soleil) jusqu'à son coucher [5], ç'a été un mélange de chants à l'honneur de l'objet aimé. Celui qui n'avait pas existé est parti et celui qui n'a jamais cessé (d'être) reste [6].

Un autre morceau, composé par lui dans le même style, est celui-ci :

> Me trouver éloigné de toi, mon fils, est la plus grande des afflictions ; et quand tu es près de moi, je laisse aller ma barque à la dérive.

Il y avait en Espagne, du temps d'Ibn el-Khatîb, un natif de Guadix nommé Mohammed Ibn Abd el-Adhîm, qui s'était distingué dans ce même genre de poésie. Ayant pris pour modèle la chanson (zedjel) de Medeghiîs qui commence ainsi : Le jour a paru, et les

1 La bonne leçon est ياليتنى .
2 Je regarde افتل comme une altération de افتن .
3 Je lis تجدّد , avec l'édition de Boulac et la traduction turque.
4 *Chochteri* et *Tosteri* signifient *natif de Toster*, ville située dans le Khouzestan. Il y avait un ascète nommé Sehl et-Tosteri, qui acquit une grande réputation par la sainteté de sa vie, et qui mourut à Basra en 283 (896 de J. C.). C'est peut-être de ce personnage que l'auteur veut parler.
5 Pour وبين النزول , lisez والنزول .
6 Ce vers, comme l'auteur nous le donne à entendre, exprime une idée mystique et paraît signifier : « Ceux qui ont été tirés du néant disparaissent du monde, et celui qui n'a jamais cessé d'exister durera toujours. »

étoiles en sont consternées, il composa le morceau suivant :

> Amis de la dissipation ! la saison de la folie est arrivée, maintenant que le soleil est entré dans le bélier (et que l'année commence). Renouvelez, chaque jour, vos joyeux ébats ; ne mettez point d'intervalle entre vos plaisirs. Livrons-nous aux jouissances près du Xenîl [1], sur ce gazon verdoyant. Ne parlons plus ni de Baghdad ni du Nil ; les lieux où nous sommes me semblent bien plus charmants. On y voit une plaine [2] de plus de quarante milles d'étendue. Que le vent y passe en allant et venant, jamais tu n'y rencontreras la moindre trace de poussière, pas même autant que (la pincée) d'antimoine dont on se noircit les paupières. Comment ne serait-elle pas ainsi, puisqu'il n'y a pas un endroit, (gros comme) une feuille de papier, où nous n'envoyions butiner nos abeilles [3] ?

Le genre de poésie cultivé de nos jours chez les habitants de l'Andalousie est la chanson (zedjel) : à tout ce qu'ils composent en vers ils donnent la forme d'une chanson, et dans ces pièces ils emploient les quinze mètres reçus ; mais le langage dont ils se servent est leur dialecte vulgaire. C'est là ce qu'ils appellent poésie zedjélienne. En voici un exemple, composé par un de leurs poètes :

> Je mettrais des années et des siècles à aimer tes beaux yeux ; mais tu es sans miséricorde [4], et ton cœur ne se laisse pas attendrir. Je voudrais te faire voir ce que mon cœur est devenu à cause de toi : il est comme un soc de charrue au milieu des forgerons. Les larmes coulent [5], le feu est ardent et les marteaux (frappent) de droite et de gauche. Dieu a créé les chrétiens pour (subir nos) incursions destructives [6], mais toi, tu fais des incursions dans les cœurs de tes amants.

Au commencement du siècle actuel, un des meilleurs composi-

1 Xenîl est le nom de la rivière qui coule près de Grenade. Il faut lire شنيل .
2 Il faut lire وطا فيها , en deux mots.
3 ولاش est une forme vulgaire de ولاىّ شىُ ; le mot رقاعا s'écrit رفاعة en bon arabe.
4 Il faut remplacer شققا par شفقا , altération du mot شفقة .
5 La traduction turque et l'édition de Boulac offrent la leçon ترشرش à la place de ترتش . Les larmes qui coulent peuvent signifier, non seulement celles de l'amant, mais les gouttes d'eau avec lesquelles on arrose les braises d'une forge, afin de les faire brûler avec plus d'intensité.
6 Le mot arabe est *ghazou ;* en Afrique on dit *ghazia* ou *razia.*

teurs en ce genre fut le littérateur Abou Abd Allah el-Louchi [1]. Une cacîda, dans laquelle il célébra les louanges du sultan Ibn el-Ahmer, est de cette espèce. La voici :

Le jour a paru [2], lève-toi, mon compagnon, et buvons ; rions ensuite, après nous être égayés. L'aurore, semblable à un métal fondu, répand une lueur rouge en venant à la rencontre [3] de la nuit ; lève-toi et verse (à boire). Voilà un (vin) de bon aloi, blanc et sans mélange, c'est de l'argent ; le crépuscule est de l'or. C'est une monnaie qui a grand cours chez les mortels ; c'est à lui que les yeux (des belles) empruntent leur éclat. Le jour, mon ami, est fait pour qu'on puisse gagner sa vie ; mais, par Allah [4] ! la vie des riches se passe bien heureusement. La nuit est faite pour les caresses et les embrassements, alors qu'on s'agite sur la couche de l'amour. La fortune, autrefois avare, est devenue libérale [5] : autant dans le passé (le pauvre) a goûté, toute l'amertume (de la vie) [6], (autant il est heureux maintenant) en buvant du boneïn [7] et en mangeant de bonnes choses. Un homme qui épiait (mes démarches me) dit : « Quelle merveille ! pourquoi te vois-je si maigre [8], toi qui es toujours à goûter de l'amour et du vin ? » Mes censeurs [9] furent émerveillés de cette nouvelle ; je leur répondis : « Vous autres, à qui cela paraît étrange, (sachez que) je ne puis aimer qu'une belle d'un esprit délicat. Faut-il que je le déclare en

1 Abou Abd Allah Mohammed el-Louchi, médecin distingué, mourut en Égypte entre les années 660 (1262 de J. C.) et 670.

2 Dans cette pièce, l'auteur a employé une foule d'expressions vulgaires, et n'a montré que bien peu de respect pour l'orthographe.

3 Le mot ميلق est formé irrégulièrement du verbe لقى .

4 Lisez يالله .

5 Je passe ici un hémistiche qui paraît signifier : « et il (le temps ou la fortune) n'est plus capable de laisser échapper le scorpion de sa main. » — En arabe, le scorpion est l'emblème de la délation ; il signifie aussi « soucis, remords. » — Le manuscrit suivi par le traducteur turc portait : والى كتفتو من يديه عرقبوا , ce qui peut signifier : « il avait les mains attachées derrière le dos. » — L'édition de Boulac porte : واش كمقلته من يريه عقربوا , mots dont je ne saisis pas le sens.

6 Les mots مروا فما sont mis ici pour مرّةً فيما . Au reste, cette pièce offre beaucoup de fautes de grammaire et d'orthographe.

7 *Boneïa* ou *bonn* est une espèce de café. (Voy. *Chrestomathie arabe* de M. de Sacy, t. I, p. 412.)

8 Je lis نرى تنحبوا .

9 Pour عدالى , lisez عَذّالى .

invoquant le nom de Dieu [1], ou faut-il que je l'écrive ? Il n'y a qu'un poète à l'esprit cultivé qui puisse réussir auprès des belles : il subjugue les vierges et triomphe des épousées. — La coupe (de vin) est une chose défendue ; oui, elle est défendue pour celui qui ne sait pas en boire. Les hommes intelligents, les sages et même les libertins obtiendront la rémission de leurs péchés, dans le cas où ils en auront commis. Voyez celle dont la beauté m'a séduit et que je ne puis attirer à moi, même par les paroles les plus flatteuses. Elle est un faon [2] gras à éteindre les braises (sur lesquelles on le ferait cuire), pendant que mon cœur brûle (d'un feu comme) la braise de ghada [3]. (C'est) une gazelle dont les regards percent jusqu'au cœur les lions qui, même auparavant, avaient perdu le jugement [4]. En souriant, elle leur rend la vie, ils rient et se réjouissent [5], après s'être lamentés. (Elle a) une bouche petite [6] comme un anneau et des dents irréprochables ; le prédicateur qui exhorte le peuple [7] demanderait la permission de la baiser. (Ce sont) des perles entourées de corail ; quelle rangée, mon ami ! l'ouvrier les mit en ordre sans les percer. (Voyez encore) ces sourcils noirs dont la puissance est irrésistible [8] ! Ceux qui leur trouvent de la ressemblance avec du musc méritent qu'on leur donne tort. Ses cheveux pendent en boucles (aussi noires) que l'aile d'un corbeau et font l'étonnement des nuits (sombres) que je passe loin d'elle. (Ils descendent) sur un corps blanc, de la couleur du lait ; jamais un berger n'a tiré de ses brebis (un lait aussi blanc). Puis deux petites collines, — je

---

1 Littéral. « Faut-il que je le lise par Dieu ? » L'expression علاش كنقروا est une altération de على اىّ شىء نكون نقرءه . L'édition de Boulac porte : علاش تكتبوا او باليه تكفروا, et le traducteur turc a lu :
تكفر و باليه وتكذبوا علاش .

2 Je lis ظبى , avec la traduction turque et l'édition de Boulac.

3 Le *ghada* est une espèce de bois dont la braise donne beaucoup de chaleur et se conserve longtemps allumée.

4 بالوهم est mis ici pour بالهم .

5 Lisez وثم . Le second hémistiche doit être reconstruit ainsi : وتفرحوا من بعد ما يندبوا
.

6 Variante فويم . Ce mot est le diminutif de فم ; فميم est aussi le diminutif de فمّ , prononcé avec un double *m*, selon l'usage de la langue vulgaire.

7 الاما est mis ici pour الامة .

8 Pour وشاربن , lisez وشارب . Le mot لش est mis pour لاىّ شىء . L'expression يريد لاش يريد paraît signifier : « elle fait ce qu'elle veut. »

n'avais jamais connu auparavant [1] un marbre [2] semblable ; — voyez combien elles sont dures ! Au-dessous de ses seins est une taille si mince [3], qu'en voulant la saisir vous craindriez (de la briser) ; (une taille) plus mince encore que mes sentiments religieux, comme vous le dites ; j'en conviens, votre reproche est juste, et ne le démens pas [4]. Et comment pourrais-je conserver ma religion auprès d'elle ? Comment garder ma raison ? Ceux qui recherchent ses faveurs perdent l'une et l'autre. Elle a des hanches aussi lourdes qu'un espion (est onéreux) pour un amant qui regarde et qui attend (l'arrivée de sa maîtresse) [5]. Ses belles qualités sont (aussi nombreuses que) celles de notre prince, ou que les grains de sable ; qui donc pourrait les énumérer ? (Ce prince est) le soutien des villes, l'orateur des Arabes ; l'élégance de son langage suffirait pour nous rendre (éloquents comme les anciens) Arabes. Il se distingue par un vaste fonds de science et par ses actions ; son talent pour la poésie est admirable ; et quelle superbe écriture ! Comme il est habile à percer de sa lance les poitrines (de ses ennemis) ! Avec quelle force il frappe de son sabre le cou (de ses adversaires) ! Ses qualités, qui saurait les compter, dis-le-moi ? — qui saurait les énumérer [6] ? (Il en possède) quatre qui excitent la jalousie du ciel : l'éclat du soleil, la sérénité de la lune, la bienfaisance de la pluie et la dignité des étoiles. Il a pour monture le coursier de la libéralité : il lâche la bride à la fermeté et à la résolution quand il les prend pour montures. Chaque jour il revêt d'une robe d'honneur ceux qui célèbrent ses hauts faits, (et ces robes) leur communiquent un doux parfum [7]. On voit sur tous ceux qui s'approchent de lui les marques de sa bonté ; ceux qui

1 Pour علمت قلبها , lisez ما علمت قبلها .
2 صلايا est une forme vulgaire de صلاية ; ديك est l'équivalent de تلك .
3 Pour من رقيق , il faut lire من رقته , avec le manuscrit C, l'édition de Boulac et la traduction turque.
4 Les mots خذ ترا عبدك سنى n'offrent aucun sens : le traducteur turc a lu ستى à la place de سنى et a donné en marge une autre leçon, savoir : تقول جديد عتبك حق , celle qui se retrouve dans l'édition de Boulac. Je lis حق خذ ترى عتبك . L'expression خذ ترى signifie : « voici ! prends » ; c'est-à-dire : reçois mon aveu.
5 L'édition turque, celle de Boulac et les manuscrits C et D insèrent ici deux vers que je n'essaie pas de traduire, tant ils offrent de variantes.
6 Pour ممن , lisez فمن . قلى est une altération de قل لى .
7 Je lis فطيبوا à la place de نطيبوا ; mais le vers est évidemment corrompu.

viennent et ceux qui partent [1] ne sont jamais trompés dans leur attente. Il a manifesté (et fait triompher) la vérité qui s'était [2] retirée derrière un voile ; la fausseté est impuissante depuis qu'il l'a repoussée [3]. Il a redressé la colonne délabrée de la piété que le temps avait renversée. Autant tu comptes sur ses bienfaits, autant tu as peur en sa présence. Bien que sa figure exprime la bonté, combien elle inspire de respect ! Quand la guerre fronce les sourcils, il l'aborde en souriant ; et, vainqueur partout, personne au monde ne peut le vaincre. Quand il tire son épée au milieu des réprouvés, il n'a pas besoin de répéter [4] le coup lorsqu'il en a frappé un. Il porte le même nom que l'Élu (Mohammed), et Dieu l'a préféré et choisi pour occuper le sultanat. Tu le vois (toujours agir) en khalife chargé des affaires des musulmans, soit qu'il se trouve à la tête de ses troupes, soit qu'il s'entoure d'un brillant cortège. Quand il donne un ordre, toutes les têtes se baissent devant lui ; oui, assurément, et tous désirent lui baiser la main. Ses fils [5], les Beni Nasr [6], sont les ornements [7] du siècle ; ils s'élèvent vers le faîte de la gloire pour ne plus en descendre. Dans (la carrière des) hauts faits et des nobles actions ils vont bien loin, mais ils se rapprochent (de Dieu) par leur humilité et leur modestie. Que Dieu les conserve tarit que la sphère tournera, tant que le soleil éclairera (le monde) et tant que les étoiles brilleront (dans le ciel) ! Toutes les fois que cette cacîda sera chantée [8] dans les assemblées, cache ta honte [9], ô soleil ! elle (est un astre qui) ne se couchera jamais.

Les habitants des villes, dans le Maghreb, commencèrent ensuite

1 Les manuscrits portent وارد sans la conjonction ; l'auteur, qui était évidemment un homme sans instruction, avait voulu écrire صادر ووارد , expression consacrée, qu'il se rappelait imparfaitement.

2 La variante du manuscrit D, indiquée dans l'édition de Paris, mérite d'être signalée comme offrant un étrange exemple de l'orthographe vulgaire : كنف pour كان فى .

3 Après بعد , insérez ما .

4 Pour يثى , lisez يثنى .

5 Pour بيته , lisez بنيه .

6 La famille d'Ibn el-Ahmer, qui régnait à Grenade, s'appelait les Beni Nasr (enfants de Nasr).

7 Littéral. « les lunes ».

8 Pour بغنى , lisez تغنى . *Cacîd*, pour *cacîda*, est l'orthographe du texte.

9 Je lis خَدَّرْ .

à employer un nouveau genre de poème composé d'hémistiches accouplés à l'instar de l'ode. Le dialecte dont ils s'y servaient fut aussi celui qui est particulier aux villes. On désignait ces pièces par le terme oroud el-beled (rimes de ville). Celui qui introduisit ce genre chez eux fut un natif d'Espagne et se nommait Ibn Omaïr. S'étant fixé à Fez, il composa un poème sur le plan suivi dans les odes, mais en s'écartant assez rarement des règles de la syntaxe arabe [1]. Cette pièce commence ainsi :

> Vers le point du jour, pendant que j'étais sur le bord de la rivière, les gémissements de la colombe, perchée sur un arbre du jardin, me firent verser des larmes [2]. La main de l'Aurore venait d'effacer l'encre des ténèbres, et la rosée [3] découlait des bouches souriantes des fleurs. J'étais allé de bon matin visiter la prairie ; les gouttes d'humidité s'y voyaient répandues [4] comme des perles [5] échappées du collier qui pare le cou d'une jeune fille. L'eau fournie par les norias [6] coulait abondamment, serpentait partout à l'instar des dragons, entourant d'un cercle chaque arbre à fruit et cernant comme un anneau le pied de chaque arbrisseau couronné de rameaux. Tout cela formait un bracelet autour du jardin. La rosée déchirait de ses mains les voiles [7] dont s'entouraient les boutons de fleurs, et les zéphyrs en emportaient le parfum. Le teint noir des nuages [8] formait des taches sur l'ivoire du jour ; le zéphyr traînait sa robe (sur les fleurs) en répandant une douce odeur. Je vis (alors) sur une branche [9], au milieu des feuilles, une tourterelle dont les gouttes de rosée avaient humecté les plumes, et qui gémissait comme un amant éperdu d'amour

1 Dans la pièce qui suit, l'auteur n'observe pas toujours ces règles ; il s'en écarte très souvent.
2 Dans cette pièce toutes les idées sont évidemment empruntées à la poésie persane. Elles sont tout à fait étrangères à la poésie arabe.
3 Pour وما , lisez وماء .
4 Pour افترق , lisez افتراق .
5 Pour كثير , lisez كنثر .
6 Le mot *noria* (en arabe *naaoura* ناعورة), sert à désigner la roue hydraulique, ou roue à chapelets. Dans la province d'Alger on donne ordinairement à ces machines le nom de *doulab*.
7 Littéral. « les seins des robes ». Il faut lire جيوب .
8 Littéral. « le musc des nuages ».
9 Pour القضب , lisez القضيب .

et loin de son pays. Elle s'était enveloppée de son plumage [1] neuf comme d'un manteau, mais elle avait le bec [2] et les pattes teintes en rouge. Elle portait autour du cou un collier de pierres précieuses, et se tenait perchée au milieu des rameaux, (triste) comme un amant affligé, ayant pour oreiller une de ses ailes et pour couverture l'autre [3]. Elle se plaignait de l'ardeur qui consumait son cœur, et, dans sa (douleur), elle serrait son bec contre sa poitrine et poussait des cris. Je lui dis : Colombe, tu empêches mes yeux de goûter le sommeil ; dis-moi, ne cesseras-tu pas de te lamenter et de verser des larmes ? Elle répondit : J'ai pleuré au point d'épuiser mes larmes, et je n'en ai plus à verser. Pendant toute ma vie je me lamenterai [4] de la perte d'un de mes petits qui s'est envolé de chez moi pour ne plus revenir [5] ; cela m'a habituée au chagrin et aux larmes depuis [6] le temps de Noé. Voilà, disais-je, comment on remplit son devoir ; voilà la fidélité. (Elle répondit) : Voyez mes paupières devenues (rouges) comme des blessures ! Mais, parmi vous autres hommes, celui qui est dans l'affliction dit au bout d'une année : Cela m'ennuie de pleurer et de me lamenter. Je lui dis : Colombe ; si tu étais plongée dans l'océan des souffrances, tu pleurerais [7] sur moi, en versant des torrents de larmes, et, s'il y avait dans ton cœur ce (feu brûlant) qui est dans le mien, les branches, qui te portent seraient réduites en cendres [8]. Aujourd'hui, depuis combien d'années n'ai-je pas souffert les peines (de l'absence ! Elles m'ont tellement amaigri), que les yeux des autres sont absolument incapables de me voir. (Le chagrin) a revêtu mon corps de maigreur et de maladie, et cette maigreur me dérobe aux regards des observateurs. Si la mort [9] voulait venir à moi, je mourrais (volontiers) à l'instant même ; celui qui est

1 Pour فى ثوبو , lisez من ثوبو .
2 Variantes fausses بما , بماه , بغاه .
3 Lisez توسد والتوى .
4 Lisez نبقى et ننوح .
5 Tous les manuscrits portent لو , qui est certainement la leçon du texte original.
6 Pour على , lisez من .
7 كان est mis ici pour كنت , d'après une licence de la langue vulgaire.
8 Pour دما وكان , lisez رماد كان .
9 Il faut lire لو جتنى , c'est-à-dire لو جاء تنى .

mort, sache-le bien, jouit enfin du repos. Elle répondit [1] : Mes larmes, en se déteignant [2] sur la blancheur (de mes plumes), ont posé sur mon cou le collier de la fidélité, (et il y restera) jusqu'au jour de la résurrection. Quant à l'extrémité de mon bec, l'histoire de son (accident) est répandue partout : elle est comme un morceau de braise (qui reste encore allumé) après que le corps a été réduit en cendres [3]. Les colombes de toute espèce me plaignent [4] et pleurent sur moi ; celui qui est accablé par le dédain et par l'aversion (de la part de sa bien-aimée) manifeste ouvertement (les peines qu'il souffre). Adieu au monde et, à son éclat, puisque je n'y ai trouvé ni tranquillité ni repos.

Les habitants de Fez admirèrent beaucoup ce poème et l'accueillirent avec empressement. Ils en composèrent d'autres sur le même modèle, mais en y négligeant les règles de la syntaxe désinentielle, science qui n'était pas leur affaire. Ce genre de composition se répandit chez eux, et plusieurs de leurs poètes y montrèrent un grand talent. On l'a distingué en plusieurs espèces, telles que le mozaouwedj (l'accouplé), le kazi [5], la melaba, et le ghazel (le madrigal). Les noms diffèrent selon la manière dont les vers y sont accouplés, selon les mesures employées et selon le but que l'auteur avait en vue. Voici un mozaouwedj composé par Ibn Chodjaâ, qui était un de leurs grands poètes et natif de Taza [6] : *421

L'argent fait l'ornement (de la vie) de ce monde et l'orgueil des âmes ; il égaye des visages qui n'étaient pas portés à la gaieté. L'homme qui possède des deniers en quantité

1 Je passe le vers suivant, parce que, dans son état actuel, il n'offre pas un sens raisonnable.

2 Les manuscrits C et D portent وانخضبت .

3 Je lis شعلة et j'adopte la leçon وللجسد صر رماد , celle qui est offerte par les manuscrits C et D.

4 Ces deux derniers vers ne se trouvent pas dans les manuscrits C et D ; ils manquent également dans l'édition de Boulac et dans la traduction turque.

5 En caractères arabes كازى ; le manuscrit B porte الكارى (*kari*), le manuscrit C الكاذى (*kadhi*), et la traduction turque مكارى (*mekari*). De ces leçons je ne sais quelle est la bonne.

6 Taza, ou, selon la prononciation européenne, *Téza*, est le nom d'une ville située à moitié chemin du Molouia à Fez. Je profite de cette occasion pour faire observer que le nom de la ville appelée *Fez* par les Européens se prononce *Faz* par les gens du pays.

obtient (partout) la parole et la place d'honneur [1]. Celui qui a beaucoup d'argent est un grand homme, bien qu'il ait peu de mérite, et l'individu le plus honorable d'une tribu est un mince personnage s'il est devenu pauvre. Voilà ce qui me serre le cœur ; voilà ce qui y porte le trouble ; cela suffirait pour le briser si je ne m'étais résigné aux décrets de la providence. Quand un grand, celui qui est le chef de son peuple, est obligé de chercher asile [2] auprès [3] d'un homme sans naissance et sans considération, un tel renversement doit nécessairement nous attrister. Dans la contrariété que j'en éprouve, je me voile la tête [4] avec ma robe. Ce sont alors les queues qui se mettent devant les têtes ; c'est la rivière qui demande au ruisseau [5] un peu d'eau. Est-ce la faiblesse des hommes qui en est la cause, ou bien la malice de la fortune ? On a bien des reproches à faire, mais on ne sait à qui les adresser. Voilà qu'aujourd'hui on donne le titre de père d'un tel (Bou Folan) à celui qui (hier) se nommait (simplement) un tel (Folan) [6] ; et si tu voyais comment (il se pavane) avant de répondre à ce qu'on lui demande ! Nous avons vécu, Dieu merci, assez longtemps pour voir de nos propres yeux des âmes de sultans (renfermées) dans des corps de chiens. Des hommes d'une grandeur d'âme tout à fait extraordinaire restent presque sans appui ; ils se trouvent d'un côté, et l'honneur qu'ils méritent se trouve d'un autre. Le peuple voit que les (riches) sont des ânes [7], et cependant il les regarde comme les notables de la ville et les fermes appuis (de l'État) [8].

Voici encore un mozaouwedja du genre qui est reçu chez eux ; il a pour auteur leur compatriote Ibn Chodjaâ :

Il se fatigue (inutilement) celui dont le cœur s'attache aux

1 Je lis الوه , mot que je regarde comme une altération de ولوه .
2 Je lis يلتجى . Le mot ادى est mis pour اذا .
3 Il faut lire لمن , avec les manuscrits C et D et la traduction turque.
4 Le mot فراش est une altération de فى الراس ou de فى راس . L'auteur du poème, ne sachant pas l'orthographe, a écrit نصبغ pour نسبغ . Il faut lire خايبا à la place de حايبا .
5 Pour الوادّ , lisez الواد .
6 C'est la vieille histoire de *Simon* et *Simonides.* (Voyez *le Coq* de Lucien.)
7 Littéral. « comme des boucs ».
8 Pour والعمد , lisez والعمدة , avec les manuscrits, l'édition de Boulac et la traduction turque. Dans cette pièce il y a des vers dont la construction est très fautive.

belles de nos jours. Prends garde à toi, ami ! (ne souffre pas) que la beauté te prenne pour son jouet. Aucune belle n'a fait une promesse sans l'avoir rompue ; il y en a bien peu à qui tu puisses te confier et qui aient confiance en toi. Elles traitent leurs amants avec dédain, résistent (à leurs prières) et cherchent, de propos délibéré, à briser les cœurs des hommes. Qu'elles contractent une liaison, elles la briseront sur-le-champ ; qu'elles fassent une promesse, elles la rompront dans tous les cas. Il y avait [1] une belle que j'aimais et dont mon cœur était épris ; j'aurais donné la peau de mes joues pour lui en faire des sandales ; j'avais disposé dans le centre de mon cœur un lieu pour l'a recevoir, et je disais : O mon cœur ! traite avec honneur celle qui vient loger chez toi. Elle traita comme une bagatelle les humiliations qu'elle [2] t'imposait, et te fit subir tout ce qu'il y a de redoutable dans l'amour. Je lui avais donné plein pouvoir sur moi ; je consentais à la reconnaître pour la maîtresse (de mon cœur). Oh ! si vous aviez vu dans quel état j'étais quand je la voyais [3] ! Je savais à l'instant à quoi tendait chacune de ses pensées [4], et je devinais ses souhaits avant qu'elle les eût exprimés ; j'usais de toute mon adresse pour satisfaire à ce qu'elle désirait, quand même c'eût été de faire de l'huile au printemps ou d'éplucher (du blé) pendant qu'il fait nuit. J'irai la voir, quand même elle serait à Ispahan ! N'importe tes remontrances, il faut que je lui dise : « (Ton amant) vient te visiter. »

(Cela continue sur le même ton) jusqu'à la fin de la pièce.

Un autre de ces poètes vivait à Tlemcen et se nommait Ali Ibn el-Mouedden : Dans ces derniers temps il y avait à Zerhoun, près de Miknéca (Mequinez), un nommé El-Kefîf qui s'était distingué par

1 Le mot كن paraît être mis ici pour كان .
2 علك est une altération de عليك .
3 Pour تبصرو , lisez نبصرو . L'hémistiche suivant est tellement altéré que je n'essaye pas de le traduire. Le vers entier se lit ainsi dans l'édition de Boulac et dans la traduction turque :

يرجع مثل در حولى بوجه
الغدير مرديه ويتعطس بحال انحروا

Je dois faire observer que le traducteur turc a donné le texte de toutes ces pièces, et que, en général, il ne les a pas expliquées.
4 Je lis بسبق , avec le traducteur turc et l'édition de Boulac. سا عا est pour سا عة .

le talent vraiment original qu'il déploya dans toutes les branches de ce genre de composition. J'avais appris par cœur quelques-unes de ses pièces, et, parmi celles qui sont restées dans ma mémoire, il y en a une qui a pour sujet la marche des Mérinides vers l'Ifrîkiya, sous la conduite du sultan Abou 'l-Hacen. Le poète, après avoir blâmé cette expédition, parle de leur défaite à Cairouan et les console de cet échec en leur citant les malheurs qui sont arrivés à d'autres peuples. Son poème est une espèce de melaba, et offre, au commencement, un bel exemple de la figure de rhétorique appelée beraât el-istihlal (bonté de l'exposition), et qui consiste à faire sentir la tendance d'une pièce tout d'abord et dès le début même. En voici le commencement :

> Gloire à celui qui, dans tous les temps, dirige à son gré les intentions des rois ! Si nous lui montrons notre obéissance, il nous accorde un secours efficace, et si nous transgressons ses ordres [1], il nous inflige tous les genres d'humiliation.

Le poète continue dans le même style jusqu'à ce qu'il entre en matière ; alors il demande, en ces termes, ce qu'était devenue l'armée du Maghreb :

> Fais partie d'un troupeau, quelque petit qu'il soit, plutôt que d'en être le berger ; le berger doit répondre de son troupeau. Invoquons, dans l'exorde la bénédiction de Dieu sur celui qui appela les hommes à l'islamisme, sur l'agréé de Dieu, sur le Prophète exalté et parfait [2], puis sur les khalifes bien dirigés, puis sur les successeurs (des Compagnons) [3] ; ensuite [4], parle de qui tu veux et dis : O pèlerins qui avez pénétré dans le Sahra et qui savez décrire les pays et leurs habitants ! l'armée de Fez, si brillante [5], si belle, où est-elle passée d'après la ferme volonté du sultan ? Pèlerins, je vous le demande, au nom du Prophète [6] dont vous avez visité le tombeau, et à cause de qui vous avez traversé les collines du, désert, qu'est devenue l'armée maghrébine qui a disparu dans la noire Ifrîkiya ? (qu'est devenu) celui qui vous avait donné des provisions en

1 Lisez عصيناه .

2 Variante : الكمول .

3 Lisez الاتباع .

4 بعدم est une altération de بعدهم .

5 Lisez المنيرة .

6 Pour يا لنبى , lisez با لنبى .

abondance et qui, par ses dons) avait répandu le bien-être jusque dans le pays du Hidjaz [1] ?

Le poète se met alors à décrire la ligne de marche suivie par les troupes, et finit par raconter la dernière expédition du sultan, celle qu'il avait entreprise contre les Arabes nomades de l'Ifrîkiya (et qui lui fut si désastreuse). Ce poème renferme des pensées et des tournures très originales.

Les Tunisiens aussi avaient inventé un genre de melaba, dans laquelle ils se servaient de leur dialecte vulgaire [2] ; mais la plupart de leurs pièces sont si mauvaises, que je ne m'en rappelle plus une seule.

Il y avait à Baghdad, chez les gens du peuple, un genre de poème qu'ils nomment mewalîa [3] et qui renfermait plusieurs espèces désignées par les termes haufi, kan-wa-kan, dou-beïteïn [4], etc. La diversité de ces dénominations provenait de la diversité des mètres qu'ils avaient l'habitude d'employer : aussi chaque espèce a-t-elle son nom particulier. Celle qui est la plus usitée est le mozaouwedja (accouplé), pièce composée de quatre ghosn (ou vers).

Les gens de Misr et du Caire ont suivi l'exemple de ceux de Baghdad. On remarque beaucoup de traits originaux dans les pièces de leur composition, les auteurs ayant mis à contribution les tournures de l'idiome vulgaire pour exprimer leurs idées. Aussi ces productions sont-elles très remarquables.

[J'ai trouvé [5] dans le Diwan d'Es-Safi el-Hilli [6] un passage que je reproduis ici dans les paroles de l'auteur ; « La mewalîa est du mètre nommé besît, et se compose de quatre ghosn ayant des

1 Cette pièce est écrite en un dialecte tellement corrompu, que les copistes n'y ont presque rien compris. Aussi les manuscrits offrent-ils une foule de variantes s'écartant les unes des autres au point de rendre impossible le rétablissement du texte. Il m'a donc fallu renoncer à la tâche de traduire le reste du poème.

2 Littéral. « urbain ».

3 Voyez un peu plus loin.

4 Les mots *dou beït* signifient, en persan, *deux vers, couplet ;* notre auteur lui a donné la forme du duel arabe en y ajoutant la syllabe *eïn.* M. Freytag a parlé de l'espèce de poème appelé *Kan-oua-kan.* (Voyez son *Arabische Verskunst*, p. 461) Aucun des auteurs que j'ai consultés n'a fait mention du *haufi.*

5 Ce paragraphe manque dans le manuscrit A, dans l'édition de Boulac et dans la traduction turque.

6 Ce poète se nommait Safi ed-Dîn Abd el-Azîz Ibn Seraîa el-Hilli. Selon Hadji Khalifa, il mourut en 750 (1349-1350 de J. C.).

rimes (identiques [1]). On la nomme aussi saut (voix, son) et beïteïn (quatrain) [2]. Ce furent les habitants d'Ouacet qui, les premiers, imaginèrent ce genre de poème. Le kan-wa-kan se compose de (quatre) chatr (lignes, hémistiches) ayant tous la même rime, mais étant de mesures différentes ; le premier chatr de chaque vers est plus long que le second. La lettre qui forme la rime doit être précédée d'une des lettres faibles ا , و , ى. Ce furent les gens de Baghdad qui inventèrent la mewalîa. On nous a récité une pièce de ce genre (qui commence ainsi) : Dans un signe fait avec les sourcils il y a un discours qui explique (la pensée) et la fait entendre à Omet el-Akhras [3] ; cette pièce est dans le dialecte de Khoraçan.] » Fin de l'extrait. Voici ce que je me rappelle de plus remarquable parmi les morceaux de cette espèce :

> Regarde ma blessure qui saigne encore ; (sache,) mon cher frère, que l'assassin s'amuse à la campagne. On m'a dit : « Tu pourras te venger ». J'ai répondu : « Cela serait mal ; la personne qui m'a blessé [4] me guérira ; cela sera mieux ».

Un autre poète a dit :

> Je frappai à la porte du pavillon, et une femme dit : « Qui frappe ? » Je répondis : « Un affligé, point voleur ni brigand. » Elle sourit, et l'éclat de ses dents brilla devant mes yeux ; je m'en retournai, tout ébloui et noyé dans l'océan de mes larmes.

Un autre a dit :

> Je me rappelle le temps où elle redoutait notre séparation et disait, lorsque l'amour m'arrachait des plaintes : « (Sois tranquille !) je donnerais mes yeux pour racheter ta vie. » Un beau jeune homme lui donna dans l'œil [5] ; je lui rappelai sa promesse et elle répondit : « Je suis ta débitrice [6]. »

---

1 Littéral. « et de quatre rimes ».

2 *Beîteïn* signifie deux vers ; mais, chez les Arabes, le vers (*beït*) doit se composer de deux hémistiches. Or, dans les *mewalîa,* les quatre hémistiches riment ensemble, et, pour cette raison, j'ai rendu *beiteïn* par *quatrain.*

3 Je lis منو ام الاخرص تعرف . Le mot ne se trouve pas dans les manuscrits.

4 Il faut lire جرحنى . Le mot الى est une altération de الذى .

5 Le texte donné dans la traduction turque offre la leçon لما تعين . Les manuscrits C et D portent تعاين à la place de يعاين . Je lis لما تعاين .

6 Cette réponse paraît signifier : « J'acquitterai plus tard l'engagement que j'ai pris avec toi. »

Un autre a décrit le hachich [1] en ces termes : *431

Une (drogue) dont je m'enivre en cachette, pendant que je ressens encore les effets qu'elle a produits. Avec elle nous pouvons nous passer de vin, de cabaretier et d'échanson. Elle est méchante, et sa méchanceté contribue à entretenir le feu qui me dévore. Je la cachai dans mon estomac, mais elle se montra dans mes yeux.

Un autre a dit :

O toi dont la rencontre fait dire aux amants [2], bravo ! jusqu'à quand tourmenteras-tu ce cœur par ton dédain ? Aïe ! hélas ! tu m'as frappé au cœur avec ton va-t-en ! et la patience, plût au ciel (que j'en eusse) ! Le monde est à mes yeux une chose qui fait dire fi ! quant à ta personne, chut [3] !

Par un autre :

Je disais à cette belle, lorsque la canitie avait totalement envahi ma tête : « Ma petite mère ! accorde-moi un baiser à cause de mon amour. » Elle répondit, après avoir laissé dans mon cœur une douleur brûlante : « Que veut dire du coton sur la bouche d'un homme vivant [4] ? »

La pièce suivante est d'un autre poète :

Elle me regarda en souriant, et les averses de mes larmes tombèrent avant [5] que son éclair (c'est-à-dire l'éclat de ses dents) eût paru. Elle ôta son voile et je crus voir la lune à son lever. Elle répandit (sur ses épaules) les ténèbres de ses cheveux, et mon cœur s'égara dans ce labyrinthe. Elle me dirigea enfin au moyen d'un fil blanc formé par la raie de sa chevelure.

Voici un morceau par un autre poète :

Chamelier ! pousse nos montures en avant, et arrêtons-nous, avant l'aurore, auprès de la demeure où habitent nos

1 On connaît les effets du *hachîch* ou feuille de chanvre pris en forme de conserve ou fumé comme du tabac.

2 Littéral. « aux enfants de l'amour ».

3 Il faut lire خخ , اخ et peut-être دخ . L'interjection كخخ doit être insérée après le mot الورى .

4 Dans l'ensevelissement des morts, on bouche les orifices naturels avec du coton. Ici, le mot *coton* désigne la moustache blanche.

5 Je lis سبقت , avec l'édition de Boulac et la traduction turque.

bien-aimées. Crie [1] alors dans (le campement de) la tribu : « Celui qui veut une récompense, qu'il vienne prier sur le mort que le dédain a tué. »

Un autre a dit :

Ces yeux avec lesquels je t'ai regardée ont passé la nuit à contempler les étoiles et à s'alimenter de l'insomnie. Les flèches de la séparation n'ont pas manqué de m'atteindre ; ma tranquillité d'esprit est morte ; que Dieu t'en accorde une abondante récompense !

Par un autre :

Belles filles qui êtes si tyranniques [2] ! j'aimais dans votre village un faon qui tourmentait les lions féroces en leur donnant des soucis ; un tendron qui, en se balançant (avec grâce), captivait les cœurs des jeunes vierges, et qui, en se découvrant la figure, ôtait à la lune le droit de lui être comparée.

Voici une des pièces qu'on nomme dou-beïteïn :

Celle que j'aime jura par le Créateur que, chaque nuit, elle enverrait son image me visiter pendant mon sommeil. O feu du désir que j'éprouve pour elle ! brûle vivement pendant la nuit ; ta lumière servira peut-être pour la guider.

Il faut maintenant savoir que, pour acquérir le genre de goût au moyen duquel on apprécie la valeur des expressions employées, dans l'un ou l'autre de ces dialectes, pour énoncer des idées, il faut s'être familiarisé avec ce dialecte, s'en être servi très souvent et avoir beaucoup conversé avec le peuple qui le parle. C'est ainsi qu'on acquiert la faculté de manier un idiome quelconque, ainsi que nous l'avons dit en traitant de la langue arabe. Aussi les Espagnols ne comprennent-ils pas la force des termes qui s'emploient dans la poésie des Maghrébins ; ceux-ci ne saisissent pas bien la valeur des expressions qui se rencontrent dans la poésie des Orientaux et dans celle des Espagnols ; les Orientaux, de leur côté, n'entendent pas les expressions usitées dans la poésie de l'Espagne et dans celle du Maghreb. En effet, l'idiome parlé dans chaque pays diffère, par sa phraséologie, de ceux dont on se sert ailleurs ; les habitants de

1 Il faut lire وصح sans *techdîd.*

2 Peut-être faut-il traduire « belles filles d'El-Hakr ».

chaque ville comprennent la force des expressions usitées dans le dialecte de cette ville et se trouvent ainsi en état de goûter les poèmes de leurs compatriotes. Et dans la création des cieux et de la terre, ainsi que dans la diversité de vos langues et de vos couleurs, il y a des signes (instructifs) pour toutes les créatures. (Coran, sour. XXX, vers. 21.)

Nous étions sur le point de nous écarter de notre sujet, quand nous nous sommes décidé à mettre fin au discours que nous avons tenu dans cette première partie de notre ouvrage [1], discours qui a eu pour objet la nature de la civilisation et les accidents qui s'y présentent. J'ai traité d'une manière qui me paraît suffisante les divers problèmes qui se rattachent à cette matière. Il viendra peut-être après moi une personne qui, ayant reçu de Dieu un jugement sain et une science solide, entreprendra l'examen d'autres questions bien plus nombreuses que celles dont nous avons parlé. Car celui qui a établi pour la première fois une branche de science n'est pas tenu de traiter tous les problèmes qui s'y rattachent ; il n'a d'autre obligation que de faire connaître l'objet de cette science, les principes d'après lesquels on la divise en plusieurs parties et les observations auxquelles elle a donné lieu. Ceux qui viendront après lui ajouteront graduellement d'autres problèmes à cette science, jusqu'à ce qu'elle ait acquis toute sa perfection. Dieu sait, et vous ne savez pas.

[A la fin de l'exemplaire dont ceci est la copie on lit ce qui suit :] [2] L'auteur de cet ouvrage dit : « J'ai terminé la composition de cette première partie, renfermant les Prolégomènes, en l'espace de cinq mois, dont le dernier fut celui qui marque le milieu de l'an [3] 779 (octobre 1377 de J. C.). Je l'ai ensuite mis en ordre et corrigé ; j'y ai ajouté l'histoire de tous les peuples, ainsi que j'en avais pris l'engagement dans ma préface. Et la science ne saurait provenir que [4] de Dieu, le puissant et le sage !

1 C'est-à-dire de l'Histoire universelle.

2 Les mots placés entre crochets manquent dans les manuscrits C et D et dans l'édition de Boulac.

3 Le mot سنة est de trop ; il ne se trouve pas dans les manuscrits.

4 Pour ان , lisez الا , avec tous les manuscrits.

ISBN : 9782379760754

Lightning Source UK Ltd.
Milton Keynes UK
UKHW042339290422
402296UK00003B/39